RESEARCH ON THE NEW DEVELOPMENT REALM OF MARXISM SINICIZATION THEORY AND THE DEVELOPMENT AND REFORM OF CHINA

马克思主义中国化理论发展新境界与中国发展变革研究

石建国 / 著

SJPC
上海三联书店

前　言

习近平总书记在十九大报告中指出:“十八大以来的五年,是党和国家发展进程中极不平凡的五年。……五年来的成就是全方位的、开创性的,五年来的变革是深层次的、根本性的。”这些历史性变革,对党和国家事业发展具有重大而深远的影响。这种变革的最重大成就就是中国进入了“中国特色社会主义新时代”,形成了习近平新时代中国特色社会主义思想。这一新时代来之不易,是党的十八大之后以习近平为核心的党中央领导和带领全党全国各族人民竭力奋斗的结果,是从中国革命、建设、改革开放历史进程中走出来的,是承前启后、继往开来、在新的历史条件下继续夺取中国特色社会主义伟大胜利的时代。进入新时代,意味着近代以来久经磨难的中华民族迎来了从站起来、富起来到强起来的伟大飞跃。

十九大报告是富有时代气息、闪耀着马克思主义光芒的经典文献,它高度精确凝练概括了近代以来、特别是自从马克思主义传入中国以来中国革命、建设和改革开放的历史,提出许多富有创建性的理论观点。这些理论观点启示我们,今天的中国是历史上中国的延续和发展,要讲清楚今日中国的一切,就要弄清楚今日中国是怎样走过来的,即近代以来中国的历史发展的进程,特别是新中国成立以来的发展历史。今日中国的发展也告诉我们,我们之所以能取得这样辉煌和伟大的成就,归根溯源,最根本的就是掌握了马克思列宁主义,并运用马克思主义的基本原理(即立场、观点、方法)解决中国革命、建设和改革开放中的实际问题,从而创造性地发展了马克思主义,将其推进到新的理论发展境界,诞生了具有中国特色的马克思主义的理论武器——毛泽东思想、邓小平理论、“三个代表”重要思想、科学发展观和习近平新时代中国特色社会主义思想，丰富了人类马克思主义的理论宝库。这些新思想的运用和发展，是理解中国历史发展进程的钥匙。

显而易见，每个人都是时代的见证者、参与者和创造者。受时代发展和自身环境的影响，人们会自觉或不自觉地关注或试图从不同的视角解读国家发展的历史。笔者是一名教师，在解惑授道的同时，以更多的精力投入理解时代发展的奥秘上，试图解读和阐释这种变化的缘由和过程，这种思考就成为这部著作产生的动力。

时代在发展，中国日渐成长为世界性的大国，中国自身、中国与周边国家、中国与世界关系都在发生惊人的变化。伴随着时代发展的进程，受马克思主义中国化理论成果阶段性发展的启示和影响，笔者关注的主题和焦点有所不同，特别是中国与周边国家关系的突飞猛进发展，中国的世界性角色的变化，更成为研究的重点。

概括而言，本书从主题性演化的角度，按历史与现状由革命与建设篇、改革开放篇和新时代篇三大板块共十二章内容构成。聚焦于马克思主义中国化理论发展成果与中国社会的实践结合，通过对中华人民共和国成立后社会主义革命与建设时期、改革开放时期以及新时代相关问题的探索与梳理，把历史与现实、国内与国外、理论与实践结合的成果放置于时间与时代的发展进程中，客观呈现中国发展变化的立体面貌。

第一章《抗美援朝运动与新中国社会价值观的变革与重塑》将伟大的抗美援朝运动与新中国社会价值观的变革结合起来进行考察，提出和阐述了“爱国公约运动”塑造了民众的爱国意识、“捐献武器运动”塑造了民众的无私奉献意识、“增产节约运动”增强了民众的集体主义意识等观点，为理解新中国社会价值观的重塑与建设提供了新视角。以爱国主义为核心的民族精神得到继承与发扬、集体主义精神增强了中华民族的凝聚力、新中国初期国际主义意识得到初步发展。推动和促进了新中国成立初期全国的土地改革、镇压反革命、国防建设、经济建设、文教建设等项工作都取得了巨大成就。抗美援朝运动实质上是自上而下对广大普通民众价值观思想进行整合与重塑的群众文化运动。换句话说，就是对新中国初期社会价值观进行了初步的整合，并为新中国社会价值观奠定了基础。

第二章《抗美援朝战争时期的“时事宣传教育”运动》的主要创新点是：首次将抗美援朝“时事宣传教育”运动放置于社会价值观视域下进行思考，通过对“时事宣传教育”运动的历史梳理和考察，指出其已经“超越”政治动员的范畴，更深层次触及到了社会价值观建设的问题。通过这一运动，重塑了中国人民的家国观念，而且将自身的利益与国家命运完全联系在了一起。抗美援朝“时事宣传教育”运动的一些做法，对于培养公民的爱国主义、集体主义精神和社会主义道德风尚，培育和践行社会主义核心价值观，增强中华民族的凝聚力，激发实现中华民族伟大复兴中国梦的强大精神力量，仍具有重要现实意义和深远历史意义。

第三章《“中国梦”的历史逻辑和毛泽东的贡献》主要内容是论述毛泽东与“中国梦”的关系：“中国梦”是近代中国革命和历史运动的必然结果，就是实现国家独立、民族解放与复兴、人民幸福，换言之，解决中华民族的生存与发展问题；“中国梦”是人类历史发展趋势在中国的必然反映，归结起来，只有走苏俄的社会主义道路，才能实现“中国梦”。这就是世界历史和人类社会昭示中国的历史逻辑；毛泽东承接和探明了实现“中国梦”的途径，领导中国人民努力建设新中国，为实现“中国梦”奠定了坚实的政治、物质、文化基础；毛泽东“中国式社会主义”道路探索的正反两方面的经验与教训，是实现“中国梦”的宝贵精神财富。在实现“中国梦”的过程中，要不断汲取毛泽东巨大思想宝库的精神养分。

第四章《全球化与中国的发展》的主要观点是：全球化正在深刻改变世界面貌，也深刻影响着中国的历史进程，是对世界最大政党中国共产党最重要的和不可忽视的挑战。党的执政能力建设只能放在全球化的平台上，要有世界眼光，从全球出发，立足于把我们党建设成坚定的马克思主义政党，世界一流的政治领导力量，从而为全人类的共同进步和发展贡献力量。经济全球化是中韩建交、中韩经贸关系飞速发展的“助产婆”和“催化剂”，为中韩关系的发展开辟了道路，提供了舞台。中韩经贸关系的启动和发展，得益于经济全球化的推动，并随着经济全球化加速发展的趋势取得了令世界惊叹的成就。

第五章《从“和平发展”到“和平崛起”》的主要观点是：中国领导人提

出要走“和平崛起”之路，中国的历史、现实以及外交实践都揭示这是中国的必然选择。能否走通，取决于与“世界秩序”的互动关系。对于美国主导下的现存秩序，我们采取的态度应当是实事求是，挑战、参与、旁观、领导四种角色的综合运用；“和平崛起”的新理念，发展和深化了邓小平同志“和平发展”的外交战略思想。“和平发展”和“和平崛起”是一脉相承的关系，“和平崛起”是对“和平发展”的充实、继承和发展，是“和平发展”的必然结果；实践“和平崛起”的外交战略，要采取正确和妥当的策略，而且要保持策略的恒久性和全面性，用打持久战的精神对待一切挑战就是我们应有的立场和态度；“和平崛起”战略为中韩两国关系的发展提供了稳定框架，将深刻影响未来的中韩关系，也会逐渐消融两国关系发展中的不和谐音调。

第六章《“科学发展观”与中国和世界的发展变革》中的主要内容是：国际金融危机为中国发展制造了难题，但中国政府正在用科学发展观做武器破解这一难题。“科学发展观”对中国发展发挥了巨大指导作用，是中国克服一切难题取得巨大成就的“定海神针”。“科学发展观”依托中国的实践，具有了世界意义与价值，是解决当今世界困局的有力理论思维武器，打破了世界各国对以美国为首的西方资本主义国家发展观的“迷信”局面，实现了人类发展观的新超越。

第七章《“马克思主义中国化”和中国特色社会主义的理论与实践》的主要内容是：改革开放的历史说明，“马克思主义中国化”并不是一个抽象的命题，而是在中国特色社会主义理论与实践的发展过程中不断实践的课题。“中国特色社会主义”的实践和理论为“马克思主义中国化”开辟了新境界，“马克思主义中国化”以中国特色社会主义的理论和实践为依归和检验的标准，中国特色社会主义的理论和实践为“马克思主义中国化”开辟了广阔的道路，使其实现了第二次飞跃。今后，随着改革开放的不断深入，中国特色社会主义理论与实践的不断发展，“马克思主义中国化”将会取得更新的成就，使马克思主义在中国和世界放射出更大的光芒。“党的群众路线教育实践活动”则是新形势下的一次整风运动，是加强党的建设伟大工程的新探索和实践，具有鲜明的时代价值与意义。

第八章《从十月革命到新时代：全球史观视域中的“十月革命”和社

会主义的命运》的基本观点和逻辑是："全球史观"是马克思主义历史观在当代的体现与反映。从"全球史观"的视角，在时间与空间的交错中，无论是东西方的历史发展，欧洲视野和非欧洲（尤其是亚洲的）视野的解释与评价，还是社会主义与资本主义的博弈，第三世界摆脱殖民地半殖民地枷锁走上独立发展之路，发达国家民权进步与福利制度发展，社会主义的曲折发展，到中国探索的社会主义道路迈入新时代，种种进步与变化反映的是十月革命开辟的社会主义道路已越走越宽。社会主义是人类通向未来的必由之路，历史将证明并且正在证明，"人类历史新纪元"，将由中国续写，世界社会主义正义事业一定会迎来辉煌的发展时代。

第九章《从 G7 到 G20：中国方案与旧世界的变革》的主要内容是：G20 超越 G7 是代表了当今世界发展的趋势，反映了世界历史逻辑与时代逻辑的客观要求，体现了人类命运共同体诉求的价值取向，符合人类社会发展的规律，是全球治理体系实现合理化、公正性的反映，更是破解世界经济发展难题和困境的必然要求。通过 G20 这一平台的积极推动，中国正扮演更重要的角色，将积极参与全球治理体系建设，努力为完善全球治理贡献中国智慧，同世界各国人民一道，推动国际秩序和全球治理体系朝着更加公正合理方向发展。

第十章《"一带一路"：习近平新时代的国家战略》的主要观点是："一带一路"倡议本身是统筹内外的中国国家大战略，国内外正在持续关注和展开广泛深入研究。无论是媒体，还是研究者，在高度关注的同时，要不断思考未来研究的空间和可能性，才能持续为这一战略的实践提供智力支持。植根于"丝绸之路"历史土壤的"一带一路"倡议，既是对古老"丝绸之路"的历史传承与现实观照，又是顺应潮流和时代发展的重要举措；既体现了兴衰的历史演替、丰富多样的历史路径、求和平谋发展的历史选择，又凸显了"一带一路"倡议之于"丝绸之路"的历史逻辑、当今世界的时代逻辑和马克思主义的思想源泉的联系，是马克思主义中国化进入新时代的实践成果。从战略属性上，"一带一路"是我国现阶段名符其实的国际战略，是中国特色社会主义政治经济学、国际关系学发展的最新成果。

第十一章《"一带一路"倡议相关国家立场与态度评述》的主要内容是：在中国"一带一路"倡议推进和实践过程中，通过双边、多边、政府领导人与官方表态、亚投行、学者发声五种方式，各国表明了自己的立场与态度。但是，现有世界旧秩序的既得利益者却持反对和抵触的立场和态度，众多发展中国家因历史的教训与经验，也带有种种疑虑。因而达成的协议和各国表态的状况差异很大，需要综合各方面的情形具体问题具体分析。从韩国主流媒体《朝鲜日报》《中央日报》报道看，韩国社会一开始抱持“冷眼旁观”态度，后来还是最终积极报道中韩“一带一路”“欧亚计划”战略对接、合作的进展，持合作积极姿态。因此，只要坚持团结互信、平等互利、包容互鉴、合作共赢，不同种族、不同信仰、不同文化背景的国家完全可以共享和平，共同发展，“一带一路”倡议一定能获得更多国家理解和支持。

第十二章《“一带一路”倡议与中国周边外交》主要观点和核心内容是：“一带一路”国际战略成功将“大国是关键、周边是首要、发展中国家是基础、多边是舞台”的外交战略布局和策略完整整合为一个有机统一的整体，是新时期中国周边外交战略的创新成果。在“一带一路”国际战略推动和牵引下，中国周边外交进入飞跃发展的新时代，外交成果极为丰富。从双边和多边层面看，注入“一带一路”的新鲜血液，议题设定和领导人对话有了共同的主题，旧有体制机制焕发了活力，创新体制机制和平台不断涌现；从实践层面看，中国与周边国家关系大幅度提升，以互联互通为核心的“五通”建设成果和成效显著。“一带一路”国际战略全面破解了中国与周边国家关系发展的困局，全面提升了中国与周边国家的关系，重塑了我国周边外交的环境和秩序。以此为依托，从中国与周边国家命运共同体的建设出发，打造人类命运共同体的坚实基础，未来中国与周边国家的关系将迎来全新的局面。

目　录

革命与建设篇

改革开放篇

新时代篇

革命与建设篇

第一章
抗美援朝运动与新中国社会价值观的变革与重塑[①]

第一节 抗美援朝运动的缘起

1950年10月1日，中国人民迎来了经过血与火的洗礼创立的中华人民共和国成立一周年的纪念日。然而，新中国面临的国际局势却极为严峻。这一天，南朝鲜军越过三八线，将6月25日爆发的朝鲜战争的战火烧向朝鲜民主主义人民共和国，并向朝鲜发出"最后通牒"，要求朝鲜人民军放下武器投降。形势危急，当天深夜朝鲜党和政府请求中国政府出兵援助的电文传到了北京。同日，斯大林关于建议中国组成志愿军前往三八线援助朝鲜的电报也发到了北京。[②] 面对复杂严峻的局面与形势，自10月2日起，中共中央政治局连续召开会议，讨论出兵朝鲜问题。经过全面分析权衡利弊，分析研究了参战的困难和有利条件后，统一了认识，于10月5日，作出了"抗美援朝，保家卫国"的战略决策。7日，以美国为首的"联合国军"越过三八线，8日，中共中央决定，立即组成中国人民志愿军，向朝鲜境内出动，协助朝鲜同志，抗击美国侵略者，争取反侵略战争的胜利。[③] 就这样，抗美援朝战争来临了。

---

① 本章内容，从资料的搜集、初稿的完成，笔者的硕士研究生逄大明做了重要贡献，特此说明并致谢。

② 中共中央文献研究室编：《毛泽东年谱》第一卷，中央文献出版社，2013年，第200页。

③ 中共中央文献研究室编：《毛泽东年谱》第一卷，中央文献出版社，2013年，第206－207页。

对中国人民和新生的中华人民共和国而言，抗美援朝战争的发生不是自身主动选择的结果。它是迫于美国把战火烧到中国东北边境，以及美国第七舰队侵入我国台湾海峡的时代背景下，中国为维护自身的国家安全、经济、政治和文化等利益，中共中央决定派遣志愿军入朝作战。1950 年 6 月 25 日，南北朝鲜围绕朝鲜半岛统一问题爆发朝鲜战争，27 日，美国政府宣布派海军、空军入侵朝鲜，同时，命令第七舰队向台湾海峡进发，阻挠中国解放台湾。[①] 美国的行径严重损害中国人民的利益，暴露了美国侵略者的面目。同时，美国军机军舰则频繁侵袭我国东北、上海、山东等地，造成人员和财产损失。[②] 8 月 28 日，《人民日报》发表社论，揭露美国的侵略行径，社论指出："美国飞机在 8 月 27 日多次侵人我国东北领空，并在临江、安东等地扫射，使我国同胞死 3 人、伤 21 人。美国帝国主义对于中国的侵略史，从此又增加了一笔血债！"[③]

美国武装侵略朝鲜，中国不能坐视不理。8 月 4 日，中共中央政治局会议，毛泽东就指出："如果美帝得胜，就会得意，就会威胁我国。对朝鲜不能不帮，必须帮助"。而且将朝鲜战争视为是"朝鲜人民为抵抗美帝国主义侵略及争取民族独立和国家统一而进行的正义战争"。[④] 9 月 30 日，针对美军仁川登陆后的朝鲜战争形势，周恩来代表中国政府郑重声明："中国人民决不能容忍外国的侵略，也不能听任帝国主义者对自己的邻人肆行侵略而置之不理"。[⑤] 10 月 3 日，周恩来紧急约见印度驻华大使潘尼迦，通过他警告美国："美军如越过三八线，我们要管"。[⑥] 但美国政府置若罔闻。

美国并不希望给刚刚成立的新中国一个相对稳定的和平建设时期，而是企图把中国扼杀在刚刚起步建设和发展的摇篮里，最终无非是想抑制中国的发展从而达到侵略中国的目的。中国人民自古以来就是一个爱

---

① 中共中央文献研究室编：《毛泽东年谱》第一卷，中央文献出版社，2013 年，第 159 页。
② 中共中央文献研究室编：《毛泽东年谱》第一卷，中央文献出版社，2013 年，第 193 页。
③《四万七千五百万人的抗议》，《人民日报》1950 年 8 月 28 日。
④ 中共中央文献研究室编：《毛泽东年谱》第一卷，中央文献出版社，2013 年，第 168、173 页。
⑤ 中共中央文献研究室编：《毛泽东年谱》第一卷，中央文献出版社，2013 年，第 198－199 页。
⑥ 中共中央文献研究室编：《周恩来年谱（1949－1976）》（上卷），中央文献出版社，1997 年版，第 83－84 页。

好和平的民族,而不是一个好战的民族,被卷进朝鲜战争实属无奈。作为朝鲜的邻邦,拥有5000年文明史的中国更懂得:“唇亡则齿寒,户破则堂危”的道理。如果美国不派第七舰队进驻台湾海峡,不将战火烧到东北边境,不侵略中国邻邦,中国政府将不会插手朝鲜问题。因此,中国政府抗美援朝是维护和平与安全的正义之战。然而,美国政府却不这样看问题,蔑视新中国的力量和意志,为建立和巩固自己的霸权地位,自认为国力超群,天下无敌,天真地以为中国政府对于朝鲜问题不会出兵,也不敢出兵。所以,中国作出的“抗美援朝,保家卫国”的决策,完全出乎美国政客们的意料。根据中共中央指示,中国人民志愿军于10月19日越过鸭绿江,从此揭开了惊天地、泣鬼神,波澜壮阔的抗美援朝战争历史画卷。经过近三年的浴血战斗,英勇的中国人民志愿军最终让侵略到鸭绿江边,以美国为首的联合国军退回到三八线附近,稳定了战局,并迫使对方于1953年7月27日签署《朝鲜人民军最高司令官及中国人民志愿军司令员一方与联合国军总司令另一方关于朝鲜军事停战的协定》(简称《朝鲜停战协定》),创造了历史性的伟业,在新中国和世界和平历史上写下不平凡的光辉篇章。

美国公然侵略朝鲜与台湾后,中国各地人民从1950年6月下旬开始,在“中国人民保卫世界和平委员会”和“中国人民反对美国侵略台湾朝鲜运动委员会”领导下,即以各种不同的方式,开展了反对美国侵略台湾与朝鲜的运动。中国政府作出抗美援朝的决策后,在中国共产党的领导下,反对美国侵略台湾与朝鲜的运动,迅速在全国形成高潮,全国上下开展了一场前所未有的“抗美援朝,保家卫国”大规模的群众运动。根据中共中央的指示,10月26日,“中国人民保卫世界和平委员会”和“中国人民反对美国侵略台湾朝鲜运动委员会”合并成立“中国人民保卫世界和平反对美国侵略委员会”,1951年3月14日改称“中国人民抗美援朝总会”,①组织和领导全国人民开展了轰轰烈烈的抗美援朝运动。

11月4日,中国共产党与各民主党派发表联合宣言,阐明中国人民

---

① 《坚强反对侵略保卫和平运动》,《人民日报》1950年10月27日;《中国人民抗美援朝总会常委会举行会议》,《人民日报》1951年3月15日。

抗美援朝的必要性，誓言“誓以全力拥护全国人民的正义要求，拥护全国人民在志愿基础上为着抗美援朝保家卫国的神圣任务而奋斗”。[①] 于是，《联合宣言》发表后，一场“抗美援朝，男女齐动手；保家卫国，老少一条心”的群众运动在全国各地勃然兴起。

抗美援朝运动一开始，中央就逐渐探索并最终确立了抗美援朝运动“与各种实际工作相结合”的工作方针。1950 年 11 月 12 日，中共中央高度肯定北京市的做法，指出北京市“经过思想酝酿和扩大宣传，普遍号召工人高度发扬工人阶级的积极性，努力生产节约；号召学生继续抗美宣传，努力学习，掌握知识、技术，准备为祖国服务；号召机关工作人员提高工作效率，做好工作；号召工商界积极贯彻政府政策，反对投机操纵、囤积居奇，在经济战线上开展抗美援朝运动”，这是非常正确的，要求各中央局、分局、大军区及所属省市党委也学习这种作法。[②] 于是，根据抗美援朝战争和国际国内形势的发展，中国人民抗美援朝总会适时地对全国抗美援朝运动工作作出指示、部署，把全国抗美援朝运动引向持久、深入。主要做了如下几个方面的工作：（一）开展以三视教育为中心内容的抗美援朝爱国宣传教育活动；（二）动员参军参战支前；（三）组织慰问“最可爱的人”；（四）开展订立爱国公约和增产节约运动；（五）组织开展捐献飞机大炮运动等等。中华儿女在新中国成立初期极其困难的条件下，想前线之所想，急前线之所急，以实际行动投入到抗美援朝中去，展现出中华儿女不屈不挠、无私奉献、不怕牺牲的爱国主义、国际主义和革命英雄主义的精神风貌，表现出了强烈的民族自尊心、自信心，受到世界上维护和平与正义的人民的普遍赞颂。因此，以时事宣传、订立爱国公约、捐献武器、增产节约等为主要内容的支援抗美援朝战争运动的开展，对于增加工农业产量、保持物价持续稳定、提高工作效率等方面起了重大作用。抗美援朝运动的蓬勃发展，大大激发了中国人民的爱国热情和工作积极性，有力地支援了中国人民志愿军在战场上的作战，同时也有力地促进了国内各

---

① 《各民主党派联合宣言》，《人民日报》1950 年 11 月 5 日。

② 中共中央文献研究室编《建国以来毛泽东文稿》（第 1 册），中央文献出版社，1987 年，第 656 页。

地建设事业的恢复，加强了国防力量建设。

第二节 “爱国公约运动”塑造了民众的爱国意识

一、爱国公约运动的兴起

经过广泛深入的抗美援朝时事教育运动(参见本书第二章)，激发了广大人民的爱国主义热情。与此同时，从 1950 年 11 月开始，北京各行业普遍开展了订立爱国公约的工作。爱国公约运动是首先由北京工商界发起的。1950 年 11 月 7 日，北京市工商业界举行抗美援朝保家卫国大会，在会议的最后，与会的工商业界代表、各行业同业公会负责人等，共同商议制定出了增加生产、稳定物价、保证军需、支援战争等为主要内容的五条爱国公约，号召全市三万户工商业者贯彻执行。① 北京市工商业界的行动，起到了一个很好的表率作用，这一新形式很快引起党中央关注和重视。

1951 年 2 月 2 日，中央政府在全国范围内开展蔑视、鄙视、仇视美帝国主义的“三视教育”运动与提高民族自信心自尊心的爱国教育运动中，便明确表示爱国主义教育运动应当以订立爱国公约、慰劳中国人民志愿军和朝鲜人民军等为中心内容。3 月 8 日，中华全国总工会又明确指示，要求通过开展广泛、深入持久的抗美援朝爱国主义时事教育工作，争取达到订立爱国公约、提前筹备“五一”大示威、巩固与扩大爱国主义劳动竞赛等 4 项目的。3 月 30 日，《人民日报》发表了题为《普及爱国公约运动》的社论。社论指出：推行爱国公约运动是巩固爱国主义教育运动成果的一个好的方式，目前这一运动正向全国各大城市和一部分中小城市以及某些乡村中展开。社论还总结了各地订立爱国公约的内容，指出“一类内容是共同性的，主要是表示人民对于毛主席、人民政府、中国共产党、人民解放军的拥护，表示对于中国人民志愿军抗美援朝行动以及人民政府镇压

---

① 《拥护各民主党派联合宣言，京工商业界集会反对美国侵略订出五项爱国公约，保证巩固经济战线，号召全市工商业者抗美援朝保家卫国》，《人民日报》1950 年 11 月 9 日。

反革命活动的支持，表示对于美帝国主义侵略台湾，重新武装日本的反对。公约中的另一类内容是与各地区各行业人民的具体工作相联系的，例如工人、农民努力提高生产，机关职员努力工作，商人努力于城乡交流，踊跃纳税，反对投机等等。”①此次社论的发表，使其成为了全国范围内爱国公约运动发展的重要推动力。在爱国公约运动推动下，工人实行爱国公约展开劳动生产竞赛，工商业者开展爱国纳税竞赛，农民开展丰产竞赛，积极地为抗美援朝事业贡献自己的一切力量。

二、爱国公约运动的发展

“五一”爱国示威大游行是爱国公约运动发展的新标志。1951 年 5 月 1 日，北京市积极响应党中央号召，举行 80 万人五一劳动节示威游行大会。大会开始，各厂工人全体起立，一致通过《北京市职工爱国公约》，以此作为北京职工参加抗美援朝的共同纲领。此后，各厂矿及车间、班组以至个人都订立具体的爱国公约。河北省为了切实指导全省的抗美援朝运动和准备“五一”游行大示威，就此成立了河北省抗美援朝委员会，作为领导全省游行示威的公开机关，各地方也成立抗美援朝委员会，具体领导游行示威工作。同时，在城镇吸收各民主党派、各人民团体、机关、部队和各界各业的代表人物和积极分子，成立示威游行的筹备委员会，在农村组成临时性的游行指挥部，统一领导筹备游行示威工作。②

1951 年 6 月 1 日，根据全国爱国公约运动发展的形势，为了更好地提高广大人民群众的政治素养和爱国热情，克服财政上的部分拮据局面，使抗美援朝运动得到更加广泛深入地发展，“中国人民抗美援朝总会”又发出推行爱国公约、捐献飞机大炮和优待烈属军属的号召(时称“六一号召”)，号召再接再厉在全国普遍开展订立爱国公约运动。“六一号召”强调指出，各地各界群众已经订立的成千成万的爱国公约，是《中国人民政

---

① 《普及爱国公约运动》，《人民日报》1951 年 3 月 30 日。

② 中共河北省委员会：《通知》(1951 年 4 月 10 日)，河北省档案馆藏，卷宗号 855 - 1 - 1120；廖盖隆：《爱国运动论集》，海燕书店，1951 年，第 61 页；中共河北省委员会：《关于普及和深入抗美援朝及准备“五一”游行示威的指示》(1951 年 3 月 28 日)，河北省档案馆藏，卷宗号 855 - 1 - 1120。

治协商会议共同纲领》的具体化，是各订约单位的一种具体的爱国行动纲领。号召“全国所有各界人民、各工厂、企业、机关、学校、街道和农村，工厂中的各个车间、生产组和学习组，乡村中的各种生产互助组、学习组，机关中的各个工作部门，学校中各个院系或班、组，以致各个家庭和其他各种生产工作单位等，都按照自己的业务，围绕着抗美援朝运动，订出具体的爱国公约，或增订原来的公约，并且选出领导人，建立经常的领导核心，领导大家来实现这些公约”。[①] 同日，《人民日报》再发社论，呼吁广泛订立并认真执行爱国公约，并要求将爱国公约运动与支援前线的捐献飞机大炮运动和优待革命军人和烈士家属及残废军人的工作结合起来。[②] 当时，中共中央已经意识到，只有在实践中履行对国家的义务，才会进一步明确个人是国家中的一分子、个人利益与国家利益息息相关的爱国意识，以及对国家的情感与责任。尽最大努力做到参与爱国公约的每个人都有具体的工作任务和方法，引领人民群众把爱国热情和力量发挥到具体的实际工作中去，把它转化成物质力量，从各方面来恢复国民经济和增强国家实力。

爱国公约运动从国家到社会，再从社会具体到个人，促进了广大民众关注国家时事，把国家事务与民众的日常具体生活和工作结合起来，切实让广大民众感受到了人民当家做主的地位。从抗美援朝运动整个过程中可以看到，中国共产党人利用战争来给广大人民群众灌输爱国反帝思想，把当时国内广大人民群众的阶级仇恨集中转化为民族仇恨，其意义在于整合民众的爱国意识，使其达到认可和巩固新生的国家政权和意识形态的目的，从而间接地塑造了民众的爱国意识。“爱国公约运动”所掀起的爱国主义热潮，是民众爱国主义意识的一种心理表达，这种意识使民众紧紧地凝聚在一起，强化和巩固了中华民族的凝聚力。

为了巩固全国人民爱国运动所创造的成果，许多地方人民创造了订立爱国公约的办法，如河北省的经验是订立时条文力求简单明了，一般

① 《中国人民抗美援朝总会关于推行爱国公约、捐献飞机大炮和优待烈属军属的号召》，《人民日报》1951 年 6 月 2 日。

② 《广泛订立并认真执行爱国公约》、《支援前线的两件大事》，《人民日报》1951 年 6 月 2 日。

“把政治上的行动纲领如拥护、反对、支援什么等简要明确的写在前面，下面则是具体的生产或工作的和学习的行动纲领，每条有具体要求和一定目标。”①以山东为例，农村普遍订立了切合生产实际情况的爱国公约：

> 1. 多种爱国棉，改进技术，加工施肥(去年种了二百七十三亩，今年保证达到四百亩)；2. 选种优良种子(高粱多种狸猫鸡，谷子多种齐头黄河紫溜根，豆子种牛毛黄，其他一般庄稼尽量选种好种)；3. 保证深耕细作，各种庄稼多锄一遍至两遍；4. 多喂猪，用猪圈积肥，争取每亩多上粪；5. 组织搭犋，常年变工互助，全村成立九个组；6. 组织护青，一定达到庄稼熟好再收割；7. 积极组织副业生产(目前即恢复粉坊十二处，树场两处，贩运十二人，轧房两处，油坊三处，小贩二十个)，在现有条件下扩大提高；8. 成立拥军优属小组，不分乡村界限，保证军属今年生产达到一般收获，随时解决军属困难，妇女多做针线，照顾零活；9. 继续扩大民兵组织(已有十三人扩大到二十人)，组织青壮年打更自卫，严密管制不法地主，肃清土匪特务，追查谣言；10. 改造二流子，积极参加生产，保证全村人人积极干活；11. 争取全村一百人上冬学；并组织群众学习时事，响应人民政府一切号召；12. 勤俭节约，不铺张浪费，将翻身果实投入生产；妇女纺棉织布，农忙下地劳动。②

这样，不仅使人民群众对自己的生产或其他活动的政治意义，有一个明确的了解，避免爱国公约因缺乏政治内容，变成单纯的生产公约或工作公约，而且可以使爱国公约中的政治任务与生产任务密切地联系起来，防止形式主义。

订立爱国公约，是人民群众在抗美援朝运动中的创造，是群众表达爱国决心和爱国行动的一种好形式。这个办法把抗美援朝保家卫国的爱国

---

① 中共河北省委员会：《关于一年来爱国公约运动的综合报告》(1951 年 12 月 18 日)，河北省档案馆藏档案，卷宗号 855 - 17 - 140。

② 《大众日报》1951 年 3 月 10 日第 1 版。

热情与具体的实际行动结合起来，用公约的形式自我教育、自我约束和解决自己的纠纷，是一种很好的思想教育形式。换句话说，爱国公约是新中国初期革命形势发展的产物，是人民群众思想觉悟大提高的表现。“国营青岛针织厂为了迎接红五月，各车间展开修订爱国公约运动，以此来保证生产、打虎、防疫三条战线都打胜仗。”至 1951 年 9 月，“仅北京、天津、上海等城市，已有百分之八十的人口订立了爱国公约”。[①] 以河北省为例，截至 1951 年底，全省爱国公约基本上普及到车间、生产小组和各行业的各户，城镇居民中已有 85%以上订立了爱国公约。农村中已有 95%的村庄订立了爱国公约，家庭爱国公约一般已达总户数的 30%到 50%。[②] 在山东青岛，青岛国棉六厂订立爱国公约后，每日每台车产量超过订约前 0.45 码，次布率占到总产量的百分比，由 3 月的 3.173%降到 5 月的 1.13%，皮辊花由 0.89 磅降到 0.49 磅，并出现了 207 个郝建秀式工作者。[③] 据统计，到 1951 年 12 月，上海市订立爱国公约情况是：产业工人的 80%，店员约为 90%，农民约为 80%，学生约为 95%，工商界约为 70%，文化教育新闻出版与科学技术界约为 80%，里弄中妇女和居民约为 70%。[④] 爱国公约运动不仅“把各个地区、各个阶层、各种职业、各种工作岗位的人民群众都结合起来”，而且“把进步的、中间的、落后的群众结合起来”，从而使抗美援朝运动“成为绝大多数人民步伐整齐的进军”。[⑤]

全国上下响应中央号召，爱国公约运动就像滚雪球般在全国范围内迅速扩展，遍及城乡，形成一股强大的精神力量。这种精神力量鼓舞了各行各业的人民群众，推动新中国的各项事业迅猛发展。

三、爱国公约运动推动爱国意识植根于民众中

强化了民众对新中国的国家认同。1951 年 6 月，从中国抗美援朝总

---

① 郭沫若：《伟大的抗美援朝运动》，《人民日报》1951 年 10 月 1 日。

② 中国人民保卫世界和平委员会河北省分会：《一年来河北省抗美援朝运动的简要情况》(1952 年 4 月 25 日)，河北省档案馆藏档案，卷宗号 903 - 1 - 20。

③ 中共中央山东分局：《关于检查了解爱国公约的订立与执行情况的报告》，山东省档案馆藏档案，卷宗号 A001 - 01 - 0043。

④ 张励：《抗美援朝运动中上海的群众动员》，《上海党史与党建》2006 年 3 月号，第 33 页。

⑤ 廖盖隆：《爱国运动论集》，海燕书店，1951 年，第 105 页；《人民日报》1951 年 6 月 2 日。

会的通知可知，全国各地订立爱国公约，内容一般由两部分组成，第一部分是爱国公约中共同的内容，其中包括表达人们对中国共产党、毛泽东主席、人民政府、人民军队的热爱，对志愿军抗美援朝行动的拥护，对人民政府镇压反革命的支持等。很显然，这部分内容是与刚刚建立的新中国紧密联系的，最直接的结果就是爱国公约运动使国家的形象、国家意识形态和权威渗入了城乡民众的日常生活，改变了传统伦理，使个人、家庭与国家的关系紧密起来。

激发了民众的国家意识。爱国公约运动的开展，实际上体现的是当时民众的一种"先国后家"的爱国情怀，此种情怀在宋代诗人范仲淹的《岳阳楼记》中早有所描述："先天下之忧而忧，后天下之乐而乐"。这种爱国主义情怀在中华民族的历史进程中绵延数千年，更是中华民族世世代代子女对其传承和情感表达的结果。爱国公约运动所推动的农村爱国增产运动，就大大激励了农民群众生产的积极性，使 1951 年的粮食、棉花等农作物的生产量都超过了 1950 年的生产水平。工人们提出"工厂就是战场，机器就是枪炮，多出一件产品就是增强一份杀敌的力量，减少一件废品就是消灭一个敌人"的口号，不断创造出生产记录。① 而"我们的经常工作和爱国运动结合了起来，也就有了政治意义，……大家工作、生产、学习，都是为了抗美援朝、保卫祖国、建设祖国，为了国家、人民的利益。……因而更加做好工作"。② 某种意义上，这是个人和国家签订的一种契约，个人以这种方式整合到国家中。意味着国家不是个人的对立面，而是内化为自己。自己对自己的要求也就是国家对自己的要求，这就是国家意识中的主人翁精神了。爱国公约运动更多地就是通过以小范围订立爱国公约来完成，通过这种运动，使广大民众融入集体，最重要的就是培养了民众的国家意识。

爱国公约运动就好像是一块具有吸附作用的磁铁，而订立各式各样的爱国公约等形式则具有强烈磁场效应，个体很容易身不由己地被吸附进去。另外，民众个体在不断的酝酿讨论中，集体、国家内化为自己的要

① 郭沫若：《伟大的抗美援朝运动》，《人民日报》1951 年 10 月 1 日。
② 《抗美援朝爱国运动要和经常工作结合》，《中国青年报》1951 年 5 月 4 日。

求，这样就很自然而然地共同确立了自身的爱国意识。事实上，爱国公约订立的过程，本身就是一个极好的自我教育的过程。比如，订立时要深入到下层人民群众中去，领导他们以各种较小单位的范围订立爱国公约，尽可能做到参加公约的每个人都有具体的任务和做法；在具体订立中既不要太抽象，也不要太琐碎，而应该根据自身情况来制订；订立要经过充分的酝酿和讨论，讨论要越民主越好；最后还要有定期的检查和总结等等。①

新中国成立初期，就国家、社会、个人层面而言，价值观的内涵还没有完全确立，亦是一个动态的发展过程。从社会发展过程来看，国家意识的内容也是不断向前发展的，伴随着爱国公约运动的开展，中国共产党向社会各阶层灌输了国家倡导的热爱领袖、热爱新中国、热爱人民军队、爱岗敬业等价值观，不仅排除了异质，而且凝聚了共识。以农村为例，几千年来，中国农民国家、社会意识比较淡薄。经过爱国公约运动的洗礼，农民开始关心国家大事，并积极主动地参与其中。就如一位湖南农民的变化："我过去是一个被压迫被剥削最利害的贫苦农民……到解放以后，我们才搬回村里。我参加了农会……大家看我热心给群众办事，就选我当本乡生产委员会主任，后又选我作乡政府主席……今年四月，群众又选我为全县甲等劳动模范……敬爱的毛主席，我知道这种光荣都是共产党和新中国带给我的。为了保卫我们可爱的祖国……现在，我们全家决定要做好以下三件事：(一)学习时事，了解抗美援朝保家卫国的道理，向群众进行宣传；(二)努力生产，保证家庭生产计划(增产百分之十四)的完成，充实国防，支援前线，保卫胜利果实；(三)我个人除办好乡政府的工作外，还要帮助家庭搞好生产，争取做特等劳动模范，到北京看毛主席。"②

爱国公约运动所运用的策略是把国家意识形态的框架同广大人民群众实际结合起来：不仅把爱国意识传递作为主要内容，还把文化知识、生产技术、卫生知识等结合起来。国家关注国家利益的诉求和民众现实利

---

① 《广泛订立并认真执行爱国公约》，《人民日报》1951 年 6 月 2 日。

② 《湖南翻身农民周汉文给毛主席写信表示爱国增产决心》，《人民日报》，1951 年 6 月 6 日。

益的结合，强调自愿与自觉等原则，引导民众产生爱国意识。另外，爱国公约运动还消除了广大民众对国家的疏离与冷漠的思想，确立一种新的国家政治伦理观，强化广大民众的主体和参与意识，从而把处于疏散状态的工人、农民等各界人士纳入国家主导的建设进程当中，从而使新中国社会价值观的面貌焕然一新。

第三节 "捐献武器运动"塑造了民众的无私奉献意识

朝鲜战争的爆发，对中国而言具有突然性。新中国正致力于解放尚未解放的地区，还要医治长久战争带来的创伤，财政经济十分困难。此外，半殖民地半封建社会的影响，重工业基础十分薄弱，我国军事装备与美国相比十分落后，尤其空军海军尚处于初创时期。"抗美援朝战争，是第二次世界大战结束后，第一场大规模的国际性局部战争，交战双方武器装备对比极为悬殊。美国先后投入近二百万军队，使用了除原子弹以外的所有先进武器，掌握着战场的制空权和制海权，地面部队全部机械化"。[①] 即便如此，中国人民志愿军自 1950 年 10 月入朝作战，到 1951 年 5 月，却凭借不怕牺牲、英勇血战的精神，在朝鲜战场作战 7 个多月，将美国为首的联合国军从鸭绿江边驱赶到三八线附近，取得了抗美援朝战争的阶段性重大胜利。但不容忽视的一个事实是，由于武器装备十分落后处于劣势状态，特别是没有空中支援，缺乏坦克掩护作战，大炮数量也有限，因此全凭血肉之躯与强敌作战，牺牲很大。

1951 年 4 月，为转达祖国人民的关怀和敬意，中国人民抗美援朝总会组织第一届中国人民赴朝慰问团，前往朝鲜慰问中国人民志愿军和朝鲜军民。5 月底，慰问团归国后，将志愿军实际作战遇到的困难作了汇报和反映。但是，由于抗美援朝战争和国民经济恢复工作，已使财政负担十分沉重，已无财力拨款为志愿军购买作战所需的飞机、大炮等武器。鉴于此种情况，1951 年 6 月 1 日，中国人民抗美援朝总会发出了《关于推行爱

---

① 江泽民：《在首都各界纪念中国人民志愿军抗美援朝出国作战五十周年大会上的讲话(2000 年 10 月 25 日)》,《人民日报》2000 年 10 月 26 日。

国公约、捐献飞机大炮和优待烈军属的号召》。《号召》指出:"我们提议全国各界的爱国仁人志士们,不分男女老少,都参与到开展爱国的增加生产、收入的运动当中去,用新增加的收入的部分或全部来购置飞机、大炮等武器,捐献给在朝鲜战场的志愿军和解放军,以此来增强他们的军事战斗力,巩固我们的国防。各地捐献的飞机、大炮、坦克等,将冠以捐献单位的名字,作为光荣的纪念。"[①]同日,中共中央发出指示,指出:"为了进一步普遍深入开展抗美援朝的运动和教育,中共中央决定,在全国普遍地开展爱国公约运动,开展增产、捐献武器运动和优待烈属军属及残疾军人的运动借以提高人民的政治觉悟和爱国热枕,借以鼓励前线的士气并解决一部分财政上的困难。现中国人民抗美援朝总会已发出具体号召,望即遵照执行。"[②]

全国各地根据党中央指示迅即行动起来,北京市工商界在6月1日举行的欢迎赴朝慰问团归国大会上,就立即通过了以捐献飞机、大炮、坦克等来积极支援前线的议案。[③] 踊跃行动起来的全国人民,开展的热火朝天的捐献运动迅速结出了丰硕果实,截至1951年10月中国人民志愿军出国作战周年纪念日,全国人民捐款总数已达23154亿元(旧币),占认捐总数飞机2482架(内轰炸机2架)、大炮134门、高射炮83门、坦克4辆的百分之五十九点弱。[④] 1951年10月,中共中央和中国人民政治协商会议决议将继续加强抗美援朝工作,作为当时全国的三大中心任务之一,中国人民抗美援朝总会继续把开展增产节约和捐献武器作为抗美援朝工作的中心环节。到1951年12月27日,中国人民抗美援朝总会发出通知,决定结束武器捐献运动。根据抗美援朝总会的统计,至12月26日中国人民银行总行是收到全国各地捐款已达47280亿元,已超过全国10月30日认捐总数的19%,因此,要求"有关各方面认真地、好不草率地将结

---

① 《中国人民抗美援朝总会关于推行爱国公约、捐献飞机大炮和优待烈属军属的号召》,《人民日报》1951年6月2日。

② 齐德学:《巨人的较量:抗美援朝高层决策和指导》,中共中央党校出版社,1999年,第222页。

③ 《首都工商界响应爱国号召,通过捐献飞机大炮等的议案》,《人民日报》1951年6月2日。

④ 《迎接中国人民志愿军出国作战周年纪念,全国缴纳献款已达两万三千多亿》,《人民日报》1951年10月24日。

束工作做好”。[①] 实际上，全国各地仍在实践着自己的爱国诺言，许多地区和单位已经完成了或正在接近完成捐献武器预定计划的还在坚持，到1952年5月底为止，由全国各省市人民银行汇缴抗美援朝总会的武器捐献，共达人民币55650亿元，以每架战斗机值15亿计算，可折合3710架飞机。以上海为例，截至1952年5月底，全市捐献款项达8491亿多元，折合战斗机566架，超计划70%，占全国捐献总额的15.3%。其中工人121架，农民3架，妇女12架，学生2架，工商界404架，文教5架，机关团体20架，其他9架。[②] 此外，上海人民还向志愿军捐赠了大量的慰问品。据1951年统计，慰劳品达3175万多件，捐书64万册，1950年10月至1953年8月，捐献慰问金共达236.48万元(新币)，以及大批珍贵的药材和医疗器材。[③] 可从中一窥当时捐献运动活跃的状况。捐献武器运动成效极大，正如陈云所言：“抗美援朝，不但不是像帝国主义者所妄想的那样，使我们在经济上不能恢复和发展；相反的，我们的人民经济事业却在抗美援朝斗争中得到了促使迅速进步的动力。……抗美援朝的捐献运动，不仅直接增加了国防力量，同时支援了国家的财政。”[④]

保家卫国人人有责，“有钱出钱，有人出人，有力出力”，在当时已成为人民群众的自觉行动。建立在广大人民群众爱国主义基础之上的捐献武器运动，1952年5月结束以后，抗美援朝运动即转为以开展爱国节约为中心的各项工作，但全国人民的捐献活动并没有完全停止。而且全国各地民众一腔热血的无私奉献精神，基于情势需要也通过其他行动来表达，如上海著名越剧演员徐玉兰、王文娟，放弃优厚待遇，主动与玉兰剧团的成员集体参军，赴朝鲜前线参加巡回演出。此类事例极多，反映了广大民众已将无私奉献意识植根于内心深处。可见，捐献武器运动悄无声息的塑造了民众的无私奉献意识，也在价值观层面塑造着民众的思想观念

① 《中国人民抗美援朝总会关于进行结束武器捐献运动工作的通知》，《人民日报》1951年12月28日。

② 中共上海市委党史研究室编：《中国共产党在上海(1921－1991)》，上海人民出版社，1991年，第400页。

③ 张文清：《伟大的精神历史的丰碑——上海人民在抗美援朝运动中》，《上海党史研究》1996年第2期，第22页。

④ 中共中央文献研究室编：《陈云文集》第2卷，中央文献出版社，2005年，第318页。

基础。

捐献武器运动彰显了广大人民群众自愿与自觉的精神境界，他们是在无意中用一种间接的方式，把道德义务转化为一种道德需要。因为人的思想本身复杂多样是随着时代的发展而变化的，且具有一定的可塑性，以往有的民众私心比较严重或对国家事务比较冷漠，如中国农民普遍存在的“抗美援朝与咱无关”就是最典型的心态。现在通过国家动员积极参与到捐献武器运动中来，且作出了无私的奉献，从无意识发展为有意识，强化了和提升了他们的道德境界和对国家的情感。捐献武器运动是基于爱国公约运动的基础发展壮大起来的，没有爱国主义的支撑，捐献武器运动很难开展并坚持下去，而捐献武器运动是以无私奉献精神更好地承接了爱国公约运动的爱国主义精神。无私奉献精神承载着共产党人和人民群众对新中国的希望和必胜的信念，在敌我力量悬殊的情况下，推动抗美援朝战争取得伟大的胜利。

第四节 “增产节约运动”增强了民众的集体主义意识

在 1951 年 6 月发起的爱国捐献运动中，全国各地区、各部门结合实际订立爱国公约，开展爱国增产运动。人民群众充分发挥生产的积极性和创造性，有力地推动了生产的发展。与此同时，为了进一步减轻国家的财政压力，在财力物力上全力支持抗美援朝战争，中共中央于 10 月 5 日召开政治局扩大会议，讨论和决定实行“精兵简政，增产节约”的方针。① 10 月 23 日，毛泽东在中国人民政治协商会议第一届全国委员会第三次会议的开幕词中就指出：“在工业和农业战线上正在发展着的爱国增产运动，是我们国家值得庆贺的新气象。……我们还需要继续加强抗美援朝的工作，需要增加生产，厉行节约，以支持中国人民志愿军。这是中国人民今天的中心任务”。② 于是，各地相继召开增产节约动员大会，全国迅

① 逄先知、金冲及主编：《毛泽东传》(三)，中央文献出版社，2011 年，第 1165－1166 页。

② 毛泽东：《中国人民政治协商会议第一届全国委员会第三次会议的开会词》，《人民日报》1951 年 10 月 24 日。

速掀起“增产节约运动”。11 月 16 日，中国人民抗美援朝总会发出通知，提出“捐献武器运动完成后，抗美援朝工作应以开展爱国增产节约运动为中心”。[1] 12 月 1 日，中共中央作出《关于精兵简政、增产节约、反对贪污、反对浪费和反对官僚主义的决定》。《决定》指出：“增产节约是积累资金、取得经验、加速经济建设的主要办法。我们要在一九五二年完成恢复经济的任务，并为一九五三年开始的大规模国家经济建设计划准备条件，就必须在一九五二年爱国增产节约运动的基础上，更进一步地团结、教育和依靠工人和农民，订立爱国公约，组织竞赛，努力增加生产，厉行节约，以初步地实现毛主席所号召的‘一个普遍高涨的爱国增产运动’。”[2]就这样，根据中共中央指示精神，全国各地把爱国公约、捐献武器与增产节约运动结合起来，增产节约运动就在全国各条战线蓬勃开展起来。

“增产节约运动”起源于抗美援朝爱国公约运动，爱国公约运动为增产节约运动奠定了基础，爱国公约运动中农村是增加农作物的产量，城市很多工人则是通过积极工作提高生产效率。在农村广大农民开展爱国增产竞赛，如 1951 年 3 月，山西农业劳动模范李顺达领导的互助组，向全国各地发出爱国增产竞赛挑战书；10 月，创造全国棉花单位面积最高产量的山西“曲耀离互助组”，决定把棉花尽早全部售卖给国家，并向全国产棉区互助组及棉农发起爱国售棉挑战书。他们的倡议得到全国农民的广泛响应，挑战应战此起彼伏。据 35 个省区的不完全统计，有 5351 个著名的农业生产合作社、互助组向李顺达、曲耀离等农业生产合作社、互助组应战。[3] 广泛发动起来的增产竞赛运动，大大激发农民群众生产积极性，很快在农村将增产节约运动推向高潮。在城市，工人阶级纷纷提出“工厂就是战场，机器就是枪炮，多出一件产品就是增强一分杀敌力量，减少一件废品就是消灭一个敌人”的战斗口号，竞相参加爱国增产节约运动。有几

---

① 《中国人民抗美援朝总会关于争取按期完成武器捐献缴款工作，并继续加强抗美援朝运动的通知》，《人民日报》1951 年 11 月 17 日。

② 中共中央文献研究室编：《建国以来重要文献选编》第 2 册，中央文献出版社，1992 年，第 476 页。

③ 《中华人民共和国经济大事记》编选组编：《中华人民共和国经济大事记（1949 年 10 月- 1984 年 9 月）》，北京出版社，1985 年，第 36、46 页。

组数据具有代表性，据统计，1951 年全国参加生产竞赛的有 238 万人，到 1952 年运动结束后，参加的职工已占职工总数的 80%以上；东北地区工人的劳动生产率大幅提高，1952 年上半年就比 1951 年同期超过 20.9%。[①]

增产节约运动不仅为抗美援朝战争的胜利奠定了坚实的物质基础，有利地推动了我国各项事业的顺利进行，而且为国家即将到来的经济建设做了准备。中央人民政府经济委员会的统计表明，1952 年全国增产节约总值为 317789 亿元，其中增产 116608 亿元，降低成本节约 137120 亿元，节约流动资金 64061 亿元。增产利润、降低成本利润和节约流动资金共计 223137 亿元。[②]

现有历史研究表明，在抗美援朝运动中真正以实践活动使农民群众、工人融入到运动当中的，增产节约运动起了至关重要的作用，增产节约运动具体到了广大农民、工人劳动的每个细节，只有这样才能激起农民、工人的社会担当意识，才能增强民众的社会责任感。爱国增产节约运动在党的领导下顺利开展起来，另一方面，人民群众也通过积极的工作响应了国家号召。而新中国成立初期民众的社会责任感处于潜意识状态，需要国家政策的引导，通过国家政府把民众的思想意识引导到潜意识区域，民众的社会责任感意识才能够显露出来。

爱国增产节约运动，极大地提高了人民群众的生产工作积极性和国家主人翁的责任感，在全民中进行了一场深刻的爱国主义和集体主义教育。我国是一个农业大国，基础薄弱，广大农民群众、工人占绝大多数，党首先通过对广大人民群众进行爱国增产节约教育工作，在群众中反复进行思想动员工作，坚决依靠群众，把“增产节约”作为贯穿到一切工作的总方针和总任务，从而使增产节约运动成为全国规模的群众运动。通过思想引导，工人、农民对增产节约运动的热情高涨，就带动社会其他各阶层人士的工作热情，全社会民众工作热情的高涨，又必将带动整个国家民族

---

① 《中华人民共和国三年来的伟大成就》，人民出版社，1952 年，第 151 - 152 页。

② 中国社会科学院、中央档案馆编：《中华人民共和国经济档案资料选编 1949 - 1952（工业卷）》，中国物资出版社，1996 年，第 652 页。

掀起热潮。爱国增产节约运动正是通过对民众个人思想逐步塑造的推进过程来整合社会价值观，在鼓舞广大民众生产工作积极性的同时，通过对民众责任感意识不断历练，来培育个人的集体主义意识，个人在集体主义意识的引导下逐步形成和增强对全社会的责任感。在广大农村，在爱国增产运动的推动下，一定程度上就激励民众向往互助合作并成为积极分子，使体现集体主义精神的互助合作组织得到了进一步发展和提高。

爱国增产节约运动本身又是一次在全国人民中进行抗美援朝、保家卫国运动的深入普及动员和教育，极大地激发了全国人民的爱国热枕和集体主义意识，增强了民众的高度主人翁责任感，各行各业人士工作热情空前高涨，每个人在自己的工作岗位上身体力行，努力提高技术水平和业务水平，在增产节约运动中热情奉献自己的聪明才智和全部力量，形成了友爱互助的社会新风尚，给予在朝鲜作战的中国人民志愿军以巨大的精神鼓舞和物质支援，同时也减轻了国家的财政负担。而在增产节约运动推动下，中国共产党的各级组织、各级人民政府、人民解放军各部队、各人民团体等，都彰显了集体主义意识，充分发扬了自力更生、艰苦奋斗、勤俭办事业的优良传统，使之成为发展新中国各项社会事业的强大动力。

第五节　抗美援朝运动奠定了新中国社会价值观的基础

著名的思想家、哲学家、教育家、社会活动家梁簌溟曾经指出："说建国，其意乃在建造一新中国社会；而社会所以新，却在文化上。政治要新，经济要新，种种皆要新，而不从宗教、道德、礼俗、法律这些新起，却新不了。"由此可见，建国问题，实质上就是"如何给中国人心理上改换道路走"的问题。[①] 但如何实现这一切，却绝非易事。而历史恰恰为新中国提供了这样的机会和条件。

一、爱国主义精神得到继承发扬壮大

1951 年 10 月在纪念中国人民志愿军出国作战一周年时，中国人民

---

① 郑大华：《梁漱溟传》，人民出版社，2001 年，第 420－421 页。

志愿军战斗英雄国庆节观礼代表团团长、中国人民志愿军政治部副主任杜平的撰文，振聋发聩，他阐述道："我们要回想一下：中国人民志愿军是依靠着什么力量能用劣势的装备在朝鲜战场上打败强大的美帝国主义及其帮凶侵略军队？是什么力量鼓舞着志愿军战士们在朝鲜战场上忍受和克服一切艰难困苦，英勇顽强地与敌人战斗？这个无可比拟的伟大力量就是志愿军战士们对美帝国主义的痛恨、对自己祖国的热爱、对朝鲜人民深厚的同情和对全世界和平事业的责任感，就是志愿军战士们和中朝两国军民所共有的爱国主义和国际主义的伟大精神。中国人民志愿军抗美援朝保家卫国的正义行动，乃是爱国主义与国际主义密切结合的具体表现"。[①] 显而易见，任何民族的繁荣、任何国家的富强，都离不开爱国主义的巨大力量，它是一个民族、一个国家凝聚人民的重要精神纽带和鼓舞人们团结奋斗的光辉旗帜。以爱国主义为核心的民族精神是到任何时候都不能丢弃的民族传统，没有了爱国主义精神就失去了民族的精神支柱，其他一切都无从谈起。当中国人民志愿军在前方浴血奋战时，国内广泛掀起的抗美援朝运动，就将爱国主义与国际主义发扬壮大，变成全国人民的意愿与行动。

抗美援朝运动时期，所发扬的爱国主义精神是："祖国和人民的利益高于一切，为了祖国和民族的尊严而奋不顾身的爱国主义精神。"[②]从刚开始的时事宣传到家喻户晓的爱国公约再到增产节约、捐献武器，广大人民群众已经深深地把对国家的感情融入到实际工作当中，深知爱国就是把当下自己的各项事业做好，贡献出更多的力量。相比以往带有明显空想色彩的爱国主义，时事宣传运动、爱国公约运动、增产节约运动、武器捐献运动等一系列具体实践活动，使爱国主义精神得到张扬，而且内容得到充实更加具体明确，爱国主义具有现实可操作性。《人民日报》社论就指出："订立爱国公约，使人民群众在这次抗美援朝运动中，自己创造出来的，用以表示爱国决心和爱国行动的一种方法。人民群众的这一个创举，

---

① 杜平：《爱国主义与国际主义是中国人民志愿军力量的源泉》，《人民日报》1951 年 10 月 25 日。

② 江泽民：《在首都各界纪念中国人民志愿军抗美援朝出国作战五十周年大会上的讲话（2000 年 10 月 25 日）》，《人民日报》2000 年 10 月 26 日。

具有深刻的革命意义，它使各阶层的爱国人民更进一步地在行动上团结起来，并将推动我们国家的革命斗争和建设工作的加速度前进。”①抗美援朝运动中，人民群众纷纷把爱国主义热情转化为具体的爱岗敬业行动，以自己的实际行动巩固新生的国家政权。从社会价值观的层面看，爱国主义体现的是人民群众对国家政权和意识形态的认可。更能说明以爱国主义为核心的民族魂是任何一个国家不能丢弃的，爱国不再是抽象的，而是具体的。我们不能否认在任何时代都有爱国主义，但每个时代对爱国主义内容的要求是不一样的。正如《人民日报》社论中所说：“我们的爱国公约不是一成不变的，它应该是有时间性的，可以随着我们的时代和工作的发展而进步。我们主张各界人民每半年重订一次爱国公约，就是要一方面使每个爱国公约都有它的执行的固定期限，不致成为一纸具文；同时，也使爱国公约可以不断地获得新的生命力。”②而爱不爱国的问题，又更具体化爱不爱新生的中华人民共和国的问题，当时陶铸就说：“今天摆在我们每一个中国人民面前的是对新的人民的祖国抱定一种什么样的态度？这是不应该再含糊了。爱她呢？还是恨她呢？拥护她呢？还是反对她呢？二者必居其一，绝无中间态度，我们必须把这个界线划分清楚。要划清这个界线，抗美援朝运动是一块很好的试金石。”③由此，抗美援朝运动就为爱国注入了充实的内容。

抗美援朝运动是紧紧围绕以爱国主义为中心开展的，各项具体工作都用爱国主义这条红线贯穿，比如爱国捐献、爱国增产节约、爱国卫生运动、爱国公约、爱国竞赛、爱国捐献等等，爱国主义起到了重要作用。毫不夸张地说没有爱国主义的引领与支撑，就开展不了轰轰烈烈地抗美援朝运动，更不会展现出举国上下万众一心的历史局面。抗美援朝运动使新中国成立初期的爱国主义与以往的爱国主义略显不同，人民群众更多地是关心支持新的国家政权的巩固与发展，而不再是抵抗侵略要求民族独立建立国家政权。当一个人能够理性地把自己的爱国情感同其所依存的

① 《广泛订立并认真执行爱国公约》，《人民日报》1951 年 6 月 2 日。
② 《广泛订立并认真执行爱国公约》，《人民日报》1951 年 6 月 2 日。
③ 陶铸：《团结全体爱国人民展开抗美援朝运动》，中国人民保卫世界和平反对美国侵略委员会广西分会，1950 年编印，第 3 页。

现实的社会制度和国家性质紧密结合起来时,就说明他的爱国情感已经超越了零散、偶然的局限,达到了更高的境界,具有了能称之为“主义”的系统性、整体性品格。这种精神就鲜明反映和体现在志愿军身上,“我们之所以能够战胜敌人,就是因为我们领会了并反映了中国人民伟大的意志。我们知道自己是伟大中国人民的儿女,我们的背后,就是伟大的祖国。我们关切祖国的一切,特别是祖国的建设,因而勇气百倍,愈战愈强,取得了伟大胜利和必将取得最后的胜利”。[①] 人民群众盼望这种国泰民安的生活太久,是不允许任何外国势力破坏的,让爱国主义变得更加贴近人民群众的生活,爱国主义不再离百姓生活非常遥远。抗美援朝运动使人民群众在具体的工作中不再感觉非得与政治挂钩才能表达爱国主义,爱国主义也可以通过日常工作生活等方式就能实现。

另一方面,抗美援朝运动开展的爱国公约,同时也是对全社会民众进行了爱国主义情感教育。抗美援朝爱国主义情感教育是以民族主义和爱国主义为主线,彻底清除了近代帝国主义对华侵略所造成的心理痼疾,极大地激发和调动了人民群众的爱国情怀。抗美援朝运动开展一年后,彭真报告总结说:“全国百分之七十至八十的人口,参加了抗美援朝的爱国行动,受到了抗美援朝的爱国教育。……很多的工人和农民都说‘现在我们一切都准备好了,只要命令一下,要人有人,要钱有钱,要什么有什么’。这种话是可以代表全国各阶层人民的意志和心情的,这正是我们能够取得最后胜利的保证。”[②]爱国主义情感就是对自己的祖国的归属和认同产生的一种眷恋、依赖和忠诚的感情,这种感情经过世世代代人民的培育,逐渐超越零散性、具体性的局限,最终积淀成为一种“主义”的爱国情感即爱国主义情感。这场伟大的民众爱国情感教育活动,不只是为抗美援朝战争奠定了胜利的基础,而且也使近代以来中国人民的心灵得到了洗涤和升华,进而展示了中国人民为民族生存而同仇敌忾的决心、为国家富强而努力奋进的毅力。对此,梁思成深有感触,他写道:“我过去也热爱我的

---

① 甘泗淇:《为保卫伟大祖国的建设,争取抗美援朝的最后胜利而奋斗》,《人民日报》1952 年 10 月 25 日。

② 彭真:《关于抗美援朝保家卫国运动的报告》,《人民日报》1951 年 10 月 25 日。

祖国,我爱她的锦绣河山……爱她丰富灿烂的文化遗产,不过那是不够的。在反动统治之下,我对祖国的爱,只能限制在对一块古砖的摩挲,……就是这些带有怀古幽情的消极的爱国感情,也竟被反动统治者和美帝国主义者践踏和利用,……两年的抗美援朝运动……使我认识了祖国更可爱的东西,那就是伟大的、勤劳、勇敢、智慧的劳动人民。组成中国人民志愿军的优秀儿女就是最优秀的典型。因此,我所爱的祖国的内容,比过去所认识的祖国更为丰富了。我更千百倍地爱我的祖国!"[①]

因此,抗美援朝运动给新中国成立初期的爱国主义精神注入了新鲜血液,抗美援朝运动继承和发扬了以爱国主义为核心的民族精神。抗美援朝运动展现的爱国主义情感,已成为新中国爱国主义思想的重要组成部分和社会价值基础,将在中华大地得到世世代代人民的传承和发扬。

二、民众的国际主义意识得到增强

新中国成立初期,我国的经济、政治、文化等方面获得突飞猛进的发展,从中华人民共和国成立到抗美援朝战争一周年时期为止,与中国建交的国家已有 19 个。[②] 当时我国外交政策就是"一边倒",主要内容是:加强同以苏联为首的社会主义国家的团结,联合世界上一切爱好和平的国家与人民,挫败美国的侵略政策和战争政策,维护中国的独立主权和世界和平,为社会主义建设争取一个有利的国际环境。这一外交政策实践的结果,就是中国面对美国对自己邻国朝鲜的侵略,毫不犹疑地做出了抗美援朝的决定。但是刚刚从半殖民地半封建社会走过来的中国人民,并不能完全理解国家的选择。抗美援朝运动中,许多群众不明白我国为什么要对朝鲜进行国际主义援助,弄不清"理不理"的问题,"存有麻痹思想,'朝鲜战争,碍不着中国的事'"、"美帝侵朝我们为什么不能置之不理?"[③]不理解我国为什么要在内忧外患的紧张形势下去趟朝鲜战争的"浑水"。他们共同的错误在于分析参战的利弊时,忽略了朝鲜战争的胜负与全世

① 梁思成:《感谢你们,英勇的中国人民志愿军》,《人民日报》1952 年 10 月 26 日。
② 程潜:《中华人民共和国两年来的伟大成就》,《人民日报》1951 年 10 月 2 日。
③ 贺炳章、周振华、袁渤:《唐山专区抗美援朝运动初步检查》,《人民日报》1950 年 12 月 12 日。

界无产阶级革命运动之间、与中国国家安全之间唇亡齿寒的紧密关系，或者将此种关系放到了次要位置，只看到树木，而没有看到森林。可以说国际主义意识从国家到人民群众比较淡薄，或者说缺少具体的实践活动而带有空想的色彩。

而从朝鲜战争爆发到抗美援朝保家卫国决策，再到国内开展的抗美援朝运动，抗美援朝运动对民众进行的一系列教育实践活动，逐渐拓宽了人民群众的视野，使人民群众不仅着眼于恢复和发展国内经济建设，而且促使人民群众开始关心朝鲜人民生存的安危。宋庆龄就总结指出："我们前面只有一条路——帮助我们的邻邦，同时也就是帮助我们自己以及世界和平事业。"①马克思说："观念的东西不外是移入人的头脑并在人的头脑中改造过的物质的东西而已。"②实际上，早在抗美援朝战争爆发前，中国政府和人民就向正在朝鲜战争中的朝鲜政府和人民表达了帮助的意愿。1950 年 8 月 15 日，是朝鲜人民解放 5 周年纪念日，中国派出了以政务院副总理郭沫若为团长、李立三为副团长的中国人民代表团，赴朝鲜慰问正在抗击美国侵略、争取国家统一战争的朝鲜军民。代表团返回中国后，政务院第 47 次会议专门听取了郭沫若团长关于代表团在朝鲜期间活动的报告，周恩来总理发言指出："朝鲜民族是勤劳而勇敢的民族，与中华民族有着血肉关系。朝鲜人民帮助过中国人民。现在朝鲜人民正抵抗着帝国主义阵营的侵略，这是替亚洲人民打头阵、当先锋。朝鲜战争拖长的可能性增加了，朝鲜人民将要长期作战。我们应支持他们，坚决帮助他们。"③因此，抗美援朝运动轰轰烈烈的开展也使国际主义意识在广大人民群众思想观念中生根发芽，形成了为了人类和平与进步事业而奋斗的国际主义精神。

1950 年 11 月 16－22 日，第二届世界保卫和平大会在波兰首都华沙举行，中国派出以政务院副总理、中国人民保卫世界和平委员会主席郭沫

---

① 宋庆龄：《伟大的中国三大运动——为〈人民中国〉国庆纪念专刊作》，《人民日报》1951 年 10 月 1 日。

② 马克思、恩格斯：《马克思恩格斯选集》第二卷，人民出版社，1995 年，第 217 页。

③ 中共中央文献研究室编：《周恩来年谱（1949－1976）》上卷，中央文献出版社，1997 年，第 69 页。

若为团长的代表团出席。为支持此次大会，中国社会广泛掀起和平签名运动，至11月16日止，中国人民在争取保卫世界和平的斯德哥尔摩宣言签名运动中，共有223739545人在宣言上签名，约占全国人口总数的47%，充分表现了中国人民反对战争、热爱和平的坚强意志。[①] 郭沫若在世界保卫和平大会发言中指出，“我们亚洲人民为了和平的保卫是绝不向侵略者屈服的。朝鲜人民遭受着灾难，我们不能坐视不理。”[②]中朝两国自古以来便有着深深的友谊，更是“唇齿相依”的关系。拉斯韦尔曾经说过：“如果传统的友谊将两个国家联系在一起，在危机时刻求助于它就非常容易。”对此，宋庆龄作了很好的诠释，她指出：“我们援助朝鲜是很自然的。首先，我们两个国家已有数千年的历史关系。在近代，在抗日战争期间，我们的关系尤其密切。那时，像现在一样，我们两个民族有共同的帝国主义敌人。许多朝鲜人民的子弟参加了我们遐迩闻名的八路军，他们中间有许多人为中国的解放献出了他们的生命。所以，我们的同志情谊是根深蒂固的。其次，北朝鲜是一个人民的国家。因为它也是世界和平阵营的一部分。我们不能坐在一旁漠不关心，眼看着战争贩子把它吞并。还有一个理由是：中国人民完全熟悉那个‘首先占朝鲜’的策略。我们以最深的愤恨，回想到日本军阀是沿着同样一条道路来侵略我们的东北的。”[③]所以，朝鲜人民曾经帮助过我们，如今朝鲜人民生活在水深火热之中，我们不能袖手旁观而不救，中国人民更明白“滴水之恩当涌泉相报”的传统美德，中国人民志愿军奔赴朝鲜战场以及国内中国人民开展的抗美援朝运动，展现了我们中华民族不仅是仁义之邦，更是文明之邦。中国人民和朝鲜人民同样向往和平、爱好和平，都渴望拥有一个和平而美丽的新世界。

抗美援朝运动尽管是在国内发起的，意在为抗美援朝战争提供物质

---

① 中国人民保卫世界和平反对美国侵略委员会：《中国和平签名运动的总结》，《人民日报》1950年11月23日。

② 《在二届世界和大十八日下午会议上我代表团长郭沫若发言》，《人民日报》1950年11月21日。

③ 宋庆龄：《伟大的中国三大运动——为〈人民中国〉国庆纪念专刊作》，《人民日报》1951年10月1日。

支持的群众运动,但从文化的角度上看,也是一场旨在调动人民群众思想层面的运动。另一方面,在物质匮乏的共和国初期,国际主义精神是通过人民群众的爱国主义得到了初步发展,爱国主义精神在运动中起了中流砥柱的作用,没有爱国主义精神的引领带头作用,人民群众很难自己去改变自己的思想观念。正如彭真所言:"中国各基层人民在抗美援朝斗争的伟大实践中,认识了美帝国主义者是中国人民最危险的敌人,认识了以苏联为首的所有和平民主国家和全世界所有爱好和平的人们,乃是中国人民最好的朋友,而伟大的中苏两国的友好同盟,则是保卫东方和世界和平民主的最有力保证……爱国主义与国际主义,两者是密切结合而不可分的,现在已经成了全国人民的政治常识了。"[①]

抗美援朝运动是新中国成立初期人民群众充分体现国际主义精神的事件,加深了中朝两国人民的感情和友谊,使国际主义意识在人民群众中得到初步发展。例如,据 1950 年 12 月 26 日《人民日报》报道,毗邻朝鲜的中国东北安东、大连、长春、哈尔滨、沈阳等地广大妇女,在抗美援朝保家卫国运动中表现了高度的爱国热情和国际主义精神,她们纷纷组织"战地服务队、救护队及输血队等,志愿到朝鲜前线服务","送她们的丈夫和儿子赴朝鲜参加志愿军。各地女工都纷纷投入爱国主义生产竞赛的热潮"。[②] 中国人民志愿军更是国际主义精神的最可爱代表,他们深深懂得"在朝鲜作战,不仅是为祖国安全与朝鲜人民的解放而战,是为亚洲和世界的和平而战"。[③] 周恩来曾经指出,抗美援朝运动"大大地激发了我国人民伟大的爱国主义和国际主义的精神,无限地加强了我国人民精神上和政治上的团结","实际上保证并促进了我们社会改造和经济恢复的事业的早日完成"。[④] 在朝鲜战场,中国人民志愿军更是以鲜血和生命捍卫世界和平与正义,捍卫朝鲜人民的独立和自由,志愿军以实际行动甚至生

---

① 彭真:《关于抗美援朝保家卫国运动的报告》,《人民日报》1951 年 10 月 25 日。

②《东北妇女的爱国热情和国际主义精神》,《人民日报》1950 年 12 月 26 日。

③ 杜平:《爱国主义与国际主义是中国人民志愿军力量的源泉》,《人民日报》1951 年 10 月 25 日。

④ 中国人民抗美援朝总会宣传部编:《伟大的抗美援朝运动》,人民出版社,1954 年,第 278－279 页。

命诠释了国际主义精神，这种国际主义精神深深地鼓舞和激励着国内广大人民群众。国际主义意识内容在国内和国外两个战场相互互动，国际主义意识越发的显示出其积极的作用，开阔了中国人民的国际视野。

三、集体主义意识和精神得到增强

抗美援朝运动是中共在中华人民共和国成立初期进行的一场全国性的群众运动。新中国成立初期，全国各地区还没有实现完整意义上的解放，激烈、尖锐的阶级斗争并没有彻底结束。但刚刚成立两年的中华人民共和国就"已经成为世界上最稳固、进步和强大的国家之一"，取得"英雄史诗似的成就"，究其原因"首先是毛主席、中国共产党以及中央人民政府的深刻领导。第二是中国人民群众的爱国热情"，"我们的领导和我们的人民，同心协力地发动了一系列的群众运动，其规模、范围和成就都是中国的悠久历史从来没有过的。土地改革、镇压反革命分子、抗美援朝保家卫国运动——已经触及全国各界、各阶层、各不同政治和宗教信仰的每一个人的生活。中国人民这样排山倒海地参与这些运动，奠定了基础，使我们的共和国，从一个成功走到一个成功，力量大大增加而达最高度。这三大运动巩固了中国革命的胜利，并且为未来的进展准备了基础"。[①] 这种感性的认识深刻揭示三大革命运动积极的影响，就是比较容易形成一种集体的爱国力量，在人民群众中更容易形成集体主义意识，集体主义意识的发挥必然会增强本民族的凝聚力。

部分美国学者认为，在中国共产党的历史上，"反复出现的群众运动是中共政治自 1933 年以来的一个特征，也是中华人民共和国自成立以来政府运作的一种主要方式。"[②]这种说法或许言过其实，但是也不能不承认，中华人民共和国几乎是在大大小小的运动中走过了成立之后的三十年历程。也正是三十年历程中这些大大小小的运动所进行的思想政治教育工作，不断改变着广大民众的思想，其中抗美援朝运动对新中国初期社

---

① 宋庆龄：《伟大的中国三大运动——为〈人民中国〉国庆纪念专刊作》，《人民日报》1951 年 10 月 1 日。

② 〔美〕詹姆斯·R. 汤森、布兰特利·沃马克：《中国政治》，顾速、董方译，江苏人民出版社，2007 年，第 153 页。

会价值观的整合与重塑的贡献，是最不容忽视的。可以说没有抗美援朝运动开展的一系列社会实践活动所进行的价值观思想教育工作，就不可能促使全国人民紧紧团结在一起搞好新中国成立初期的各项事业发展，更不可能有抗美援朝战争的胜利。抗美援朝运动的胜利，也表明全国人民的团结互助意识，在抗美援朝时期得到巩固，这种团结互助意识就是集体主义精神的体现。集体主义是共产主义道德的核心，也是社会主义精神文明的重要标志。集体主义精神是民族凝聚力的核心，基于爱国主义的集体主义也正是在经历大大小小的群众运动中不断历练出来的结晶，抗美援朝运动毫不例外发扬了集体主义精神。在抗美援朝运动发动一年后的总结中，郭沫若这样写道："一年以来，中国人民在抗美援朝运动所获得的另一个伟大胜利，是全国范围内爱国主义的新高涨。我国人民在基于爱国主义的基础上，发动了抗美援朝运动；而在抗美援朝运动中，我国人民受到普遍而深入的爱国主义教育，这就进一步提高了自己的政治觉悟"。[①]

1950 年 11 月 22 日，中国人民保卫世界和平反对美国侵略委员会发出关于抗美援朝运动当前任务的通告，通告指出："抗美援朝保家卫国运动是一个比较长期性的爱国运动。中国人民在开展这一运动当中，除掉进行时事政治教育，有关国防教育和必要的志愿行动以外，应该把群众的爱国热情正确的引导到实际工作中去，是抗美援朝保家卫国的运动，和坚持自己岗位的任务相结合。因为只有这样，方能化热情为力量，更有效地做好我们的工作，方能在有步骤的统一领导下，使中国人民在志愿基础上的抗美援朝保家卫国的伟大爱国运动，能够持久、能够日益巩固发展，获得最大的成效。"[②]抗美援朝运动再次证明了："批判的武器当然不能代替武器的批判，物质力量只能用物质力量来摧毁；但是理论一经掌握群众，也会变成物质力量。理论只要说服人，就能掌握群众；而理论只要彻底，就能说服人。所谓彻底，就是抓住事物的根本。但是，人的根本就是人本

① 郭沫若：《伟大的抗美援朝运动》，《人民日报》1951 年 10 月 1 日。

②《中国人民保卫世界和平反对美国侵略委员会号召普及与深入抗美思想教育》，《人民日报》1950 年 11 月 23 日。

身。”[①]抗美援朝运动以各种集体仪式感的活动，凝聚人心。例如，抗美援朝运动时期频繁举行游行示威集会，被中共中央总结后认为是最成功的两种方法之一。[②] 其中，1951 年“五一”节期间举行的抗美援朝、反对武装日本、保卫世界和平的示威游行规模最大，甚至可以说“是中国历史上空前未有的”。全国所有的城市和绝大多数乡村都举行了大示威，参加的各阶层民众共有 186,430,000 人以上，占到了全国总人口 39%以上。如果将五一节前参加爱国游行的人数合并统计，全国一半以上的人口参加了爱国示威。[③]

通过以上资料可以看出，抗美援朝运动为国内的其他社会发展工作提供精神动力，使广大人民群众紧紧团结在一起搞建设，具有对广大普通民众的精神统领作用。在整个抗美援朝时期，中国社会表现出的一个重大特征就是，“民族主义空前高涨，凝聚力、向心力特别强”。[④] 而这种民族主义是爱国主义的集中体现，正是“抗美援朝，保家卫国”所传递的精神力量。

就历史的经验而言，处在一个具体社会中的成员，价值观念往往存在着差异，所以必须整合社会生活基本方面形成大体一致的价值观念，从而国家和民族的社会结构趋于协调和一致。更何况中国是一个多民族国家，要使各民族团结在一起必须发扬集体主义精神，对于集体主义价值观念的认同是爱国主义的精神动力，是时代精神的价值引领。正如朱德总结的：全国各阶层人民和各民主党派都“坚决支持中国人民志愿军和朝鲜人民的伟大斗争。这是因为这一斗争完全合乎正义，不但符合中朝两国人民的共同利益，而且符合全亚洲全世界人民的共同利益”。[⑤] 以抗美援朝运动为主要逻辑基点的爱国主义、集体主义精神的弘扬，保证了各民族的团结一致，强化了国家、民族认同观念。而抗美援朝运动中彰显的民

① 《马克思恩格斯选集》第 1 卷，人民出版社，1995 年，第 9 页。

② 《中央关于进一步开展抗美援朝运动的指示》(1950 年 12 月)，中国人民解放军国防大学党史党建政工教研室编：《中共党史教学参考资料》第 19 册，1986 年印行，第 227 页。

③ 廖盖隆：《爱国运动论集》，海燕书店，1951 年，第 17 页.

④ 庞松：《毛泽东时代的中国(1949 - 1976)》第 1 卷，中共党史出版社，2003 年，第 1 页。

⑤ 《中国共产党中央政治局委员朱德同志在大会上的讲话》，《人民日报》1950 年 12 月 25 日。

众的集体主义的奉献精神更是一种价值观，并且是新中国成立初期社会的核心价值观。从社会道德建设的层面，核心价值观其实就是一种德，既是个人的德，也是一种大德，就是国家的德、社会的德。国无德不兴，人无德不立。正因为抗美援朝运动弘扬了社会大德，集体主义精神高扬，才使得社会空前团结，为抗美援朝战争胜利和新中国各项事业的建设奠定了坚实基础。

四、重塑和初步奠定了新中国的社会价值观基础

从国家层面讲，抗美援朝运动大力发展了国家的经济、政治、文化等事业，“抗美援朝成为一切工作的动力，使我国各种工作的面貌为之一新”，①支持了朝鲜战场中国人民志愿军取得战争的胜利，党和国家更高程度上追求实现民族独立、国家富强、人民民主、社会文明与和谐的局面。但是，美帝国主义不愿意看到新中国国家政权稳固、社会秩序稳定、荡涤旧社会的污泥浊水，而是通过侵略朝鲜等途径破坏我们的国家建设与发展，试图将新中国扼杀和颠覆在摇篮中。当然，美帝国主义打错了算盘，最终中国人民抗美援朝战争和抗美援朝运动的胜利，用事实迫使他们承认，美国是在错误的时间、错误的地点打了一场错误的战争。抗美援朝运动也从国家层面体现了国家和全国民众的共同价值目标和追求，“我们为什么能够以劣势的装备，战胜了武装到牙齿的美国侵略集团，而取得如此伟大的胜利呢？从根本上说，因为我们所进行战争是正义的反侵略战争，我们理直气壮”，②而抗美援朝运动通过思想教育实践活动加深了民众对全民族价值标准的认同。

在一个特定的社会中，人们秉持和信奉什么样的价值观，不是从来就有的，也不是自然形成的，更不是由于纯粹的先验存在来决定的，而是人们在社会实践中经过有意识的教育、宣传、规范等建设性举措而形成的。抗美援朝运动对广大民众进行时事宣传教育活动以及

---

① 郭沫若：《伟大的抗美援朝运动》，《人民日报》1951 年 10 月 1 日。

② 甘泗淇：《为保卫伟大祖国的建设，争取抗美援朝的最后胜利而奋斗》，《人民日报》1952 年 10 月 25 日。

捐献武器运动等实践活动，在社会上引起了广泛的社会反响，一时社会上兴起了抗美援朝保家卫国的爱国思潮，“通过劳动竞赛，他们表现了他们对国际主义精神和原则底了解，知道这如何是保家卫国的工作的一部分”，[①]一定程度上给抗美援朝运动的深入开展，铲除了思想阻力，而且在民众中产生了为国家和社会做贡献的爱国意识，促使民众纷纷加入到爱国运动的思想潮流当中。当然党和政府需要对社会各阶层进行统一的思想教育工作，对他们的思想进行引导与整合，这是思想交流与碰撞再到融合的过程。在这一过程中，还包括国家对民众思想的规范，并不是一蹴而就所能达到的高度。而最终的目标是在社会上形成一种社会舆论效应，并让这种效应促使民众达成一种思想共识。抗美援朝运动充分利用社会时事宣传舆论，使民众迅速掌握国家政策信息并形成社会共识，民众普遍接受并付诸实践，形成一种全民族共同认同的社会风气。北京市委1951 年 1 月的报告中，清楚反映了运动的成效：“历时 3 个多月，发展的规模极大，群众的爱国主义热情极为高涨，收获极大，亲美思想一般已被摧毁，崇美心理有极大扫除，恐美心理基本上已被打破。极大地提高了群众的民族自崇心、自信心和爱国心及对政府的信仰”。[②] 与运动开展之前、抗美援朝开展之时相比，当时社会价值观混乱、扭曲的局面得到纠正和改变，显然，这是新中国价值观重塑与建设的巨大成就。

从社会层面上讲，抗美援朝运动塑造了民众的社会风气。“前方打美帝，后方挖蒋根”，动员起来的中国民众发起增产节约、捐献武器、优待烈属和军属、镇压反革命、“三反”与“五反”等运动，形成互助友爱、团结向上的良好社会风尚，社会风气迅速好转。

从个人层面讲，抗美援朝运动带给个人更多的是思想层面的东西，抗美援朝运动的成功开展以及抗美援朝战争的胜利，两者之间的相互促进提高了广大民众的思想认识和觉悟。在这一时期内，广大人民群众中涌现出了无数个弘扬爱国主义、无私奉献、集体主义、国际主义等精神的典

---

① 宋庆龄：《伟大的中国三大运动——为〈人民中国〉国庆纪念专刊作》，《人民日报》1951 年 10 月 1 日。

② 北京市档案馆研究室选编：《北京市与抗美援朝》，《冷战国际史研究》第 2 辑，世界知识出版社，2006 年，第 410 页。

型，如志愿军中的英雄人物黄继光、邱少云、罗盛教等，支援志愿军的志愿铁道职工、志愿汽车司机、志愿医疗队、防疫队等前赴后继；全国民众掀起订立和执行爱国公约运动、捐献武器运动、增产节约运动，在工人阶级的劳动竞赛运动、农民的丰产竞赛运动和工商界的集体纳税运动以及全国民众的募集慰劳金、救济品运动中，农民中的李达顺，工人中的郝建秀等都成为代表人物，引领了时代潮流。正是在接受国家政策的过程中，民众个人最终将国家政策，内化为自己的思想目的并付诸实践，从而确立了新中国的社会价值观基础。抗美援朝运动紧紧抓住了新中国成立初期人民群众政治热情高涨这个契机，加之行之有效的方式方法，既让群众自觉的履行国家号召，又切实关心民众的物质利益，把思想教育工作与民众的物质利益联系在一起。另一方面，国家以抗美援朝战争为重要契机，在国内开展轰轰烈烈地抗美援朝运动推动和促进了新中国成立初期全国的各项工作，主要是土地改革、镇压反革命、国防建设、经济建设、文教建设等项工作都取得了巨大成就，成功地恢复了新中国成立初期的国民经济，并对新中国成立初期文化层面进行了变革和塑造。“爱国公约运动”塑造了民众的爱国意识，“捐献武器运动”塑造了民众的无私奉献意识，“增产节约运动”增强了民众的社会责任感，“时事宣传教育运动”则变革了社会风气。凡此种种，都意味着抗美援朝运动实质上是自上而下对广大普通民众价值观思想进行整合与重塑的群众文化运动。换句话说，就是对新中国成立初期社会价值观进行了初步的整合，并为新中国社会价值观建设奠定了基础。

第二章
抗美援朝战争时期的“时事宣传教育”运动

1950 年 6 月朝鲜战争爆发，10 月美军不顾中国政府的警告，越过三八线，并逼近中朝边界鸭绿江，直接威胁新中国的安全。在此情况下，中国政府被迫做出了“抗美援朝”的决策，派中国人民志愿军入朝作战。为了动员全社会支援抗美援朝战争，中国政府随即发起抗美援朝运动。其中，最先展开的一项活动就是“时事宣传教育”运动。由于触及人们的思想道德灵魂和价值取向，在笔者看来，“时事宣传教育”运动不仅是一般意义上的社会动员，它已超越了社会动员的范畴，具有变革社会风气，重塑社会价值观的意义。如今关于社会主义核心价值观的讨论十分热烈，但如果追根溯源，新中国成立初期的努力，特别是抗美援朝战争时期的“时事宣传教育”运动在变革和重塑社会价值观方面的贡献不应被忽视。实际上，它为今天价值观的建设奠定了基础，而且也是今天价值观建设极可珍视的重要资源。

第一节　超越政治动员的抗美援朝“时事宣传教育”运动

1950 年 10 月 25 日，于 19 日秘密入朝的中国人民志愿军正式参战。第二天即 26 日，中共中央向各中央局、各分局、各军区、各省市委发出在全国开展时事宣传教育的指示，指出：“美军扩大侵朝并直接侵略台湾，严重威胁我国安全，我国不能置之不理。全国人民对美帝国主义应有一致的认识和立场，坚决消灭亲美的反动思想和恐美的错误心理，普遍养成对美国的仇视、鄙视、蔑视的态度。为了使全体人民正确地认识当前形势，确立胜利信心，消灭恐美心理，各地应即展开关于目前时事的宣传活动。”[①]1950 年 11 月 1 日，《人民日报》发表题为《开展抗美援朝的思想政治教育》的社论，号召“迅速改变一般的思想政治教育，而有计划、有系统地进行以抗美援朝为具体内容的思想政治教育”。[②] 于是，伴随着抗美援朝战争的进程，在全国范围内广泛开展、持续了接近三年时间的“时事宣传教育“运动，就在中华大地波澜壮阔地开展起来。综观整个历史过程，可以分为三个阶段。

第一个阶段：1950 年 10 月 26 日到 1951 年 2 月底，为“时事宣传教育”运动初步开展阶段。

首先，1950 年 10 月 26 日，为统一领导全国人民的抗美援朝运动，中央成立了中国人民保卫世界和平反对美国侵略委员会成立。事实上，这一组织就成为指导全国人民的“时事宣传教育”运动的领导机构。为了加强对抗美援朝运动的领导工作，在中国人民保卫世界和平反对美国侵略委员会的指导下，各省市相继成立了地方性的中国人民保卫世界和平反对美国侵略委员会分会，如湖南分会于 11 月 6 日成立[③]、北京分会于 11 月 8 日成立[④]、贵州分会于 12 月 18 日成立[⑤]等，奠定了坚实的组织领导基础。

其次，在各地成立统一领导机关的同时，依据中央指示，各地立即展开了抗美援朝“时事宣传教育”运动。根据北京市委 11 月 5 日提交中央与华北局的报告，北京市的抗美援朝“时事宣传教育”运动首先是在“工人学生和干部中”展开的，计划“暂以工厂学校机关为中心，俟在上述方面形成普遍高潮后，再由工人、学生、机关人员向市民和农民进行扩大宣传，开

---

① 中共中央文献研究室编：《建国以来重要文献选编》第 1 册，中央文献出版社，1992 年，第 436 页。

② 《人民日报》1950 年 11 月 1 日。

③ 全国政协文史资料委员会编：《支援抗美援朝纪实》，中国文史出版社，2000 年，第 202 页。

④ 北京市档案馆研究室选编《北京市与抗美援朝》，《冷战国际史研究》第 2 辑，世界知识出版社，2006 年，第 398 页。

⑤ 全国政协文史资料委员会编：《支援抗美援朝纪实》，中国文史出版社，2000 年，第 256 页。

展此项运动”。[①] 由于抗美援朝“时事宣传教育”运动是新生事物，该如何进行，全国各地都在积极探索。11 月 12 日北京市委向中央提交了未来工作设想的报告：(1)首先应以肃清美帝国主义在华的影响，肃清部分干部群众中的崇美、恐美心理，孤立打击亲美分子为中心。(2)群众抗美援朝的具体行动，应该是多种多样的，应该以多数群众可能办到的事情来号召。(3)经过思想酝酿和扩大宣传，普遍号召工人努力生产节约；号召学生继续抗美宣传，努力学习，掌握知识、技术，准备为祖国服务；号召机关工作人员提高工作效率，做好工作；号召工商界积极贯彻政府政策，反对操纵、囤积居奇，在经济战线上开展抗美援朝运动。各阶层人民都须注意防特防谍，巩固革命秩序。(4)在郊区扩大抗美援朝运动。该报告实事求是分析抗美援朝运动的形势，正确指出了今后努力的方向和工作的路径，获得毛泽东和中共中央的肯定，指示“各中央局、分局，大军区并转所属省市区党委”，“要照着这个方向去做，并随时纠正抗美援朝运动中所发生的偏向”。[②] 于是，全国各地按照中央指示精神，积极开展抗美援朝运动，例如河北省，就号召全省在机关、工厂、学校、城镇取得重大成绩的基础上，将“时事宣传教育”运动向农村普及深入开展。[③]

第三，在总结各地经验的基础上，1951 年 1 月 1 日，中共中央作出了《关于在全党建立对人民群众的宣传网的决定》，要求“必须有系统地建立对人民群众的经常性的宣传网”，[④]以进一步推动“时事宣传教育”运动的开展。于是，各地纷纷成立宣传网，将“时事宣传教育”运动推向了深入蓬勃发展的阶段。

第二阶段：1951 年 2 月至 1951 年 6 月，抗美援朝“时事宣传教育”运动普及深入开展阶段。

1951 年 2 月 2 日，中共中央发出《关于进一步开展抗美援朝爱国运

---

① 北京市档案馆研究室选编：《北京市与抗美援朝》，《冷战国际史研究》第 2 缉，第 397 - 398 页。

② 中共中央文献研究室、中国人民解放军军事科学院编：《建国以来毛泽东军事文稿（上）》，军事科学出版社、中央文献出版社，2010 年，第 345 - 346 页。

③《把抗美援朝保家卫国运动普及与深入到广大农村去》，《河北日报》1950 年 12 月 16 日。

④ 中共中央文献研究室编：《建国以来重要文献选编》第 2 册，中央文献出版社，1992 年，第 2 页。

动的指示》,要求在各阶层人民特别是在工农群众中,进一步广泛进行时事教育,开展蔑视、鄙视、仇视美国帝国主义与提高民族自信心自尊心的运动,并对开展运动的方式、内容、范围等如游行、集会反对美国武装日本、慰问志愿军、签订爱国公约等作出了具体规定。[①] 毛泽东更指示:要"在全国范围内继续推行这个运动,已推行者深入之,未推行者普及之。务使全国每处每人都受到这种教育。"[②]3 月 14 日,中国人民保卫世界和平反对美国侵略委员会根据中央精神在北京举行常务会议,决定将该会更名为"中国人民抗美援朝总会"。15 日,抗美援朝总会向全国发出《普及和深入抗美援朝运动通告》。《通告》要求全国各级组织"努力普及和深入抗美援朝的实际工作和宣传教育工作,务使全国每一处每一人都受到这个爱国教育,都能积极参加这个运动。"[③]以此为起点,抗美援朝"时事宣传教育"运动进入新阶段,特别是结合"五一"国际劳动节大游行示威的活动,动员城乡人民群众举行游行示威,以此教育群众,扩大宣传,使全国人民都受到普遍的爱国教育,把抗美援朝运动推向普及和深入。

在全国范围的"五一"示威游行后,全国人民的政治觉悟大大提高。为了进一步巩固扩大"五一"示威游行的成果,6 月 4 日,中国抗美援朝总会发出《关于推行爱国公约,捐献飞机大炮和优待烈军属的号召》,及时将抗美援朝"时事宣传教育"运动引向深入,引导人民群众把爱国的热情和力量发挥到各种生产和实际工作中去,发展和巩固"时事宣传教育"运动的成果。

第三阶段:1951 年 7 月至 1953 年 7 月,抗美援朝"时事宣传教育"运动深入持久开展,直至朝鲜停战协定签字。

1951 年 6 月底,面对战场上的不利局面,美国提议进行停战谈判[④],于是抗美援朝战争进入了"边谈边打"阶段。面对新形势,国内部分干部

---

① 当代中国研究所编:《中华人民共和国史编年(1951 年卷)》,当代中国出版社,2007 年,第 75 - 76 页。

② 《毛泽东选集》第 5 卷,人民出版社,1977 年,第 34 页。

③ 《人民日报》1951 年 3 月 15 日。

④ 沈志华编:《朝鲜战争:俄国档案馆的解秘文件》(中),台湾:"中央研究院"近代史研究所,2003 年,第 835 - 840 页。

和群众产生了某些错误观点和松懈麻痹思想，诸如有人认为这样一谈判，“朝鲜问题就和平解决了”，“抗美援朝运动就可以停止”，还有人造谣说“美国历来就是主张和平的”[①]。为了消除这些错误观点和麻痹思想，7 月中央及时电示各地，要求开展以“和谈问答”为内容的时事宣传，着重说明停战谈判不是美帝国主义“和平”诚意的表示，揭露美帝国主义假借和谈麻痹和破坏中国人民抗美援朝努力的阴谋，同时，要求“时事宣传教育”还“必须与目前的减租退押、反霸、镇反等各项工作，特别是与检查订立或修订爱国公约、增产捐献、优待烈军属等工作密切结合起来”。[②] 1952 年美国进行细菌战，又针对性开展了全国性的宣传教育，揭露美帝国主义丑恶嘴脸。概括而言，伴随着边谈边打的时局，“时事宣传教育”内容和侧重点虽有所不同，但整个时事宣传教育的活动并未停顿。

与抗美援朝战争相始终的“时事宣传教育”运动，具有重大的影响和积极作用，有人总结认为，第一，转变了人民群众中的各种消极心态；第二，加强了社会各阶层的相互交流和民主团结；第三，增强了人民群众对新生人民政权的信心。[③] 但这样的总结远远不够，在笔者看来，抗美援朝“时事宣传教育”运动绝不仅仅是“政治动员”“社会动员”甚至是更为狭窄的“三视教育”[④]所能涵盖的，实际上，它是一场深刻的价值观念的变革和重塑运动，具有社会价值观建设的一切特性和诉求。

第二节　社会价值观视域下的思考

马克思主义告诉我们，人类历史是人类活动的结果，而人类活动却有价值追求。[⑤] 在最深层次的哲学观念下，作为群体活动的人类不断形成

① 《把抗美援朝保家卫国运动进一步加强起来》，《河北日报》，1951 年 7 月 13 日。

② 中共江西省委党史资料征集委员会编：《江西抗美援朝运动》，中央文献出版社，1995 年，第 80－82 页。

③ 毕晓敏：《上海抗美援朝运动时期的时事宣传》，《上海青年管理干部学院学报》2003 年第 4 期，第 59－60 页。

④ 侯松涛：《抗美援朝运动中的“三视”教育——宏观视角下的回顾与反思》，《党史研究与教学》2007 年第 6 期，第 40 页。

⑤ 《马克思恩格斯全集》第 19 卷，人民出版社，1972 年，第 406 页。

了价值观，也就是关于什么是“值得的”的评判标准和主观倾向，它是一定社会制度、社会文化以及社会思潮背后隐藏着的最深层的意识内核，代表了一定社会中的人们看待经济、政治、文化和社会生活等等问题时所持的态度、观点和倾向性。那么，从这样的视角审视 1950 年抗美援朝战争开始后就全社会动员进行的“时事宣传教育”运动，就无法回避价值观的问题。

第一，“时事宣传教育”运动的开展，清晰揭示和呈现了抗美援朝战争开始前中国社会的众生相，也反映出在价值观方面的混乱情景。

根据当时的调查，朝鲜战争的爆发尤其是美国的出兵朝鲜，“曾引起各阶层群众一定的思想波动和混乱”。[①] 一是谣言满天飞，如谣传“要变天了，国民党要回来了”“朝鲜失败了，第三次世界大战来了，国民党要登陆作战”“东北已失守”“中央政府已迁往西安”等等；二是社会出现波动，不少工商业资本家“犹豫彷徨，消极观望”，部分资本家甚至惟利是图，表面上正常营业，但实际上“只吞不吐”，或购贮黄金，制造市场波动与混乱。[②] 在美军越过“三八线”，中国人民志愿军被迫入朝作战后，人们的反应在价值观上体现为漠视、恐惧等取向。一是对于美军的威胁抱着漠然无视的态度，认为“朝鲜战争碍不着中国的事”、“只要不打到中国就没有关系；二是对“抗美援朝”抱着漠不关心的态度，许多人对中国政府进行抗美援朝觉得难以理解，在部分留用人员和部分新知识分子干部中甚至存有恐美怕战思想，不主张援朝，怕引起美帝对中国的进攻，对美帝的侵略野心缺乏深刻认识；[③]三是过高估计美帝国主义的力量，对新中国和广大人民群众的力量认识不足，因之对抗美援朝表现消极，对战争前途表现悲观。如长期受以美国为首的西方国家经济政治文化影响的上海，许多市民尤其知识分子中就普遍存在“亲美崇美”的错误认识。有的知识分子认为“中国需要依赖美国，应当把美国当作好朋友”，“美国是个很文明、很民

---

① 《当代中国》丛书编辑部编：《当代中国的山东》上册，中国社会科学出版社，1989 年，第 103 页。

② 《党的工作》第 64 期，中共中央东北局党的工作编委会，1950 年编印，第 19 页。

③ 《人民日报》1950 年 12 月 5 日；中共河北省委员会：《关于抗美援朝保家卫国运动开展情况向华北局的报告》(1951 年 1 月 17 日)，河北省档案馆藏，卷宗号 855－34－35。

主的国家，中国应该向美国学习”等等。[①] 正如当时的一些总结中指出的：在抗美援朝爱国主义教育开始前“干部群众思想是异常混乱的。老干部在朝鲜战争第一阶段是思想麻痹，满不在乎。新干部在美国侵朝军队在仁川登陆后，盲目恐美，因而不敢宣传形势，怕群众思想波动……知识分子由于受国民党反动派的亲美教育较深，盲目的崇美并变成了严重的恐美病，朝鲜战争进入新阶段后，他们表现保持中立观望，不敢进步。农民是恐慌害怕，情绪不安”[②]。显然，民众中存在的这些疑虑心态如果不及时调整，会对党的“抗美援朝、保家卫国”政策产生不利影响。所以，抗美援朝，必须首先解决人民群众的认识问题，实施爱国主义教育以增强其自尊心和自信心。

第二，“时事宣传教育”运动具有明确和清晰的价值主体、价值目标取向和诉求、价值评判标准以及价值实现途径与手段。

纵观整个“时事宣传教育”运动，如果从价值观建设的层面来看，运动一开始，就明确了运动的价值主体，就是面向全国人民的时事教育运动；价值目标取向和诉求则清晰体现在“抗美援朝，保家卫国”的口号中，是爱国主义与国际主义，消除国际压迫与剥削，构建了家国一体的价值观体系；价值评判的标准从一开始的提高思想认识水平，逐渐与各项具体的实践活动相结合，如控诉、爱国公约运动、增产捐献运动、土改、优待烈军属、镇反、三反、五反等，反映了国家利益和群众利益、当前利益与长远利益，既体现了运动的时事政治教育的性质，又具有实际可操作性，使价值观的教育和建设具有了明确的方向、目标和衡量的标准；价值观建设实现的途径则是自上而下、先由学校工厂干部中开展，不断由城市向农村的农民动员的全社会各阶层广泛参与实践的形式，手段则是与各种具体实践活动的结合。周恩来曾经高度评价了抗美援朝运动，指出：“动员的深入，爱国主义的发扬，超过了过去任何反帝国主义的运动。它是一个空前的、大规模的、全国性的领导与群众结合的运动，它的力量是不可打破的。中华民

---

① 《怎样认识美国》，《文汇报》1950 年 11 月 6 日。

② 中南人民出版社编辑部编：《中南区普及抗美援朝运动的经验》，中南人民出版社，1951 年，第 20－21 页。

族的觉醒，这次更加高扬起来了，更加深入了。”[①]其实，换个角度，正是对“时事宣传教育”运动在价值观建设方面贡献的总结。

第三，“时事宣传教育”运动为新中国奠定社会价值观做了探索和实践，为培育和践行社会主义价值观准备了条件。

在一个特定的社会中，人们秉持和信奉什么样的价值观，不是从来就有的，也不是自然形成的，更不是由于纯粹的先验存在来决定的，而是人们在社会实践中经过有意识的教育、宣传、规范等建设性举措而形成的。从价值观形成的这一规律来看，抗美援朝战争时期的“时事宣传教育”运动，就绝不仅仅是一次社会动员、政治动员这么简单，实际上，它是为新中国的价值观建设做了探索与实践。北京市委 1951 年 1 月的报告中，清楚反映了运动的成效：“历时 3 个多月，发展的规模极大，群众的爱国主义热情极为高涨，收获极大，亲美思想一般已被摧毁，崇美心理有极大扫除，恐美心理基本上已被打破。极大地提高了群众的民族自崇心、自信心和爱国心及对政府的信仰”。[②] 与运动开展之前、抗美援朝开展之时相比，当时社会价值观混乱、扭曲的局面得到纠正和改变，显然，这是新中国价值观重塑与建设的巨大成就。时至今日，党的十八大明确提出了“倡导富强、民主、文明、和谐，倡导自由、平等、公正、法治，倡导爱国、敬业、诚信、友善”的 24 字社会主义核心价值观，从国家、社会、个人三个层面提出价值观建设的内容与方向，习近平总书记更是以“中国梦”高度概括了其精神实质，“就是把国家、民族和个人作为一个命运共同体，把国家利益、民族利益和个人利益紧紧联系在一起，体现了中华民族固有的‘家国天下’的情怀”[③]。如果把“时事宣传教育”运动倡导的爱国主义、国际主义精神，与运动中使全国人民群众树立起来的民族自尊心、自信心、爱国心与党的十八大强调的增强“道路自信、理论自信、制度自信”结合起来，我们不难发现，他们具有惊人的相似，从这个意义上，我们从这场影响深远的

---

① 中共中央文献研究办公室编：《周恩来军事文选》第 4 卷，人民出版社，1997 年，第 230 页。

② 北京市档案馆研究室选编：《北京市与抗美援朝》，《冷战国际史研究》第 2 辑，世界知识出版社，2006 年，第 410 页。

③ 中共中央宣传部编：《习近平总书记系列重要讲话读本》，学习出版社、人民出版社，2014 年，第 28 页。

运动中可以汲取的养分能够成为今天社会主义核心价值观建设的重要资源。

第三节　对社会主义核心价值观建设的经验与启示

价值观建设要符合历史、合乎实践，贴近民情、顺乎民意又能够发挥出广泛的感召力、强大的凝聚力和持久的引导力。这就需要我们从历史中寻找经验与资源，总结其得失，以便更好地指导今天的实践。那么，抗美援朝“时事宣传教育”运动对今天的社会主义核心价值观建设到底能提供哪些值得借鉴的经验与启示呢？笔者以为以下三个方面在今天仍具有强烈的指导意义。

第一，建立强有力的领导机构和遍及全社会的宣传网络。这是抗美援朝“时事宣传教育”运动成功的根源，也是对社会主义核心价值观建设最有价值的经验与启示之一。

抗美援朝“时事宣传教育”运动开始之初，中央就设立了领导这一运动的组织——中国人民保卫世界和平反对美国侵略委员会，1951 年 3 月又更名为“中国人民抗美援朝总会”，负责领导全国人民的“时事宣传教育”运动。依据中央的要求，各省、市、地、县的各党派、群众团体、工厂、机关、学校内也设立了相应的分会领导机构，组织领导开展时事学习活动。同时，为推动运动向城乡居民及农村拓展，遍及全社会，1951 年 1 月，依据中央关于建立宣传网的指示，各地依据实际情况设立了遍及城乡的宣传网，建立了宣传员制度。为保证“时事宣传教育”运动落到实处，各级领导机关都极为重视对抗美援朝“时事宣传教育”运动进展情况的检查，普遍组织检查组对各地的“时事宣传教育”运动定期进行检查、调查、抽查，发现缺口漏洞及时要求补上。[①] 正因为有强有力的领导，才使得抗美援朝“时事宣传教育”运动取得了巨大的成效，整个运动期间“全国有 80％以上的人民受到了爱国主义和国际主义的教育”[②]，为抗美援朝战争的最

---

① 参见欧阳小松：《福建抗美援朝运动回顾》，《党史研究与教学》1994 年第 4 期，第 56 页。
② 《新华月报》1953 年第 9 期，第 18 页。

后胜利奠定了坚实的基础。

第二,要与具体的各项实践活动紧密结合。抗美援朝“时事宣传教育”运动在推进到第二阶段后,中央及时提出新的运动方向和目标,就是号召人民在爱国主义的旗帜下,紧密团结起来,在各自的岗位上以实际行动为抗美援朝保家卫国而奋斗。例如,在工厂,工人们提出“工厂就是战场,机器就是刀枪”的口号,积极开展爱国主义生产竞赛、捐献枪炮活动。在农村,农民们发出“努力生产多打粮,打败美帝野心狼”的誓言,踊跃交纳爱国公粮。工商界人士也“爱国不落人后”,普遍举行集体纳税和各种捐献活动。青年学生则以极大的爱国主义热情投身于保卫国防和建设国防的事业之中,积极参军和报考军校。概括而言,就是通过控诉、爱国公约运动、增产捐献运动、土改、优待烈军属、镇反、三反、五反、赴朝慰问团等具体生产社会实践活动,使其具有明确的导向性。显然,在人们的内心深处究竟相信什么、需要什么、坚持和追求什么,通过“时事宣传教育”运动,完成了对人们价值观的重塑和强化。

第三,通过群众喜闻乐见的形式、多种途径和手段来传播社会主义核心价值观。

作为一种有意识地控制社会心理的活动,社会宣传是一个社会改变或形成民众特殊态度、意见和舆论的重要工具。[①] 显而易见,抗美援朝“时事宣传教育”运动就是一场社会宣传,而且采取和探索出了多种形式、多种途径与手段,使得“时事宣传教育”运动取得了良好的效果。具体而言,一是新闻媒体的全方位多层面的参与。从 1950 年 11 月到 1953 年 7 月,从中央的《人民日报》、新华社、中央人民广播电台到地方的各种新闻媒体,都全方位参与到了宣传报道抗美援朝“时事宣传教育”运动的活动,利用专刊、漫画等载体,持续开展了宣传教育活动。有人做过统计,从 1951 年到 1954 年,仅《人民日报》关于抗美援朝的宣传文字平均每月就达两万字左右;[②]二是各种集会和讲座。例如,1950 年 12 月上半月,北京、哈尔滨、青岛、西安、武汉等城市的工商业者相继举行了数万人至十几

① 参见朱启臻、张春明主编:《社会心理学原理及其应用》,中国社会出版社,2000 年,第 276 页。
② 张涛:《中华人民共和国新闻史》,经济日报出版社,1996 年,第 61 页。

万人的示威游行。1950 年 12 月 26 日，上海工商界举行了有 15 万人参加的示威游行。① 在各界民众参加的集会游行中，1951 年“五一”节期间举行的示威游行规模最大，参加的各阶层民众达 18643 万余人，已占全国总人口的 39%。② 这类游行集会活动影响大、规模广，具有极强的感染力；与此同时，各地广泛举行遍及城乡的各种时事宣传讲座；三是多种形式和手段相结合。借助通俗性的大众艺术如杂文、漫画、戏剧、歌曲等，利用剧团、大鼓、洋片、电影展览、黑板报、广播台、读报、冬校、识字班、讲演幻灯、宣传画、漫画展览、图片座谈会等，例如福建在 1950 年 11 月 29 日至 2 月 2 日的宣传周期间，仅中国人民保卫世界和平反对美国侵略委员会福建分会就举办了 20 多次大型时事宣传讲座，有数万人听讲，并组织了 5700 余人的宣传队深入到街道里弄的居民中进行宣讲。福建省文联举办了 8 次抗美援朝晚会，每次听众均在 1200 人以上，并印发了抗美援朝文艺宣传材料 50 余种 40 余万份。③ 全社会的新闻媒体参与、丰富多样、群众喜闻乐见并结合群众实际的宣传方式与手段，是抗美援朝“时事宣传教育”运动成功的重要经验，对于今天开展社会主义核心价值观教育具有不可忽视的启示与意义。

第四节　结语

自 1840 年以来，随着一次次战败割地赔款，中国丧失了国家主权和民族独立的能力，沦为半殖民地半封建国家。在沉沦的历史车轮下，中华民族固有的价值观被抛弃和颠覆，以至中国人民完全丧失了民族自尊心、自信心、自豪感。国家的沉沦导致地方分离主义日益严重，一盘散沙成为旧中国的写照。但不甘沉沦的中国仁人志士，为国家的独立民族的解放不断探求救国救民的真理。直到 1949 年，毛泽东领导的中国共产党人，将马克思主义与中国具体实践相结合，取得了完全胜利，推翻了压迫中国

---

① 参见《当代中国》丛书编辑部编辑编：《抗美援朝战争》，中国社会科学出版社，1990 年，第 343 页。

② 廖盖隆：《爱国运动论集》，新华书店，1951 年，第 17 页。

③ 参见欧阳小松：《福建抗美援朝运动回顾》，《党史研究与教学》1994 年第 4 期，第 54 页。

人民的帝国主义、封建主义、官僚资本主义三座大山，创立了中华人民共和国。从此，中国人民可以主导自己的发展命运，正如毛泽东在新中国成立时饱含深情地宣告“中国人民从此站起来了！”

然而，长期生活在小农经济汪洋大海中的中国人民，在精神上完全获得解放，摆脱旧中国帝国主义影响和精神枷锁，重建对国家政权的信仰，并不是一件容易的事。众所周知，一个社会的价值观一旦形成，在具体实践中往往外在地表现为这个社会中的人们秉持的立场、观点和态度，同时往往内在地内化为人的信念、信仰以及理想等精神力量，成为人们心目中的认识社会、判断是非、做出决策、展开行动的“坐标”“天平”和“尺度”，随时都在起着价值判断的作用，以确定自己行为的方向、态度和方式。换言之，新中国虽已诞生，但旧中国的惯性依旧在发挥作用，尤其是在价值观方面，很难马上完全扭转过来。而实现这一切，需要一个契机，历史就恰好准备了这样的机会。发生于 1950 年 10 月的抗美援朝战争，尤其是为了支援抗美援朝战争取得胜利，在中国共产党的领导下，在全国发起了抗美援朝运动，其中最先进行的就是“时事宣传教育”运动。通过这一运动，重塑了中国人民的家国观念，而且将自身的利益与国家命运完全联系在了一起，在战争之初，就解决了“为什么出兵朝鲜、为何打战”的困惑，在全社会澄清了战争初期群众中存在的某些混乱思想，肃清并严重打击了反动谣言，扫清了某些人的恐美、崇美、幻美等错误思想，驳斥和批判了亲美、媚美等奴化思想，在群众中初步树立了对美帝国主义仇视、蔑视、鄙视的观点，加强了抗美援朝的爱国力量。在战争进行中，“时事宣传教育”运动又将方向转向与具体的各项实践工作相结合，推动爱国主义与自身岗位贡献结合起来，爱国公约、增产捐献、优待烈军属等就是具体的体现，而且以战场上的英雄人物做学习的榜样，于是魏巍《谁是最可爱的人》便风靡全国，爱岗敬业、为国牺牲成为社会主流的价值追求。从这个意义上而言，“时事宣传教育”运动在新中国价值观变革与重塑中扮演的角色越发清晰。

60 多年过去了，今天的社会主义核心价值观建设正日益成为人们的共识。党的十八大凝练的 24 字核心价值观，发扬爱国主义为核心的民族精神和改革创新为核心的时代精神，正以“中国梦”为依托，重铸中华民族的精神高地。回顾历史，从抗美援朝“时事宣传教育”运动中汲取养分，无疑有助于推动核心价值观建设的事业。2014 年 4 月，为认真贯彻落实中共中央办公厅印发的《关于培育和践行社会主义核心价值观的意见》（中办发〔2013〕24 号）。意见强调，要围绕中心工作，把培育和践行社会主义核心价值观贯穿于经济发展实践和社会治理中。[①] 由此可见，60 多年前的抗美援朝“时事宣传教育”运动的一些做法，至今仍在发挥影响和作用。这正是其经验与启示的价值之所在，对于培养公民的爱国主义、集体主义精神和社会主义道德风尚，培育和践行社会主义核心价值观，增强中华民族的凝聚力，激发实现中华民族伟大复兴中国梦的强大精神力量，具有重要现实意义和深远历史意义。

① 《中共山东省委关于培育和践行社会主义核心价值观的实施意见》，2014 年 04 月 12 日 15：36，来源：大众日报 http://theory.people.com.cn/n/2014/0412/c120709-24888137.html。

第三章
“中国梦”的历史逻辑和毛泽东的贡献

在党的十八大之后，新当选的中共中央总书记习近平为弘扬中国社会的正能量，提出了“中国梦”的话语主题，随即立即成为中国社会和学术界讨论与探究的热门话题。笔者在中国知网键入关键词“中国梦”，显示有43,256篇文章涉及“中国梦”。[①] 谈论“中国梦”，不能不提到中共第一代领导人毛泽东。

第一节 “中国梦”的历史逻辑

2012年11月，在党的十八大刚闭幕不久，习近平总书记带领新一届中央政治局常委参观中国国家博物馆举办的《复兴之路》展览时，首次提出了对于“中国梦”的看法：“实现中华民族伟大复兴，就是中华民族近代以来最伟大的梦想”。由此“中国梦”进入人们的视野。2013年3月在十二届全国人大一次会议闭幕式上，习近平总书记又对中国梦作了全面阐述：“实现中华民族伟大复兴的中国梦，就是要实现国家富强、民族振兴、人民幸福，既深深体现了今天中国人的理想，也深深反映了我们先人们不懈奋斗追求进步的光荣传统。”[②]这一阐释不仅清晰界定了内涵，而且对

---

① 2013年11月12日12：33分，http://epub.cnki.net/kns/brief/default_result.aspx。

② 《习近平在十二届全国人大一次会议闭幕式上讲话》，http://news.sohu.com/20130317/n369128456.shtml。

“中国梦”的逻辑也做了概括。实际上，“中国梦”有着深厚的历史逻辑。

一、“中国梦”是近代中国革命和历史运动的必然结果

我们拉长历史的视角，从历史纵向的角度来考察“中国梦”，就不难发现，它是对1840年以来中华民族奋斗历史的总结和追寻的概括。

1840年第一次鸦片战争，傲视东亚世界的“天朝大国”的中国败给西方远道而来的英国，签下割地赔款的条约，从此中国走上沉沦的道路。如果设定“中国梦”的历史逻辑起点，笔者以为1840年更有标志性和权威性。[①] 从此中国走上沉沦的道路，无数仁人志士为挽救民族危亡，实现民富国强，开始了不屈不挠的各种探索，即寻求救国救民的真理和道路。

魏源是近代倡导开眼看世界的第一人，通过《海国图志》，他第一次向东方社会系统地、大量地介绍外国史地和铁路、银行、保险等各方面知识，突破了传统学术“严夷夏之防”，对外国闭塞无知的旧格局。魏源尖锐地揭露统治集团对外国昏暗无知，是造成战争惨败的重要原因：“以通市二百年之国，竟莫知其方向，莫悉其离合，尚可谓留心边事乎？”[②]因而他大声疾呼：“欲制外夷者，必先悉夷情始。”[③]魏源明确提出“师夷之长技以制夷”的口号，成为近代先进的中国人向西方学习的起点。

洪秀全则通过领导一场波澜壮阔的太平天国农民起义的方式，试图通过改朝换代，实现中国农民式革命的理想：“有田同耕，有饭同食，有衣同穿，有钱同使，无处不均匀，无人不饱暖也。”[④]这种农民反封建的未来社会和国家图案，存在着极大的时代局限性，但却是那个时代中国农民对于未来美好向往的最高体现。不过，此时中国沿海一些地方在西方殖民势力的影响下，资本主义已渐趋发展，作为太平天国运动的下篇，《资政新篇》应运而生，实际上提出了一个新设想：要建设一个新国家，不应当再

---

① 有研究者将“中国梦”的逻辑起点设定在十九世纪末，换言之以孙中山设立“兴中会”为标志，这忽视了近代中国仁人志士丰富而多彩的其他历史贡献。

② 魏源：《海国图志：筹海篇二》，岳麓书社，1998年，第26页。

③ 魏源：《海国图志：筹海篇二》，岳麓书社，1998年，第26页。

④ 胡绳：《从鸦片战争到五四运动》上，上海人民出版社，1983年，第153页。

走中国传统的老路，而应该向西方学习，发展资本主义。[①] 只是随着太平天国运动的失败，都已成为历史的烟云。

1858－1860 年英法发动第二次鸦片战争，清王朝都城北京被攻破，英法联军抢劫和火烧“万园之园”圆明园。再次遭受浩劫的清王朝和中国民众，不得不真正开始正视西方的挑战。与此同时，借助西方力量镇压太平天国运动过程中，也令清王朝统治者对西方的力量有了深刻认识。正是在这样的历史背景下，出于保持统治大厦存在和稳定的需要，自 1860 年起，清政府以“富国强兵”为目的，推动了“洋务运动”。就这样，伴随着“洋务运动”的发展，19 世纪 70 至 80 年代中国社会形成了早期维新改革思想和潮流，要求变革腐朽的专制政体，从制度上学习西方，在国内发展资本主义。但 1894－1895 年甲午中日战争，中国被一向所看不起的“蕞尔小国”日本打得惨败，被迫签订了奇耻大辱的《马关条约》，列强更掀起瓜分狂潮。清朝统治极度腐朽的实质彻底暴露，亡国灭种的危险迫在眉睫。在举国群情激愤、思变思强的情势下，康有为领导的维新派走上政治舞台，发动了戊戌维新运动。虽然，“百日维新”被以西太后为首的顽固派残酷地绞杀了，但它作为挽救民族危亡、要求发展资本主义的爱国改革运动却在历史上产生了巨大的影响，同时也是中国近代知识分子的一次思想解放运动。

1898 年戊戌维新变法运动遭清王朝顽固派镇压，标志着统治阶级内部的维新派推动中国社会变革的努力遭遇重大历史性挫折。而中国社会进一步陷入全面危机，外部的帝国主义瓜分中国狂潮，引发中国内部反抗的义和团运动，西方列强借此发动八国联军侵华战争，最终将中国推入半殖民半封建社会深渊。内忧外患，中国向何处去？残酷的社会现实促使中国出现了寻找救国道路的潮流。

中国以孙中山为代表的一部分仁人志士，意识到靠满清王朝自身的变革实现中国社会摆脱西方奴役的命运，发展资本主义，实现国家近代化的目标是不现实的。于是，转而采取推翻清王朝统治的革命方式。

---

① 参见中国史学会编：《中国近代史资料丛刊：太平天国资料》第二册，神州国光社，1952 年，第 523－541 页。

1911 年辛亥革命发生，最终清王朝被推翻，中国实现了历史性的变革，开启了中华民国的新时代。但新创立的中华民国政府是孙中山革命派与满清王朝实力派妥协的产物，因而北洋政府时期新与旧、保守与激进呈现出激烈的斗争局面，于是北洋军阀混战、民不聊生、政治腐败黑暗成为那个时代的写照。

但是，由辛亥革命所唤起的中国社会的希望，同民国初年中国社会的黑暗现实之间形成一种巨大的落差，结果催生出“新文化运动”。梁启超在 1922 年所撰《五十年中国进化概论》中曾正确地指出说：“革命成功将近十年，所希望的件件都落空，渐渐有点废然思返，觉得社会文化是整套的，要拿旧心理运用新制度，决计不可能，渐渐要求全人格的觉悟。”①于是，“五四”新文化运动不可阻挡地蓬勃发展起来。

正是在五四运动的发展中，中国知识分子将世界各种思潮传入中国，试图找到救国救民的真理。苦难的中国人民通过巴黎和会终于认清了西方“强权战胜公理”的逻辑，向西方学习的惨痛教训促使中国知识分子转移学习的对象，于是，正如毛泽东所说：“十月革命一声炮响，给中国送来了马克思列宁主义”，“以俄为师”成为时代的最强音和社会的取向。

孙中山在反思中选择了正确的方向，他提出了“联俄联共扶助农工”的正确主张，判明了中国实现国家独立、民族解放的最大敌人是“列强”与“军阀”。但在国民大革命的高潮中，蒋介石却背叛了孙中山的正确主张，转而与“列强”与“军阀”合作。因而蒋介石的南京国民政府最终成为大地主、大资产阶级和帝国主义的代理工具，不能代表大多数中国人民的利益。于是，历史再次做出了选择，承担实现中华民族解放、国家独立历史使命的中国共产党人登上历史舞台，经过艰苦卓绝的努力，战胜内外敌人，创建了中华人民共和国。

近代中国历史的演进，昭示近代中国是一个沉沦的时代，也是一个抗争的时代；是一个中国人民不断选择救国救民真理的时期，也是各种思想激荡扬弃的时期；是一个中国仁人志士不断奋起为实现中华民族复兴的“中国梦”不断筹谋的时代，更是追寻先进思想改造中国的时代。所有这

---

① 梁启超：《五十年中国进化概论》，《饮冰室合集》文集之三十九，第 45 页。

一切最终的目的就是实现国家独立、民族解放与复兴、人民幸福，换言之，解决中华民族的生存与发展问题，这就是“中国梦”的历史逻辑。因此，“中国梦”是对近现代中华民族发展历程的深刻总结。

二、“中国梦”是人类历史发展趋势在中国的必然反映

自13、14世纪资本主义作为一种生产方式在欧洲的地中海产生以来，作为一种人类社会生产方式演进的趋势，资本主义逐渐在世界发展壮大，并且与封建主义展开了制度更替的竞争进程。16世纪，以哥伦布、麦哲伦等为代表的欧洲冒险家的探险活动，极大开阔了人类的视野，也为欧洲资本主义的发展开辟了广阔的市场，从而为其注入了强劲的活力。在资本主义与封建主义的制度较量中，代表先进生产关系和生产力要求的资产阶级开始登上历史舞台，以17世纪英国的资产阶级革命为标志，人类社会进入资本主义革命的时代。18、19世纪，法国大革命、美国独立战争、沙俄农奴制改革、日本明治维新等，资本主义在世界以各种面目确立了自己的统治地位。

著名历史学家阿诺德·J. 汤因比精确概括了世界历史运动的轨迹：“世界与西方之间的冲突至今已持续了四、五百年。在这场冲突中，到目前为止，有重大教训的是世界而不是西方；因为不是西方遭到世界的打击，而是世界遭到西方的打击——狠狠的打击。”[①]他阐述了西欧资本主义发展的事实和影响，通过大规模的扩张，西欧征服了南北美洲、澳大利亚等世界众多地方，到19世纪时，已控制了中东、印度和中国的古老的欧亚文明中心。资本主义作为一种生产方式和社会制度在世界确立了统治地位，资本主义也以殖民扩张主义的面目将世界许多国家与地区变成了殖民地、半殖民地。

资本主义在人类社会从封建主义向资本主义演进的历史进程中，日益将世界划分为宗主国与殖民地、半殖民地，带有残酷性，却是一种历史的必然。但是，和任何一种制度和社会形态一样，资本主义作为人类历史

① 转引自〔美〕斯塔夫里阿诺斯：《全球通史——1500年以后的世界》，吴象婴、梁赤民译，上海社会科学院出版社，2004年，第10页。

上最后一种剥削制度，其发展也是从低级向高级发展的历史过程，即经过了从自由竞争的资本主义，发展到垄断资本主义阶段，再到金融垄断即帝国主义阶段。而资本主义的发展，一方面极大促进了生产力的大发展，为人类向更高级的社会阶段迈进奠定了物质基础；资本主义的全球殖民活动又破除了以往世界相互隔绝的状态，使全球的经济、政治和思想文化的交流达到前所未有的全球化阶段。另一方面，资本主义在民族国家日益造就出资产阶级与无产阶级两个阶级对立的局面，社会化大生产最终为自己准备了掘墓人——无产阶级；在世界上制造出压迫民族与被压迫民族，宗主国与殖民地、半殖民地的矛盾。人类社会生产力与生产关系、经济基础与上层建筑两大基本矛盾运动的结果，资本主义生产关系所容纳的生产力活力遭遇了巨大的障碍——生产的社会化与私人占有生产资料之间无法克服的矛盾，于是，在资本主义发展的过程中，无产阶级革命运动就不可避免发生了。

19世纪中叶，以《共产党宣言》的发表为标志，无产阶级领导的社会主义革命运动登上人类历史舞台，它昭示一种新的人类社会发展的社会形态，将解决资本主义无法克服的矛盾，从而为生产力的发展开辟道路，为人的全面发展奠定社会政治、文化基础。

马克思、恩格斯的伟大理论和实践活动，为世界社会主义运动开辟了广阔的道路。终于，1917年十月革命一声炮响，俄国在列宁领导下，无产阶级革命取得成功，成为人类历史上第一个社会主义革命成功的国家，探索了马克思主义与本国实践相结合的成功范例。

因此，自16世纪以来，人类社会演进的历史轨迹大体可以归纳为：一是资本主义化以及由资本主义推动的全球化；二是作为资本主义替代物的社会主义的兴起与发展。

在世界的历史演化进程中，由于受发展环境和自然禀赋等各种因素的影响，各个国家与民族自身所处的阶段与发展状况不同，因而也就处在不同的社会发展阶段。中国在1840年鸦片战争时还处在封建社会的时代，正是资本主义的扩张将中国强行拖入半殖民地的漩涡，被迫走上了近代化的艰难转型道路。在中国不断向西方学习发展资本主义时，世界社会主义运动又在蓬勃发展。走资本主义道路，还是走社会主义道路？成为摆在中国人民面前的选择难题。这也正是近代中国社会在短短108年间,何以爆发太平天国运动为代表的具有改朝换代特征的农民运动、以孙中山为代表的代表资产阶级发展要求的资产阶级民主革命和毛泽东为代表的中国共产党人领导的新民主主义革命运动前后承继、螺旋式发展的根源,体现了世界历史发展的逻辑。

在中华民族选择的过程中,外部世界的影响发挥了极大的作用,正如伟大的人类学家博厄斯所阐明的那样:"人类的历史证明,一个社会集团,其文化的进步往往取决于它是否有机会吸取邻近社会集团的经验。一个社会集团所有的种种发现可以传给其他社会集团;彼此之间的交流愈多样化,相互学习的机会也就愈多。"[①]中国从"向西方学习",转向"以俄为师",就是这一规律发挥作用的结果。

归结起来,只有走苏俄的社会主义道路,才能"实现国家富强、民族振兴、人民幸福"的"中国梦"。这就是世界历史和人类社会昭示中国的历史逻辑。

第二节　实现"中国梦":毛泽东的贡献

一、毛泽东承接和探明了实现"中国梦"的途径

1919年伟大的五四运动是中国历史的分水岭。中国先进的知识分子怀着对西方的巨大失望,第一次将学习的目光投向发生过十月革命的邻国——苏联。马克思主义传入中国,成为组织起来的中国无产阶级先锋队——中国共产党——的指导思想。毛泽东作为中共创始人之一,投身伟大的中国新民主主义革命的洪流。

1927年,国共合作推动的国民大革命蓬勃发展,以孙中山继承人自称的蒋介石却背叛了孙中山"联俄联共,扶助农工"的三大政策,转而与革命的敌人"军阀"与"帝国主义"合作,疯狂屠杀共产党人。在革命的危机

① 〔美〕斯塔夫里阿诺斯:《全球通史——1500年以后的世界》,吴象婴、梁赤民译,上海社会科学院出版社,2004年,第6页。

转折关头，毛泽东为代表的中国共产党人依然举起自己的旗帜，走上了武装夺取政权的革命道路。

从 1927 年- 1949 年的 22 年间，毛泽东以巨大的理论勇气，探明了中国革命的性质是反帝、反封建、反官僚资本主义的新民主主义革命，中国革命的道路是农村包围城市、武装夺取政权，中国革命的前途是社会主义。他总结出了中国革命的三大法宝——统一战线、党的建设、武装斗争，指明了中国人民获得解放的正确前进方向。他开创性的理论探索，解决了中国革命前进道路上的一系列理论问题，因而成为马克思主义中国化第一次飞跃的伟大理论成果的结晶——毛泽东思想。正如在党的七大上，刘少奇所总结的："在中国共产党产生以来，产生了、发展了我们这个民族的特出的、完整的关于中国人民革命建国的正确理论。这个理论，已经指导我们党与我国人民得到了极大的胜利，并将继续指导我们党与我国人民得到最后的彻底的胜利和解放。这是我们党和我国人民在长期奋斗中最大的收获与最大的光荣，它将造福于我国民族至遥远的后代。这个理论，就是毛泽东思想，就是毛泽东同志关于中国历史、社会与中国革命的理论与政策。"①

在毛泽东思想的指引下，中国共产党人承接孙中山的未竟事业，彻底完成了民主革命的历史使命，又顺应世界历史潮流，率领中国人民走上了社会主义道路。可以说，新民主主义革命的胜利，为实现中华民族伟大复兴的"中国梦"创造了前提条件。

二、毛泽东为实现"中国梦"奠定了坚实的基础

1949 年 10 月中华人民共和国的诞生，是中国划时代的历史事件。从此，一个长期受帝国主义掠夺和奴役的国家，变成一个享有主权的独立的国家。一个四分五裂的国家，变成一个除台湾等岛屿外实现统一的国家。一个人民备受欺凌压迫的国家，变成一个人民当家作主、享有民主权利的国家。所有这些，都是建立富强、民主、文明、和谐的社会主义现代化国家、实现"中国梦"不可缺少的经济、政治、文化和社会条件，为后来中国

① 中共中央文献编辑委员会编：《刘少奇选集》(上卷)，人民出版社，1981 年，第 333 页。

社会的发展和进步奠定了坚实的基础。

一是政治基础

从1949年至1976年的27年间，在毛泽东的领导下，中国人民经过三大改造，确立了社会主义制度，正如邓小平所指出的“我国资本主义工商业社会主义改造的胜利完成，是我国和世界社会主义历史上最光辉的胜利之一”，[①]成功实现了中国历史上最深刻最伟大的社会变革，为当代中国一切发展进步奠定了根本政治前提和制度基础。社会主义改造的基本完成，也标志着社会主义制度在中国的全面确立，从而开始了在社会主义道路上实现中华民族伟大复兴的中国梦的历史征程；[②]创立了人民民主专政、民主集中制为原则的人民代表大会制度的根本政治制度，中国共产党领导的多党合作和政治协商制度、民族区域自治制度等基本政治制度。这些制度为中国的发展和实现“中国梦”奠定了坚实的政治基础。奠定了新中国在国际上的大国地位，为开创独立自主的和平外交作了不懈的努力。

二是物质基础

毛泽东领导中国人民开辟了社会主义现代化建设道路。在毛泽东的领导下，我国初步建立了比较独立、完整的工业体系和国民经济体系，为国民经济的进一步发展打下了坚实的基础。

1949、1976年中国发展状况比较一览表[③]

年份 类别	1949年	1976年
原煤	0.32亿吨	4.83亿吨
原油	12万吨	8716万吨
发电量	43亿度	2031亿度

① 《邓小平文选》第2卷，人民出版社，1994年，第86页。

② 胡锦涛：《坚定不移沿着中国特色社会主义道路前进为全面建成小康社会而奋斗——在中国共产党第十八次全国代表大会上的报告(2012年11月8日)》，http://www.xj.xinhuanet.com/2012-11/19/c_113722546_2.htm。

③ 国家统计局编：《新中国五十年》，中国统计出版社，1999年，第556、559页。

续 表

年份 类别	1949 年	1976 年
钢	15.8 万吨	2046 万吨
生铁	25 万吨	2233 万吨
水泥	66 万吨	4570 万吨
汽车产量	0	13.52 万辆
铁路	2.18 万公里	4.63 万公里
公路	8.07 万公里	82.34 万公里
人口	5.4167 亿	9.3717 亿

如上表所示，这些沉甸甸的数字和以“两弹一星”为标志的科研成就，都为中国社会的全面发展和一切进步奠定了牢固的物质技术基础和提供了安全保障。

三是文化基础

毛泽东首先奠定了中国共产党的思想基础，即实事求是的思想路线。确立了马克思主义在中国的指导地位，指明了“为人民服务”“为社会主义服务”的文化发展的方向和“民族的、科学的、大众的”文化内涵，提出了繁荣文化要贯穿“百花齐放，百家争鸣”的方针。同时，还奠定了良好的群众基础，并形成了深入民心的优良传统，这就是群众路线的工作方法。特别重要的是，毛泽东奠定了马克思主义中国化的正确道路。这个法宝一直延续至今。邓小平同志把它概括为：实事求是、独立自主、群众路线。这三大法宝既是毛泽东思想的哲学基础，同时也是今天我们发展中国特色社会主义理论体系的哲学基础。奠定了中国共产党的执政地位，对保持马克思主义政党的先进性和执政地位作了不懈的探索。

三、毛泽东“中国式社会主义”道路探索的正反两方面的经验与教训，是实现“中国梦”的宝贵精神财富

社会主义制度建立后，毛泽东继续带领中国人民探索中国自己的道

路。他先后发表了《论十大关系》《关于正确处理人民内部矛盾的问题》等探索建设社会主义的著作，这也是我们党对“什么是社会主义，怎样建设社会主义”最早的理论探索文章。他创造性地提出马列主义与中国实际第二次结合的命题，拉开了马克思主义中国化的逐次飞跃的序幕；创立了社会主义基本矛盾学说，发出了社会主义改革的理论先声；提出了“三个世界”划分理论，奠定了对外开放的国际环境；制定了“两步走”的发展战略，深化了我们对社会主义发展目标的认识。毛泽东还提出建设社会主义国家的基本方针：“我们一定要努力把党内党外、国内国外的一切积极的因素，直接的、间接的积极因素，全部调动起来，把我国建设成为一个强大的社会主义国家。”①

毋庸讳言，由于缺乏社会主义建设的经验，特别是在中国这样一个经济、文化等各方面都十分落后的国家进行社会主义建设，是前所未有的事业，也由于对国情认识的偏差，加之急躁情绪和严酷的国际环境，使得毛泽东在领导我国的建设事业过程中，违反了社会发展规律，犯了阶级斗争扩大化的错误，造成 1957 年“反右扩大化”和 1966 - 1976 年“文革十年”的巨大失误，干扰了国家政治经济文化发展的良好局面。

概而言之，正如有学者所指出的：“一个社会主义制度，一个社会主义现代化事业，一个人民当家作主的社会主义民主，一个党的执政地位以及东方大国的国际地位，这些都是毛泽东为新中国的建立与发展作出的历史性贡献。这些贡献集中到一点，就是为实现中华民族的伟大复兴筚路蓝缕、开基立业。”②

第三节　实现“中国梦”要重视和汲取毛泽东的精神养分

习近平总书记承继毛泽东的遗产，提出“中国梦”的话语以来，中国社会对未来充满期望。笔者以为，在实现“中国梦”的过程中，要不断汲取毛

① 《毛泽东文集》第 7 卷，人民出版社，1999 年，第 44 页。
② 李捷：《毛泽东对新中国建立与发展的历史贡献》，《当代中国史研究》2009 年第 6 期，第 26 - 27 页。

泽东巨大思想宝库的精神养分，这是我们正确前行的精神灯塔。

一、坚定只有社会主义才能救中国的理想信念

中国共产党在中国应运而生，是马克思主义与中国实际结合的开始。作为无产阶级的先锋队，中国共产党奋斗的目标就是在中国实现社会主义。在领导民主革命的过程中，毛泽东反复阐述由于中国革命的特殊国情，决定了中国革命必须坚持民主革命与社会主义革命两步走，中国革命的前途是社会主义。他在《中国革命和中国共产党》一文中这样指出："民主革命是社会主义革命的必要准备，社会主义革命是民主主义革命的必然趋势。而一切共产主义者的最后目的，则是在于力争社会主义社会和共产主义社会的最后的完成。"①毛泽东不仅是这样认识的，而且最终推动中国社会走上了社会主义道路。当社会主义制度在中国建立后，毛泽东又始终不懈通过政治、经济、文化等各方面的政策与措施，努力维护这一制度在中国的发展和历史地位。

改革开放 40 年来，我们的建设和改革事业能够取得巨大成就，根本的一条就是坚持了社会主义。正如胡锦涛在党的十八大报告中所强调的："回首来中国波澜壮阔的历史，展望中华民族充满希望的未来，我们得出一个坚定的结论：全面建成小康社会，加快推进社会主义现代化，实现中华民族伟大复兴，必须坚定不移走中国特色社会主义道路。"②接过领导重担的习近平，更是明确强调："实现中国梦必须走中国道路。这就是中国特色社会主义道路。"③因此，历史和现实再次说明，只要我们坚定不移，沿着这条正确的道路走下去，就一定能够实现中国梦。

二、为人民服务的价值取向

毛泽东的一生是全心全意为中国人民谋利益的一生。他深刻认识到

---

① 《毛泽东选集》第二卷，人民出版社，1991 年，第 651 - 652 页。

② 胡锦涛：《坚定不移沿着中国特色社会主义道路前进为全面建成小康社会而奋斗——在中国共产党第十八次全国代表大会上的报告(2012 年 11 月 8 日)》，http://www. xj. xinhuanet. com/2012-11/19/c_113722546_2. htm。

③ 中共中央宣传部理论局编《中国梦，我们的梦》，学习出版社，2013 年，第 3 页。

马克思主义的威力和奥妙就是“人民，只有人民才是创造世界历史的动力”，因而始终把“改造中国与世界”的依赖力量确立为广大的人民群众，从而把人民群众至上确立为自己人生的最高价值取向。正是这一价值取向，使毛泽东把全心全意为人民服务，不仅规定为自己整个人生实践的出发点和归宿，同时也作为中国共产党人的根本宗旨。他说：“我们共产党人区别于其他任何政党的一个显著标志，就是和最广大的人民群众取得最密切的联系。全心全意地为人民服务，一刻也不脱离群众；一切从人民的利益出发，而不是从个人或小集团的利益出发；向人民负责和向党的领导机关负责的一致性；这些就是我们的出发点。”①他要求：“我们的责任是向人民负责。每句话，每个行动，每个政策，都要适合人民群众的需要”。② 在他看来，只有把自己有限的生命，投入到无限的为人民服务中去，才能实现自己改造中国与世界的人生抱负，才能取得并实现自我价值。所以，他说：“人固有一死，或重于泰山，或轻于鸿毛。而人民利益而死，就比泰山还重……。”③

正是因为具有为人民群众服务的世界观、人生观、价值观，毛泽东的事业才具有伟大的意义，才能取得伟大的胜利，他才能为中国和世界人民所敬仰。今天，要实现中华民族伟大复兴的“中国梦”，就要继承和发扬毛泽东的为人民群众服务的精神，时刻牢记我们的事业“必须凝聚中国力量”，必须全心全意为人民服务才能获得深厚的人民基础，才能赢得人民的支持。

三、为中华民族争“球籍”的世界视野和宏大气魄

早在 1956 年 8 月 30 日，毛泽东在党的八大预备会议上就曾立足世界，定下了赶超美国的宏伟目标，他说：“我们团结党内外、国内外一切可以团结的力量，目的是为了什么呢？是为了建设一个伟大的社会主义国家。……所以，我们这个国家建设起来，是一个伟大的社会主义国家，将

① 《毛泽东选集》第三卷，人民出版社，1991 年，第 1094 - 1095 页。

② 《毛泽东选集》第四卷，人民出版社，1991 年，第 1128 页。

③ 《毛泽东选集》第三卷，人民出版社，1991 年，第 1004 页。

完全改变过去一百多年落后的那种情况，被人家看不起的那种情况，倒霉的那种情况，而且会赶上世界上最强大的资本主义国家，就是美国。”他进而解释说：“这是一种责任。你有那么多人，你有那么一块大地方，资源那么丰富，又听说搞了社会主义，据说是有优越性，结果你搞了五、六十年，还不能超过美国，你像个什么样子呢？那就要从地球上开除你的球籍！所以，超过美国，不仅有可能，而且完全有必要，完全应该。如果不是这样，那我们中华民族就对不起全世界各民族，我们对人类的贡献就不大。”①

60 多年过去了，无论是回首历史还是展望未来，在世界上 200 多个国家或地区中，真正有资格能够追赶并超越美国的只有中国。这就是毛泽东同志所说的，这种国家“在地球上只有一个，就是我们”。这既是毛泽东的强国之梦，也是以毛泽东同志为代表的第一代中国共产党人开创的实践。无疑，毛泽东的宏大气魄和全球视野，是中华民族不断进取的强大动力。它通过后来者前赴后继奋斗，不断得到了实现。时至今日，习近平顺势而为，提出“中国梦”，就是要超越“美国梦”“欧洲梦”，给世界展示中国的贡献，这正是继往开来，汲取毛泽东强国梦的结果。

综上所述，追溯历史，“中国梦”是世界历史逻辑与中国历史逻辑结合的产物。毛泽东作为历史运动的主体，顺应时势，以超凡的智慧和过人的胆识，利用历史提供的舞台，率领亿万中国人民，用血与火的战斗，演绎了中华民族精彩绝伦的历史画卷。中国新民主主义革命的胜利和社会主义革命的成功，为中华民族搭建了通往世界未来的平台。中国不仅实现了国家独立、民族解放的历史夙愿，而且由半殖民地半封建社会越过资本主义这个人类社会发展的峡谷和阶段，一举跨入社会主义的阶段。这是了不起的飞跃和成就，是“中国梦”的实现条件和基础。进入社会主义社会后，毛泽东又领导中国人民大干快上，初步奠定了社会主义大厦的政治、经济和文化基础。因此，毫无疑问，毛泽东是“中国梦”的奠基者、领航者和开拓者，他彻底为人民服务的精神也已为今天的中国领导人所继承，习近平高度凝结了毛泽东奋斗的精髓，提出了实现“中国梦”的奋斗目标，并

① 《毛泽东文集》第 7 卷，人民出版社，1999 年，第 89 页。

归结到“中国梦归根到底是人民的梦，必须依靠人民来实现，必须不断为人民造福。”[①]我们有理由相信，随着“中国梦”的实现，毛泽东奋斗的价值与意义将会得到更全面的认识和诠释。

---

① 中共中央宣传部理论局编：《中国梦，我们的梦》，学习出版社，2013年，第5页。

改革开放篇

第四章
全球化与中国的发展

第一节　全球化与中国共产党的执政能力建设

从世界政党建设的历史来看，中共十六届四中全会可谓是前所未有，一个世界上最大的政党专门通过中央全会的方式研究和部署自身的执政能力建设问题，不能不说是可以载入史册的一个标志性的事件。会议通过的纲领性文件——《中共中央关于加强党的执政能力建设的决定》，全面体现和反映了中国共产党对自身执政规律的认识和把握已达到“自为”的阶段，突破了视野及其利益的瓶颈，在推进党的建设的“伟大工程”的宏伟事业中竖起了新的丰碑。

事实上，如果将十一届三中全会后中国共产党建设的历史作为一个整体考察的话，毫无疑问，对中国共产党执政构成巨大挑战的恰恰是对世界的开放，换言之，改革开放以来不断参与和适应全球化的进程，是对世界最大政党中国共产党最重要的和不可忽视的挑战，也最终推动中国共产党将执政能力建设问题放在突出而独特的位置，而且形成了丰富的内涵，并在理论上和实践上开拓了新境界。

第一，全球化正在深刻改变世界面貌，也深刻影响着中国的历史进程，如何应对全球化的挑战，已成为事关世界各国、各民族发展前途乃至生死存亡的大问题。

回顾历史，自上世纪 80 年代开始，人类历史进入一个重新跃进的时期，正如有学者指出的那样：“人类的确正在进入一个新的时代。被感知的这个时代有两个显著的特点：第一，世界大势表现出急剧变动的征兆，其广度和深度都是前所未有的；第二，不论决策者或普通人，他们中的多数还没有使自己的思想和行为同变化的必然性相适应。所谓‘全球化’命题的提出，无论作为一个概念还是一种理论，反映了试图解读这个新的时代和自我解惑的某种努力。”[①]现在，在人们的脑海里，“全球化”已成为再熟悉不过而又有着较为清晰含义的字眼。在经济学家看来，“全球化”多半指全球市场化、区域集团化、各国各地区在经济上彼此依存、跨国公司蓬勃发展日益具有支配性影响等现象，在社会学家那里指的是都市化、工业化、社会化、现代化造成的各国社会结构的“同构”趋势及其社会问题，文化学家则用来描述商业文化、大众娱乐盛行，传统文化渐遭排斥的过程，政治学家试图用它分析民族国家的遭遇以及政治制度的民主化浪潮或者国际道义和国际干涉的增强趋势，军事学家的“全球战略”则强调各国对高科技的重视、更开阔的决策事业和地缘军事观的扩展，等等，不一而足。这里没必要开列更多单子，一个共有的事实是，不管是穷国还是富国、大国还是小国，迄今人们有更多的理由和更强的信念相信“全球化”是一个客观过程，不依人的意志为转移，它正在推动当代国际社会发生急剧的变化。当然，“全球化”也是一把“双刃剑”，对不同的国家、民族带来的利益是不同的，它可以带来比以前多得多的财富、机会、发展和和平，也能扩大矛盾、差距、冲突和斗争，关键就是看你如何驾驭并“趋利避害”。

既然世界因全球化而丰富多彩，因全球化而建立起了新的发展和竞争平台，任何民族、国家要想在全新的竞技场上取得优势，自立于世界之林，就必须妥善应对全球化提出的各种挑战，否则就会被历史的潮流所淘汰。“全球化”，世界任何民族和国家的执政者和精英人物所绕不开的“难题”，其解决的好坏将决定其前景是坦途还是深渊。因此，中国共产党的执政能力建设问题，其实质也可以说就是如何应对全球化的挑战问题。

第二，中国现有的各类问题，既是深入参与全球化的结果，也是全球化影响的产物。事实证明，只有积极参与全球化的进程，中华民族的伟大复兴才有实现的可能。

---

① 王逸舟：《当代国际政治析论》，上海人民出版社，2001 年，第 1 页。

十一届三中全会以后，全党工作中心向经济建设转移，并且实行改革开放。这时，邓小平同志就尖锐地提出："执政党应该是一个什么样的党，执政党的党员应该怎样才合格，党怎样才叫善于领导？"他把党的执政能力和领导水平问题，紧紧与党所面临的改革开放和现代化建设的任务联系起来，强调要"改革党和国家的领导制度"，"处理好法治和人治的关系，处理好党和政府的关系。"①他还从干部队伍的现状出发，强调要增强两手抓、两手都要硬的能力。注重从领导制度和工作机制上解决问题，是邓小平同志论述执政能力和领导水平的一个显著特点。邓小平的论述实际上提出了一个现实的问题，如何使党适应经济建设和对外开放的需要，从宏观上来说，就是应对全球化的挑战。

在改革开放逐步深入，社会主义市场经济不断发展，社会经济结构和利益格局日益多样化，党的队伍自身状况发生深刻变化的情况下，以江泽民同志为核心的党的第三代中央领导集体，把提高党的执政能力和领导水平与全面推进中国特色社会主义伟大事业，全面推进党的建设新的伟大工程，实现中华民族伟大复兴的历史使命联系起来，与始终保持党的先进性，紧跟时代进步潮流，在激烈的国际竞争和斗争中掌握主动权联系起来，放到当代国际环境和国内任务及时代发展的大背景下和战略全局中来考察，使我们党对这个问题的认识更加深化并具有强烈的时代紧迫感。江泽民同志指出，"我们的各项工作能否做好，我们能否在激烈的国际竞争中始终掌握主动，我们的事业最终能否成功，很大程度上取决于我们党的领导水平和执政能力"。② 显然，这样的认识已经很清楚地揭示了我们党已把提高执政能力和领导水平，提高拒腐防变和抵御风险能力，与全球化这个国际大背景紧紧联系起来。

时代在前进，实践在发展。党的十六大以后，党所肩负的任务和所处环境的变化，赋予党的执政能力和领导水平以新的内涵和新的要求。以胡锦涛为总书记的新一代中央领导集体，全面贯彻十六大精神，开拓进

---

① 《党课参考》2004 年第 2 期，第 71 - 72 页。

② 《江泽民在安徽考察工作时强调，积极适应新世纪开拓创新要求，大力改进领导方式和领导方法》，《人民日报》2001 年 5 月 25 日。

取，面对加入WTO后我国更深融入全球化进程的新课题和新挑战，着眼于如何始终保持如何始终保持党的先进性，使党有能力带领人民群众前进；如何始终保持党同人民群众的血肉联系，防止一些人利用手中的权力谋取私利；如何既保持和发扬党的优良传统，又善于借鉴一切有利于执政兴国的当代人类文明包括人类政治文明的有益成果；如何适应建设社会主义法治国家的要求，不断改革和完善党的领导方式和执政方式；如何在长期执政的条件下，始终保持党的活力，增强党的创造力、凝聚力、战斗力……诸如此类的问题，对提高党的执政能力和领导水平做了大胆探索。可以说党的十六届四中全会通过的《决定》，就是对上述探索的全面概括和总结。

从邓小平的论述、党的十四届四中全会《关于加强党的建设几个重大问题的决定》到十六届四中全会《中共中央关于加强党的执政能力建设的决定》的出台，党的三代领导人在提高执政能力和领导水平这个重大问题上的深刻论述，是一脉相承而又不断丰富和发展的。探索的过程也是螺旋式上升，紧紧与改革开放的进程相联系，即我们越开放，参与全球化程度越深，党的执政能力建设问题越凸现全球化的背景因素。

改革开放以来的实践证明，我们国家25年来取得的巨大成就无不是党成功驾驭各种复杂局面，沉着应对全球化挑战的结果。25年前，中国国内生产总值为1473亿美元，2003年已达到14000多亿美元。25年前，中国年进出口总额为206亿美元，2003年已达到8512亿美元。25年前，中国外汇储备为1.67亿美元，2003年已达到4033亿美元。更进一步来说，到2003年，中国国内生产总值仅次于美国、日本、德国、英国、法国，位居世界第6位，外汇储备位居世界第2位，进出口总额位居世界第4位。①另根据国际货币基金组织按购买力平价最新公布的计算结果，中国的经济总量已占世界生产总值的12.6%，排在美国(21.1%)和欧盟(19.9%)之后，位居第3位。显而易见，透过上面几组不同数字反映的事实，已不难看出，中国经过过去25年的改革开放，已取得引人注目的成就。正是在应对全球化挑战的过程中，我们党的执政能力日益提升，不断开拓出了

① 《中国经济总量世界第三但仍属于"发展中国家"》，《中华工商报》2004年4月26日。

中华民族复兴的崭新局面，从而昭示我们积极参与全球化进程，这是民族和国家复兴之望。

第三，党的执政能力建设只能放在全球化的平台上，要有世界眼光，从全球出发，立足于把我们党建设成坚定的马克思主义政党，世界一流的政治领导力量，从而为全人类的共同进步和发展贡献力量。

实践表明，执政能力建设是我们党执政后的一项根本建设。党执政以后的全部实践活动，都是围绕着执政展开，都是围绕着提高执政水平、巩固执政地位来进行的。执政能力建设既是党自身建设的一个重要组成部分，又是对党各方面建设起牵头管总作用的。[①] 如何建设？显然不能离开全球化这个世界趋势和平台。也就是说，在一个科技、经济、政治和文化等日益全球化的时代，一个国家的执政党要强化执政地位，提高执政能力，就必须将自身执政能力的改善与外部世界结合起来，在顺应国内外广泛互动的历史大潮中树立自己的执政形象。实际上，党的十六届四中全会通过的《决定》对此已作了精辟的论述，指出："国际局势发生新的深刻变化，世界多极化和经济全球化的趋势继续在曲折中发展，科技进步日新月异，综合国力竞争日趋激烈，各种思想文化相互激荡，各种矛盾错综复杂，敌对势力对我国实施西化、分化的战略图谋没有改变，我们仍面临发达国家在经济、科技等方面占优势的压力。"[②]《决定》提到的上述加强党的执政能力建设的国际背景，不正是全球化的现实和对我国提出的挑战对党的执政能力建设影响的最好反映。

党的执政能力建设涉及方方面面，要完成十六届四中全会提出的加强党的执政能力建设总目标的任务，"使党始终成为立党为公、执政为民的执政党，成为科学执政、民主执政、依法执政的执政党，成为求真务实、开拓创新、勤政高效、清正廉洁的执政党"，就必须深刻把握全球化这个世

---

① 《提高执政能力，搞好党的建设——六论学习贯彻〈中共中央关于加强党的执政能力建设的决定〉》，《人民日报》2004年10月21日。

② 《中共中央关于加强党的执政能力建设的决定（2004年9月19日中国共产党第十六届中央委员会第四次全体会议通过）》，http://www.people.com.cn/GB/shizheng/1026/2809350.html。

界背景，用胡锦涛同志的话来说，就是要“对世界上其他政党执政的一些做法和措施，我们不能照抄照搬，但对它们在治国理政方面的有益做法，我们要研究和借鉴，以开阔眼界，打开思路，更好地从世界政治经济发展的大格局中把握加强党的执政能力建设的规律。”①“要切实提高科学判断国际形势的能力，正确把握时代发展的趋势，努力从国际国内形势的相互联系中把握发展方向，从国际国内条件的相互转化中用好发展机遇，从国际国内资源的优势互补中创造发展条件，从国际国内因素的综合作用中掌握发展全局。”②

不仅如此，过去我们党建设的经验教训和世界上一些大党老党丧失执政地位的教训告诉我们，没有全球化的视野，就不会有全球性的竞争能力，也就不能“提高驾驭社会主义市场经济的能力、发展社会主义民主政治的能力、建设社会主义先进文化的能力、构建社会主义和谐社会的能力、应对国际局势和处理国际事务的能力。”③

当前，我国改革发展正处在关键时期，面对实现全面建设小康社会的宏伟目标，面对错综复杂的国际国内形势，面对社会环境的深刻变化，伴随着我国社会经济成分、组织形式、就业方式、利益关系和分配方式日益多样化，人民内部矛盾出现新的特点，各种社会矛盾呈现复杂情况，我们要更加清醒地认识到，要战胜各种困难和挑战，不断把中国特色社会主义伟大事业推向前进，必须高举马克思列宁主义、毛泽东思想、邓小平理论和“三个代表”重要思想的伟大旗帜，毫不动摇地加强和改善党的领导，全面推进党的建设新的伟大工程。

总之，党的执政能力建设要有宏观视野、全球化意识，要顺应世界全球化的趋势，要从在更大范围、更广领域和更高层次上参与国际合作和竞争，优化资源配置，以开放促改革促发展的视角出发，在机遇和挑战并存的国内外条件下，使党的执政方略更加完善、执政体制更加健全、执政方式更加科学、执政基础更加巩固，从而把我们党建设成为始终做

---

① 《以提高执政能力为重点加强和改进党的建设——庆祝中国共产党成立八十三周年》，《人民日报》2004 年 7 月 1 日。

② 《人民日报》2004 年 7 月 1 日第一版。

③ 《人民日报》2004 年 2 月 25 日第一版。

到“三个代表”、永远保持先进性、经得住各种风浪考验的马克思主义执政党。

第二节 经济全球化与中韩经贸关系的发展

历史发展往往有许多惊人之处，中韩经贸关系的发展就属于此类。尽管当初负责打开这扇门的外交官们对两国经贸关系的发展抱有相当的希望，但是，如果他们看到下列的数字，一定会大吃一惊的：中韩建交的1992年，两国的贸易额只有63.8亿美元，到2001年则增加到314.9亿美元，增长了约六倍。中国还是韩国的第二大海外投资对象国，到2002年年底，韩国企业在华投资项目已达18000多项，实际投资额超过120亿美元。中韩经贸关系的发展确实是个奇迹，还没有哪一个国家间的经贸关系在建交短短10年间，就取得如此令人吃惊的成就。在惊叹之余，人们自然会对中韩经贸关系的发展十分不解，试图从中找出推动这种关系取得惊人成就的原因。当然，人们可以找出诸如文化因素、地理因素、国际政治环境因素等诸多解读的方法，但在我看来，有一个因素非常重要，是深层次认识和理解中韩经贸关系不可或缺的因素，这就是经济全球化。

一、经济全球化对中韩经贸关系发展的意义

1. 经济全球化：中韩建交的时代背景

中韩经贸关系的发展始自于20世纪70年代末。1978年十一届三中全会后，中国实行改革开放政策，为中韩两国尘封已久的经贸关系的发展打开了空隙。一些居住在香港的韩国侨民和驻港韩国商社的部分低级别职员，利用中国对外开放的机会，开始进入中国大陆，开展小规模的间接贸易。1979年两国间的贸易额在1978年几乎一片空白的基础上达到1900万美元。① 1984－1985年这种间接贸易渐成规模。需要指出的是，上述这种贸易是由民间主导推动的，已逐渐显示出强劲的发展势头。至

① 《当代亚太》1996年第1期，第34－35页。

1988 年，中国政府开始公开同韩国开展间接贸易，1989 年下半年，两国又开展了直接贸易。1990 年 10 月，韩国大韩贸易投资振兴公社（KOTRA）与中国国际贸易促进会（CCPIT）达成设立中韩贸易代表部的协议，继而签订了投资协定。而且贸易额已达到 37 亿美元，直接投资也突破了零的纪录。

循着上述两国经贸关系发展的轨迹，不难发现，先是由民间启动，进而扩大规模，发展到官方贸易、直接投资，短短几年，经贸关系的发展已突破了政治的藩篱。1992 年两国建立正式外交关系已成呼之欲出之势，是一种水到渠成的结果。

何以中韩经贸关系会有如此的冲击力？换一个时空角度，我们就会发现，这时的中韩两国发展经贸关系正和时代发展的脉络相一致，不知不觉中与时代发展的趋向相吻合，换言之，就是合乎时代发展要求，顺应了经济全球化的历史大势。人的主观认识有时往往要落后于时代。当中韩民间经贸交流如火如荼开展后，那些勇于先行者已不自觉地充当了历史前进的代言人，从主体的角度而言，他们成为经济全球化在中国拓展的“先锋官”。只不过在那时，在人们的视野中，这种活动还被局限在狭隘的两国经贸关系的领域内。

经济全球化是在 20 世纪 80 年代末 90 年代初才出现的新名词，一经出现，立刻风靡全球，成为人们解读当代历史发展的代名词。迄今为止，在人类发展史上，已先后有过三次经济全球化高潮。最近这次经济全球化高潮的掀起，始于 20 世纪 80 年代。这正好与中国改革开放的历程相合拍。正如一位专家所言：“中国改革开放与经济全球化二者之间存在着互为促进的关系”。[①] 对韩国何尝不是如此，参与中国开放进程，实际上就是拥抱经济全球化的过程。

总之，经济全球化为中韩关系的发展开辟了道路，提供了舞台，是中韩建立外交关系的背景因素。

2. 经济全球化与建交后的中韩两国经贸关系

中韩建交不仅是两国关系发展史上的里程碑，而且揭开了中韩关系

---

① 汪道涵：《全球化与中国经济》，转引自《全球化与政治》，中国编译出版社，2000 年，第 6 页。

发展新的一页。既然中韩政治、外交关系的突破是在经济全球化这种国际因素、时代因素裹挟下发生的,冲破牢笼束缚的中韩经贸关系就走上了一条正常的发展道路,敞开胸膛拥抱经济全球化提供的机会。而进入 90 年代以来,经济全球化的趋势加速进行。资本自由流动、技术转移的范围日益扩大,新的国际分工的出现,以及随着新技术的采用而建立的新产业部门的迅速发展,为中韩经贸关系的发展注入了新的活力。正如我们所看到的,它引起和带来了巨大的变化。

第一,中韩经贸关系在建交后的十年间,迎合经济全球化,创造了骄人的贸易业绩。

中韩建交,一方面加速了贸易方式由间接贸易向直接贸易的转换过程;另一方面去除了两国经贸关系发展的政治性障碍因素,使得两国经贸关系在经济全球化提供的舞台上尽情发挥,充分发展。例如,1990 年,韩国对中国出口总额比重 59%,进口比重 45%,大多是通过间接贸易进行的,不仅贸易周期长、费用大,也制约了双方贸易的发展。中韩贸易额在建交前的 1991 年为 44 亿美元,1993 年则猛然跃升为 90 亿美元,这不能不说是上述因素带来的结果。

第二,建交十年间,在经济全球化的刺激和推动下,韩国对华投资飞速发展。

经济全球化带来的一个巨大变化,就是要求企业在全球范围内有效配置和整合资源。中国治国方针的转化、经济建设热潮的掀起,既急需导入外资和技术,也敞开了国内市场的大门。中国拥抱经济全球化的情势,为进入产业转型时期,既有余力向国外转移劳动密集型产业,也需要为高新技术产业持续发展开拓新的市场和活动领域的韩国提供了难得的机遇。加之,中韩建交时正值经济全球化进入高潮之际。双重因素、双重需求,在经济全球化的导演下,韩国在华投资持续增长。1991 年韩国对华投资只有 69 件,投资总额为 4246 万美元。建交后,1992 年韩国在华实际投资项目和金额即上升到 171 件和 1.4 亿美元。① 发展到 2002 年年底,韩国企业在华投资项目已达 18000 多件,实际投入总额超过 120 亿

---

① 陈龙山主编《朝鲜半岛问题研究文集》第三辑,吉林省韩国研究会,1999 年,第 67 页。

美元。以作为韩国资本首选地的青岛为例，1999 年韩国在青岛的投资项目累计为 1688 个，合同资金 23.7 亿美元，实际到位 16.5 亿美元；2000 年韩国在青岛的投资项目数累计达到 2248 个，合同资金 29.2 亿美元，实际到位资金 20.4 亿美元。[①] 这从一个侧面说明韩国对华投资增长十分迅速。

第三，以经济全球化为发展平台，韩国大幅度参与中国改革开放进程，两国经贸合作层次和规模迅速扩大。

中韩两国从贸易和投资形态上而言，属于典型的互补型。从贸易领域而言，韩国最初主要向中国出口黑白电视机与纤维类产品，并从中国进口原油、煤炭及原纱等。建交以后，韩国对华出口商品则拓展至以化工产品、非金属矿产品及电子、电器产品为主。在投资领域，作为韩国对华投资桥头堡的青岛，最能反映韩国投资变化的趋势。1989 年第一家韩资企业托普顿电器有限公司落户青岛，揭开了韩资企业投资青岛的序幕。建交 10 年间，取得了飞速发展，到 2001 年底已达到 1656 家。投资的领域，从产业结构方面考察，在 1656 家韩资企业中，投资第一产业的企业 15 家，仅占韩资企业总数的 1%，投资第二产业的企业 1563 家，占韩资企业总数的 94.3%，投入第三产业的企业 78 家，占韩资企业总数的 4.7%。这种趋向于第二产业特别是加工工业的投资结构特征，正是经济全球化在中韩两国加速发展的表现。从投资规模上来说，据韩国贸易协会统计，截止到 2002 年 5 月，在对中国的投资中，以投资的项目数、投资金额两项指标考察，中小企业分别占到 93.2% 和 40.2%。[②] 这与中国的发展程度和韩国产业结构调整的幅度有关。值得注意的是，顺应经济全球化进一步发展的趋势，韩国对华投资也出现了新的变化，三星、现代、SK、LG、浦项制铁等韩国大型跨国企业加快了对中国技术转移和投资的力度，在一定程度上改变了韩国在华投资企业以中小企业和劳动密集型产业为主的态势，提升了韩国对华投资的层次。为了推动投资的发展，中韩两国之间成立了官方的中韩经济促进委员会、产业合作委员会。不仅如此，两国间

---

① 《青岛日报》2001 年 11 月 30 日。

② 《韩中贸易》第 45 号，韩国贸易协会北京分会出版，2002 年 8 月。

的合作不仅在贸易、投资领域，而且已扩大到信息通信、建设、海洋水产等诸多领域，显示了强劲的发展势头。

二、中国加入 WTO 对中韩经贸关系的影响

2001 年 12 月中国正式成为了世界贸易组织（WTO）的成员方，这意味着中国历史性地跨越了经济全球化的门槛，全面融入世界潮流的开始。如果把中国加入的行动放到超时空的角度上去理解的话，无疑这是历史性的大事件，是人类进一步走向“融合”的亮点。因为，中国加入 WTO 不仅仅意味着中国走向世界，它背后更深层次的原因，则是中国顺应了人类历史发展的趋向和时代潮流。中国拥抱了经济全球化，更好地融入了世界。以中韩两国经贸关系来说，中国加入 WTO 不啻是为两国经贸关系发展注入的强心剂，其意义非同小可。

1. 以中国加入 WTO 为契机，将极大地促进中韩贸易关系的发展。

中国加入 WTO，对“贸易立国”、对外贸易占其国内生产总值（GDP）达 70%以上的韩国来说，具有特别重要的意义。中国政府逐步降低关税和取消大部分商品的进口许可证，将使得韩国有竞争力的汽车、石化、钢材、机械设备、电器、电子等行业在华竞争力进一步增强。同时，中国企业外贸经营权的扩大也将为中朝两国贸易的稳健发展创造良好的契机。仅以降低关税为例，1999 年中国制造企业的平均关税为 16.8%，而到 2005 年关税将下降到 10.1%。据韩国对外经济政策研究院分析，届时韩国对中国的出口将增长 13 亿美元，而进口仅增长 3 亿美元，中国降税将为韩国带来 10 亿美元的贸易盈利。[①] 当然，韩国随之也要取消对华产品的限制性措施。2001 年 12 月 13 日，韩国政府宣布从 2002 年开始停止对鱿鱼干、泥鱼、冻阿拉斯加绿鳕和亚麻制品等四种中国进口商品征收调节税，[②]就是一种表现。中韩贸易增长的幅度到底有多大？不论是两国政府官员、还是民间人士，都抱有乐观的态度。我们不妨来看看韩国方面的预测，韩国财政部在 2001 年 7 月 23 日发表的“中国申办奥运会对我

① 〔韩〕《朝鲜日报》2001 年 11 月 9 日。
② 〔韩〕《韩国时报》2001 年 12 月 14 日。

国出口的影响”的材料显示，到 2008 年，中韩两国的贸易额将达到 1000 亿美元。[①] 我们有理由相信，依托经济全球化的发展势头，中韩两国贸易将在未来获得更长足的发展。

2. 中国全面融入世界潮流的行动，为韩国在华投资企业提供了前所未有的机遇。

中国加入 WTO，将按照与世贸组织达成的协议，逐步扩大开放服务业，放宽对外资企业的限制，将使更多的韩国企业进入中国市场，特别是对中国的金融、保险、通信和流通业投资将大幅度增加。而且，随着中国市场的不断开放和中国西部大开发战略的实施，韩国企业将有更大的发展空间，可以由中国的东部沿海地区向中西部地区拓展；可以由劳动密集型向资本密集型和技术密集型的各个层面进一步拓展；随着中国企业扩大对国外的投资与技术合作，将会产生新的投资和贸易机会。上述这些机会和变化，无疑将会极大地推动韩国对华投资的增长。

3. 中韩合作领域将不断扩大，合作层次不断提升，并进而向构建区域间的产业紧密合作体制方向发展。

中国全面参与经济全球化进程，扩大对外开放，不是单向度的，而是全方位。韩国企业进入中国开展贸易和经济技术合作，不只是与中国企业竞争，同时也要与各国的在华企业进行竞争，这种竞争是产品、技术、人才及服务方面的全面竞争。因此，中国加入 WTO，不只是给中韩经贸合作提供了广阔的空间，更重要的是推动中韩经贸合作向更高领域、更深层次发展，只有这样，两国经贸关系的发展才合乎中国对外开放、参与经济全球化的初衷。实际上，面对新的环境，中韩两国都在进行新的努力。一方面，通过政府层面的努力，加强政府间、行业间交流与合作的水平，优势互补，开展联合攻关和探索，进一步建立产业链，增强全球竞争优势，迎接经济全球化的挑战。同时，顺应经济全球化的趋势，积极探索整合两国资源、构建区域经济联合体的新模式。2001 年 6 月 19 日韩国总理李汉东访问中国时，朱镕基总理就向韩方提出加强两国在环境、尖端技术、石油化学等领域的合作要求，随后两国签订了《中韩证券及期货监督领域合作

---

① 〔韩〕《朝鲜日报》2001 年 7 月 24 日。

协定》《共同推进21世纪中韩经济合作共同研究会协议书》。[①] 另一方面,企业间的合作与交流的规模和层次也在扩大和提升。不少韩资企业在加大对中国投资规模的同时,不仅开始积极推行"本土化战略",而且将技术研发中心设立或搬迁到中国,如三星决定将中国事业战略从生产基地转换为战略市场,并在中国设立新的研发中心,加大研发力度。[②] LG也有相同的动作。这正是韩资企业立足中国,参与经济全球化的典型表现。

三、结语

20世纪80年代以来,对全球产生深刻影响的历史事件,中国的改革开放当属其中引人注目的一件。与中国改革开放进程相契合,正好对人类历史进程——正如我们所看到的将产生深刻影响的第三次经济全球化浪潮正在兴起。这股强劲的潮流不仅冲垮了东西方之间的冷战格局、意识形态的藩篱,而且造就国家关系的新局面。中韩经贸关系的启动和发展,得益于经济全球化的推动,并随着经济全球化加速发展的趋势取得了令世界惊叹的成就。理解中韩建立外交关系、中国加入WTO对中韩经贸关系的影响,无法回避经济全球化,更无法无视经济全球化的作用。换言之,没有经济全球化的推动,中韩建交、中国加入WTO都是未知数。可能有人会说,经济全球化只是一个外因,但要知道外因有时可加速事物转换和诞生的过程,或许在这个意义上说,经济全球化是中韩建交、中韩经贸关系飞速发展的"助产婆"和"催化剂"。展望中韩经贸关系发展的未来,韩国前驻华大使洪淳瑛的一番谈话比较具有代表意义,他说:"从汉城早上到北京来上班,吃完午餐办完事情回去吃晚饭,或者说回去睡觉。……同样的北京人到汉城去办事,然后晚上回北京睡觉,这是非常可能的,而且的确是可以办得到的事情。"[③]这或许是经济全球化对中韩经贸关系影响的最好注脚。

---

① 〔韩〕《朝鲜日报》2001年6月19日。
② 〔韩〕《朝鲜日报》2001年11月2日。
③ 《国际经济评论》2001年第9-10期。

第五章
从“和平发展”到“和平崛起”

第一节 “和平崛起”与世界秩序

自温家宝总理在 2003 年 2 月 10 日在美国哈佛大学演讲时首次提出“和平崛起”的新观念以来，作为新一届中央领导集体外交战略的核心理念，“和平崛起”不仅在理论上进一步得到阐释，而且在实践上已开始成为中国外交行动的指针，预示着中国外交战略革命时代的来临。值得注意的问题是，中国为什么要“和平崛起”，中国能否“和平崛起”？这在很大程度上与我们对现实世界政治经济与国际关系的认知有关。“和平崛起”要解决的一个核心问题是如何解决与外部世界的关系问题，中国要走“和平崛起”之路，最大的制约因素来自外部世界，换言之，中国能否“和平崛起”，取决于与“世界秩序”的互动关系。

一、世界秩序的意义

“世界秩序”（也称国际秩序）这一观念源于中世纪的欧洲，是人们认识和把握现实世界结构和状况的一种思维工具。一般来说，“秩序”意指“法律和次序”，是严格实施治理规则的意思。那么“世界秩序”呢？最早试图给“世界秩序”下定义的是西方国际关系学者。1965 年，一些西方国际关系学者聚会意大利，讨论世界秩序问题。会议讨论的结果，认为“世界秩序就是生活在国际社会的成员国相互依存的最低条件”。[①] 显然，冷战时期两极格局对立的现实是形成“世界秩序”概念的背景。

此后西方国际关系学者不断充实和完善对“世界秩序”的认识和定义。尤其是哈佛大学著名政治学教授斯坦利·霍夫曼，在总结前人理论的基础上，提出了精辟的见解，他认为世界秩序有三个不可分割的定义要素组成：(1)世界秩序是国家间关系处于和睦状态的一种理想化的模式；(2)世界秩序是国家间友好共处的重要条件和有规章的程序，它能提供制止暴利、防止动乱的有效手段；(3)世界秩序是指合理解决争端和冲突，开展国际合作以求共同发展的一种有序的状态。因此，世界秩序“不过是使合乎伦理的对外政策行动作为可能的一系列的过程、程序与全球体制”，是“用以延续整个人类社会生活的主要目的的人类活动的样式或安排”。[②] 依据西方的经验，他强调权力、认同和制度。

针对西方学者的言论，我国学者在研究的过程中，结合现实世界的现状，提出了自己的认识。“国际秩序”(我国学者一般用“国际秩序”来替代“世界秩序”)是指某一时期国际社会中的国际行为主体(主要是主权国家)之间，围绕一定的目标，在某种利益基础上相互作用、相互斗争而确立的国际行为规则和相应的保障机制。[③] 强调国际秩序“是那些具有重大影响力的国际行为主体根据一定目标所建立的一套国际行为机制，多数国家不得不遵循这些规范而行事”。[④] 由于世界秩序通常包括国际规则、国际协议、国际惯例和国际组织等，谁牵头和主导形成一种世界秩序，那么，谁就将是这种秩序的最大获益者和受益者，从而最大限度地保障和维护了自己的安全。

实际上，随着时间的推移，“世界秩序”已具有明显的政治含义、意图和语境，是西方的话语“霸权”。特别是 20 世纪 90 年代以来，冷战结束、

---

① 倪世雄主编：《当代西方国际关系理论》，复旦大学出版社，2001 年，第 458 页。

② 〔美〕Stanley Hoffmann, *Primacy or World Order: American Foreign Policy Since the Cold War*, New York: McGraw-Hill, 1978, p. 109, 188.

③ 冯特君主编：《当代世界政治经济与国际关系》，中国人民大学出版社，1993 年，第 317 页。

④ 谌取荣：《把握机会，迎接挑战：关于加建立国际新秩序的若干问题》，《国际政治新秩序问题》，北京时事出版社，1992 年，第 15 页。

海湾战争、苏联解体，两极格局土崩瓦解，世界进入一个新旧格局交替的转型时期。在此形势下，世界上各种力量围绕建立一个什么样的世界新秩序问题展开了激烈的斗争，使“世界秩序”的意义凸现。基辛格就指出：“世界秩序的内容、作用和目标的变化从来没有像今天这样迅猛和深刻，这样具有全球影响。”①最典型的莫过于美国。美国认为，冷战结束，两极格局解体，新的格局尚未形成，国际关系处于大转折、大变动的时期，作为唯一的超级大国，美国不能坐失良机，要动用更多的人力、物力、财力以及国际社会力量（尤其是西方盟国）来构筑符合美国战略利益的世界新秩序。于是1991年借海湾战争之机，美国总统老布什宣称：“目前处于生死关头的不仅仅是一个小国，而是一个伟大的理想——建立世界新秩序。在这个新秩序中，不同的国家被吸引到一起从事共同的事业，去实现人类共同的愿望：和平与安全，自由与法治。”②美国公开打出了建立在美国领导下的世界新秩序的旗号。此后，克林顿政府到目前的小布什政府都在积极推行美国的世界新秩序战略。其结果已直接影响到当今国际关系和未来世界的发展方向。与此同时，其他大国也提出了自己的观点和看法，如欧洲的新秩序观——依然是不平等的国际秩序，即“美欧日三级体系”；日本的“国际新秩序构想”——与欧洲类同的不平等的国际秩序，即建立一个由日美欧三极主导的国际新秩序；中国的国际新秩序主张——追求主权国家之间平等的国际秩序，即以和平共处五项原则为国际新秩序的准则，等等。③

由于世界秩序一方面是国际行为主体的行为规范，另一方面又是对国际行为主体运行状况（包括力量对比结构状况）的反映，所以它具有较强的主观性色彩。其显著性特点为：

第一，世界秩序是由国际社会行为主体的力量对比结构状况所决定的，是力量博弈的结果。

第二，世界秩序是建构的过程。究竟会形成一个什么样的世界秩序，

① 〔美〕Henry Kissinger, “How to Achieve the New World Order”, *Time*, March 14th, 1994.

② 布什总统1991年1月29日发表的《国情咨文》。

③ 王传兴：《从米尔斯海默看进攻性现实主义与单边主义的关系》，《世界经济与政治》2004年第1期，第54页。

最终取决于国际行为主体的态度以及彼此之间较量的结果。

正因为“世界秩序”如此重要，世界上的重要政治力量均把建立和改造符合和满足自己利益的世界秩序作为首要的战略目标，从而在国际关系领域演绎着惊天动地的历史事件，造成国际关系的跌宕起伏，纷繁复杂。显而易见，中国要“和平崛起”，“世界秩序”是绕不开的一个课题。

二、“和平崛起”战略及其价值取向

在国际关系理论中，“和平崛起”是指大国在崛起过程中并不以谋求霸权为目标，主要通过多边合作的框架，而非诉诸武力来解决国际争端和跨国问题。

当21世纪来临的时候，国际局势正在发生深刻变化。世界多极化和经济全球化的趋势在曲折中发展，科技进步日新月异，综合国力竞争日趋激烈。这给世界各国的发展带来了机遇和有利条件，也带来了严峻的挑战和压力。如果能正确应对挑战，抓住机遇，充分利用有利条件，即使是发展中国家，也能够实现跨越式发展，在综合国力竞争中逐渐取得主动地位。但是，国际局势带来的挑战又有严峻的一面。发达国家特别是美国在经济、科技、军事方面的优势，对发展中国家包括我国的发展形成了强大的压力。某些外国势力交替地制造和散布“中国威胁论”和“中国经济崩溃论”，进行各种挑衅和破坏，千方百计阻挠我国人民前进的步伐。我国自十一届三中全会以来，党中央从中国国情出发，把握世界发展的大势，实行正确的路线、方针和政策，进行改革开放和社会主义现代化建设，实现了国民经济二十多年持续快速健康的发展，国民生产总值上升到世界第六位，人民生活逐渐摆脱贫困而达到温饱、进而在总体上达到小康水平，综合国力大大增强，国际地位显著提高。面对动荡不宁的世界，面对咄咄逼人的综合国力竞争，进入新世纪的中国将如何应对，将选择什么样的发展道路和崛起战略，中国能不能继续快速健康发展，创造新的辉煌，成为人们关注的重要焦点。

任何崛起模式都是特定历史条件的产物。西方国家普遍采用过的对内剥削压迫、对外侵略扩张的崛起模式，产生于被马克思描述为资本的“每一个毛孔都带着血和肮脏的东西”的时代。而中国的历史与现状以及所面临的国际环境决定了中国的崛起只能走对内改革、对外开放的新型工业化道路，走有中国特色的社会主义道路。

党的十六大明确提出："我们要在本世纪头二十年，集中力量，全面建设惠及十几亿人口的更高水平的小康社会，使经济更加发展、民主更加健全、科教更加进步、文化更加繁荣、社会更加和谐、人民生活更加殷实。"① 党的十六大对未来 20 年做出了一个科学的、全面的规划，提出来的全面建设小康社会描绘了一幅宏伟的建设蓝图，这将成为全党和全国人民今后 20 年奋斗的行动纲领。它的意义就在于，我们沿着三步走的战略，走了头两步，开始走第三步的时候，全面规划了未来发展的目标，这三大目标，一是发展社会主义市场经济，建设社会主义物质文明；二是发展社会主义民主政治，建设社会主义政治文明；三是发展社会主义先进文化，建设社会主义精神文明。在新的世纪里，实现推进现代化建设、完成祖国统一、维护世界和平与促进共同发展这三大历史任务，在中国特色社会主义道路上实现中华民族的伟大复兴。

按照党的十六大和十六届三中全会的精神，中国今后在全面建设小康社会的过程中，"将以经济建设为中心，以实现人的全面发展为目标，统筹城乡发展、统筹区域发展、统筹经济社会发展、统筹人与自然和谐发展、统筹国内发展和对外开放，坚持走生产发展、生活富裕、生态良好的发展道路"，②走这样的发展道路，从发展内涵质的规定性上而言，支配和规定的发展道路就是拥抱经济全球化而不是脱离经济全球化的发展，是走内涵式、科学合理利用资源，人与自然和谐发展的道路，而不是走掠夺式、破坏生态环境的发展道路。不难看出，"和平崛起"发展思路就是对上述思想的全新概括。它揭示了中华民族复兴的实现途径。"和平崛起"的发展观念，进一步在宏观上勾勒了自己未来的走向和价值取向，诠释了中国发展的意义、目的、途径。

中国改革开放的实践和新的发展目标揭示出全面和谐与合作是中国发展模式的根本所在，具体体现在三个方面。其一，坚持"五个统筹"的科

---

① 《中国共产党第十六次全国代表大会在京开幕》，《人民日报》2002 年 11 月 9 日。

② 胡锦涛：《中国的发展亚洲的机遇》，http://www.people.com2004 - 4 - 24。

学发展观，注重发展的质量和效益，在注重发展劳动密集型产业的同时注重产业结构的调整和技术创新，形成以高新技术产业为先导、基础产业和制造业为支撑、服务业全面发展的产业格局。其二，充分利用国际国内两个市场，在扩大出口的同时扩大内需。其三，不计较社会制度和意识形态的差异，扩大与发达国家的利益汇合点，与邻为善，加强区域合作，把同周边国家的交流与合作推向新水平，与发展中国家相互帮助、相互支持，拓宽合作领域，提高合作效果。

显而易见，上述内容显示出中国人民更关心的问题是，在保障国家安全的前提下如何改变相对落后的经济社会发展水平，"一心一意谋发展"，大力推进中国的现代化事业。①

一个国家外交战略的确立，必须紧紧围绕国际环境的重大变化和本国的战略总目标。有人说，中国能否崛起或和平崛起，视乎中国能否成功驾驭三个不确定的因素而定：

> 第一，要克服失调、失衡、失业、失序，根本之途，在于力求全盘经济、社会、行政及政治体制的持续革新与创新。
>
> 第二，中国必须有能力处理好周边地区的和平发展环境，其中最具挑战性的有：(1)西部地区(东突问题)；(2)东北朝鲜地区；(3)两岸地区。
>
> 第三，中国必须有能力化解无从回避的"中国威胁论"的压力。②

诚哉斯言。中国选择走"和平崛起"道路和战略，也正是为了破解此迷局。通过实践和探索，中国正赋予"和平崛起"新的内涵。这个框架是以在安全领域推行"互信、互利、平等和协作"为核心的"新安全观"为核心，积极推动、改善和调整与世界上主要大国的关系，努力构筑面向 21 世纪的大国伙伴关系框架；进一步稳定和加强与周边国家的关系，为经济建设创造了良好的周边环境；拓展与发展中国家的合作，巩固中国外交的立足点。

---

① 徐坚：《和平崛起是中国的战略抉择》，《国际问题研究》2004 年第 2 期，第 2 - 3 页。

② 徐坚：《和平崛起是中国的战略抉择》，《国际问题研究》2004 年第 2 期，第 2 - 3 页。

在地区层面，以“与邻为善，以邻为伴”为方针，以“睦邻、富邻、安邻”为目标，共同构筑东北亚和平发展稳定的新环境、新时代，并在此基础上维护世界和平，促进共同发展，推动世界公正、合理的世界新秩序的建立。

无疑，中国的“和平崛起”不仅仅是个概念的问题，更重要的是个实践的问题。

事实上，中国正在以“睦邻、安邻、富邻”的全新思想处理与邻国关系，亚洲邻国正在成为中国和平崛起的最直接受益者。中国政府以和平崛起为主要战略，促进亚洲乃至整个世界的和平与稳定。中国在朝鲜半岛核问题六方会谈中起着举足轻重的作用。从2003年开始，中国积极参与和平解决朝鲜半岛核问题的外交努力，扮演了重要角色，促成并主办了两次北京六方会谈，中国第一次在国际舞台上承担了如此重要的推动地区和平进程的角色。2003年10月，中国与东南亚国家联盟就建立面向和平与繁荣的战略伙伴关系签署一项联合宣言，并成为第一个加入《东南亚友好合作条约》的非东盟国家，力求通过和平的方式解决所有争端，等等。中国通过自己的外交活动和实践，为世界的和平、稳定和发展作出了突出贡献。

由此可见，无论是十六大、十六届三中全会，还是中国的历史、现实以及外交实践，都揭示出“和平崛起”是中国的必然选择，经过二十多年的改革开放，中国已经探索出一条崛起道路。这条“崛起”道路就是“改革开放、和平发展、永不称霸，使中国成为维护世界和平、促进共同发展的坚定力量”。①

当我们用“和平”来定义崛起，尽管对“和平”的理论有着多样的理解，但是，中国“崛起”的性质、目标和手段等问题就清晰起来了。“和平崛起”就是超越了权力(强权)政治学的崛起观。中国的和平崛起，在世界上是新型的崛起。同时，选择和平，中国就为崛起奠定了在世界的道义性和正当性基础。中国的发展和现代化是为了这个国家和社会的稳定和繁荣，而中国的长治久安则是国际和平和安全的一个重要组成部分。中国站在历史的高度，通过和平的手段面对内外问题挑战，通过和平的手段处理她的对外关系，不仅为了自身的和平和安全，而且也为世界的和平和安全尽

---

① 石齐平：《大历史与“和平崛起论”》，http://www.sina.com.cn 2004年01月01日。

职尽责。一句话,“和平崛起”的战略价值取向就是:争取和平的国际环境来发展自己,又以自身的发展来维护世界和平。① 它是由我国历史与现实、国家大政方针内化而成,具有时代性、科学性、长期性和稳定性的特征。

三、“和平崛起”与世界秩序

世界经济政治发展不平衡是一个绝对规律。在这个规律的作用下,随着国际社会主要行为主体彼此力量的消长,一些大国兴起了,一些大国衰落了。世界历史一再证明,随着大国力量的消长,新兴大国难免会与主导现存世界秩序的国家或国家集团发生矛盾和冲突,而且具有必然性。个中的原因主要有两个:(1)现存秩序既得利益者极力维护自己的利益和地位;(2)新兴大国发展空间受阻受限,现存秩序已成其继续发展的瓶颈与障碍。主要在这两个因素的作用下,世界秩序的稳定总是相对的,变化是绝对的。而且自 1648 年威斯特伐利亚和约成立以来,迄今人类社会已有过四次秩序变化的过程。这四次世界秩序的转换莫不是通过血腥的战争方式实现的。回顾世界历史,法国、普鲁士、纳粹德国以及日本的崛起都伴随着与邻国的战争。

经过四十多年的改革开放,中国的崛起不可避免,也在逐渐成为事实。基于历史与现实,中国选择和平崛起则意味着对“崛起—战争”定律的扬弃。问题在于,中国的崛起是不是零和式的,中国的崛起是不是要通过其他国家的利益被能量巨大的“中国黑洞”吞噬来实现?归结到一点:中国的崛起会不会破坏现存世界秩序。这种担心一直是外界制造“中国威胁论”的根据。

关于上述问题的解答,换个思维角度就是:现存世界秩序的状况如何?在现存世界秩序中,中国起什么样的作用,充当什么角色呢?这是我们深刻认识中国“和平崛起”与世界秩序关系问题的关键所在。

---

① 《敞开大门说自己的事儿——郑必坚在“中国科学与人文论坛”演讲之评介》,《科技日报》2004 年 4 月 24 日第一版;《中央党校原副校长郑必坚从三方面谈中国和平崛起新道路》,http://www.qingdaonews.com/gb/content/2004-03/21/content_2891651.htm。

“9·11”事件之后，美国以反恐为契机，以“霸权稳定论”等为理论依据，奉行“先发制人”战略，将战争从阿富汗扩及伊拉克，进一步凸现了美国的意图，即巩固和加强美国在世界上的领导地位。现在人们认为现存世界秩序是“单极秩序”或“一超多极秩序”，[①]也有人不同意这种看法，但不管怎么说，大家都承认美国是现存世界秩序的领导者或主导者，美国的所作所为实际上也就是为了保持其在世界上的领导地位，维护符合美国利益的世界秩序——实现“美国治下的和平”。

按照世界秩序演化的规律，新兴大国崛起后必然要挑战现存秩序。那么，中国呢？这里有一个问题需要澄清：美国主导下的现存世界秩序仍然是旧的不平等的、不公正、不合理的世界经济政治秩序的继续和翻版，与世界发展潮流是相悖的。

在这一问题上我国学者基本有两种不同的意见。一些学者提出了挑战、参与、旁观、领导四种角色，并认为中国应当选择参与伙伴战略，这一战略对现行的世界领导者美国及其主导的世界秩序基本采取合作的战略取向，在全球性的政治经济领域遵循领导者的规则设计和制度安排，但并不排斥在一些重大的具体问题上保留自己的意见或建议的可能性，甚至与领导者发生冲突。但另一些学者认为，中国应选择挑战的角色，认为中国不应承认美国的领导权，不应韬光养晦、不当头为由放弃多极化，中国多极化的战略就是一种挑战，中国不向现实秩序挑战，就没有中国的今天，因此，中国应有所作为，不断强大，要在国际环境中处于有利的地位，这是具有世界意义的。[②]

曾以《大国政治的悲剧》一书享誉国际学术界的美国著名学者约翰·米尔斯海默(John Mearsherimer)认为，为了最安全的生存，大国必然追求地区霸权，而水域的阻遏力量使全球霸权不可能实现；在国际政治中没

---

① 〔俄〕尼克拉·帕夫洛夫：《伊拉克战争的七个结论》，《参考消息》2003 年 6 月 14 日；欧盟委员会对外贸易总司副总司长德福安(Pierre Defrainge)2003 年 11 月 3 日在中山大学演讲时称：目前是“单极的世界秩序”，参见《国际问题研究》2004 年第 3 期，第 66 页。

② 叶自成：《21 世纪初的新形势与中国大国外交战略新概念》，http://www.goglobal.myrice.com，环宇纵横 2003 年 10 月 27 日。

有维持现状的国家，大国间处于无休止的安全竞争状态，冲突不可避免。[①] 如果根据他这一“进攻性现实主义”的逻辑，中国的崛起将使中美之间产生激烈而危险的安全竞争。因为中国的崛起必然要打破现有的美国所主导的世界秩序。

其实，问题绝没有这么简单，也反映出西方学者认识的局限性。正如我们前面所提到的，“和平崛起”不仅符合中国的根本利益，也符合世界的共同利益。时代在发展，世界在变化，一国崛起必须顺应时代趋势，具有时代特性。在当今全球化时代，国际社会的“社会性”日益增强，就国家利益而言，早就你中有我，我中有你。在新的国际政治文明、新的国际社会形态之下，中国确实要认真对待崛起过程中与他国的利益摩擦问题，但是，国际社会的进步、人类文明的进步、国际社会的约束、国家的自我约束，都使国际政治结构发生了重大变化，过去以领土政治为核心的“零和游戏”已经结束。又如恐怖主义、跨国犯罪、核武和生化武器扩散、种族屠杀、禁毒和反艾滋病、保护世界生态等等，也都逐渐具有了国际社会的“地方治安问题”性质，需要全球共治。所以，相互依存是当今时代的特征和趋势，全球化时代的相互依存使得一方的发展可以带来多赢的局面。

既然国与国之间在全球化时代有了更多的利益交汇，就可以避免历史悲剧的重演，参与建构一个共赢式的相互依赖机制已成为可能，也就是，相信建设性的交往和互动能够使国家之间的关系实现和平。从这一角度而言，中国的“和平崛起”战略不是无的放矢，中国崛起过程中并不必然要推翻现存世界秩序，而是以积极的建设性的态度参与并且实现全球合作与治理。20 世纪 90 年代中期以来，中国外交的一个新趋势是更加重视多边外交。中国加入世界贸易组织；同俄罗斯、中亚国家组成上海合作组织；同东盟举行“10＋3”、“10＋1”的对话，建立中国—东盟自由贸易区，加入《东南亚友好合作条约》；中国提出建立中日韩三国自由贸易区的动议。中国的这些多边外交举动表明中国对国际组织和国际制度的重视，也希望通过国际制度与其他国家进行更好的合作。中国在崛起的过程中，不是越来越不喜欢国际组织，而是越来越参与国际组织和国际制

---

① 《大国是否必然走向冲突》，《环球时报》2003 年 11 月 28 日第十五版。

度。全球化带来了诸多全球性问题，使中美之间的共同利益重叠部分加大，也为中美两国的合作提供了平台。中国与美国和西方国家在核不扩散，反对国际恐怖主义，反对国际走私贩毒，在维护世界局势的和平与稳定等方面，有着重大的共同利益。随着全球化进程的加快，这一平台会更加广阔。中国积极参与多边活动和国际制度，推进东亚和亚太地区的和平和区域合作进程，如推动和主导解决朝鲜核问题的“六方会谈”。更重要的是，在这一过程中，中国在国际社会中的身份和利益与过去相比发生了重大的变化。近几年中国的外交实践也说明中国正在朝着负责任的国际社会成员迈进。中国的崛起不是要压倒、控制其他国家，而是在世界上多了一个建设性的、有能力负责任的大国。

唯物辩证法告诉我们，内因是事物变化的根据，外因是事物变化的条件，在“和平崛起”与现存世界秩序关系问题上，我们不能因为自己发展的需要和时代的变化选择“和平崛起”的道路和战略，而忽视现存世界秩序的不公正、不合理性，放弃努力逐步去改变现存秩序，也不能因为世界秩序对我们“和平崛起”意义重大而过分强调现存秩序的消极性，突出矛盾性和斗争性。按照质量互变原理，和平崛起的过程，就是我国广泛参与国际事务，发挥和扩大世界影响力，最终推动建立公正、合理的国际经济政治新秩序的过程。从这个意义上来说，“和平崛起”就是一方面积极融入和适应现存秩序，最大限度地发展自己，为实现祖国的现代化、完成祖国统一、维护世界和平与促进共同发展，最终实现中华民族的伟大复兴创造条件。另一方面，积极利用各种条件和途径，改造现存秩序。这是并行不悖有机统一的两个方面。

因此，既然世界秩序是权力、规范和制度的统一体，对于美国主导下的现存秩序，我们采取的态度应当是实事求是，挑战、参与、旁观、领导四种角色的综合运用就是我国“和平崛起”过程中题中应有之义，需要在不同的问题、不同的时期、不同的领域起不同的作用，扮演不同的角色。多种角色、多种作用的综合扮演和发挥，不仅符合世界和平与发展、经济全球化、世界多极化的趋势和潮流，有利于维护中国的最根本利益和世界人民的共同利益，也有利于“和平崛起”战略的实践，最终将有助于推动公正、合理世界新秩序的建立。

同时,在中国与国际体制互动的过程中,国际社会对中国的影响将会加大,中国必须认识到这一问题的挑战性和重要性,学会理性地认识和接受国际社会的监督,同时有效地避免其负面影响。这不仅是中国改革开放的必然,也是中国发展软国力、“和平崛起”的更高需要。

第二节 从“和平发展”到“和平崛起”:中国外交战略思想的发展

人类进入 21 世纪以后,一方面,发展节奏和速度越来越快,在科技革命的强劲推动下,经济社会发展呈现出日新月异的景象。另一方面,伴随着全球化水平的提高和科学技术的进步,在各国综合实力不断增强的同时,国家关系尤其是大国关系的调整和变化也进入前所未有的新阶段。在扑朔迷离、变化多端、情势复杂的世界变局中,如何把握局势、改变我国的战略地位,显得尤为重要。实际上,十六大以后,以胡锦涛为总书记的新一代中央领导集体,审时度势,以开阔的视野、全新的思路,果断提出了“和平崛起”的新理念,不仅在外交理念上实现了与时俱进,而且大大发展和深化了邓小平同志“和平发展”的外交战略思想。

一、从“和平发展”到“和平崛起”发展的历程

如果说十一届三中全会以来,由邓小平同志多次阐述并最终于 1985 年明确的当代世界时代主题“和平与发展”论断的推动下,[①]我国的对外战略思想发生了引人注目的变化,实现了“革命外交”向“和平外交”的成功转化,为我国改革开放和社会主义现代化建设事业的发展创造了良好的外部环境。由此我们可以断言,整个 80 年代中国对外战略的主轴就是“和平发展”,也就是说,在“改革”与“开放”两只轮子的驱动下,中国在坚持和平发展的前提下,积极参与世界事务。正如邓小平同志所说:“我们搞的是有中国特色的社会主义,是不断发展社会生产力的社会主义,是主

① 《邓小平文选》第三卷,人民出版社,1993 年,第 104－105 页。

张和平的社会主义。……只有争取到和平的环境，才能顺利的发展。”[①]

综观时代主题形成和中国外交实践的过程，可以发现，邓小平同志揭橥的当代世界时代主题，实际上在某种意义上而言，就是中国外交实践和战略的外化，反过来说，时代主题形成后，又成为中国对外战略和政策的前提。“和平发展”逐渐成为中国外交实践和对外战略的灵魂和主旋律，这是邓小平同志对中国外交战略思想的一大贡献，它开启了中国外交的新局面，为第一步战略目标的实现奠定了良好的外部环境。

那么，进入90年代以后，随着“苏东剧变”、海湾战争、两极格局解体、冷战结束等一系列重大事件的发生，大国关系剧烈调整，国际局势更趋复杂，中国发展的外部环境出现了重大变化。面对新的形势，以江泽民同志为核心的第三代中央领导集体，在外交战略上，以邓小平理论为指导，坚持和发展邓小平同志“和平与发展”时代主题的战略思想，沉着冷静，处惊不乱，针对国际局势发展的基本态势，提出了：“总体和平、局部战争、总体缓和、局部紧张、总体稳定、局部动荡”的正确认识，[②]坚决贯彻“和平发展”思想，进一步向国际社会表明“中国是维护地区与世界和平的积极因素和坚定力量。……中国对内一心一意致力于社会主义现代化建设，对外奉行独立自主的和平外交政策，我们内外政策的根本原则决不会改变”。[③] 在对外关系上，将有所为与有所不为紧密结合起来，坚持韬光养晦的策略，成功地带领中国这艘发展的巨轮，越过一道道“险滩”。以江泽民同志为核心的第三代中央领导集体的外交实践，不仅使“和平与发展的时代主题变成了具体可操作的政策主张，”[④]而且把中国的发展方向同维护和平、促进发展的世界潮流紧密结合起来，将“和平发展”的思想推进到新的阶段，进一步变成行动的指南，奠定了新世纪中国腾飞的坚实基础，也为中国外交理念实现发展和与时俱进奠定了理论思想物质基础。

世界面貌的变化总是与时代交织在一起。20世纪90年代逐渐累积起来的各种因素，终于在进入21世纪后爆发出来，给世界带来了前所未

---

① 《邓小平文选》第三卷，人民出版社，1993年，第328页。

② 《江泽民论有中国特色社会主义》（专题摘编），北京中央文献出版社，2002年，第522页。

③ 《江泽民论有中国特色社会主义》（专题摘编），北京中央文献出版社，2002年，第531页。

④ 汤光鸿：《试论江泽民国际战略论述的理论体系》，《南京政治学院学报》，2001年第5期。

有的冲击,也对现存的社会秩序和观念提出了挑战。如何适应飞速变化的世界,调整发展思路,巩固自身的国际地位,已成为各国需要着力解决的问题。而对中国而言,还面临着在实现前两步走战略目标、确立新的"全面建设小康社会"奋斗目标后,怎样引导中国人民顺利实现未来发展任务的现实问题。正是基于这样的环境和考虑,温家宝总理 2003 年 12 月 10 日在美国哈佛大学演讲时首次提到中国将走"和平崛起"的道路,[①] 这是中国政府对世界的一个重要承诺,也是中国今后一个重要的战略工作思路。

由此,由邓小平同志首倡、江泽民同志着力发展的"和平发展"的理念,在以胡锦涛为代表的新一代中央领导集体的努力下,实现了与时俱进,"和平崛起"成为今后中国外交战略实践的核心战略指导思想。

二、由"和平发展"向"和平崛起"转换的背景因素

2002 年党的十六大之后,以胡锦涛为总书记的新一代中央领导集体按照十六大的部署和要求,在外交战略思想上实现了创新,适时提出了"和平崛起"的新观念。从"和平发展"到"和平崛起",这绝不仅仅是提法上的不同,更重要的是对国内外形势清醒判断准确把握基础上的一次观念更新。促成出现这种转换的因素是:

第一,是中国经济社会发展到新阶段的必然结果。

中国前两步走战略的成功实现,已大大提升了国家的综合实力,人民生活水平大幅度提高,中国在国际上的份量和影响力明显增强。

从 1978 年至 2003 年的 25 年间,中国经济在剔除价格因素后年平均增长率达到 9.4%。中国在世界经济环境不利的情况下成为世界上增长速度最快的国家之一,"世界迈一步,中国跨三步",中国是同期世界经济增速的 3 倍强,位居世界首位。尽管以十几亿人口的规模而言,我们人均的数字并不大,人均水平上与现今世界上许多国家相比还很低,拿 GDP 来说,人均虽然超过 1000 美元,却排在世界 100 位之后。但中国的发展

---

① 《温家宝总理哈佛演讲:"把目光投向中国"(2003 年 12 月 12 日)》,http://www.chinanews.com/n/2003-12-12/26/380015.html。

潜力、发展速度、发展规模都是世界第一流的,由现有基础构成的庞大综合实体,结合发展的前景,中国已毫无疑问是世界最重要的经济体之一,已成为当今世界拉动全球经济增长的第四列火车头。

由此看来,今天的中国、现实的中国,本身已经"崛起","和平崛起",这已经成为一个不争的事实。因此,用"和平崛起"代替"和平发展"是对中国发展现实的准确反映,是中国经济发展的必然结果,而且,"和平崛起"比"和平发展"更能体现中国发展的水平、阶段和未来趋势。

第二,世界形势发生重大变化的结果。

人类进入 21 世纪后,国际局势正在发生重大而深刻的变化。先是 2001 年"9・11"事件的发生,美国借"9・11"事件,打起"反恐"的招牌和旗帜,推翻阿富汗"塔利班"政权,进军中亚,在全球范围内进一步扩张美国的势力和影响力。继而,美国不顾国际社会大多数国家的反对,撇开联合国,发动"伊拉克战争",推翻一个联合国宪章所承认的主权国家的合法政府,在中东地区掀起了一场"政治地震",也在世界上开了一个"罪恶"的先例。不论是"9・11"事件以及此后美国主导的反恐战争,还是"伊拉克战争",都反映了这样一个基本事实:世界面貌正在发生深刻变化。迄今人们对这种变化的解读五花八门,但基本指向是清楚的,这就是美国构建"世界新秩序"的努力和结果。今后,国际社会和大国之间围绕"多极"与"单极"的矛盾和斗争,"单边"与"多边"主义的争论,还将继续存在和发展下去,但世界地缘政治格局和国家关系都已发生巨大变化,一个预期的时期内,美国主导建立"世界新秩序"的努力不会停止,也会成为一个严酷的现实,也就是有学者所说的:"相当一段时间以来被人们严重担忧的'美国世界'态势的危险倾向将保持下去,并且很可能进一步恶化"。①

在现时世界中,美国不折不扣地推行霸权主义和强权政治,借助于各种机会和条件,利用和调动各种资源,构建以它为首的"世界新秩序",是引起世界局势和国际关系紧张和变化的根本因素。问题是在这样一个力量严重失衡和仍然奉行"丛林原则"的世界中,谁将是"正义"的化身,充当成为美国世界地位"终结者"的角色?恐怕未来仍将是一个未知数。既然

① 时殷弘:《美国继续坚定奉行单边主义》,《半月谈》2003 年第 9 期。

“美国因素”是无法回避的，世界主题也没有变化，对中国的发展而言，我们如何处理与美国的关系，或者说如何与美国“相处”、打交道，就是今后我们面对的最大的现实问题。不管你喜欢不喜欢、承认不承认，美国是中国“小康社会”建设过程中需要认真、慎重对待的第一外部因素。实际上，美国小布什政府上台后的所作所为，已经清晰地反映出美国的战略构想和意图。在美国倾力打造“美国世纪”的过程中，它将战略目光更多投向中国，明里暗里鼓噪“中国威胁论”，重新部署全球军事力量布局，重点在亚洲尤其是向东亚倾斜，美国的动向隐含着防范和遏制中国的因素和意图。因此，从未来一段时间看，中国是现有世界秩序的“维持者”，还是“破坏者”，美国十分敏感和在意。

显然，“和平崛起”是中国理性应对世界变局的必然选择。从我国经济社会发展水平和战略目标上，我们在现阶段无意成为美国的“对手”，“和平崛起”就是这样一个理性的视角和价值取向，意味着中国不打算准备成为美国的对手和挑战者，至少主观上是如此。选择“和平崛起”，更能反映中国对现实世界变化的看法，有利于中国与其他国家关系的健康发展。

第三，是消除各种“中国威胁论”的必然要求。

自上世纪 80 年代中国改革开放取得成就以后，各种“中国威胁论”就不绝于耳，与我国的发展相伴随。早在 1989 年 12 月 10 日，邓小平同志在会见美国总统特使、总统国家安全事务助理斯考克罗夫特时首次针对“中国威胁论”做出反应，他说：“中国威胁不了美国，美国不应该把中国当作威胁自己的对手”。① 但事情总是向相反的方向转化，中国越是强调自己的发展不会、也不是别人的威胁时，似乎就陷入一个怪圈，“中国威胁论”的论调就总是阴魂不散。

进入 90 年代以后，国际局势复杂多变，“中国威胁论”也演绎出多种变体。1990 年日本一本杂志发表了一篇题为“论中国潜在的威胁”一文，由日本鼓噪的新一轮“中国威胁论”在一些国家间蔓延。不仅中国周边国家是如此，连世界头号强国美国也叫嚷“中国威胁论”。迄今为止，一些别

---

①《邓小平文选》第三卷，人民出版社，1993 年，第 350 页。

有用心的国家和人士不断炮制和抛出了“极权威胁论”“军事威胁论”“中国经济挑战论”“中国全面危机论”“中国文明威胁论”等不同形式和内容的“中国威胁论”的不同论调。[①] 由于中国经济的快速增长，有人还断言：“一个富裕的中国将是一个决心获得地区霸权的侵略性的国家——不是因为一个富裕的中国将具有邪恶的动机，而是因为任何国家为了生存而使它的繁荣达到最大限度的最佳办法就是统治世界上它所在的地区。”[②] 与此同时，在“中国威胁论”还在盛行时，一股“中国崩溃论”的阴风又从西方刮来。最具代表性的是 2001 年 7 月在美国出版的《中国即将崩溃》一书。[③] 无论是“中国威胁论”还是“中国崩溃论”，其实质和目的是一样的，就是企图恶化中国的国际环境，延缓中国的发展，遏制中国的崛起，以便从中牟利。

对于以上种种别有用心的言论，是不能一笑了之或高高挂起的，因为它本身就是对我国经济社会发展的外在反应，而且其负面效应不可小觑。因此，如何向国际社会清楚地表明中国经济持续快速增长、国力增强后外交行动和政策的动向，已经成为中国领导人的“必答题”。最近一次是全国人大十届二次会议期间，在外交部长李肇星举行的记者会上，有记者就问：“一个和平崛起的中国，对周边地区和对于美国来讲是否是个好消息，或者说是一个更大的挑战？”[④]

一个问题反复被人提起，这本身就是一个耐人寻味的问题。鉴于外界对中国的发展心存疑虑，在策略上采取主动，显得尤为重要。在这种情况下，用“和平崛起”来替代过去我们多次强调的“和平发展”，不失为一种明智而理性的做法。将有利于我们消除和应对各种“中国威胁论”，在国际社会树立中国发展的正确逻辑和形象。

第四，是实践“三个代表”重要思想和“全面建设小康社会”的重要

---

① 金鑫、徐晓萍：《中国问题报告》，中国社会科学出版社，2002 年，第 72 - 75 页。

② 转引自庄礼伟：《中国：建设性的崛起》，http://finance.sina.com.cn/roll/20040102/1554587768.shtml。

③ 刘小彪：《“唱衰”中国的背后——从威胁论到崩溃论》，中国社会科学出版社，2002 年，第 8 页。

④ 李肇星：《中国和平发展带给世界的不是威胁而是机遇》，http://www.people.com 人民网 2004 年 3 月 7 日。

体现。

理论是实践的先导。作为马克思主义在当代中国发展最新理论成果的“三个代表”重要思想，深刻地揭示了中国社会发展的一般规律，“进一步回答了什么是社会主义、怎样建设社会主义，创造性地回答了建设什么样的党、怎样建设党的问题”。在这一理论的指导下，中国共产党人认识到，虽然经过25年艰苦努力，综合国力上了新台阶，实现了前两步走的战略目标，达到了小康水平，但是，总体来说，人民生活水平还不高，发展的质量和效益还不明显，经济社会、人与自然、环境的关系还不协调，综合国力与我国人口的规模很不相称，物质文明、政治文明、精神文明在我国发展的程度还不高，城乡差别、地区差别和劳动者收入之间的差别仍在加大，整个社会仍处在“二元”社会状态，总之，要完成“第三步走”的战略目标，“全面建设小康社会”是一个必经阶段。

“全面建设小康社会”思想是“三个代表”重要思想和中国社会实际相结合的产物，体现了“三个代表”重要思想的科学性、时代性、实践性、人民性的特征和指向性。与此相适应，在外交战略上，就需要解放思想、与时俱进，既要全面反映“三个代表”重要思想和“全面建设小康社会”的内涵和要求，又要做到实事求是，反映我国现实分量和地位，体现未来我国对外战略的核心价值取向和发展方向。“和平崛起”这个战略方针的提出，正是基于这样的需要，是适应实践“三个代表”重要思想和我国“小康社会”建设目标和任务的结果。

三、由“和平发展”向“和平崛起”转换的时代意义

1. 有助于消除因中国发展所引起的国际疑虑和紧张因素

从历史上看，一个大国的发展不可避免会对周边国家和地区以及世界局势产生巨大影响，由此引起的互动是以矛盾和冲突的形式表现出来的，两次世界大战是最好的历史见证。因此，基于历史经验，随着中国经济的持续发展，中国周边国家和现今世界上的一些主要大国，一方面出于现实的利益，积极参与中国的发展进程，以便从中国经济发展中获得实惠，另一方面，又怀着复杂的心情，心存疑虑，甚至不怀好意，试图延缓或者阻止中国崛起的步伐，这就是一波又一波“中国威胁论”出台的深层原

因。国际社会和周边国家的担忧是很正常的，这没有什么可奇怪的。既然中国的发展不可阻挡，其他国家所关心的要害又在于中国如何崛起，那么，我们以自己的方式，采取主动，从战略思想上高屋建瓴地打出我们的旗帜，明确向国际社会承诺，我们将走“和平崛起”之路，这无疑是一步及时而有力的先招。实际上，中国政府明确提出走“和平崛起”的道路，也不仅是一种策略，是基于中国国情和世界局势清醒判断基础上的战略思维认识。

过去25年中，我们一直在强调“中国的发展是机遇，不是挑战，更不是威胁”，实践检验和证明这是客观的，因此，我们有理由相信，“和平崛起”理念的提出和实践，有利于国际社会对中国进行客观“定位”，将有力地消除和化解其他国家的疑虑，为中国的发展创造一个良好的国际环境。

2. 有助于引导中国民众树立理性的发展观念

中华民族是一个自强不息的民族，经过过去25年的不懈努力、奋发图强，今天的中国取得了令世界注目的成就，一个蒸蒸日上、欣欣向荣的大国形象重新树立起来。不断富裕起来的中国人民也日渐恢复了往昔的自尊和自信，在经济全球化的浪潮中积极进取，走出中国，迈向世界。不必讳言，我们打开国门还仅仅只有25年时间，在重新构筑与世界潮流相符的观念形态的过程中，总会有一些小波浪和问题出现。其中，引起国际社会特别注意的就是所谓“中国的民族主义”问题。由于近代中国有过一段屈辱的历史，遭受过西方列强和帝国主义的恣意侵略和压迫，尤其是邻国日本的侵略战争，曾给中国带来了巨大的灾难和痛苦。历史是不能忘却的。但是，一个民族要想发展壮大，就必须要走出历史。只有树立正确的历史观，客观看待和认识自己，才能形成科学正确的民族意识、国家意识，推动国家的进步和发展。如果我们不能超越历史，就不能理性地认识世界，造成的局面可能就是，中国越发展，西方以及一些邻国所担心的“中国如何看待和使用自己所获得的力量”越成为问题，中国的“崛起”可能会真正成为世界难题，干扰我们民族崛起的历史进程。

可以说，如何理顺“历史情结”与发展的关系，是今日中国发展迫切需要解决的问题。“和平崛起”战略思想观念的提出，将有助于这一问题的解决。将进一步推动中国人民正确认识自身发展所处的时代、发展的意义，从而引导中国民众形成成熟、理性的世界观念，树立开放的心态、世界眼光，发展符合世界潮流的价值取向，理性地解决中国发展与世界的关系问题，最终为自身的发展创造良好的环境。

3. 有利于中华民族实现伟大复兴这一宏伟目标的实现

近代以来无数中华儿女、仁人志士，抛头颅、洒热血，前赴后继，都是为了实现心中一个伟大的梦想——振兴中华，实现中华民族的伟大复兴。改革开放 25 年来，中华民族在实现复兴的征途上迈出了坚实的步伐，取得了可喜的成就。按照党的十六大和十六届三中全会的精神，中国今后在全面建设小康社会的过程中，“将以经济建设为中心，以实现人的全面发展为目标，统筹城乡发展、统筹区域发展、统筹经济社会发展、统筹人与自然和谐发展、统筹国内发展和对外开放，坚持走生产发展、生活富裕、生态良好的发展道路，”[①]走这样的发展道路，从发展内涵质的规定性上而言，支配和规定的发展道路就是拥抱经济全球化而不是脱离经济全球化的发展，是走内涵式、科学合理利用资源，人与自然和谐发展的道路，而不是走掠夺式、破坏生态环境的发展道路。不难看出，“和平崛起”发展思路就是对上述思想的全新概括。它揭示了中华民族复兴的实现途径，从而更加有利于激发全体中国人民的积极性、主动性、创造性，为最终早日实现民族振兴的历史使命贡献力量。

4. 有利于世界的和平、发展和稳定

早在上世纪 80 年代中期，邓小平同志就指出：“十亿人的中国坚持社会主义，十亿人的中国坚持和平政策，做到这两条，我们的路就走对了，就可能对人类有比较大的贡献。”[②]邓小平揭示的中国的发展是建立在这样的逻辑基点上，走社会主义道路的中国越强大，世界和平越有保障。江泽民继承和发展了这一思想。自上世纪 90 年代中期以来，中国积极参与国际事务，努力树立和扮演“负责任”大国的形象和角色，在处理与周边国家、地区事务的过程中，中国提出和推行“以邻为友、以邻为伴”和“安邻、

---

① 《胡锦涛在博鳌亚洲论坛 2004 年年会上的讲话》，http://www.people.com 人民网 2004 年 4 月 24 日。

② 《邓小平文选》第三卷，人民出版社，1993 年，第 158 页。

睦邻、富邻”的外交政策和方针，在安全领域推行“互信、互利、平等和协作”为核心的“新安全观”。中国政府以和平为主要战略，促进亚洲乃至整个世界的和平与稳定。中国在朝鲜半岛核问题六方会谈中起着举足轻重的作用。从2003年开始，中国积极参与和平解决朝鲜半岛核问题的外交努力，扮演了重要角色，促成并主办了两次北京六方会谈，中国第一次在国际舞台上承担了如此重要的推动地区和平进程的角色。2003年10月，中国与东南亚国家联盟就建立面向和平与繁荣的战略伙伴关系签署一项联合宣言，并成为第一个加入《东南亚友好合作条约》的非东盟国家，力求通过和平的方式解决所有争端，等等。中国通过自己的外交活动和实践，为世界的和平、稳定和发展作出了突出贡献。在此基础上积极进取的中国，提出“和平崛起”的发展观念，进一步在宏观上勾勒了自己未来的走向和价值取向，诠释了中国发展的意义、目的、途径。

无疑，中国的“和平崛起”不仅仅是个概念的问题，更重要的是个实践的问题。“和平崛起”战略方针的提出，进一步向世界重申和表明中国的发展将更有利于维护世界和平与稳定，有利于世界的共同发展。

综上所述，由“和平发展”到“和平崛起”，是中国外交战略日渐成熟的标志。“和平发展”和“和平崛起”是一脉相承的关系，“和平崛起”是对“和平发展”的充实、继承和发展，是“和平发展”的必然结果。“和平崛起”战略的提出，在观念上实现了与时俱进，表明中国对自身发展认识有了升华，更加客观。将有助于化解矛盾，维护世界和平，形成中国发展的良性外部环境，有助于从观念形态上塑造中国发展的形象，理顺中国民众的心态以及与外界的关系，使世界正确感知、认识中国。

第三节　“和平崛起”与中国外交策略的选择

在中国迈向现代化的过程中，选择何种发展战略，并以此为依托构筑何种国际关系体系，是取决于自身以及时代所能提供的条件和世界上其他国际行为主体的态度的。“和平崛起”战略作为国家意志的体现和时代与中国发展现实的选择,[①]在今天的中国已越来越具有实践意义。因此,要“和平崛起”,就要寻找合适的路径,制定恰当的策略,来保证“和平崛起”战略的成功实践。显而易见,要搭建什么样的舞台、采取什么样的策略来实践“和平崛起”的外交战略,这需要深入思考和认真对待,而且具有紧迫性和时代意义。

一、和平崛起战略实践的国际背景

中国需要什么样的外交策略来保证和平崛起战略的成功实践,就如同选择和平崛起战略一样,具有很深刻的国际背景,这是外交活动的平台。孙中山说“世界潮流,浩浩荡荡,顺之者昌,逆之者亡”,一个国家整体外交战略和策略的实践,只有在顺应时势的前提下才能有成功的希望。那么,今天以及未来世界形势的总体发展趋势是什么?这是认识和思考中国外交策略必须考虑的问题。我们拉长历史的视野,从宏观、长时段的角度观察今天的世界,不难发现,未来国际博弈大舞台将基本上主要由以下关键因素主导:

第一,和平与发展作为世界时代主题将在未来相当一段时间构成国际关系的主旋律,主导国际关系发展的方向和大趋势。

人类进入21世纪以后,特别是“9·11”事件以来,由于美国借反恐之机,奉行单边主义,大肆扩张势力和影响力,试图构建美国主导的“单极世界”,造成国际社会和国际关系的动荡和紧张不安。使得不少人对“和平与发展”的时代主题产生了怀疑,由此推及对“和平崛起”战略的怀疑,甚至认为中国要“和平崛起”是不可能的。实际上,这里反映的问题的实质是当代世界时代主题有没有发生变化的问题。

由于时代主题是观察和处理国内国际问题的出发点,制定对内对外战略和策略的根本依据。新中国建立以来正反两方面的经验教训告诉我们,对这个问题的认识将深刻影响国家的大政方针,马虎不得。时代主题是由世界主要矛盾所决定的世界状况或态势,主要基于对世界形势包括

---

① 徐坚:《和平崛起是中国的战略抉择》,《国际问题研究》2004年第2期,第1-8页。

国际力量对比状况的评估和对世界人民利益特别是本国利益的认识。[①]从现实世界的状况看，虽然世界主要矛盾出现了新的动向，但并没有动摇“和平与发展”时代主题的根基。正因为对世界时代主题的判断意义重大，所以党中央在清醒判断和认识世界形势的基础上，在十六大报告中指出：“和平与发展仍然是当今世界的时代主题”，“世界要和平，人民要合作，经济要发展，社会要进步”是时代潮流，据此提出未来 20 年是我们必须紧紧抓住并且可以大有作为的战略机遇期。这样的时代主题的判断和认识，反映的是世界潮流和趋势，是“三个代表”重要思想的进一步体现，也集中体现在全球化与多极化的世界发展现实中。因此，“国际社会应牢牢抓住和平与发展的时代主题，顺应合作与进步的历史潮流，坚持多边主义，加强国际合作，维护共同安全，实现共同发展”，[②]我们有理由相信，和平与发展将成为世界追求的永恒主题，主导未来世界的总趋势。

第二，全球化向更深层次和更广领域拓展，进一步推动国际关系良性发展。与此同时，全球普世价值和观念的涌动和交融，提升了人类的共识和道德水准，共存共荣将成为全球的共同愿望和追求目标。

20 世纪后半期，一个普遍的事实是发展中国家的风起云涌和崛起，深刻改变了国际关系的状况和实质，尤其是中国的强大和崛起，正成为推动国际关系良性发展的强大力量。随着中国等发展中国家的不断融入，全球化进程将不断加快，世界日益连接成“你中有我，我中有你”、利益攸关、休戚与共的共同体，全球意识、全球观念将大幅度增长。当然，这有赖于世界各国的共同努力，而且需要排除各种干扰。而且，这是一种发展强劲的趋势，置身于外，只能是处于落后地位而被边缘化，最终只能损害本国利益，导致自取灭亡。唯一正确的策略就是积极融入其中，发展经济，壮大自己，改善国民福祉，在合作中谋求利益实现共赢。在日益连接成的共同体的基础上，扩大共识，推动多边体制和机制的建立和完善，

① 宋以敏：《时代主题与中国的和平发展》，《国际问题研究》2004 年第 3 期，第 6 页。

② 钱其琛：《美国国家安全战略调整与新世纪初的国际关系》，《国际问题研究》2004 年第 1 期，第 3 页。

第三，国际关系在“碎片化”和“整合”的过程中，将形成多层面、各种形式和目标追求的博弈集团，以多极化为表征的力量格局将成为世界政治发展的图景。

20 世纪 90 年代以来，世界政治领域同时发生着两种引人注目的现象：一种是世界政治的“碎片化”过程，各种政治力量处在分化、瓦解的过程中，最典型的莫过于苏联解体、南斯拉夫分裂，目前是美国与欧洲渐行渐远，大西洋联盟已有瓦解之虞；[①]另一种是世界政治力量的重组，其重新“整合”的势头强劲。以欧盟、非盟尤其是欧盟为代表的一体化组织的成功，正在超越民族国家为权力政治核心的现实。紧随其后的美洲、亚洲不甘落后，在区域经济组织的基础上，试图强化其政治功能，为最终形成区域政治一体化组织方向努力。[②] 未来以欧、非、美、亚为中心的政治力量博弈格局已初露端倪，显示出多极化的另一种图景。与此同时，各种“意愿联盟”(或称为“利益联盟”)大行其道，政府间和非政府间组织影响日隆，最具代表性的是伊拉克战争期间，美国组织的“伊战联盟”(有 45 个国家参加)。以上两种现象和趋势交织在一起，共同塑造着全球政治的现实和未来，也昭示着世界政治演化的方向。

以上三点是国际形势发展和演化的大趋势，具有某种客观必然性，将在很大程度上主导未来的世界局势。当然，世界历史的发展告诉我们，“历史是人创造的”，作为主观主体的“人”如何“创造”历史，会深刻影响历史的演化进程。

中国作为世界上最大的发展中国家，面临着各种各样的挑战和压力，尤其是“不发达”带来的问题，将深刻困扰和影响中国未来的路径选择和发展模式。然而，不论国情如何“特殊”，中国却离不开世界“一般”这个规定性，而且正日益与世界紧密联系在一起，所谓“国际竞争国内化”“国内市场国际化”就反映的是这种状况。显然，中国要“和平崛起”，就不能无视世界发展的趋势和潮流，更不能自行其是，采取的具体策略就是要顺应

---

① 火正德：《对欧美关系的若干思考》，《国际问题研究》2004 年第 2 期，第 50－51 页。

② 王学玉：《新地区主义——在国家与全球化之间架起桥梁》，《世界经济与政治》2004 年第 1 期，第 38－39 页；[菲律宾]菲德尔 · 拉莫斯：《中国——东盟自由贸易区：挑战、机遇与潜力》，《世界经济与政治》2004 年第 1 期，第 61－64 页。

世界潮流，准确把握世界趋势，使主观与客观相一致，保证“和平崛起”战略的成功实践。

二、实践“和平崛起”战略的策略

国际战略实践告诉我们，一项战略确定后，如果采取的策略不正确，就会导致战略的失败。“和平崛起”作为国家的发展战略，更可视为是外交战略，在确定以后，在实践中首先遇到的问题，自然是采取何种步骤、应该怎样来贯彻落实这一战略。现实世界错综复杂，众多国际行为主体利益交织，掺杂着种种利害关系，而且国际上一些别有用心的国家并不希望一个强大中国的出现，它们制造种种中国威胁论，甚至制造麻烦，试图破坏或延缓中国的崛起。因此，要“和平崛起”，就要有和平崛起的策略。如果没有崛起的策略，能否和平崛起也就无从谈起。有研究者认为，中国要和平崛起，应采取的策略是：“一是坚持以保障和平作为中国外交政策总目标与和平崛起的出发点和归宿，建立全方位的对外友好合作关系体系，是中国始终成为保障和平的坚定力量；二是实现国防现代化，建立强大的国防威慑力量，使强权国家承担不起用战争手段遏制中国崛起的代价，同时震慑台独分裂势力，使其不敢铤而走险走上分裂国家的绝路。”①但是，笔者认为，还不够全面，我们选择的策略应该是：

第一，广交善结，形成“我们的朋友遍天下”的局面。

最成功的策略应该是最大限度地发展自己，最大限度地孤立对手。换言之，在实践“和平崛起”战略的过程中，要尽可能地将不利于“崛起”的消极因素减少到最低的程度，积极可行的办法就是广泛结交各种层次、各种范围的朋友，扩大利益的交汇点，争取最大的支持和理解。按照邓小平经典的说法，就是：“考虑国与国之间的关系主要应该从国家自身的战略利益出发，着眼于自身长远的战略利益，同时也尊重对方的利益。而不去计较历史恩怨，不去计较社会制度和意识形态的差别”。② 实际上这也是

---

① 阎学通：《和平崛起与保障和平——简论中国崛起的战略与策略》，《国际问题研究》2004年第3期，第16页。

② 《1989年10月31日会见美国前总统尼克松时的谈话》，《邓小平思想年谱》，中央文献出版社，1998年，第440页。

全球化的发展现实和要求。只有这样，我们的“崛起”在实践中遇到的阻力才能小一点，维护世界和平与发展的力量才能更大更强，最终才能为“和平崛起”创造良好的局面。

第二，相互融合，形成你中有我，我中有你的局面。

适应全球化的要求，拥抱全球化，而不是排斥全球化，将自己主动地融入到世界潮流中。其着眼点有两个方面，一方面广泛开展国与国之间的双边交流与合作，形成平等互利、合作互惠的关系，形成国家间的良性互动关系，积极推进全球化向更深更广领域发展；另一方面，广泛参与并创建各种地区及国际组织，充分发挥自己的影响力。俗话说，“不入虎穴，焉得虎子”，现实世界政治的演化趋势说明，地区或国际组织将扮演越来越重要的角色，我们要充分把握和利用这一趋势，为“和平崛起”创造良好的全球和地区层面的制度和机制安排的框架结构和环境，把中国的“崛起”与世界紧密联系起来，最终形成一荣俱荣、一损俱损的局面，从而使“和平崛起”有更深刻地国际背景和保证力量。

第三，睦邻友好，建立良好的周边国家关系。

中国是世界上接壤邻国最多的国家，有着世界上第二位的陆上边界和 1.8 万公里长的海岸线。在中国周边的俄罗斯、日本、印度、巴基斯坦、孟加拉国和印度尼西亚等国不仅人口在 1 亿以上，而且有的还是世界上的大国、强国。不仅如此，中国与众多邻国在陆地领土、海洋国土和边境地区的民族之间多有纠纷。再加上一些国家的挑拨、插手，使周边国家对中国怀有不信任感。因此，从地缘战略学的角度看，中国在地缘环境上处于不利的态势。[①]

不难看出，中国“和平崛起”首先碰到的棘手难题就是如何解决与周边国家的关系问题。这个问题解决好了，就可以破解周边的“地缘困境”，而且地区和平与稳定就有了保证，“和平崛起”也就有了良好的周边环境。实际上，十六大之后，中国已进一步明确了外交方略，把周边地区视为外交活动的重要支点，并且采取了一系列的措施和卓有成效的实际行动。在安全领域推行“互信、互利、平等和协作”为核心的“新安全观”，进一步

---

① 方永刚、唐复生：《大国逐鹿——新地缘政治》，四川人民出版社，2001 年，第 295 页。

稳定和加强与周边国家的关系，以“与邻为善，以邻为伴”为方针，以“睦邻、富邻、安邻”为政策和目标追求，共同构筑亚太和平发展稳定的新环境、新时代，并在此基础上维护世界和平，促进共同发展，推动世界公正、合理的世界新秩序的建立。

第四，多元制衡，推动多极化格局的尽早出现。

就目前来说，多极化只是一个趋势，还远不是一种现实。特别是“9·11”之后，美国借助其超强的实力，打着反恐的旗号，先后发动阿富汗、伊拉克战争，借以构筑美国主导下的单极世界格局，也由此引发了“单极”与“多极”之争。美国的所作所为不仅激化了世界矛盾，而且具有霸权主义和强权政治的显著特征。在对待中国问题上，更是不遗余力，操弄台海局势，离间中日关系，插手朝鲜半岛问题，鼓噪中国威胁论，破坏中国与周边国家的关系等等，不一而足。美国的意图就是防范、阻遏、迟滞甚至破坏中国的进步和崛起，以图维持自己的霸权地位。美国推行霸权主义和强权政治，是世界矛盾的主要焦点和不安因素，也是中国“和平崛起”的首要障碍因素。因此，在目前积极推进多极化，就具有鲜明的针对性和进步性的特征。多元制衡，主张多极化，不仅符合世界潮流，而且有利于维护世界和平、促进共同发展，有利于形成中国“和平崛起”的国际环境。

第五，形成有效威慑手段，即发展与国力相匹配的适度强大的国防力量。

国际社会是一种“无政府状态”，国家间关系奉行“丛林原则”的现象还没有退出历史舞台。既然存在“安全困境”，世界各国竞相武装自己就是一种常态。虽然 20 世纪 90 年代以来，综合国力成为世界各国竞争的主要内容，但作为“高等政治”的军事安全问题，仍然占有突出的位置，尤其是“9·11”之后，更形突出。对中国而言，国防力量不仅是保障国家安全，确保国家现代化建设的安全环境和国家主权的主要手段，而且具有统一台湾维护国家领土完整的最现实的意义，国防实力也是形成多极化的主要手段和标志。所以，确保适度强大的国防力量，形成威慑手段，具有深远的现实和历史意义，正如胡锦涛最近指出的：“经济建设是国防建设的基本依托，经济建设搞不上去，国防建设就无从谈起。国防实力是综合国力的重要组成部分，国防建设搞不上去，经济建设的安全环境就难以保障。因此,我们在集中力量进行经济建设的同时,必须切实加强国防建设,使国防建设和经济建设协调发展,形成相互促进的良好局面”。[①] 只要有了强大的国防威慑力量,外部试图制约中国崛起的力量和干扰因素就受到了限制,从而大大有利于中国和平崛起的最终实现。

上述这些措施和方略,没有先后轻重缓急之分,要循序渐进,同时贯穿于“和平崛起”的全过程中。只要认真对待,一个有作为的“和平崛起”战略一定能成功实践。

三、正视“和平崛起”战略实践中的问题

国家间关系从来不存在一劳永逸解决的办法。国家间利益交错,矛盾丛生,旧的问题解决了,又会有新的问题出现,总是层出不穷。“和平崛起”作为外交战略,在实践中总会遇到这样或那样的问题,解决的办法又会因时因地有所不同,但基本上是依托一定的策略,所谓“万变不离其宗”就指的是这个意思。事物的变化是绝对的,不变是相对的,“和平崛起”过程中必然会存在一些难题,需要克服。

首先,“和平崛起”意味着不仅为中国自身而且为广大发展中国家探出一条崭新的崛起道路和发展模式。单就中国13亿-15亿人口的规模而言,如果成功将是了不起的成就。其复杂性和难度可想而知,且具有长期性。

其次,随着人类认知空间和驾驭能力的增强和增大,原本一些不为人们所重视或“意想不到”的领域开始进入人们的视野,并扮演越来越重要的角色。过去以民族国家为归属的利益竞争必然扩大和强化,而形成新的共识和应对机制需要时间和科学的观念,这就决定了中国“和平崛起”过程中要面对新的挑战,更何况作为发展中国家,本身除了传统的安全问题,尤其是国家统一、领土纠纷、民族团结问题,还有新近突出的恐怖主义、民族分裂主义、极端宗教主义势力的危害,以及能源、环境、可持续发展能力等等急迫的问题。因此,无论从哪一个层次和角度讲,中国的“和平崛起”绝不是一帆风顺,会伴随着这样或那样的危机和矛盾,有时还会

① 《中共中央政治局第十五次集体学习》,http://news.sohu.com/20040725/n221185375.shtml。

很尖锐，比如台湾问题，就如同“冷战”时期一样，并非不存在“热战”。在近40年多年的冷战历史中，大大小小的热战层出不穷，有时到了极度危险的边缘，但是，冷战格局最终没有崩盘。这一现象告诉我们，对于“和平崛起”中遇到的问题和挑战，要抱有平和的心态和冷静的立场，拉长视野，以超时空的战略眼光看待和解决各种难题。

第三，“和平崛起”是中国完全融入世界，世界容纳接受中国的过程，更是力量博弈的结果。现有的世界力量格局和秩序将在中国“和平崛起”的过程中受冲击而发生变化，这必然会导致现存秩序的主要受益者和主导者将会以各种方式和手段制约中国这个“后来者”，由此会引发冲突和矛盾。

由此看来，“和平崛起”将具有如下特征：

第一，过程的长期性、持久性。

第二，将会伴随着大大小小、断断续续的矛盾和冲突，甚至不排除战争的出现，但总体上仍将是以“和平”为主旋律。

第三，将会引发大国关系与全球和地区力量格局的重构，从而推动国际新秩序的建立。

“和平崛起”，从行为学上规定了其内在的核心价值追求是和平的，方法和手段、目的和内容高度统一。从政治学上，其指向性的路径和最终追求目标也都是为了“和平”。其中蕴含着破解近代民族国家形成以来的世界难题——“安全困境”的诉求。

按照国际关系建构主义理论学派的观点，中国的“和平崛起”外交战略本身是个建构的过程，即其本身是一个实践、与外部世界互动的过程。要“和平崛起”，选择什么样的路径，采取何种策略，我们也就无法忽视和脱离世界舞台。“和平崛起”决不是一厢情愿的事，需要国际社会的理解和支持，而这种理解和支持又是建立在我们能采取正确和妥当的策略的基础之上的。因而，保持策略的恒久性和全面性，用打持久战的精神对待一切挑战就是我们应有的立场和态度。

第四节 “和平崛起”与中韩关系的发展

十六大以后，以胡锦涛为总书记的新一代中央领导集体，审时度势，以开阔的视野、全新的思路，果断提出了“和平崛起”的新理念，不仅在外交理念上实现了与时俱进，而且大大发展和深化了邓小平同志“和平发展”的外交战略思想。这一战略思想的提出，将深刻影响中国未来的外交战略，主导与他国关系发展的总方向。韩国是中国的近邻，“和平崛起”外交战略的提出，对中韩关系会带来什么样的影响，这是值得关注的问题。

一、“和平崛起”外交战略思想的提出

所谓“崛起”，是国际政治中的常用词，指一个国家相对力量的迅速增长。“和平崛起”也基本概括了中国的现实。上世纪 90 年代以来，海外关于中国崛起的报道和评论一直不断，不少人将 21 世纪称作中国的世纪，也是基于这一概念。但真正把中国同“崛起”联系起来，是在 2003 年博鳌亚洲论坛前后。在当年 11 月初举行的这次论坛会议上，温家宝总理使用了“亚洲崛起”的提法。中共中央党校原常务副校长、中国改革开放论坛理事长郑必坚在博鳌亚洲论坛年会上发表了题为《中国和平崛起新道路和亚洲的未来》的讲演，首次系统地阐述了“和平崛起”的理论，在国内外产生了很大反响。“中国和平崛起”这一论题，受到国际国内社会的广泛关注。温家宝总理 2003 年 12 月 10 日访美期间在哈佛大学发表演讲，“和平崛起发展道路”是温家宝总理在那次演讲中贯穿始终的主题。他反复强调，“中国的发展是和平的崛起，我们要走一条和一些大国不一样的道路，这条道路就是和平崛起的道路”。他进一步解释说：“因为我们有自己的文化，源远流长的文化，这种文化的核心又是以和为贵，就是和的文化，当然我们还要和而不同，这种不同是相互补充，是相互借鉴，而不是冲突的来源。”[①]“和平崛起”及“和而不同”，是同一理念的两个方面。“崛起”源自和平，而“和平”又推进崛起。这也可以视为中国第四代中央领导集体的一个既定目标。这段话所表述的另一个重要观点是，“和平崛起”要以“和而不同”为条件和目标；和谐而不千篇一律，不同又不冲突；和谐以共生共长，不同以相辅相成。

温家宝总理的阐述并不是单一的声音，2003 年 12 月 26 日在纪念毛

① 吕鸿、任毓骏、王如军：《共同谱写中美关系新篇章》，《人民日报》2003 年 12 月 11 日，第 3 版。

泽东诞辰110周年座谈会上，中共中央总书记、国家主席胡锦涛在讲话中明确提出，坚持中国特色社会主义道路，就要坚持走和平崛起的发展道路。在2004年2月23日中共中央政治局第十次集体学习中，胡锦涛总书记再次强调，要坚持和平崛起的发展道路和独立自主的和平外交政策。[①] 2004年年初胡锦涛主席在出访欧洲、非洲时重申了这一战略。上述事实说明，“和平崛起”是新一代中共中央领导集体深思熟虑后作出的战略选择，是破解中国发展之路的利剑。

与此同时，为了充分展示中国将走“和平崛起”之路的决心和诚心，中国领导人在外交思路上进行了大胆探索，为“和平崛起”装上了有力的支架。早在第11届亚太经合组织领导人非正式会议上，中国国家主席胡锦涛首次提出“与邻为善，以邻为伴”的外交方针，呼吁发扬“大家庭”精神，实现共同繁荣。温家宝总理在2003年10月印尼巴厘岛东盟与中日韩(10＋3)领导人会议期间，向亚洲邻国全面介绍中国将致力于推行“睦邻、安邻、富邻”的周边外交政策，并指出这是中国实现自身发展战略的重要组成部分。这是中国领导人第一次具体阐述“与邻为善，以邻为伴”的外交方针。[②] 继而温家宝总理在博鳌亚洲论坛年会上所作的演讲中又进一步提出，“和平、安全、合作、繁荣，是中国的亚洲政策目标。一个充满活力、繁荣富强，致力于世界和平与发展、永不称霸的中国，将为亚洲的崛起和振兴做出新的贡献。”一句话，我们可以将其核心内涵概括为：中国和平崛起战略，睦邻安邻富邻惠及亚洲邻国。作为世界上拥有最多邻国的国家，中国以“睦邻、安邻、富邻”的全新思想处理与邻国关系，亚洲邻国正在成为中国和平崛起的最直接受益者。

二、“和平崛起”战略对未来中韩关系的影响

中国决然走“和平崛起”之路，这是历史和现实所决定的，具有某种必然性，是主观对于客观深刻把握的结果。基于此，未来中韩关系的发展就

---

① 《胡锦涛在中共中央政治局第十次集体学习时强调：坚持以宽广的眼界观察世界分析形势提高对外开放条件下做好工作的能力》，《人民日报》2004年2月25日，第1版。

② 魏崑：《“睦邻、安邻、富邻”的时代内涵》，《半月谈》2003年第21期，第81页。

有了历史的纵深和广阔的发展维度。

第一，从宏观上为中韩关系的发展指明了方向。

这里有两个方面的含义，其一，中国将走内涵式“和平崛起”道路，按照科学的“五个统筹”发展观的要求，全面建设小康社会。这意味着中国的发展是和平的、内敛式的，执行“与邻为善，以邻为伴”的和平外交方针，以“睦邻、富邻、安邻”为政策和目标追求，在中国崛起的同时，希望带动和支持其他国家尤其是周边国家共享繁荣成果。中国将是地区和平和稳定的最大支持力量。其二，韩国只要正确认识和了解了“中国和平崛起”的内涵和目的，积极参与中国现代化建设的历史进程，在“新安全观”基础上，共同维护地区和平稳定的大局，分享社会发展进步的成果，中韩两国关系发展的前景一定是光明的。

今天的中韩关系自1992年8月两国建交以来，已取得惊人的成就。在经济方面，韩国对中国经济的依赖日益加深。尤其是去年中国超过美国成为韩国的最大出口国，而且2002年超过美国成为了韩国最大的海外直接投资对象国家。2003年韩国的对华出口剧增47.8%，占总出口额的18.1%。此外，中国占据了贸易收支顺差的88.1%。也就是说，如果没有中国，出现大规模贸易逆差将不可避免。特别是，在主要出口商品中，钢板的40.9%依赖于中国，而且合成树脂(33.8%)、石油产品(25.9%)、电脑(24.6%)等产品对中国的依赖度也很高。此外，中国占韩国海外直接投资额的44.9%，再加上，在计划进军海外的韩国企业中，选择中国的占40%。[①] 面对中韩关系取得的巨大成就，人们的心态是复杂的。一部分韩国人在发展中韩关系上心存疑虑，迷失了方向感。韩国对外经济政策研究院中国组组长赵贤俊就表示：“由于韩国经济过分依赖于中国，所以应该警惕，以防韩国成为中国的‘边境国家’。”[②]无独有偶，一些国外人士对中韩经济关系的发展也提出了“忠告”，美《商业周刊》文章就指出“虽然现在韩国是中国的合作伙伴，但是一不小心有可能沦为中国的附属国

---

① 李志勋：《韩国经济对中国依赖日益加深》，《朝鲜日报》2004年04月30日。

② 李志勋：《韩国经济对中国依赖日益加深》，《朝鲜日报》2004年04月30日。

家。"[1]法国驻韩国商会会长更认为:"韩国经济的最大威胁是中国。如果韩国不希望成为与中国相比是一个微不足道的国家,就应该大胆地制定较高的目标,同时尽快实现经济结构的质的变化。"其实,对韩国而言,中国的崛起既是"机会"又是"危机"。机会是,通过对华出口,韩国经济能够得到恢复和发展。相反,由于中国和韩国在劳动密集型产品的出口和吸引外资两个方面存在一定的竞争关系,中国经济实力的上升必然会给韩国带来一定的压力和挑战。但是,公平竞争毕竟是发展的动力源泉之一,况且中国的崛起在给周边国家带来挑战的同时,更带来了机遇。

首先,中国的崛起推动了韩国发展中国家调整产业结构、优化增长的方式。

其次,东亚是中国经济活动的主要平台,中国的崛起需要通过与东亚邻国一道不断重新调整既有的国际分工格局,通过协同发展、共同繁荣的方式得以实现。事实上,中国的崛起正日益推动着东亚不同国家和地区之间现有的垂直分工格局朝水平分工方向演进。中国的崛起过程是从劳动密集型的纺织产业到技术密集型的电子、航空、生物、通讯、新材料等领域产业全面振兴的过程。东亚的韩国只要能够及时调整发展战略,就完全能够搭上中国经济发展的快车。

任何国与国之间的关系都不是单向度的,可是在全球化的时代已经出现了一国战略深刻影响他国的情景。中国基于自身发展需要,提出"和平崛起"外交战略,正为中韩关系的发展开拓了广阔的发展前景。实际上,韩国正受益于中国的和平崛起战略中的"富邻"思想,2003 年韩国对中国的贸易出口剧增 47.8%,这正是与邻国和睦相处、安抚邻国、使邻国能够富强的中国基本外交路线实践的结果。

因此,韩国应把中国的崛起当作一种"机遇和挑战",以此推动中韩关系的发展,并尽快理顺已经迷失方向的国民的心态。

第二,"和平崛起"战略为中韩两国关系的发展提供了新的思维模式。

如何定位中韩关系?对中韩关系的发展如何认识?中韩关系发展的前景如何?实事求是讲,是存在不同看法的。一些国家担心中韩两国关

---

① 《中国将主导未来韩中经济关系》,〔美〕《商业周刊》(网络版)2004 年 3 月 19 日。

系的发展，就是在韩国国内，也有这种认识，担心中国发展起来会重建历史上的“华夷朝贡体系”，甚至认为中国是个“黑洞”，将“吞噬”韩国的一切。古人云：“为人君者，正心以正朝廷，正朝廷以正百官，正百官以正万民，正万民以正四方。四方正，远近莫敢不壹于正，而亡有邪气奸其间者。”[①]面对此种情况，中国通过自己的实际行动以正视听，决然走和平崛起之路，这是符合中国的核心利益和世界人民的共同利益的。既然中国的崛起是不可阻挡的，是国际社会公认的事实，韩国为何要拒绝参与其发展的进程，从中获取利益呢？换个思维角度看待中国的崛起，中韩两国关系的发展就可以乐观的态度待之。

而且从中国的这一历史潜力和改走社会主义市场经道路后所表现出的领导能力，以及一贯的政策等因素考虑，我们可以认为，尽管中国还会面临各种困难，但在相当长的一段时间内中国仍然保持目前的经济增长势头。经济大国必定会在所处地区的政治、外交、经济、安全、军事、文化等各个领域发挥相当大的影响力，这是不容质疑的事实。总而言之，作为东北亚地区的经济大国，中国的影响力必然将会日渐扩大。

在这样的情况下，正如韩国学者所指出的：“我们应该从北欧的瑞士等位于强国周边的小国吸取教训，他们基于稳固的经济实力实现‘自主’，且保持稳定的国泰民安局势。换言之，我们应该通过选择、集中及开放，充分利用全球化带来的机遇和与经济大国中国相邻的‘邻国效应’，在经济方面始终领先于中国。为此，我们必须积极吸引外资，并引进他们的尖端技术、先进的经营方法及共享他们的销售网。”[②]只有这样，才不至于患得患失，担心中韩关系发展的后果，而是积极参与中国崛起的进程，从而提升自身的竞争力。

第三，“和平崛起”战略为中韩两国关系的发展提供了稳定框架。

在国际关系理论中，和平崛起是指大国在崛起过程中并不以谋求霸权为目标，主要通过多边合作的框架，而非诉诸武力来解决国际争端和跨国问题。在中国选择走“和平崛起”道路后，通过实践和探索，正赋予它新

---

① 《汉书·董仲舒传》。

② 司空壹：《韩国不可再度沦为中国的边防小国》，《朝鲜日报》2004 年 1 月 26 日。

的内涵。这个框架是以“新安全观”为核心，以“与邻为善，以邻为伴”为方针，以“睦邻、富邻、安邻”为目标，共同构筑东北亚和平发展稳定的新环境、新时代。它反映出中国把自身的发展与对邻国的影响作为一个统一的整体加以看待，体现了强烈的开放性和合作性精神，更加倡导共同安全与共同发展的价值取向和理念。

任何崛起模式都是特定历史条件的产物。西方国家普遍采用过的对内剥削压迫、对外侵略扩张的崛起模式，产生于被马克思描述为资本的“每一个毛孔都带着血和肮脏的东西”的时代。而中国的历史与现状以及所面临的国际环境决定了中国的崛起只能走对内改革、对外开放的新型工业化道路，走有中国特色的社会主义道路。

全面和谐与合作是中国发展模式的根本所在，具体体现在三个方面。其一，坚持“五个统筹”，在注重发展劳动密集型产业的同时注重产业结构的调整和技术创新，形成以高新技术产业为先导、基础产业和制造业为支撑、服务业全面发展的产业格局。其二，充分利用国际国内两个市场，在扩大出口的同时扩大内需。其三，不计较社会制度和意识形态的差异，扩大与发达国家的利益汇合点，与邻为善，加强区域合作，把同周边国家的交流与合作推向新水平，与发展中国家相互帮助、相互支持，拓宽合作领域，提高合作效果。

基于上述的崛起目标、发展道路和内涵，中韩关系的发展就有了一个比较清晰的空间轨道和框架，循着这样的轨迹，未来两国关系可以避免大起大落，发展成为稳定的互利合作的双边关系。事实上，随着相互贸易和投资的深化，随着多种合作形式的开展，中国与韩国正在日益成为荣辱与共的共同体。

回顾世界历史，法国、普鲁士、纳粹德国以及日本的崛起都伴随着与邻国的战争，而中国选择和平崛起则意味着对“崛起—战争”定律的扬弃。国际政治结构发生了重大变化，过去以领土政治为核心的“零和游戏”已经结束，全球化时代的相互依存使得一方的发展可以带来多赢的局面。和平崛起的影响并不局限于经济领域，刚于 2004 年 6 月底结束的北京六方会谈就是这一战略的结晶，由中国牵头的六方会谈对于实现朝鲜半岛无核化，维护地区和平具有重要意义。

经过四十多年的改革开放，中国的崛起不可避免，也在逐渐成为事实。中国的和平崛起不仅仅是个概念的问题，更重要的是个实践的问题。当前的中国，为了“和平崛起”，正以一个建设性的、负责任的、受欢迎的形象在发挥作用和影响力。

概而言之，中国“和平崛起”是个新战略，无疑将深刻影响未来的中韩关系，也会逐渐消融两国关系发展中的不和谐音调，“难道是大唐帝国的重现？中国的巨大变化令我们生畏”，这样的话语将随着时间的流逝和中国“和平崛起”战略的实践，最终成为历史的腔调和陈迹。[①]

① 《中国大飞跃(1)：中国梦想重演“大唐帝国”辉煌》，《朝鲜日报》2003年12月31日。

第六章
“科学发展观”与中国和世界的发展变革

第一节　科学发展观与中国应对世界金融危机

一、国际金融危机拷问国际社会

2008 年 9 月，发端于美国华尔街的一场世纪风暴——金融危机，在全球蔓延，愈演愈烈，威胁着世界经济的发展和国际社会的稳定，考验着各国领导人的政治智慧和各国人民忍耐的神经。危机何时能够到底？是否会演化为一场全球性的经济危机？生活会受到何种影响？未来的出路在哪里？诸如此类的问题，不约而同成为世界的主流话语。

经济全球化高度发展的今天，早已将世界各国紧紧捆绑在一起，你中有我、我中有你的发展现实，已将世界各国编织进祸福相依的巨大网络。中国作为世界上最大的发展中国家，近几年保持了世界第一的发展速度，已成为世界第三大经济体、第二大贸易国，外汇储备惊人增长，创记录达到近 1.95 万亿美元，崛起速度令世界震惊。毫无疑问，中国的发展得益于改革开放，融入全球化进程给中国增添了发展的翅膀。“中国的发展离不开世界，世界的发展需要中国”，这句经典的话语深刻揭示了今天中国和世界连接的程度。因此，当这场世界危机袭来时，中国已无法置身世外。现实的问题是面对突如其来的危机，中国应如何应对。

危机是思考的动力。在中国国内，围绕金融危机问题，大体上出现了两种声音。一种声音呼吁我国政府应趁此时机，迅速出手，利用手中近 2 万亿美元的外汇储备，进入危机风暴中心华尔街，抢购贬值惊人的金融资产，即所谓“抄底”来应对危机对我国的影响。与此相反，另一种声音则反对我国政府贸然出手介入，认为政府应小心谨慎，由美国次贷危机演化而来的金融危机，只是掀起了美国这个世界金融中心问题的冰山一角，在没有看清问题实质和发展方向的情况下，轻易出手会陷入“陷阱”，并因此而跌入深渊。中国应捂紧自己的钱袋，防止为他人做嫁衣裳，变相为危机“买单”。何去何从，一时众说纷纭。

与此同时，危机肇事国的美国以及深陷危机的其他西方大国，竭力觅求良策，试图控制危机的蔓延和危害。当危机已危及实体经济，使其陷入经济衰退泥潭时，西方大国也将目光盯向了中国，希望中国出手助其走出危机。10 月下旬，在北京即将举行第七届亚欧首脑会议前，欧盟委员会主席巴罗佐在欧盟驻华使馆举行的记者会上就曾说：“我非常希望中国能为解决这次金融危机做出重要贡献。我认为，这是展示中国作为一个负责任国家的重要机会。”至于为何中国应协助其解决危机，他的答案是：“道理很简单：我们同乘一条船，沉浮生死都在一起。”[①]国际上这种呼吁中国出手的声音此起彼伏，希望中国充当一次“救世主”的角色。[②] 一时间中国身价飙升，成为国际上引人注目的“超级明星”。

面对如此纷繁复杂的局面、国际社会的期待，中国政府何以自处，如何应对日益深重的世纪大危机，已成为世界焦点。金融危机在拷问国际社会，也在拷问中国政府。

二、中国政府的决策

2008 年 11 月 9 日，一个注定会成为历史界标的时刻。谜底揭晓了！中国政府公开了惊人的决策，决定在今后两年多时间，即到 2010 年底，将安排 4 万亿元资金强力启动内需，促进经济稳定增长，以应对金融危机对

① 王斯：《巴罗佐：中国应在国际金融舞台上拥有更多话语权》，《环球时报》2008 年 10 月 25 日。

② 王龙：《世界金融危机开辟“中国时代”?》，http://news.ifeng.com/opinion/detail_2008_10/09/1363534_0.shtml。

中国的影响。[①] 这一消息发布后，立刻震惊世界。西方媒体甚至惊呼，其震撼力堪比北京奥运会，彰显了一个负责任的大国形象。[②]

当然，中国政府的巨额投资计划，也为先前人们的种种猜测画上了句号，更为西方大国对中国不合适的期望画上了休止符。要知道，11 月 15 日二十国集团领导人金融市场和世界经济峰会即将在华盛顿举行，人们肯定会呼吁中国更积极地参与平息世界金融风暴。无疑，中国的举动是提前亮出了底牌，用实际行动落实了“中国经济的良好发展将会对世界金融市场的稳定和世界经济发展作出重要贡献”的承诺。

危机在发展，国际社会在采取行动。11 月 15 日二十国集团金融峰会如期举行，峰会发表共同宣言，强调在世界经济和国际金融市场面临严重挑战之际，与会国家决心加强合作，努力恢复全球增长，实现对世界金融体系的必要改革。[③] 22 日至 23 日，正值 APEC 第 16 次领导人非正式会议在秘鲁首都利马召开。毫无悬念，金融危机成为会议主题。APEC 这个世界上最大的经济组织，借峰会之际，针对金融危机，专门发表声明，反对各种形式的保护主义，并承诺密切协作，进一步采取全面、协调的行动，以应对当前的国际金融危机。[④] 全球化的时代，就这样促使世界各国共同面对问题，寻求解决危机的良策。

世界寄厚望于中国，中国义不容辞站在了处理危机的起跑线上。中国国家主席胡锦涛参加上述国际活动时，分别发表《通力合作，共度时艰》《坚持开放合作，寻求互利共赢》的重要讲话，全面阐述了中国应对金融危机的态度、立场和对策主张，表达了与国际社会一道共同应对金融危机的良好愿望。会议上，手握 4 万亿元应对计划的中国政府，犹如一道亮丽风

---

① 《我国财政和货币政策调整 4 万亿元力撬国内需求》，http://news.sohu.com/20081109/n260529836.shtml。

② 《外媒：中国投 4 万亿震撼力堪比北京奥运》，http://www.china.com.cn/economic/txt/2008-11/12/content_16752881_2.htm。

③ 《二十国集团金融市场和世界经济峰会发表宣言（2008 年 11 月 16 日）》，http://news.sohu.com/20081116/n260660030.shtml。

④ 《胡锦涛在亚太经合组织第十六次领导人非正式会议上的讲话（2008 年 11 月 23 日）》，http://www.fmprc.gov.cn/web/gjhdq_676201/gjhdqzz_681964/lhg_682278/zyjh_682288/t523400.shtml。

景线，让危机重压下的世界耳目一新，也向国际社会发出了强烈的信号，立足自救的中国将和世界共度难关。

4 万亿元，神奇的妙方！中国触动了世界神经，撬动了世界，连接了世界。从 4 万亿元计划的推出，到参与国际社会联合行动，中国政府用统筹国内和国际两个市场、两种资源的战略眼光筹谋未来，在自力更生、着力办好自己事情的基础上，沉着冷静处理和应对日益蔓延和深重的金融危机，树立了良好的国际形象。而这一切的背后，其闪耀的思想光芒则是胡锦涛一代领导集体着力倡导和运用的科学发展观。

三、主动应对挑战

金融危机浊浪滔天，四处肆虐，冲蚀着世界经济的堤岸。这场世界性的危机，也正在深刻影响中国。从 10 月份开始，中国结束了令世界其他国家羡慕和嫉妒的两位数的增长历史，各项经济指标都在回落，经济发展明显减速。数据和环境表明，中国正在承受全球经济增长明显放缓的压力，突出面临外部需求显著减少、传统竞争优势逐步减弱的压力，突出面临国际竞争日趋激烈、投资和贸易保护主义上升的压力，突出面临人口资源环境约束不断增强、转变经济发展方式要求更为迫切的压力。[①] 在危机造成的四大压力面前，中国政府果断调整航线，变压力为动力、挑战为机遇，以 4 万亿元做引擎和推动力，要驾驶中国这艘航船，顺利驶出金融危机的惊涛骇浪。

机遇稍纵即逝，发展中的中国不容经济停止快速前进的步伐。从国际大环境而言，虽然世界仍不太平，强权政治和霸权主义不断干扰和破坏世界和平和发展的大局，但和平和发展是世界的潮流，全球格局向多极化方向大幅度发展，世界各国制约战争的能力明显加强，未来一段时间世界和平发展的大局可以得到维持。世界和平发展大局是一个战略机遇期，中国不能错失这一发展机遇。从国内看，目前的中国正处于高速实现现代化的过程中，庞大的人口规模、东西区域差距、城乡差距、环境问题，以

---

① 《胡锦涛：中国在一个时期内将突出面临四种压力》，http://www.chinanews.com/gn/news/2008/11-29/1467663.shtml。

及频繁发生的自然灾害等，都是制约和困扰中国社会进步和实现现代化的因素。没有快速的经济发展，因金融危机进一步放大的就业压力、环境、资源等问题就会转化为社会矛盾，从而干扰国家建设目标的实现。因此，着眼于世界大局和中国现状，自然金融危机只是我们发展中的一个新矛盾，要从战略上藐视，关键还是要抓住机遇，变压力为动力，快速发展，才能最终实现现代化，解决中华民族的出路问题。

金融危机进一步暴露了中国发展中存在的问题，这就是经济发展过于依赖出口拉动以及欧美等国际市场。解决的出路只有一条，就是变革发展方式，实现科学发展。面对金融危机形成的压力，中国政府顺势而为，果断布局，强力启动内需，促使国民经济增长由主要靠投资、出口拉动转变为消费、投资、出口三者形成合力，解决经济增长中缺失消费一环有力支撑的问题。同时，在 4 万亿元投资牵引下，自主创新、两型社会建设、城乡一体化建设、对外开放等都会迈上新台阶，从而将大大提升中国社会经济发展水平和国际竞争力。①

总之，金融危机为中国发展制造了难题，但中国政府正在用科学发展观做武器破解这一难题。毫无疑问，金融危机不可能阻挡中国前进的步伐，相反正在为中国这艘航船调整航线提供燃料。以科学发展观矫正航线的中国巨轮扬帆起航，正当其时。中国正在开启一个新时代，力争实现漂亮转身。

第二节 “科学发展观”与当今世界的变革

2012 年 11 月 14 日，世界瞩目的中国共产党第十八次全国代表大会落下了帷幕。这次盛会一个突出的成果，就是将“科学发展观”提高到前所未有的高度，列入新修改的宪法，成为中国未来发展永久都要贯彻执行的指导思想。“十八大”的这一理论成果，对中国发展的重要意义是不言而喻的，那么，对于时下动荡的世界局势和全球的未来发展，“科学发展

---

①《我国财政和货币政策调整 4 万亿元力撬国内需求》，http://news.sohu.com/20081109/n260529836.shtml。

观”昭示了怎样的世界意义？在笔者看来，“科学发展观”具有普世性，是放之四海而皆准的真理，是破解当今世界发展难题的有力思想武器。

一、当今世界的动荡和发展困局是西方发展观造成的

人类进入21世纪以来，世界并不太平，以“9.11”事件为分水岭，全球局势进入美国主导的“反恐”时代。西方世界打着反对恐怖主义的旗号，相继发动了“阿富汗战争”“伊拉克战争”，将世界推入局部动荡与战争、地区形势紧张的境地，影响了世界与地区安全和经济发展的局面。穷兵黩武政策执行的结果，导致以美国为首的西方国家经济陷入困境，相继爆发了经济危机。而为了对付危机的挑战，西方却走上了向外部世界转嫁危机的道路。

1. 次贷危机、欧债危机，本质上是西方发展理念的危机

二战以后的西方世界，在面对以苏联为首的世界社会主义阵营挑战的过程中，在发展理念上不断创新，在吸收社会主义的合理因素的基础上，对资本主义进行了修正和完善，最大化扩展了资本主义容纳生产力发展的空间和可能，有效化解资本主义私有制与社会化大生产之间的矛盾，不仅使资本主义克服了发展困境，而且成功构建了西方主导的世界秩序。

如果从发展理念的层面宏观上梳理西方主要资本主义国家的历史，大体上可以归并为以下几个阶段：

一是凯恩斯主义主导的时期(1945－1970)。

第二次世界大战后，美英等发达资本主义国家，长期推行凯恩斯主义，推崇国家干预市场的能力，倡导通过扩大有效需求的管理政策，刺激生产发展，以防止与延缓资本主义无法避免的经济危机与社会危机。战后西方主要资本主义国家经济的快速恢复与发展，人权与社会福利事业方面的进步等，都从不同侧面证明凯恩斯主义的发展观符合西方实际，发挥了一定的积极作用。但与此同时，为了在全球建立和推行霸权，借口防止共产主义的蔓延，美国在世界各地驻军，并针对社会主义国家发起了“冷战”，更直接挑起了朝鲜战争、越南战争、中东战争等地区战争。不容忽视的问题是，奉行凯恩斯主义发展观的结果，就是引起了持续的通货膨胀。到20世纪60年代末，美国宣布停止实施按每盎司35美元官价向市

场供应黄金的政策。1971 年 7 月第七次美元危机爆发，尼克松政府于 8 月 15 日宣布停止履行外国政府或中央银行可用美元向美国兑换黄金的义务，至此美国赖以建立世界霸权的“布雷顿森林”体系宣告破产。其实，美元危机就是美国滥发美元，向世界输出通货膨胀的危机。

二是新自由主义主导[①]的时期(1980 -至今)。

自 20 世纪 60 年代末期以来，美国的通货膨胀日益剧烈，特别是 1973 - 1974 年在所有发达资本主义国家出现的剧烈的物价上涨与高额的失业同时并存的“滞胀”现象，凯恩斯主义理论无法作出解释，更难提出对付这一进退维谷处境的对策。“滞胀”是国家垄断资本充分发展导致资本主义固有矛盾日趋激化的必然结果。但凯恩斯主义发展观的困境和理论解释的不足，给西方社会兴起的新自由主义发展观提供了机会，并伴随美国总统里根和英国首相撒切尔夫人的上台，在否定凯恩斯主义的声浪中，占据了美英等国发展的主导地位。

自 20 世纪七、八十年代以来，随着高新科技革命兴起，生产力巨大发展，资本主义由国家垄断向国际垄断发展。适应这种需要，新自由主义开始由理论、学术而政治化、国家意识形态化、范式化，成为美英国际垄断资本推行全球一体化理论体系的重要组成部分。其标志性事件是 1990 年由美国政府炮制的包括十项政策工具的“华盛顿共识”。正如美国著名学者诺姆·乔姆斯基在他的《新自由主义和全球秩序》一书中明确指出的：“新自由主义的华盛顿共识指的是以市场经济为导向的一系列理论，它们由美国政府及其控制的国际经济组织所制定，并由它们通过各种方式进行实施——在经济脆弱的国家，这些理论经常用做严厉的结构调整的方案。其基本原则简单地说就是：贸易经济自由化、市场定价（‘使价格合理’）、消除通货膨胀（‘宏观经济稳定’）和私有化。”[②]换言之，就是通过削减工会的力量和国有企业私有化从而使它们的工人受资本权力的支配，

---

① 此处所指的新自由主义，在西方亦被称之为新保守主义。狭义的新保守主义与新自由主义的核心分歧在于，前者主张国家不要干预社会经济生活，从而保证个人在市场中自由竞争和发展；后者主张国家干预政策，力图调节人们收入的差距，谋求社会平等。——笔者注。

② 〔美〕诺姆·乔姆斯基：《新自由主义和全球秩序》，徐海铭、季海宏译，江苏人民出版社，2000 年，第 4 页。

以及向外国资本和商品开放国内市场。这是新自由主义的核心信条。伴随着新自由主义的全球化，当东欧剧变、苏联解体的这一幕来临后，新自由主义者更是踌躇满志，撒切尔夫人打出了“别无选择”（TINA）、唯我独尊的口号，美国学者福山甚至做出了“历史终结”的结论。[①]

在新自由主义大行其道之时，正是美国为首的西方世界再次重塑世界秩序的时期。我们所看到的是自那时以来，世界经历过的海湾战争、亚洲金融危机、科索沃战争、阿根廷金融危机、阿富汗战争、伊拉克战争、利比亚战争，以及持续不断的巴以冲突与战争……等等。

全球扩张、放松市场监管、滥发货币、发动战争，终因资金链条的断裂，引发了美国的次贷危机，进而演化为以欧债危机为表征的全球金融、经济危机。危机宣告了新自由主义的破产，也预示着西方发展观再次面临深刻的危机。

2. 当今世界动荡局面是西方主导的结果

无论是次贷危机、还是欧债危机，本质上都是垄断资本高度发展的产物，是西方资本主义制度的危机。凯恩斯曾说过：“在我看来，资本主义在高度有效的管理下，与我们目前为止所看到的任何别一制度比较，的确能够更加有效地实现经济目的；不过就这一制度本身来看，有许多方面是极端要不得的，是应当反对的。我们的问题是，如何努力设计出一个社会组织，与我们所满意的生活方式的观念既不致发生抵触，而效能则可以尽可能地提高。”[②]可是，新自由主义的药方已经失灵，路在何方？探寻新路谈何容易，更何况人类的经验说明，“路径依赖”是无法克服的通病。当罗伯特・W. 迈克杰尼斯评论“华盛顿共识”本质内涵时，给出了具有“经济体制、政治体制和文化体制”（以民主、自由、人权为标志）三重特性的简明概括，[③]他隐含的本意就是新自由主义者向世界推销“华盛顿共识”，就是将西方的价值观和发展理念推向全世界，建立和维持以西方为中心的世界

---

① 参见陈刚：《应当另有选择：评〈新自由主义——批判读本〉》，《中国图书评论》2007 年第 7 期。

② 〔英〕凯恩斯，《劝说集》，蔡受百译，商务印书馆，1962 年，第 242 页。

③ 〔美〕诺姆・乔姆斯基：《新自由主义和全球秩序》，徐海铭、季海宏译，江苏人民出版社，2000 年，导言第 3－8 页。

秩序。因而，当金融危机降临后，美国虽然一方面放低身段，大谈“巧实力”与“多边主义”；与此同时，却不负责任大肆滥印钞票，美其名曰“量化宽松”。另一方面则继续奉行霸权主义和强权政治的政策，在中东地区策动“阿拉伯之春”运动。自2010年年底以来，先后促使突尼斯、埃及、利比亚、也门、叙利亚等国家发生政权更替和内乱。无论是利比亚战争还是叙利亚危机，其背后都是美国“大中东计划”与欧盟“地中海计划”推行的结果。显而易见，这种种动作都是转嫁危机的方式与手段。

由此可见，目前中东地区的危机都是西方插手与操纵的结果，充分暴露了西方发展观的局限性，而人类社会目前仍看不到危机解决的前景。

二、“科学发展观”为人类解决发展困境指明了方向

从历史的维度，人类的发展理念是一个漫长的历史演进过程。发展观的进步也是20世纪人类文明进步的重要成果。

从前述二战以来美国为首的西方资本主义国家发展理念的更替看，新自由主义取代凯恩斯主义是历史的进步，但源头是在理想主义与现实主义(又称自由主义与保守主义)，或者迄今始终是在新自由主义与新保守主义之间的轨道上发展与徘徊。以美国为例，前总统小布什是典型的新保守主义者，而奥巴马则从新保守主义的立场上后撤，在向新自由主义的方向滑动。但总体上而言，共和党保守主义色彩较浓，而民主党自由主义色彩较浓，无论新旧保守主义还是自由主义，都是维护美国资本主义制度的左右手。于是，美国发展观的内在逻辑是：推行和维持世界霸权→发动战争→滥发美元→经济危机→发动战争、滥发美元……如此循环发展的过程。由此不难看出，这就是造成世界动荡不宁、地区冲突不断的症结与总根源。

而从全球局势看，当今世界的问题归结到一点仍然是和平与发展的问题。邓小平早在20世纪80年代就敏锐指出：“现在世界上真正大的问题，带全球性的战略问题，一个是和平问题，一个是经济问题或者说发展问题。和平问题是东西问题，发展问题是南北问题。……南北问题是核心问题。欧美国家和日本是发达国家，继续发展下去，面临的是什么问题？你们的资本要找出路，贸易要找出路，市场要找出路，不解决这个问

题，你们的发展总是要受到限制的。"[①]实际上他已为西方道明了未来的出路。中国坚持走和平发展的道路，党的十八大报告中，胡锦涛再次强调："必须坚持和平发展。和平发展是中国特色社会主义的必然选择。要坚持开放的发展、合作的发展、共赢的发展，通过争取和平国际环境发展自己，又以自身发展维护和促进世界和平，扩大同各方利益汇合点，推动建设持久和平、共同繁荣的和谐世界。"[②]显然，与邓小平的思想一脉相承，推动世界发展，建设和谐世界，是"科学发展观"的本质内容和必然要求。

首先，从当今世界现状与未来走向看，既然不和平的根源在于西方，那么，解决和平问题的根本就要求美国为首的西方资本主义国家要停止推行霸权主义与强权政治，放弃发动战争与滥发美元的政策，改变不合理的世界经济政治金融秩序，这样，人类的持久和平才能实现，和谐世界才能成为现实。

其次，发展是和平的目的与归宿。但怎样发展、实现什么样的发展就成为人类社会要破解的难题。美国为首的西方资本主义国家的发展观本质上是为垄断资本统治世界而服务的，漠视广大发展中国家的利益，极力维持西方不合理不公正的世界秩序，因而成为世界和平与发展的障碍。

因此，要消除世界和平与发展的障碍，必须要破除旧的发展观，以符合人类社会发展要求与走向的科学合理的发展观取而代之，而"科学发展观"已被实践证明是破解和平与发展难题的有力武器。[③]

三、"科学发展观"是放之四海而皆准的客观真理

一种思维与理论正确与否，不取决于漂亮的词句与思维的深度，更取决于其影响的大小与好坏，多大程度上使人类受益。世界在发展，指导人

---

① 《邓小平文选》第三卷，人民出版社，1993 年版，第 105 - 106 页。

② 胡锦涛：《坚定不移沿着中国特色社会主义道路前进　为全面建成小康社会而奋斗——在中国共产党第十八次全国代表大会上的报告(2012 年 11 月 8 日)》，http://www.china.com.cn/news/politics/2012-11/20/content_27165856.htm。

③ 周树春：《科学发展观的世界意义》，http://theory.people.com.cn/GB/10959807.html；丁晋清：《科学发展观具有广泛的世界意义》，《南方日报》2009 年 7 月 7 日第 A13 版。

类行动的思维也在发展。集合人类与中国发展经验的“科学发展观”，全方位涵盖了“经济、政治、文化、社会、环境”五位一体的复杂系统运行规则与辩证关系，既重视经济发展、社会进步和环境安全的功利性目标，又重视人类文明进步和人的全面发展的理性化目标，尊重差异与多样性，以“人”为发展的最高追求与归宿，运用统筹兼顾的科学方法，在理论上和实践上为人类探索出了一条“全面、协调、可持续发展”的发展道路。毫无疑问，“科学发展观”是人类放之四海而皆准的客观真理。

首先，在理论上，“科学发展观”解决了人类发展观的评判标准与实践维度问题，也打破了对西方发展道路的迷思。

其一，她以“发展度”来衡量一个国家或区域，强调生产力提高和社会进步的动力特征，即判别一个国家或区域是否是真正的发展？是否是健康合理的发展？是否是可持续性的发展？其二，她以“协调度”来衡量一个国家或区域，即按照“统筹城乡发展、统筹区域发展、统筹经济社会发展、统筹人与自然和谐发展、统筹国内发展和对外开放”的总格局来解决发展问题。表现为能否维持环境与发展之间的平衡？能否维持效率与公正之间的平衡？能否维持市场发展与政府调控之间的平衡？其三，她以“持续度”来衡量一个国家或区域，即判断一个国家或区域在发展进程中的长期合理性，突出表现为能否实现可持续的长久发展？能否实现当代与后代之间在利益分配上的平衡？① 其四，她以“和谐度”来衡量一个国家或地区，关键是能否实现以人为本？能否促进人的全面发展？能否实现人与人、人与自然的和谐发展？能否推进和实现世界和谐发展？

可见，科学发展观的理论体系所建构的四大特征，即数量维（发展）、质量维（协调）、空间维（和谐）、时间维（持续），从根本上表征了对于发展的完满追求。以人为本、全面协调可持续的科学发展观，对“什么是发展”“靠谁发展”和“为谁发展”“怎样发展”等发展观的基本问题，做出了科学的回答，极大地丰富与深化了人类对发展规律的认识，也实现了对过往发展观的超越，体现了发展观在当代世界最新发展的成就与水平。②

---

① 参见“科学发展观”，http://baike.baidu.com/view/15952.htm。

② 参见庞元正：《科学发展观基本问题研究》，人民出版社，2012 年版。

其次,“科学发展观”是放之四海而皆准的真理。

中国人民10年来的实践,充分证明了“科学发展观”的可行性、客观性、科学性,具有全球“普世性”的特色。10年来,中国克服了非典型肺炎、汶川大地震、国际金融危机等重大冲击,GDP年均增长10.7%,远高于世界经济年均3.9%的增速;经济总量从世界第六位上升到第二位;人均国内生产总值由1135美元提高到5432美元,年均增长10.1%,迈进“中等收入”国家门槛。[1] 十年间,在全球经济的跌宕起伏中,中国经济对世界经济增长的贡献率超过20%。[2] 综合国力、国际竞争力、国际影响力迈上一个大台阶,国家面貌发生新的历史性变化。人们公认,这是我国经济持续发展、民主不断健全、文化日益繁荣、社会保持稳定的时期。[3] 沉甸甸的数字和发展成就,无不显示出“科学发展观”的无穷威力。而且,这是在有着13.4亿人口(约占全球人口20%)国家的伟大实践。相比于世界任何国家,中国取得的成就无以伦比,并且发展前景光明。

因此,“科学发展观”依托中国的实践,具有了世界意义与价值,是解决当今世界困局的有力理论思维武器。

综上所述,“科学发展观”对过去10年的中国发展发挥了巨大指导作用,是中国克服一切难题取得巨大成就的“定海神针”,不禁打破了世界各国对以美国为首的西方资本主义国家发展观的“迷信”局面,实现了人类发展观的新超越。而且中国的伟大实践昭示了这一理论武器的世界“普世性”价值,为破解当今世界未来发展困局指明了方面。毫无疑问,“科学发展观”是放之四海而皆准的真理,将为世界的发展与长久和平,最终建设和谐世界发挥重大作用。

---

① 《时代强音:改革与发展——党的十六大以来经验与启示述评之一》,http://news.xinhuanet.com/zgjx/2012-10/29/c_131936899.htm。

② 《时代潮流:中国进步与世界发展——党的十六大以来经验与启示述评之八》,http://news.xinhuanet.com/politics/2012-11/04/c_113598205.htm。

③ 胡锦涛:《坚定不移沿着中国特色社会主义道路前进 为全面建成小康社会而奋斗——在中国共产党第十八次全国代表大会上的报告(2012年11月8日)》,http://www.china.com.cn/news/politics/2012-11/20/content_27165856.htm。

第七章
“马克思主义中国化”和中国特色社会主义的理论与实践

自 1978 年中共十一届三中全会决定将全国工作重心转向“以经济建设为中心”，开创改革开放新局面起，迄今（2008 年）已 30 年。改革开放 30 年，中国已发生翻天覆地的变化，经济社会发展取得了举世瞩目的成就，综合国力明显增强。1978 年时我国 GDP 总量为 3645.2 亿元（2683 亿美元），世界排名第 15 位，进出口贸易总额 355 亿元，国家外汇储备 1.67 亿美元；到 2007 年，全年 GDP 总量达 246619 亿元，比上年增长 11.4%，世界排名第四，全年进出口总额 21738 亿美元，排名世界第三，年末国家外汇储备余额达到 1.53 万亿美元，排名世界第一。[①] 沉甸甸的数字说明，1978 年以来我国在改革开放的伟大实践中，开辟的中国特色社会主义道路是完全正确的。在破解“马克思主义中国化”命题中，中国共产党人对执政规律、社会主义建设规律、人类社会发展规律都有了新思考、新认识，理论上推陈出新，把“马克思主义中国化”推进到新水平，创立了中国特色社会主义理论体系。可以说，“马克思主义中国化”与中国特色社会主义的理论和实践密不可分，相互促进，是一种共生关系。

---

① 《透过数字看改革开放 30 年：1978 年统计公报》，2008 年 09 月 28 日 15：42，来源：中国经济网综；《国家统计局公布 2007 年中国国民经济数据（2008 - 01 - 24 14：35）》，http://focus.jrj.com.cn/2007jjyxzb.html。

第一节 “马克思主义中国化”是中国特色社会主义理论与实践提出的时代命题

在中国共产党的历史上，“马克思主义中国化”是一个不断出现的时代命题。早在1938年10月在中共中央六届六次全会上，毛泽东在大会报告中就指出：“马克思主义必须和我国的具体特点相结合并通过一定的民族形式才能实现。马克思列宁主义的伟大力量，就在于它是和各个国家具体的革命实践相联系的。对于中国共产党来说，就是要学会把马克思主义的理论应用于中国的具体的环境。成为伟大中华民族之一部分而与这个民族血肉相连的共产党员，离开中国特点来谈马克思主义，只是抽象的空洞的马克思主义。……没有抽象的马克思主义，只有具体的马克思主义。所谓具体的马克思主义，就是通过民族的形式的马克思主义，就是把马克思主义应用到中国具体环境的具体斗争中去，而不是抽象地应用它。”①这是中国共产党人经过无数次血的教训认识到的真理，毛泽东第一次明确提出“马克思主义中国化”的时代命题，大大推进了“马克思主义中国化”的历史进程。在领导中国人民进行“新民主主义革命”的历史进程中，中国共产党人经过艰辛的理论探索和实践，把“马克思主义中国化”推进到了一个新的理论高度，创立了划时代的历史成果——毛泽东思想。作为马克思主义基本原理与中国革命实践相结合产物的毛泽东思想，被中国人民和中国共产党人视为“马克思主义中国化”的化身和代表，树立了理论丰碑。

新中国成立后，毛泽东领导中国人民进行“社会主义革命和建设”，为建成伟大的社会主义共和国，进行了新的探索和努力，为“马克思主义中国化”的时代成果——毛泽东思想——增添了新的篇章。但由于受时代条件的限制以及内外环境的制约与影响，出现了失误，甚至发生了十年“文化大革命”的严重左倾错误，偏离了社会主义的正确轨道，“马克思主义中国化”的理论道路和实践受到了干扰。

---

①《中共中央文件选集》第11册，中共中央党校出版社，1991年，第658－659页。

社会主义建设的失误和挫折，特别是“文化大革命”的惨痛教训，促使人们不能不深思究竟问题出在哪里。与此同时，中国共产党人突然发现世界正在发生巨变：20世纪70年代以来，以微电子和信息技术、生物工程技术、新能源、新材料研究为主要内容的第三次科技革命掀起了新的高潮，推动生产力迅速发展，我国经济实力、科技实力与国际先进水平的差距明显拉大，面临着巨大的国际竞争压力。国内的发展困境和巨大的国际竞争压力，也迫使中国共产党人重新思考社会主义的建设问题：什么是马克思主义的科学社会主义？怎样运用这一理论指导中国的社会主义实践？社会主义的本质是什么？我国的社会主义处于什么阶段？社会主义建设的重心和中心是什么？如何推进社会主义建设事业？……

“问题就是公开的、无畏的、左右一切个人的时代声音。问题就是时代的口号，是它表现自己精神状态最实际的呼声。”①马克思的“问题意识”就是对中国共产党人再次启动“马克思主义中国化”时代航船的最好注脚。可以说，以马克思主义为指针的中国共产党人，遵循辩证唯物主义和历史唯物主义的原理，实事求是，以大无畏的理论勇气，重启“马克思主义中国化”的历史进程，寻找正确的航线，是改革开放新时代的起点。事实上，在十一届三中全会前，在中国走什么道路问题上，曾经面临着三种选择：第一种，沿着以往社会主义的老路继续走下去；第二种，改走西方资本主义道路；第三种，主张探索社会主义的新路。在举什么旗走什么路的问题上出现三种主张，说明当时中国正处在十字路口。

正是在这个关键时刻，1978年12月13日，邓小平在中央工作会议闭幕会上就号召：“全党必须再重新进行一次学习！”“学习什么？根本的是要学习马列主义、毛泽东思想，要努力把马克思主义的普遍原则同我国实现四个现代化的具体实践结合起来。”②这就鲜明地提出了马克思主义中国化的问题。随即12月18日，党的十一届三中全会召开，吹响了拨正航线、拨乱反正、重新开创社会主义建设新局面的号角。全会顺应时代的潮流和人民的意愿，决定把党和国家的工作重点转移到以经济建设为中

① 《马克思恩格斯全集》第40卷，人民出版社，1982年，第289－290页。

② 《邓小平文选》第2卷，人民出版社，1983年，第212页。

心的社会主义现代化建设上来，并作出了改革开放的重大战略决策，全会公报指出："对经济管理体制和经济管理方法着手认真的改革，在自力更生的基础上积极发展同世界各国平等互利的经济合作，努力采用世界先进技术和先进设备，并大力加强实现现代化所必需的科学和教育工作。"[①]在走以往社会主义老路、还是探索开拓社会主义的新路问题上，中国共产党人选择了后者，也开始了艰辛的探索，并再一次揭开了"马克思主义中国化"的序幕。时至今日，改革开放已走过了30年的历程，实践证明，改革开放的抉择是完全正确的，是决定当代中国命运的关键抉择。因此，开启改革开放航程的十一届三中全会，理所当然成为第二次"马克思主义中国化"的起点。可以说，没有改革开放，就不会有中国特色社会主义的理论与实践，就不会有"马克思主义中国化"的第二次飞跃。

第二节　"中国特色社会主义"的实践和理论为"马克思主义中国化"开辟了新境界

以党的十一届三中全会为起点，以邓小平同志为核心的党的第二代中央领导集体，结合中国的实际和国情，不断探索解决中国社会主义建设问题的新方法、新思路。面对前人从未经历过的新情况、新问题，邓小平没有从本本出发，而是大胆创新，提出了"摸着石头过河"的思路。首先，在肯定安徽凤阳县小岗村包产到户做法的同时，在全国全面推行农村体制的改革，从而极大地解放了农村的生产力和调动了农民的生产积极性，为中国的改革探索出了一条中国特色的农村改革之路。在农村改革取得初步成功的基础上，1985年以后，以改变高度集中的经济管理体制为主要内容的城市经济改革在全国展开。改革不断深入，人们的认识也在不断与时俱进。

实践是理论的先导，改革开放的实践也在不断推动中国共产党人进行理论思考，不断总结经验，为新的改革开辟道路。实际上，在实践中人们遇到的最大难题便是"姓资"、"姓社"的困惑，实质上就是什么是社会主

① 中共中央文献研究室编《三中全会以来重要文献选编》上，人民出版社，1982年，第6页。

义的问题。早在1980年，邓小平就指出："社会主义的一个很好的名词，但是如果搞不好，不能正确理解，不能采取正确的政策，那就体现不了社会主义的本质"，"不解放思想不行，甚至于包括什么叫社会主义这个问题也要解放思想。经济长期处于停滞总不能叫社会主义"，"讲社会主义，首先就要使生产力发展，这是主要的。只有这样，才能表明社会主义的优越性。"①破除过去理论思维的条条框框，在深入总结我国和世界社会主义建设的经验与教训、特别是改革开放经验的基础上，我们党在十二大上明确提出："把马克思主义的普遍真理同我国的具体实际结合起来，走自己的道路，建设有中国特色的社会主义，这就是我们总结长期历史经验得出的基本结论。"②"中国特色社会主义"命题的提出，表明我们党在理论探索上已取得了初步成就，是"马克思主义中国化"的一个具体成果。这也是社会主义建设理论的重大创新，极大推进了马克思主义中国化的历史进程。从此，中国的改革开放有了明确的航线——建设中国特色社会主义。

此后，在解放思想、实事求是思想路线指引下，紧紧围绕"什么是社会主义、怎样建设社会主义"的主题，中国共产党人驾驭改革开放航船的能力不断提高。在实践中，党的理论探索不断推进，形成了社会主义初级阶段的理论，明确了社会主义的本质和根本任务，解决了社会主义社会发展动力、依靠力量、发展环境等理论问题。党的十三大又从社会主义初级阶段的基本国情出发，明确提出了"一个中心、两个基本点"的党在社会主义初级阶段建设有中国特色社会主义的基本路线。基本路线的提出，表明我们党对中国特色社会主义建设规律的认识达到了新的理性高度。随着实践和认识的不断深入，1992年，在商品经济不断发展的实践基础上，邓小平又突破市场认识问题上"姓资""姓社"的理论禁区，明确指出："计划多一点还是市场多一点，不是社会主义与资本主义的本质区别。计划经济不等于社会主义，资本主义也有计划；市场经济不等于资本主义，社会

---

①《邓小平文选》第2卷，人民出版社，1983年，第312页。

②《邓小平文选》第3卷，人民出版社，1993年，第3页。

主义也有市场。计划和市场都是经济手段。”[①]这一理论认识，奠定了我国市场经济的思想基础，最终推动形成了经济体制改革的目标——建立社会主义市场经济体制。由此中国特色社会主义建设事业，在经济体制方面有了明确的方向。可以说，邓小平为领导核心的中国共产党人，在改革开放的伟大实践中，开拓创新，把中国社会主义建设事业引向了坦途，取得了举世瞩目的成就。因此，1997 年党的十五大明确提出：邓小平理论“是当代中国的马克思主义，是马克思主义在中国发展的新阶段”。[②] 2001 年 7 月在建党 80 周年纪念大会上，江泽民不仅再一次重提“马克思主义中国化”的概念，而且认为：毛泽东思想、邓小平理论“这两大理论成果，是中国化了的马克思主义，既体现了马克思列宁主义的基本原理，又包含了中华民族的优秀思想和中国共产党人的实践经验。”[③]实际上这一认识已将邓小平理论视为是“马克思主义中国化”的第二次飞跃，具有重要的实践和理论意义。

党的十三届四中全会以后，以江泽民同志为核心的党的第三代中央领导集体，高举邓小平理论伟大旗帜，沉着应对苏东解体、两极格局瓦解、人类社会主义事业陷入低潮等复杂局面，不断推进改革开放和社会主义现代化建设事业。在实践中，创新发展思路，适时推出科教兴国、西部大开发、可持续发展等战略，丰富了社会主义市场经济体制下经济发展的手段和内涵。与此同时，结合实践形成了初级阶段基本经济制度和分配制度的思想，物质文明、精神文明和政治文明协调发展的思想等，从而进一步回答了什么是社会主义、怎样建设社会主义的问题。特别是针对改革开放新时期新阶段中国共产党党员队伍的变化、干部新老接替面临和提出的新问题，创造性展开理论思维工作，围绕“建设一个什么样的党、怎样建设党”的主题，提出了“三个代表”重要思想。正如胡锦涛 2003 年 7 月 1 日所总结的：“这一科学理论在建设中国特色社会主义的思想路线、发展道路、发展阶段和发展战略、根本任务、发展动力、依靠力量、国际战略、领

---

① 《邓小平文选》第 3 卷，人民出版社，1993 年，第 373 页。

② 《江泽民文选》第 2 卷，人民出版社，2006 年，第 9 页。

③ 《江泽民文选》第 2 卷，人民出版社，2006 年，第 270 页。

导力量和根本目的等重大问题上取得了丰硕成果，……‘三个代表’重要思想是坚持马克思主义的典范，又是发展马克思主义的典范。……‘三个代表’重要思想是面向21世纪的中国化的马克思主义，是新世纪新阶段全党全国人民继往开来、与时俱进，实现全面建设小康社会宏伟目标的根本指针。”①“三个代表”重要思想将治党和治国、执政和为民结合起来，进一步深化了对中国特色社会主义的认识，推进中国特色社会主义建设事业获得了长足的进步，成功地实行了“三步走战略”中的“第二步”战略目标，并为“第三步”战略的实施奠定了坚实基础。

党的十六大以后，以胡锦涛为总书记的新一代中央领导集体，高举邓小平理论和“三个代表”重要思想伟大旗帜，针对我国进入改革攻坚阶段后日益凸现的社会矛盾、环境难题、资源困境和国际竞争压力以及台湾等问题的干扰，锐意进取，创造性开展工作，不仅成功化解了内外危机，国家综合国力也大幅提升，和谐社会建设更上层楼，奥运会的成功举办，更是向世界展示了中国友善、和谐、进步的新形象。当然，破解发展难题，也催生了新的理论认识。在实践中全面推进社会主义经济建设、政治建设、文化建设、社会建设和党的建设的同时，胡锦涛所代表的中央领导集体，紧紧围绕“实现什么样的发展、怎样发展”的主题，不断推进党的理论创新，提出了“科学发展观”这一重大战略指导思想。这一指导思想的提出和实践，为进一步发展中国特色社会主义提供了有力的思想武器，推动中国特色社会主义事业谱写了新篇章。

显而易见，由邓小平开启的改革开放的历史进程，就是中国特色社会主义理论和实践不断发展的过程，中心就是解决中国社会主义建设道路问题。实践、认识，再实践、再认识，螺旋式上升，结果在“中国特色社会主义”理论和实践大旗上，分别写下了邓小平理论、“三个代表”重要思想、科学发展观这样耀眼而庄严的文字。如今这面旗帜被胡锦涛为代表的中国共产党人概括为“中国特色社会主义道路和理论体系”，党的十七大报告指出：“改革开放以来我们取得一切成绩和进步的根本原因，归结起来就是：开辟了中国特色社会主义道路，形成了中国特色社会主义理论体

---

① 胡锦涛：《在“三个代表”重要思想理论研讨会上的讲话》，《人民日报》2003年7月2日。

系。……中国特色社会主义道路，就是在中国共产党领导下，立足基本国情，以经济建设为中心，坚持四项基本原则，坚持改革开放，解放和发展社会生产力，巩固和完善社会主义制度，建设社会主义市场经济、社会主义民主政治、社会主义先进文化、社会主义和谐社会，建设富强民主文明和谐的社会主义现代化国家。……在当代中国，坚持中国特色社会主义道路，就是真正坚持社会主义；中国特色社会主义理论体系，就是包括邓小平理论、“三个代表”重要思想以及科学发展观等重大战略思想在内的科学理论体系。……在当代中国，坚持中国特色社会主义理论体系，就是真正坚持马克思主义。”[①]这一全新的概括，表明我们党对中国特色社会主义理论与实践的认识达到新高度，“马克思主义中国化”以“中国特色社会主义”为标志，取得了显著的成就。

第三节 以中国特色社会主义的理论和实践为依归和检验的标准

马克思恩格斯在《共产党宣言》的序言中曾写道：“这些原理的实际运用，正如《宣言》中所说的，随时随地都要以当时的历史条件为转移”。[②]这里所谓的“历史条件”就是时间和空间条件，即因时代变迁而形成的特定历史阶段和因环境变迁而形成的特定国情差异和地区差异。马、恩强调马克思主义的基本原理必须和“历史条件”紧密结合，清楚地告诉了人们马克思主义发展的内在规律和其生命力的真谛。马克思主义的最大特征就是它从来不是教条，而是因时因地不断发展的科学理论。后来，恩格斯在 1887 年致友人的一封信中就曾告诫说：“我们的理论是发展着的理论，而不是必须背得烂熟并机械地加以重复的教条。”[③]在中国，马克思主义在理论和实践上新发展的可能性在多大程度上成为现实，将直接取决于运用马克思主义解决中国实际问题的能力，换言之，也就是马克思主义

① 《十七大报告辅导读本》，人民出版社，2007 年，第 10 - 11 页。
② 《马克思恩格斯选集》第 1 卷，人民出版社，1995 年，第 248 页。
③ 《马克思恩格斯选集》第 4 卷，人民出版社，1995 年，第 681 页。

与中国的具体实践相结合的程度和进程，也即“马克思主义中国化”的程度和水平。“马克思主义中国化”如何衡量，毫无疑问应当以解决中国面临的实际问题为依归。由此作为考虑的出发点和原点，纵观改革开放 30 年来的历史，我们不难发现，正是中国特色社会主义引领着当代中国的发展进步和繁荣富强。正是开辟了中国特色社会主义道路，并形成了中国特色社会主义理论体系，中国的社会主义事业才取得了前所未有、举世瞩目的成就，并为人类社会主义事业的发展开拓了崭新的发展道路和方向。因此，中国特色社会主义理论和实践的发展进程，深刻地揭示和展现了马克思主义的品格和内在发展规律，创造性地开创了马克思主义在中国发展的新境界，是“马克思主义中国化”的丰硕成果。

实践证明，“马克思主义中国化”因中国特色社会主义理论和实践的成功，已被推进到前所未有的高度。具体说来，在改革开放的伟大历史时期，中国共产党人领导亿万各族人民，开拓创新，不断进取，结合新的时代环境和自身的历史方位，紧紧围绕“中国特色社会主义”的时代主题，推进了马克思主义在中国的发展进程，实现了“民族化”（“本土化”）、“当代化”（“现代化”）和“理论化”（“体系化”）的时代要求和历史使命。

在“民族化”（“本土化”）方面，中国共产党人创造性地将自身的命运、社会主义的命运与中华民族的命运结合起来。1978 年以来，中国共产党人解放思想、实事求是，以发展着的中国实际为中心，提出了“建设有中国特色的社会主义”的命题，着力解决中国特色社会主义的理论与实践问题，这是马克思主义中国化开启新阶段的重要成果。此后，在“中国特色社会主义”旗帜的指引下，中国共产党人不仅将自身定位为是“工人阶级的先锋队，同时是中国人民和中华民族的先锋队”①，而且将马克思主义基本原理与中国实际结合起来，开辟了中国特色社会主义道路，并依据不同发展阶段和不同发展主题，创造性地提出了与中国的国情特色、文化特质、思维模式、价值取向、行为方式等相结合的理论体系——中国特色社

① 江泽民：《全面建设小康社会，开创中国特色社会主义事业新局面——在中国共产党第十六次全国代表大会上的讲话》，《党的十六大精神宣讲提纲》，山东人民出版社，2002 年，第 13 页。

会主义理论体系，完全围绕中国现实社会主义建设问题，具有中国作风和气派。这一体系内涵丰富，分别镌刻着创立者邓小平、江泽民、胡锦涛的名字，成为一个历史丰碑。中国特色社会主义理论体系的形成，标志着“马克思主义中国化”实现了“民族化”的进程。

在“当代化”（“现代化”）方面，紧密结合时代条件，面对国际国内新情况、新问题，提出了新观点、新思路，解决了理论上的困惑和实践中的难题，不断推动经济社会全面进步发展。中国特色社会主义理论体系的不断丰富和发展，特别是探索主题的变化，就清楚反映了时代特征的烙印。作为中国特色社会主义理论和实践的开创者，邓小平思考的中心主题是“什么是社会主义、怎样建设社会主义”，因而成为“邓小平理论”的灵魂和主线。江泽民为代表的中国共产党人在围绕“什么是社会主义、怎样建设社会主义”的主题创造性开展工作基础上，紧紧抓住中国共产党如何与时俱进、保持先进性的问题，以“建设一个什么样的党、怎样建设党”为主题，提出了“三个代表”重要思想。十六大后，胡锦涛为代表的新一代中央领导集体，又针对中国面临的内外情势，在不断深化“什么是社会主义、怎样建设社会主义”“建设什么样的党、怎样建设党”发展主题的基础上，又科学判断历史和时代方位，围绕“实现什么样的发展、怎样发展”的主题，提出了“以人为本、全面、协调、可持续发展”的“科学发展观”的重大战略思想。实践不会停顿，中国特色社会主义理论宝库将不断增添新内容。

在“理论化”（“体系化”）方面，将马克思主义的基本原理运用于具体的实践中，不断依据新的实践总结新经验，并不断推进理论抽象思维工作，推动理论创新。围绕中国特色社会主义建设问题，从 1978 年至今，理论化的形态工作成效显著，依次形成了与中国特色社会主义阶段性建设相适应的邓小平理论、“三个代表”重要思想、科学发展观。实践越发展，对“中国特色社会主义”这一事物的理论认识也更深刻，由自在的阶段转为自为的阶段。今天，开辟中国特色社会主义道路的上述理论认识都被整合在一起，形成了中国特色社会主义理论体系。这一理论化的最新成果，深刻说明“马克思主义中国化”已取得巨大的成就。

当然，尽管“马克思主义中国化”在“民族化”“当代化”“理论化”方面取得了长足的进步，但我国的现代化建设、中华民族伟大复兴的历史使命还没有完成,“三步走战略”才刚刚开始“小三步走”的第一步,因此,中国特色社会主义建设还有很长的路要走。实践不会停顿,“马克思主义中国化”的脚步也不会停止。随着中国特色社会主义理论和实践的不断发展,无论是“民族化”“当代化”,还是“理论化”方面,都会不断充实新的内容,“马克思主义中国化”将会取得更多、更新的进步和成就。

综上所述,1978 年十一届三中全会开启了新一轮“马克思主义中国化”的进程。改革开放 30 年的历史说明,“马克思主义中国化”并不是一个抽象的命题,而是在中国特色社会主义理论与实践的发展过程中不断实践的课题。中国共产党人探索出了一条中国式社会主义建设的道路——中国特色社会主义道路,发展了紧密结合中国实际的创新理论体系——中国特色社会主义理论体系,这是“马克思主义中国化”的最新成果和表现形式。中国特色社会主义的理论和实践为“马克思主义中国化”开辟了广阔的道路,使其实现了第二次飞跃。今后,随着改革开放的不断深入,中国特色社会主义理论与实践的不断发展,“马克思主义中国化”将会取得更新的成就,使马克思主义在中国和世界放射出更大的光芒。

第四节　“党的群众路线教育实践活动”具有新的时代探索意义

中共中央政治局 2013 年 4 月 19 日召开会议,决定从当年下半年开始,用一年左右时间,在全党自上而下分批开展党的群众路线教育实践活动。① 这是贯彻落实党的十八大精神、推动全党深入学习科学发展观,加强领导班子建设,提高党员干部素质的一项重要举措,是事关我们党和国家前途命运的一项具有战略意义的决策。2013 年 6 月 18 日,“党的群众路线教育实践活动”正式启动。事实上,“党的群众路线教育实践活动”是新形势下的一次整风运动,是加强党的建设伟大工程的新探索和实践,具有鲜明的时代价值与意义。

---

①《中共中央政治局召开会议,习近平主持》,2013 年 04 月 19 日新华网:http://cpc.people.com.cn/n/2013/0419/c64094-21205977.html。

一、"党的群众路线教育实践活动"是全面贯彻党的十八大精神的客观要求和体现

胡锦涛同志2012年11月8日在党的十八大报告中指出："围绕保持党的先进性和纯洁性，在全党深入开展以为民务实清廉为主要内容的党的群众路线教育实践活动，着力解决人民群众反映强烈的突出问题，提高做好新形势下群众工作的能力。"[①]正是根据十八大的精神，以习近平为总书记的新一代中央领导集体决定在全党开展"党的群众路线教育实践活动"，并强调："党的十八大明确提出，围绕保持党的先进性和纯洁性，在全党深入开展以为民务实清廉为主要内容的党的群众路线教育实践活动，这是新形势下坚持党要管党、从严治党的重大决策，是顺应群众期盼、加强学习型服务型创新型马克思主义执政党建设的重大部署，是推进中国特色社会主义伟大事业的重大举措。"[②]

显而易见，在全党自上而下开展教育"党的群众路线教育实践活动"，是全面贯彻落实十八大精神的战略部署。而十八大之所以做出这一重大战略部署，是基于"为人民服务是党的根本宗旨，以人为本、执政为民是检验党一切执政活动的最高标准。"[③]决定我们党一切行动的指南，就是任何时候都要把人民利益放在第一位，始终与人民心连心、同呼吸、共命运，始终依靠人民推动历史前进。而"党的群众路线教育实践活动"，就是"接地气"，就是致力于解决党的群众路线实践的问题。

其次，十八大对今后五年党的工作和任务目标做出了全面部署，作为承前启后的关键五年，能否顺利完成实现经济持续健康发展、人民民主不断扩大、文化软实力显著增强、人民生活水平全面提高、资源节约型、环境友好型社会建设取得重大进展的建设目标和任务，直接关系到能否"确保到2020年实现全面建成小康社会宏伟目标"。

---

① 《十八大报告》，http://www.xj.xinhuanet.com/2012-11/19/c_113722546_12.htm。

② 《中共中央政治局召开会议，习近平主持》，2013年04月19日新华网：http://cpc.people.com.cn/n/2013/0419/c64094-21205977.html。

③ 《十八大报告》，http://www.xj.xinhuanet.com/2012-11/19/c_113722546_3.htm。

毛泽东曾经指出："政治路线确定之后，干部就是决定的因素。"[①]作为执政党的中国共产党，党员干部是否真正"立党为公、执政为民"、是否具备与实现十八大目标与任务相适应的素质和要求。党所处的国际国内环境、所面临的形势和所肩负的任务有了很大变化，党的思想、政治、组织和作风建设都面临许多新情况和新问题。而"我们党担负着团结带领人民全面建成小康社会、推进社会主义现代化、实现中华民族伟大复兴的重任。党坚强有力，党同人民保持血肉联系，国家就繁荣稳定，人民就幸福安康。形势的发展、事业的开拓、人民的期待，都要求我们以改革创新精神全面推进党的建设新的伟大工程，全面提高党的建设科学化水平。"[②]

因此，"党的群众路线教育实践活动"，是我们面临的新形势新任务对党员干部提出的迫切要求，是落实十八大精神的客观体现。

二、"党的群众路线教育实践活动"具有极强的是针对性和现实紧迫性

从我国党员队伍和领导干部队伍的现状看，在 30 多年改革开放和现代化建设历史进程的不断锻炼中，党员、干部的思想政治素质在总体上是好的。但是，近年来党的干部队伍结构发生了新变化，中青年干部占有很大比例。目前有相当一部分干部的素质不适应党的事业的要求，一部分年轻干部在思想、政治、组织作风和纪律等方面还需要进一步锤炼。正如中央明确指出的那样："当前，党员干部贯彻落实党的群众路线总体是好的，在联系服务人民群众方面做了大量富有成效的工作，但也存在着不符合为民务实清廉要求的问题。特别是有的领导机关、领导班子和一些领导干部形式主义、官僚主义、享乐主义突出，奢靡之风严重，主要表现在理想信念动摇，宗旨意识淡薄，精神懈怠；贪图名利，弄虚作假，不务实效；脱离群众，脱离实际，不负责任；铺张浪费，奢靡享乐，甚至以权谋私、腐化堕落。这些问题，严重损害党在人民群众中的形象，严重损害党群干群关系。"[③]部分

① 《毛泽东选集》第二卷，人民出版社 1991 年版，第 526 页。

② 《十八大报告》，http://www.xj.xinhuanet.com/2012-11/19/c_113722546_12.htm。

③ 《中共中央政治局召开会议，习近平主持》，2013 年 04 月 19 日新华网：http://cpc.people.com.cn/n/2013/0419/c64094-21205977.html。

领导干部中存在的这些问题，情况和程度虽有不同，但都是脱离群众，放弃世界观改造和党性修养的结果，都严重妨碍党的路线方针和当前重大决策的贯彻执行，损害党和政府同人民群众的关系，削弱党组织的凝聚力和战斗力。

"党风问题，党同人民群众联系问题是关系党生死存亡的问题"。历史经验反复证明，什么时候党群关系密切，我们的事业就顺利发展；什么时候党群关系受到损害，我们的事业就遭受挫折。正如十八大报告所指出的："全党必须牢记，只有植根人民、造福人民，党才能始终立于不败之地；只有居安思危、勇于进取，党才能始终走在时代前列。新形势下，党面临的执政考验、改革开放考验、市场经济考验、外部环境考验是长期的、复杂的、严峻的，精神懈怠危险、能力不足危险、脱离群众危险、消极腐败危险更加尖锐地摆在全党面前。不断提高党的领导水平和执政水平、提高拒腐防变和抵御风险能力，是党巩固执政地位、实现执政使命必须解决好的重大课题。"①

因此，中央作出重要战略部署，在全党开展"党的群众路线教育实践活动"，就是要解决当前干部中思想上存在的问题，以"照镜子、正衣冠、洗洗澡、治治病"为总要求，"紧紧围绕保持党的先进性和纯洁性，以为民务实清廉为主要内容，以县处级以上领导机关、领导班子和领导干部为重点，切实加强全体党员马克思主义群众观点教育，把贯彻落实中央八项规定作为切入点，进一步突出作风建设，坚决反对形式主义、官僚主义、享乐主义和奢靡之风，着力解决人民群众反映强烈的突出问题，提高做好新形势下群众工作的能力，保持党同人民群众的血肉联系，发挥党密切联系群众的优势，为推动经济持续健康发展、全面建成小康社会、实现中华民族伟大复兴的中国梦提供坚强保证。"②可见，中央的部署和要求，切合党员干部队伍实情，针对性和现实紧迫性极强，充分反映了中央对世情、国情、党情的准确把握。

---

①《十八大报告》，http://www.xj.xinhuanet.com/2012-11/19/c_113722546_12.htm。

②《中共中央政治局召开会议，习近平主持》，2013 年 04 月 19 日新华网：http://cpc.people.com.cn/n/2013/0419/c64094-21205977.html。

"党的群众路线教育实践活动"，就是要着力解决干部队伍的群众观点的问题。一切为了群众，一切依靠群众，是中国共产党人正确对待人民群众的根本观点和根本立场，是党的群众路线的核心内容。一切为了群众，是我们党的全部工作的出发点。通过在全党深入开展"党的群众路线教育实践活动"，以"为民、务实、清廉"为主要内容，就是要坚持以人为本、执政为民，把实现好、维护好、发展好人民群众的根本利益作为自己思考问题和开展工作的根本出发点和落脚点；就是要牢记宗旨、心系群众，做到权为民所用、情为民所系、利为民所谋；就是要求真务实，脚踏实地，埋头苦干，真抓实干，坚持重实际、鼓实劲、求实效，不图虚名，不务虚功，扎扎实实地把党和国家的各项决策和工作落到实处；就是要严于律己，廉洁奉公，严格遵守党纪国法，坚持高尚的精神追求，永葆共产党人清正廉洁的政治本色和浩然正气，切实做到拒腐蚀、永不沾。总之，就是以人民"拥护不拥护""赞成不赞成""高兴不高兴""答应不答应"的标准和原则，作为检验工作得失的标准，就能有效促进干群关系的改善，有效促进十八大精神的贯彻，开创各项工作发展的新局面。

三、"党的群众路线教育实践活动"是新形势下整风精神的继承和发扬

针对此次"党的群众路线教育实践活动"，中央明确要求"把作风建设放在突出位置，以作风建设的新成效凝聚起推动事业发展的强大力量。要教育引导党员干部树立群众观点，弘扬优良作风，解决突出问题，保持清廉本色，使干部作风进一步转变，干群关系进一步密切，为民务实清廉形象进一步树立。要以好的作风组织开展教育实践活动，牢牢把握正面教育为主、批评和自我批评、讲求实效、分类指导和领导带头的原则，确保教育实践活动沿着正确轨道健康深入推进，努力在解决作风不实、不正、不廉上取得实效，在提高群众工作能力、密切党群干群关系、全心全意为人民服务上取得实际成效。"①

---

①《中共中央政治局召开会议，习近平主持》，2013 年 04 月 19 日新华网：http://cpc.people.com.cn/n/2013/0419/c64094-21205977.html。

这次“党的群众路线教育实践活动”，中央提出了更高更明确的要求，强调要以整风的精神，切实解决党性党风方面存在的突出问题。要充分认识党中央在我国改革处于攻坚阶段、发展处于关键时期开展的“党的群众路线教育实践活动”的重要性和必要性，在工作中，要坚持解放思想，实事求是，一切从实际出发，有针对性地解决当前存在的突出问题尤其是那些群众意见大、影响全局的重大问题。认真开展批评与自我批评，进行积极健康向上的思想斗争，要把批评与自我批评这个武器运用到“党的群众路线教育实践活动”的全过程。要严格按照中央的精神对照检查，严格要求自己，解剖自己，也要帮助教育别人。领导班子要认真解决集体决策方面的经验和教训，领导干部本人要以身作则，主要讲清问题，带头开展批评与自我批评。要按照“团结—批评—自我批评—团结”这个公式真正解决问题，要实事求是、不文过饰非。要发挥党内民主，坚持走群众路线，要鼓励群众讲真话、讲实话，领导干部要虚心听取群众意见，认真改正，绝不能搞关门教育，更不允许打击报复。习近平总书记于 2013 年 9 月 23 日至 25 日在河北参加省委常委班子“党的群众路线教育实践活动”专题民主生活会，其意义不仅在于肯定河北省委常委班子成员的查摆和剖析聚焦“四风”的民主生活会的方式，更重要的是通过这种方式在全党起了很好的示范和表率作用。习近平指出，“四风”问题与世界观、人生观、价值观有密切联系。在作风问题上，起决定作用的是党性。作为党的干部，必须永不动摇信仰，做到坦荡做人、谨慎用权，光明正大、堂堂正正。他强调，批评和自我批评是解决党内矛盾的有力武器。① 由此可见，此次“党的群众路线教育实践活动”就是新形势下的整风运动，是以往整风精神的继承和发展。

开展“党的群众路线教育实践活动”不是一般的自查自纠，而是以整风精神把党性分析、自查自纠、民主评议、上级检查很好结合起来，采取召开座谈会、个别谈话、发放征求意见表、公开征求意见电话、设立举报箱等

① 习近平：《坚持用好批评和自我批评的武器，提高领导班子解决自身问题能力》，2013-09-25 新华网：http://www.zgg.org.cn/zhtbd_5658/ddqzhlxshjjyhd/zhyjsh/201309/t20130925_388047.html。

方式，广泛搜集各方面意见，查找问题和不足。而且要通过这次“党的群众路线教育实践活动”，健全党内政治生活，把批评与自我批评的光荣传统发扬光大，使之在新形势下成为解决群众路线问题的关键利器。换言之，也是一次统一思想、凝心聚力、同心共筑“中国梦”的实践运动。

总之，“党的群众路线教育实践活动”具有鲜明的时代特色和意义，随着时间的推移，它将极大推进党员干部世界观、人生观、价值观问题尤其是“四风”问题的解决，在改善干群关系、推动党政领导干部素质提高、确保十八大规划的建设有中国特色的社会主义宏伟目标、民族复兴的“中国梦”顺利实现等方面，都将发挥突出作用。作为整风精神的新体现和新探索，它将在推进党的建设新的伟大工程的进程中，树立新的丰碑。

新时代篇

第八章
从十月革命到新时代：全球史观视域中的“十月革命”和社会主义的命运[①]

2017年正值十月革命爆发100周年。一个世纪的时间，人类社会风云变幻，世界万事万物变化万千。而在十月革命炮声和呐喊声中诞生的人类第一个社会主义国家——苏联，却已经于1991年发生巨变，演化成资本主义国家。历史残酷地教育了人类。随着苏联的瓦解，质疑十月革命和社会主义的声音便在东、西方社会此起彼伏，甚至甚嚣尘上。1994年11月5日，俄罗斯联邦总统办公厅主任谢尔盖·亚历山德罗夫·菲拉托夫就曾断言：“从形式上说，1917年10月俄国发生了一次政变，其结果是政权为人数不多但很团结的左翼激进政党所篡夺……1917年的十月是对俄国社会进行最严重的革命破坏的开始。”[②]如何科学客观评价十月革命，已不仅仅限于十月革命本身，更关乎人类和社会主义的前途和未来。

第一节　十月革命与全球史观

一般而言，东、西方社会打破隔绝状态，始于15世纪末的地理大发现

① 笔者硕士研究生张丽为初稿撰写做了大量工作，在此致谢。
② 刘淑春、翟民刚、王丽华编《“十月”的选择——90年代国外学者论十月革命》，中央编译出版社，1997年，第305页。

时代。之后，西方资本主义在全球殖民和扩张势力，“欧洲中心论”形成。但是，“欧洲中心论”很快遭遇挑战。二战后，国际力量格局发生变化。一些历史学家敏锐意识到“欧洲中心论”的困境，开始质疑、批判“欧洲中心论”，与全球化发展趋势相适应的“全球史观”随之出现。

一、从“欧洲中心论”到“全球史观”

15 世纪末、16 世纪初，由西方主导的“地理大发现”，打破世界各地区相互隔绝的状态，使世界各地区与各国家间的联系日益频繁，实现了人类间直接的接触与交流。对于这一趋势，最具代表性的阐释者是德国哲学家黑格尔。他在《历史哲学》一书中提到“世界历史从‘东方’到‘西方’，因为欧洲绝对地是历史的终点，亚洲是起点”；东方国家是世界历史的“幼年时期”，中亚细亚是“少年时代”，希腊的世界是“青年时代”，罗马国家是“壮年时代”，世界历史最后阶段的日耳曼世界则是“老年时代”，但却是“精神”的“完满的成熟和力量”。[①] 这一言论以种族的优越来为欧洲中心作了理论支撑，在很长一段时期，西方学术界都是以“欧洲中心论”为主导的，直到两次世界大战以后，特别是在第二次世界大战后，国际战略力量发生了深刻的变化，苏联、中国等新兴民族独立国家在世界舞台上，发挥越来越重要的作用，世界历史的发展不再像以往那样以欧洲为中心。正是在这一复杂的大背景下，许多史学家开始反思“欧洲中心论”，试图重新建立一种非欧洲中心的历史观，这为全球史观的出现奠定了基础。

最先进行学术概述和探索的是英国史学家巴勒克拉夫。他在 1955 年出版的《处于变动世界中的历史》中，曾形象地比喻说“在月球上观察，把我们的行星看做一个整体”，首次提出“全球史观”的思想。随后，在 1976 年《当代史学主要趋势》中，就明确将这种看法阐明为“全球史观”。强调要关注世界整体发展中各部分的相互联系和相互影响，用全球观点考察世界历史，是为了适应全球化趋势的需要。[②] 而成功将“全球史观”运用于史学著述的当属美国学者斯塔夫里阿诺斯，他在《全

---

① 〔德〕黑格尔：《历史哲学》，王造时译，上海书店出版社，2001 年，第 106 - 111 页。

② 〔英〕巴勒克拉夫：《当代史学主要趋势》，上海译文出版社，1987 年，第 248 - 250 页。

球通史》一书中强调要“更关注整个人类而不是局限于西方人或者是东方人”,[①]观察一个整体的世界,并不是把世界文明简单相加,而是专指对世界历史产生重大影响的事件和运动,使人们的视野从一个国家或一个地区转移到全世界。与以黑格尔为代表的“欧洲中心论”相比,斯塔夫里阿诺斯的史观超越了国界,承认世界的普遍联系与影响,传递了多样性的普遍观念和文化模式。这一观念发展到今天,我国领导人习近平及时总结这一人类社会发展趋势,提出“人类命运共同体”的思想,[②]揭示在这个地球上,重大事件的发生影响着我们,世界上每件事情的发生我们也都有责任,人类的命运已经成为共同体。

那么,十月革命呢?人们是否仍然沿用了“欧洲中心论”的狭隘眼光来评判这一非凡的事件?

二、“全球史观”与十月革命的研究

无独有偶,在马克思主义历史观指导下,吴于廑在中国较早积极倡导全球史观,他认为“研究世界历史就应以世界为一局,考察它怎样由相对闭塞转变为密切联系,由分散变为整体的全部历程”。[③] 倡导的“整体化史观”在我国得到发展,并为越来越多的史学家所认同,同样全球史观的兴起也影响着中国历史学界的研究,让人们对一些问题进行了重新的审视。例如:陈廷湘的《全球史观视野下的中国反法西斯战争》,魏晔玲的《全球史观——邓小平改革开放思想的方法论》等,这些文章纵览世界全局,阐述那些在人类社会由分散到整体、由民族历史到世界历史转变过程中起过重大影响和作用的事件,也就是那些牵动世界全局、影响世界历史进程的事件。

毫无疑问,源自西方的“全球史观”尽管“在中国遇到形形色色的解读”,但史学研究者倾向于从全球史体系审视和研讨历史,已成共识。[④]

---

① 〔美〕L·S. 斯塔夫里阿诺斯:《全球通史——1500 年以前的世界》,吴象婴译,上海社会科学院出版社,1988 年,第 54 页。

② 《习近平谈治国理政》,外文出版社,2014 年,第 295 页。

③ 于沛:《世界史研究》,福建人民出版社,2006 年,第 177-178 页。

④ 刘新成:《全球史观在中国》,《历史研究》2011 年第 6 期,第 186-187 页。

在此意义上审视有关十月革命的研究成果，1917年发生的俄国十月社会主义革命距今已过去一个世纪，在十月革命的影响下，世界发生了天翻地覆的变化，如李世安《十月革命与世界和平》、吴恩远《再论十月革命开辟的人类历史新纪元》等成果[①]，学术界也已从多方面探讨过十月革命这一具有全球意义的伟大事件。但这类研究却仍缺乏像斯塔夫里阿诺斯那样宽广的视野和丰厚的历史纵深，未能从全球史观的时间与空间维度对十月革命的历史影响与意义进行系统剖析，留下了遗憾。概括而言，全球史观是从三个核心关键要素长时段、宽视野、人类社会走向相结合，观察和认识事物的性质、作用和地位。鉴于近年来国内外学术界对十月革命评价基本持否定的态度，提出很多尖锐问题，[②]实际上，将十月革命置于一个世纪的时空中，思考到底给人类历史带来了什么？绝不会是旧调重弹，将有助于客观评价十月革命的重要价值与意义。

更为重要的是，令那些质疑论者、否定论者难以置信的是，沿着十月革命开辟的道路，中国特色社会主义已进入新时代，人类社会主义道路越走越宽，越走越光明，也需要从全球史观的视角给出合理的阐释。

第二节　从全球发展的视角审视十月革命的意义

一、十月革命掀起国际性的革命浪潮

十月革命后，社会主义制度在苏联建立，给各国人民的解放事业开辟了现实道路，给那些渴望推翻压迫制度的民族带来希望，激发起各国无产

---

① 梁柱：《于无声处听惊雷——论十月革命对中国革命的影响》，《思想理论教育导刊》2017年第5期；于沛：《十月革命和世界历史进程——纪念十月革命100周年》，《史学理论研究》2017年第3期；童小溪：《“十月革命”的重要遗产：世界非殖民化和西方福利国家化》，《思想战线》2011年第4期；赵曜：《十月革命的世界历史意义》，《科学社会主义》2009年第6期；李慎明：《十月革命开辟了世界历史的新纪元》，《中国井冈山干部学院学报》2017年第3期；余伟民：《十月革命对20世纪世界历史的影响》，《史林》2017年第3期等。

② 祝政宏：《论十月革命对20世纪及当今世界产生的积极意义》，《新疆财经学院学报》2007年第4期，第33页；包安：《试析苏东剧变以来国内学界关于“十月革命”的几点争议——兼论“十月革命”的伟大意义》，《攀登》2017年第3期，第37页。

阶级革命运动，推动各民族解放运动出现高潮。

在十月革命胜利消息的鼓舞下，1918 年的芬兰发生了人民起义，芬兰无产阶级推翻资产阶级政府，建立了人民全权委员会，宣告了芬兰社会主义工人共和国的诞生。[1] 俄国十月革命的胜利，更加促进了德国革命时机的成熟。在 1918 年到 1919 年期间，德国各地相继爆发革命，许多地方建立工人、士兵、农民代表苏维埃。柏林工人与士兵起义后，威廉二世逃往荷兰，君主政权被推翻，加速了第一次世界大战结束的进程。[2] 随后，1919 年 3 月在东欧的匈牙利、捷克斯洛伐克发生革命，先后建立为时短暂的匈牙利苏维埃共和国、斯洛伐克苏维埃共和国。而在南斯拉夫、罗马尼亚、保加利亚，工人阶级也进行了一次次战斗和起义。[3] 在十月革命影响下，无产阶级革命运动在 1920 年达到高潮，奥、英、法、意、美等国也都爆发波澜壮阔的大罢工和游行运动，尽管先后遭到失败，但所有这些革命斗争都冲击了资本主义制度，从人类社会发展进程看，是十月革命开启世界历史新纪元的组成部分。

与此同时，在东方殖民地、半殖民地掀起的民族解放运动更是方兴未艾。在十月革命的影响下，许多国家都爆发了无产阶级反帝反封建的民族民主运动，有的国家还建立起了无产阶级政党。反响最大的莫过于被列宁称为“先进亚洲的代表”——中国。十月革命胜利的消息以不寻常的姿态出现在当时半殖民地的中国，使饱尝帝国主义欺凌的中国人民倍感振奋。李大钊当时就说到“我们劳苦的民众，在二重乃至数重压迫下，忽然听到十月革命喊出的‘颠覆世界的帝国主义’的呼声。这种声音在我们的耳鼓里，格外沉痛，格外严重，格外有意义。”[4]他满怀豪情地指出“一九一七年的俄国革命，是二十世纪中世界革命的先声”，“试看将来的环球，

---

① 天津师院国际共产主义运动史教学大纲编写组：《国际共产主义运动史教学大纲(征求意见稿)》，《天津师院学报》1979 年第 1 期。

② 王双金、孙秀艳：《列宁与德国十一月革命》，《齐齐哈尔师范学院学报(哲学社会科学版)》1994 年第 4 期。

③ 王志连、姬文刚：《十月革命道路与东欧国家的社会主义选择》，《当代世界与社会主义》2007 年第 6 期，第 181－182 页。

④《李大钊全集》第 4 卷，人民出版社，2006 年版，第 99 页。

必是赤旗的胜利！”[①]“五四运动”后中国无产阶级登上政治舞台，引起十月革命后成立的共产国际对中国革命的关注与重视，并积极帮助中国建立中国共产党，而处于极端困苦状态下的中国人民，迫切期望改变现状。于是，中国人民在中国共产党领导下走上了推翻三座大山的革命道路。而同样位于东亚的朝鲜人民受到十月革命的影响，掀起全国性的有组织的“三一运动”，并发展为长期的反日复国独立运动。[②] 日本则在十月革命的第二年，爆发了“米骚动”事件，1922 年又成立了日本共产党，领导社会主义革命运动。[③] 十月革命的胜利促使各国人民觉醒，印尼、越南、伊朗、埃及、土耳其、印度等国家都先后发生民族民主运动，[④]这些都是十月革命掀起的无产阶级冲击资本主义革命高潮的组成部分。十月革命对拉丁美洲的共产主义运动也产生了不容忽视的影响，促使拉美各国如阿根廷、巴西、哥伦比亚、乌拉圭、古巴、智利、秘鲁、厄瓜多尔、委内瑞拉等国先后建立共产党组织，开展民族民主运动，为争取民族独立、人民民主、世界和平以及反对独裁统治的斗争做出了积极贡献。[⑤]

在十月革命推动下，东西方革命的高涨，沉重打击了帝国主义的气焰，有力地支援了社会主义的苏俄。同时，社会主义也成为东西方社会进步的因素扎根于民众中，不断推动历史的车轮向公平正义的进步方向前进。

二、苏联为世界反法西斯战争和人类和平解放事业做出巨大贡献

20 世纪 30 年代，以德意日为代表的法西斯势力崛起，它们对内实行

---

① 《李大钊选集》，人民出版社，1959 年，第 111、118 页。

② 参见石建国：《中国境内韩国反日复国独立运动研究》，浙江大学出版社，2014 年。

③ 〔日〕山边健太郎、竹村英辅：《十月革命对日本的影响》，《历史教学》1958 年 6 月号，第 18、25 页。

④ 陈永宁：《略论十月革命对土耳其的影响》，《湘潮》2012 年第 3 期；王泽壮、喻方洲：《略论十月革命对伊朗革命的影响》，《苏州科技学院学报（社会科学版）》2013 年第 1 期；王泽壮、郗慧：《十月革命对埃及早期共产主义运动的影响》，《安徽史学》2014 年第 4 期；金永丽：《十月革命对印度民族运动影响评析》，《世界历史》2007 年第 5 期。

⑤ 徐世澄：《十月革命后拉美共产主义运动发展》，《唯实》2017 年第 5 期，第 18 - 19 页；关达：《第二次世界大战后拉丁美洲政治》，中国社会科学出版社，1987 年，第 109 页。

专制独裁统治，对外疯狂侵略扩张，最终挑起第二次世界大战，严重威胁人类的前途和命运。作为社会主义国家的苏联，在二战全面爆发前，努力争取建立反法西斯统一战线，为被法西斯侵略的国家如中国提供了物资支援，大战爆发后，又为建立世界反法西斯联盟作出了可贵的贡献。苏德战争爆发后，在苏、美、英等国的努力下，世界反法西斯同盟建立。为加强和巩固这一联盟，在苏美英三大国首脑参加的德黑兰会议、雅尔塔会议和波茨坦会议上，苏联采取了坚定而又灵活的立场，保证了反法西斯国际统一战线的团结统一。在这场战争中，苏联红军还承担着抗击德国反法西斯军队的主要重担。苏德开战之时，德军总兵力约 850 万人左右，其中用于侵略苏联的大概 460 万人，整个大战中，德国武装力量共损失 1360 万人，其中 1000 万人损失在苏德战场。按照比例计算的话，德国军队在同苏军作战中损失全部官兵的 73%，飞机、坦克和自行火炮的 75%，因此，我们可以得出结论，苏联是消灭希特勒军队的最主要的力量，法西斯德国最终失败投降的命运是在苏德战场上决定的。[①] 1945 年 5 月苏联红军攻占德国首都柏林，促使德国法西斯宣布投降，为反法西斯战争欧洲战场的胜利和结束做出巨大贡献。同时，苏联红军完全解放中东欧地区，支持中东欧各国人民建立劳动人民自己的政权，为社会主义阵营的形成创造了条件。二战中，苏联为世界反法西斯战争的胜利和争取人类和平进步事业做出的卓越贡献，一方面显示了社会主义的优越性，另一方面推动了社会主义运动在全世界的兴盛与发展。

三、推动战后众多国家仿照苏联模式走社会主义道路

马克思主义自产生以后，逐步与工人运动相结合，指导无产阶级政党的革命斗争，并在这个过程中不断完善和发展。在这种理论与实践的互动中，社会主义从理论变为现实。列宁在“一国胜利论”这一理论基础上，对俄国国内革命形势和国际状况进行分析，进一步得出了社会主义可能在经济文化相对落后的俄国首先取得胜利的结论，并将这一理论付诸于

---

① 彭训厚：《苏德战场是打败德国法西斯的主战场》，《世界历史》1995 年第 4 期，第 38 页；胡德坤、罗志刚：《第二次世界大战与战后世界性社会进步》，湖北人民出版社，1993 年，第 106 页。

实践,在革命形势成熟的条件下领导了十月革命,将马克思主义关于无产阶级革命的理论变为现实,开启了无产阶级革命的新时代,建立了世界上第一个社会主义国家。而对“怎样建设社会主义”这一命题,俄国无产阶级政党针对俄国经济落后,以及国内外形势严峻的国情,找到了在落后国家进行社会主义建设的道路。1936 年,斯大林领导苏联建立起了对当时和后世影响深远的社会主义模式——苏联模式。权力高度集中的计划经济体制模式适应了当时苏联国际和国内的形势,对苏联的发展起到了积极的作用。

二战前,亚洲及东欧等许多经济文化比较落后的国家,为苏联社会主义建设取得的世界瞩目成就所吸引,纷纷开始效仿苏联模式。据统计从 1920 年到 1943 年,就有中国、越南、伊拉克等 18 个国家建立了共产党,探索社会主义革命道路。二战后,世界纷纷掀起学习苏联模式的热潮,东欧的捷克斯洛伐克、匈牙利、罗马尼亚、保加利亚、波兰、东德、阿尔巴尼亚、南斯拉夫都建立了人民共和国,走上社会主义道路。① 在亚洲,越南、朝鲜、中国在十月革命道路的指引下,新民主主义革命取得胜利和社会主义改造获得成功,无产阶级专政国家建立,率先走上社会主义道路。与此同时,民族社会主义运动也掀起高潮,20 世纪 40 年代末,印尼、缅甸、斯里兰卡、巴基斯坦等获得独立后,都宣布要建设符合自己国情的“社会主义国家”,②从而为经济文化比较落后的国家走上或探索社会主义道路开辟了新的路径。

四、社会主义运动推进了西方国家福利化

十月革命胜利后,建立了世界上第一个社会主义国家,开创了“一球两制”的新局面,将资本主义一统天下的旧世界,打开了一个缺口,共产主义阵营的存在以及计划经济的影响迫使资本主义实行内部改造。20 世纪 30 年代,西方发生席卷全球的资本主义危机,众多

---

① 王志连、姬文刚:《十月革命道路与东欧国家的社会主义选择》,《当代世界与社会主义》2007 年第 6 期。

② 黄宗良、孔寒冰主编《世界社会主义史论》,北京大学出版社,2004 年,第 360 页。

资本主义国家陷入困境。受创最重的美国为摆脱困境，罗斯福采用“凯恩斯主义”进行“新政”改革。凯恩斯被誉为资本主义经济危机中的“拯救者”，[①]他曾多次访问苏联，因此对苏联经济有着比较深入的了解，表示苏联的创新，可以借用到西方经济制度中去。[②] 罗斯福新政用实践证明了国家干预的必要性与可行性。霍布斯鲍姆在《极端年代》中，就曾指出 20 世纪最大的历史讽刺之一，“以推翻世界资本为目标的十月革命最深远的结果是它在战时和战后都挽救了其敌人”。[③] 他论述苏联红军打败了希特勒德国从而拯救了西方民主，认为从一定程度上看，凯恩斯主义的一度盛行、福利国家的发展，甚至社会民主党入阁参政都是对布尔什维克主义的回应。许多西方学者也都认识到“十月革命”和苏联的出现对资本主义实现内部改革产生了依稀作用，而这些作用主要表现在二战后，西方的国家福利化。

“福利国家”是二战后出现的术语，它是“国家机器在 20 世纪干预社会，并且为此又干预经济、计划经济、强化行政、管理社会而形成的一种国家形态”。[④] 1948 年英国首先宣布建成了“福利国家”之后，社会福利制度在发达国家不断扩展。20 世纪 50－70 年代，北欧等发达国家，效仿英国的做法，完善了其社会福利制度，使社会福利涉及到大多数人，甚至是社会全体成员。从一定意义上看，十月革命这一历史事件，虽然没有导致西方发达资本主义世界的崩塌，却间接地引发了其进行社会制度完善的深刻改造，推动西方社会向更公平正义的方向发展。

五、推动中东、非洲、拉美的民族解放独立运动和民权运动

二战后，在欧洲、亚洲的社会主义运动高潮推动下，中东地区、非洲大陆人民日益觉醒，迎来民族解放和独立运动的高潮。从 20 世纪 40 年代

---

① Robert Skidelsky, John Maynard Keynes, *The Economist As Saviour, 1920－1937*, Philadelphia: Trans-Atlantic Publications, 1994.

② John Maynard Keynes, *Collected Writings of John Maynard Keynes*, New York: Palgrave Macmillan, 2000, pp. 333－334.

③ 〔英〕霍布斯鲍姆：《极端的年代》，郑明萱译，江苏人民出版社，1999 年，第 79 页。

④ 周弘：《福利国家向何处去》，《中国社会科学》2001 年第 3 期，第 98 页。

末开始，带有鲜明的反帝、反殖、反资本主义和反犹太复国主义色彩的“阿拉伯社会主义”，在中东广泛流行起来。在 50－70 年代，阿拉伯社会主义在叙利亚、也门、伊拉克等国付诸实践。[①] 而在非洲，1957 年埃及执政党领导人纳赛尔正式宣布在全国建立一个“民主、合作的社会主义”社会，[②]揭开非洲建设民族社会主义的序幕。随后，1959 年加纳领导人恩克鲁玛正式把“非洲社会主义”确立为国家建设的目标。在此影响下，随着大批非洲国家赢得民族解放和独立，从北非到南非的一大批国家——突尼斯、阿尔及利亚、苏丹、利比亚、几内亚、马里、塞内加尔、刚果、坦桑尼亚、赞比亚以及马达加斯加等国独立后，都相继宣布实行“阿拉伯社会主义”或者“非洲社会主义”，非洲的民族社会主义步入发展的辉煌阶段。尽管从科学社会主义的视角，非洲的“社会主义国家”都是带有社会主义元素和色彩或挂社会主义招牌的民族主义国家，但不可否认，在社会主义运动影响下，非洲民族独立运动蓬勃发展达到高潮，是人类进步事业的巨大成就。

受非洲大陆民族解放独立运动和民族社会主义运动影响，20 世纪五六十年代，美国爆发声势浩大的黑人民权运动。这一运动迫使美国政府颁布一系列法令和法规，废除了事实上的种族隔离制度，使美国黑人获得与白人同等的权利与地位。而且，在黑人民权运动的推动和影响下，美国社会又先后掀起妇女人权运动、反战运动、新左派运动和其他族裔争取选举与被选举等权利的斗争。美国学者就认为，社会主义与资本主义之间的“冷战在提高美国黑人地位方面发挥了积极作用”[③]，承认“亚洲和非洲民族自决运动的开展培育了美国争取平等的斗争”。[④]

1959 年初，卡斯特罗领导古巴共产党发动武装起义，夺取政权，古巴革命斗争取得胜利，成为拉美武装斗争胜利的样板。受此鼓舞，至 60 年

---

① 王新刚：《阿拉伯复兴社会党及其理论与实践》，《西北大学学报（哲学社会科学版）》2002 年第 3 期，第 135－137 页。

② 周丽娅：《文明交往视角下的纳赛尔社会主义》，《宁夏大学学报（人文社会科学版）》2013 年第 2 期，第 164 页。

③ Mary L. Duziak, *Cold War Civil Rights: Race and the Image of American Democracy*, Princeton University Press, 2000.

④ Thomas Borstelmann, *The Cold War and the Cold Line: American Race Relations in the Global Arena*, Cambridge Press, 2002.

代约有 20 个拉美国家出现反政府游击队,开展推翻独裁政府的游击战。[①]

无论是中东、非洲,还是拉美,上述进步事业都与十月革命开创的世界革命运动与民族解放独立运动的影响是分不开的,在很大程度上影响了 20 世纪非殖民化运动和人类社会进步的进程和方向。

上述事实说明,"十月革命"的果实是如此丰厚,除了将社会主义事业从一国引向多国,开辟了人类社会主义的新纪元,还在另一个广阔的领域发挥了影响,特别是却始料未及地推动了民族解放运动的兴起和发展,并为它们提供了革命建国的模式。其次,"十月革命"这一历史事件,从历史纵深的发展进程,一个世纪后的今天,社会主义运动在 20 世纪 90 年代遭受挫折后,以中国为代表的社会主义国家经过改革调整,又重新焕发新生,使社会主义制度更加完善,不仅再一次印证了黑格尔和马克思所说的"历史的狡智"[②],而且让西方的"历史终结论"再次破产。

第三节 中国特色社会主义将十月革命开辟的人类进步正义事业推进到新时代

一、从苏联模式到中国模式

毛泽东同志在《论人民民主专政》中说到"十月革命的一声炮响,给中国送来了马克思主义。十月革命帮助了全世界的也帮助了中国的先进分子,用无产阶级的宇宙观作为观察国家命运的工具,重新考虑自己的问题。走俄国人的路——这就是结论"。[③] 十月革命后,中国先进的知识分子选择了一条正确的道路,社会主义思潮在中国蓬勃兴起,马克思主义开始在中国的知识界进行传播。用马克思主义思想武装起来的先进知识分子,创立无产阶级政党——中国共产党,深入发动广大人民群众建立统一

① 徐世澄:《十月革命后拉美共产主义运动发展》,《唯实》2017 年第 5 期,第 19 页。

② Georg Hegel, *Lectureson the Philosophy of World History: Introduction*, trans. by H. B. Nisbet, Cambridge: Cambridge University Press, 1975, p. 38.

③《毛泽东选集》第 4 卷,人民出版社,1991 年,第 1471 页。

战线开展新民主主义革命。由于敌强我弱，中国共产党人创造性将马克思主义的基本原理与中国实际结合起来，探索出独特的中国革命道路——农村包围城市，武装夺取政权，总结出中国革命的三大法宝——统一战线、武装斗争、党的建设。在领导中国革命的过程中，经过反复实践检验，中国共产党人实现了马克思主义中国化的第一次飞跃，形成了中国化的马克思主义理论成果——毛泽东思想。经过艰苦卓绝的斗争，中国共产党领导中国人民推翻了帝国主义、封建主义、官僚资本主义三座大山，创建了中华人民共和国。

新中国的建立标志着在十月革命道路的指引下，中国新民主主义革命取得完全胜利。建国后，我们"以俄为师"，仿照苏联模式，建设新政权；又根据苏联经验教训，结合自己国情，推动社会主义三大改造，取得社会主义革命的胜利，走上社会主义道路，从而为经济文化比较落后的国家走上社会主义道路开辟了新的路径。与此同时，在以俄为师进行社会主义革命和建设的过程中，毛泽东发现苏联模式存在弊端和缺陷，于是，提出以苏为戒，走中国式的工业化道路，开始艰辛探索自己的发展道路。但是，由于当时的中国经济文化十分落后，中国共产党人对于走出一条适合中国国情的社会主义道路还缺乏规律性认识，再加上当时复杂的国际环境，使毛泽东在探索社会主义建设中发生了"文化大革命"这样严重的失误，付出了沉痛的代价。1978 年十一届三中全会后，以邓小平为代表的中国共产党人经过反思，得出结论：建设社会主义"要根据自己的特点，自己国家的情况，走自己的路。我们既不能照搬西方资本主义国家的做法，也不能照搬其他社会主义国家的做法。"①于是，中国共产党人又开始了全新的探索，以马列主义、毛泽东思想为指导，开启了改革开放的历史进程，走建设有中国特色社会主义的发展道路。

事实上，当代世界社会主义国家都产生于经济文化比较落后的国家。建国后，他们都走着大体与苏联相同的道路，又面临大体相同的历史任务与相似的国家建设环境。20 世纪 70 年代末，经济全球化和第 3 次科技

---

① 《坚持实事求是，一切从实际出发——〈邓小平年谱(1975－1997)〉摘登》，《党的文献》2004 年第 6 期，第 52 页。

革命迅猛发展，权力高度集中的苏联计划经济模式难以适应这种变化和挑战，促使社会主义国家纷纷走上改革的道路。但是，由于执政党的错误，导致东欧剧变、苏联解体，人类社会主义事业遭受巨大挫折。中国共产党人不信邪，在改革开放过程中，科学正确地判断自己的国情，坚持把马克思主义的基本原理同中国具体实际和时代特征结合起来，坚持在实践中检验真理与发展真理，制定了“一个中心，两个基本点”的基本路线，以“中国特色社会主义”为实践主题，围绕什么是社会主义、怎样建社会主义，建设什么样的党、怎样建设党，实现什么样的发展、怎样发展等基本问题开展理论探索，实现了马克思主义中国化的第二次飞跃，形成了中国特色社会主义理论体系。在第二次飞跃理论成果指导下，到 2012 年党的十八大，党和国家面貌发生历史性巨变，综合实力跃居世界第二，中国特色社会主义优越性进一步得到体现。

二、中国特色社会主义进入新时代

2012 年中共十八大之后，在习近平为核心的党中央坚强领导下，经过 5 年奋发有为的拼搏，统筹推进“五位一体”总体布局、协调推进“四个全面”战略布局，各项事业全面开创新局面，GDP 总量从 54 万亿增长到 80 万亿元，稳居世界第二，对世界经济增长贡献率超过百分之三十。① 这些成就是“全方位的、开创性的”，全社会发生深层次的、根本性的变革，其结果就是“中国特色社会主义进入了新时代”。习近平满怀豪情地指出：中国特色社会主义进入新时代，“意味着科学社会主义在二十一世纪的中国焕发出强大生机活力，在世界上高高举起了中国特色社会主义伟大旗帜；意味着中国特色社会主义道路、理论、制度、文化不断发展，拓展了发展中国家走向现代化的途径，给世界上那些既希望加快发展又希望保持自身独立性的国家和民族提供了全新选择，为解决人类问题贡献了中国智慧和中国方案。”②

---

① 习近平：《决胜全面建成小康社会，夺取新时代中国特色社会主义伟大胜利》，人民出版社，2017 年，第 3 页。

② 习近平：《决胜全面建成小康社会，夺取新时代中国特色社会主义伟大胜利》，人民出版社，2017 年，第 10 页。

20 世纪 90 年代初，东欧剧变、苏联解体，社会主义阵营彻底瓦解，震惊世界。社会主义还有没有生命力？世人纷纷质疑。西方则由学者福山抛出了“历史终结论”，认为共产主义已经终结，自由民主制度是“人类意识形态发展的终点”和“人类最后一种统治形式”。[①] 1991 年 10 月邓小平的回应是：“中国是大国，也可以说中国的社会主义事业不垮，世界的社会主义事业就垮不了”。[②] 17 年以后的今天，历史已经给出了答案，毫无疑问邓小平胜利了，中国用自己的理论与实践再次证明社会主义是科学，只有社会主义才能救中国、发展中国。今日中国的经济实力、科技实力、国防实力、综合国力都已进入世界前列，我国国际影响力、感召力、塑造力进一步提高，正在为世界和平与发展作出重大贡献。

相反，福山眼中的“历史终结者”的西方世界，却经济持续低迷，社会动荡不安，知识精英陷入社会制度自我怀疑困境中无法自拔。历史是如此吊诡，十月革命开辟的人类社会主义道路，在苏联自我否定之后，却由社会主义的中国接过接力棒，将之推向蓬勃发展的高峰。中共十九大已向世人清晰描绘了未来中国发展的光明前景，到本世纪中叶，中国实现第二个百年奋斗目标时，将成为世界“综合国力和国际影响力领先的国家”。[③] 中国共产党已成功地把中国特色社会主义推向新时代，向世界充分证明了社会主义的优越性，给当代世界的社会主义运动带来新的活力与希望。

总之，从宏观和整体史的视角思考人类的历史命运，这是东西方社会历史演进和发展的趋势和结果。从哲学的高度，以中国为中心的传统东方社会，形成“三世说”（乱世、升平世、太平世）和“统分说”（天下大势，合久必分，分久必合）历史哲学观。近代以来的西方，以英法德为代表的资本主义国家借助坚船利炮，殖民全世界，于是，“欧洲中心论”（历史终结

---

① 〔美〕福山：《历史的终结及最后之人》，黄胜强、许铭原译，中国社会科学出版社，2003 年，第 1－2 页。

② 《坚持实事求是，一切从实际出发——《邓小平年谱（1975－1997）》摘登》，《党的文献》2004 年第 6 期，第 56 页。

③ 习近平：《决胜全面建成小康社会，夺取新时代中国特色社会主义伟大胜利》，人民出版社，2017 年，第 29 页。

论)一度成为东西方书写历史的底色。而随着东西方交融发展和时代变迁,以及全球化时代来临,“全球史观”随之兴起,为人类观察和思考历史提供了新的视角。

从一个世纪的世界历史风云来回溯十月革命这一历史性的事件,是“全球史观”最突出的优点,在时间与空间的交错中,无论是东西方的历史发展,欧洲视野和非欧洲(尤其是亚洲的)视野的解释与评价,还是社会主义与资本主义的博弈,第三世界摆脱殖民地半殖民地枷锁走上独立发展之路,发达国家民权进步与福利制度发展,社会主义的曲折发展,到中国探索的社会主义道路迈入新时代,种种进步与变化反映的是十月革命开辟的社会主义道路已越走越宽。

从更宏大的历史视野看,“全球史观”是马克思主义历史观在当代的体现与反映。马克思主义早就科学揭示人类社会演进发展的五大社会形态客观规律。十月革命是整个人类社会主义进程中的第一声号角,世界各地此起彼伏的回应正是新事物与旧事物博弈的过程,体现的是历史的复杂性。社会主义是人类通向未来的必由之路,历史将证明并且正在证明,“人类历史新纪元”将由中国续写,世界社会主义正义事业一定会迎来辉煌的发展时代。

第九章
从 G7 到 G20：中国方案与旧世界的变革

2016 年 7 月 1 日，在纪念中国共产党诞辰 95 周年大会上，习近平总书记发表了具有重大现实意义的“七一讲话”，“讲话”高屋建瓴，就中国和世界有关重大问题阐述了观点，回答了人们的关切。笔者特别注意到关于人类社会未来发展方向和道路问题，习近平总书记掷地有声，清晰表达了中国观点和声音。他指出：“中国共产党人和中国人民完全有信心为人类对更好社会制度的探索提供中国方案”“中国始终是世界和平的建设者、全球发展的贡献者、国际秩序的维护者，愿扩大同各国的利益交汇点，推动构建以合作共赢为核心的新型国际关系，推动形成人类命运共同体和利益共同体”“中国倡导人类命运共同体意识，反对冷战思维和零和博弈”。[①] 学习这些思想，使笔者不禁联想到 G20 与 G7 的关系问题。2016 年 5 月 26 - 27 日，G7（西方七国集团）会议在日本举行。会议没有就如何解决世界经济发展的困局提出切实可行的方案，但令世人吃惊的是，会议却涉足中国南海问题，就中国与周边国家的南海权益争端问题说三道四，制造地区紧张局势。这一不合时宜的行径再次说明，G7 已经彻底沦为西方霸权主义和强权政治的工具。2016 年 9 月，由中国主办的 G20（20 国集团）领导人会议在杭州举行，正如我国外交部发言人所说 G20“更具广泛代表性”。[②] 这

① 习近平：《在庆祝中国共产党成立 95 周年大会上的讲话（2016 年 7 月 1 日）》，《人民日报》2016 年 7 月 2 日。

② 《中方对日本和 G7 炒作南海问题强烈不满》，《人民日报》2016 年 5 月 28 日。

意味着中国主导的G20时代即将来临。G7所代表的旧世界为何会被G20所代表的新世界超越或取代,笔者认为,这是历史、现实与未来发展逻辑的必然结果,更深刻体现和揭示了习近平总书记讲话的精髓和深厚的洞察力。

第一节 G20超越G7是历史逻辑的体现与结果

所谓历史逻辑就是由构成G7、G20产生背景、演化根由和环境的诸多要素等综合作用形成,影响和制约着G7、G20的方式与走向。从这样的视角考察,我们就会发现G7、G20产生、发展的历史环境不同,G20超越G7是逻辑的必然。

G7产生于东西方对峙的冷战时代。1973年2月布雷顿森林体系解体,西方陷入剧烈的金融动荡之中,随后10月因中东战争带来的能源危机,给西方国家经济造成了巨大冲击。为协调立场和政策,寻找平息危机的出路,西方国家领导人决定定期举行会议,于是G7应运而生。综观G7的发展历史,自1973年倡议创始的G5(法国、美国、英国、联邦德国和日本),1975年意大利参会变为G6,1976年又吸收加拿大加入,从而正式形成一年一度的定期会晤机制G7。在冷战时期,G7峰会在应对资本主义世界经济问题上发挥了关键作用。冷战结束以后,面对新的国际环境,G7自1991年起吸收俄罗斯参与G7峰会,至1997年正式被接纳,G7也由此变为八大工业国集团(G8),但因2014年乌克兰危机中俄罗斯“收回克里米亚半岛”,遂被冻结会籍至今,G8因而也恢复为G7。[①] 概而言之,其发展经历了作为西方政治经济协调机制的冷战时期、20世纪90年代冷战结束由对抗性集团转变为辐射性集团巩固冷战成果时期、21世纪初“G8+”即八国集团扩大对话时期、2014年以来重回G7时期四个阶段,无论如何变化,但G7始终是一个由美国主导的西方发达资本主义国家集团,代表发达资本主义国家的利益,广大的发展中国家在其推动的发展

① 〔美〕小克利福德·克雷柯夫:《七国集团(G7)已不能代表世界趋势》,《中国投资》2015年第7期,第24-27页。

议程中，始终处于和扮演着服务冷战的战略工具、被治理的对象、受邀客人的地位和角色。

G20则产生于后冷战时期。1991年苏联解体，东西方冷战结束，世界进入经济全球化时代。但1997年亚洲金融危机重创东亚国家，为避免亚洲金融风暴的重演，维护国际金融和货币体系的稳定，1999年6月G7财政部长提议，举行由各国财长或各国中央银行行长参加的二十国集团会议(G20)，让有关国家就国际经济、货币政策举行非正式对话。可见，G20最初是由G7倡议设立的，也是为了顺应以中国、印度、巴西等国为代表的新兴市场经济国家群体性崛起带来的世界经济格局的新变化。2008年由美国引发的全球金融危机越演越烈，单纯依靠G8已难以解决世界经济难题。于是，美国总统提议，举行二十国集团首脑(G20)会议，由此G20登上历史舞台。自2008年至2015年，G20已举办10次峰会。

由于国际金融危机对世界经济的冲击日益严重，面对挑战而登上舞台的G20，将国际体系的改革议程与发展问题联系起来。关于国际体系的改革，“同意进一步加强国际金融监管合作，将监管扩展到所有具有系统重要性的金融机构、工具和市场”；关于发展问题，“决定增加国际金融机构的资源，并增加发展中国家的发言权和代表性”。① 换言之，曾经由G7主导的布雷顿森林机制的治理结构，包含配额与代表权两方面，应该反映变化的经济状况，就是新兴市场和发展中国家，包括穷国在内，必须有更大的话语权和代表权。迄今为止，经过多年来的充实和发展，G20已成为世界上最有影响力的国际经济合作论坛和世界经济治理的平台。

显然，从历史发展的逻辑，G20更符合经济全球化时代的发展实际，代表世界历史发展的方向，作为后来者其超越G7具有历史的合理性和必然性。所以，习近平总书记认为：“什么样的国际秩序和全球治理体系对世界好、对世界各国人民好，要由各国人民商量，不能由一家说了算，不

① 吴绮敏、王如君：《我代表团发言人就伦敦金融峰会答记者问》，《人民日报》2009年4月4日。

能由少数人说了算。”[1]这一观点不仅很好地诠释了世界历史发展的逻辑，更道出了历史发展的正义心声，指明G20所代表的是人类发展的“新世界”，而G7则属于应该退出历史舞台的“旧世界”。

第二节 G20超越G7是时代逻辑的体现与必然反映

所谓时代逻辑就是指由当代世界发展和治理的潮流和趋势所决定，涉及制度建构、发展方式、价值取向等方面的全球治理的基本准则。时代逻辑代表着新时代的根本要求和必然趋势，是新时代内在本质规律的表征和根本矛盾的集中凝结和高度浓缩。不顾时代逻辑，就不能紧跟世界发展进步潮流，就会导致封闭僵化、逐步失去生机和活力。

G7产生于社会主义与资本主义对立的东西方冷战时代，由美国所主导，体现发达资本主义国家的意旨，本质上是为了弥合资本主义国家间的矛盾，维护西方资本主义阵营的利益，以维持冷战的局面，最终颠覆社会主义。冷战结束后，世界向经济全球化、政治多极化、文化多样性，社会信息化的新时代飞速发展。新时代的潮流和发展趋势日益明显，正如习近平总书记所指出的：“当今世界正在发生深刻复杂的变化，但和平与发展仍是时代主题，和平、发展、合作、共赢的时代潮流更加强劲”。[2] 在经济全球化的国际形势下，国与国相互依存空前紧密，无论是发达国家、发展中国家，还是资本主义国家、社会主义国家，利益交融日益深化，“国际社会日益成为一个你中有我、我中有你的命运共同体”[3]。2008年以来的金融危机再次告诉世界，“在全球化时代爆发的金融危机，已经突破西方与非西方、传统大国与新兴大国的界限，使各国同在一条船上，只得同舟共济，共克时艰”[4]。面对挑战，没有一国独善其身，需要世界各国同舟共

---

① 习近平：《在庆祝中国共产党成立95周年大会上的讲话（2016年7月1日）》，《人民日报》2016年7月2日。

② 中共中央宣传部：《习近平书记系列重要讲话读本（2016年版）》，学习出版社、人民出版社，2016年，第260－261页。

③ 中共中央宣传部：《习近平书记系列重要讲话读本（2016年版）》，学习出版社、人民出版社，2016年，第265页。

④ 袁鹏：《G20的时代意义与现实启示》，《现代国际关系》2009年第11期，第17页。

济，共同应对。从这一意义上来讲，G20 顺应了世界潮流，而 G7 机制已经落后于世界现实和时代潮流。

2008 年为应对国际金融危机而正式登上历史舞台的 G20，其成员包括：美国、日本、德国、法国、英国、意大利、加拿大、俄罗斯八国集团成员国，欧盟、澳大利亚、中国、南非、阿根廷、巴西、印度、印度尼西亚、墨西哥、沙特阿拉伯及韩国和土耳其。G20 与 G7 相比，从发展程度上，G20 包括发达国家、发展中国家或工业化国家和新兴市场国家；从社会制度上，包括资本主义国家、社会主义国家，G7 则仅包括发达资本主义国家；从经济总量上，G20 的国民生产总值约占全世界的 85%，G7 则根据预计到 2015 年下滑至只占 46%；[①]从人口规模上，G7 人口为 7.5 亿，G20 人口则将近世界总人口的 2/3；从代表区域性上，G20 涵盖美洲、欧洲、亚洲、非洲、大洋洲，G7 则仅包括美洲、欧洲、亚洲少数国家。此外，为维护和拓展发展中国家正当权益，2016 年 9 月在中国杭州召开的 G20 峰会，"中方邀请了东盟主席国老挝、非盟主席国乍得、非洲发展新伙伴计划主席国塞内加尔及哈萨克斯坦、埃及两个有代表性的发展中大国一同出席杭州峰会，77 国集团主席国泰国也表达了参与杭州峰会的积极愿望"。[②] 因此，相比较而言，G20 相比 G7 具有更大的包容性和更广泛的代表性，而这正是今天时代潮流对于全球治理组织发展的基本要求。

时代潮流是特定历史阶段的"特殊逻辑"，就是源于这个时代并支配着这个时代的时代"原则"。若抓住了这个"原则"，就抓住了时代问题的症结，找到了时代发展的必由之路。那么，当今世界的时代原则毫无疑问当然就是"合作共赢"。[③] 世界历史发展到今天，已向人类社会提出要在发展中贯穿创新、协调、绿色、开放、共享五大发展理念，在国家关系发展中推动建立以合作共赢为核心的新型国际关系。习近平总书记高屋建瓴

① 《安倍能让 G7 团结吗?》，NIKKEI——日本经济新闻中文版 http://cn.nikkei.com/politicsaeconomy/politicsasociety/17870-20160428.html。

② 王毅：《杭州峰会——发展中国家参与最多的一次二十国集团峰会(2016 年 8 月 3 日)》，http://www.mfa.gov.cn/web/zyxw/t1386828.shtml。

③ 习近平：《弘扬和平共处五项原则　建设合作共赢美好世界——在和平共处五项原则发表 60 周年纪念大会上的讲话(2014 年 6 月 28 日)》，《人民日报》2014 年 6 月 29 日。

指出："当今世界，开放包容、多元互鉴是主基调，相互联系、相互依存是大潮流，和平、发展、合作、共赢是主旋律。"[①]他还强调："世界潮流，浩浩荡荡，顺之则昌，逆之则亡。要跟上时代前进步伐，就不能身体已进入21世纪，而脑袋还停留在过去。"[②]就是强调要把本国的利益与世界各国的共同利益结合起来，努力扩大各方利益的汇合点，要和平而不是战争、要合作而不是对抗，要共赢而不是零和单赢。"七一讲话"一脉相承，再次向世界重申"中国主张各国人民同心协力，变压力为动力，化危机为生机，以合作取代对抗，以共赢取代独占。……愿扩大同各国的利益交汇点，推动构建以合作共赢为核心的新型国际关系，推动形成人类命运共同体和利益共同体。"[③]显而易见，G20正在奉行和实践合作共赢的原则，是人类社会迈向和平与发展目标的现实途径。[④]

第三节　G20超越G7是遵循人类社会发展规律逻辑和当代世界发展问题逻辑的体现

马克思主义认为，人类社会发展规律首要的是社会存在决定社会意识，社会意识与所处历史环境、具体实际和阶段性特征相一致，才能推动社会进步。现阶段人类社会最鲜明的时代特征就是经济全球化、政治多极化、文化多样性、社会信息化，与这一时代特征相对应的和平、发展、合作、共赢的时代潮流，是人们对社会存在的有意识的反映。正如习近平所指出的："世界上有200多个国家和地区，2500多个民族和多种宗教。如果只有一种生活方式，只有一种语言，只有一种音乐，只有一种服饰，那是不可想象的。对待不同文明，我们需要比天空更宽阔

① 习近平：《共倡开放包容　共促和平发展——在伦敦金融城市长晚宴上的演讲(2015年10月21日，伦敦)》,《人民日报》2015年10月23日。

② 习近平：《顺应时代前进潮流　促进世界和平发展——在莫斯科国际关系学院的演讲(2013年3月23日)》,《人民日报》,2013年3月24日。

③ 习近平：《在庆祝中国共产党成立95周年大会上的讲话(2016年7月1日)》,《人民日报》2016年7月2日。

④ 中共中央宣传部：《习近平书记系列重要讲话读本(2016年版)》,学习出版社、人民出版社，2016年，第261页。

的胸怀。”[①]同样，从全球经济格局而言，作为资本主义阵营的G7在国际舞台上的地位持续下降，这是不可抗拒的历史规律。因为据世界银行统计，仅以中国、俄罗斯、印度、巴西、南非所代表的金砖五国按购买力平价计算，2014年GDP已达到33.1万亿美元，G7成员国则为34.5万亿美元。到2015年，金砖5国的经济规模有可能追上G7。[②]世界200多个国家和地区，发展阶段与程度、社会制度、文化风俗等都明显不同，G7如何反映和体现他们的共同意愿和要求？可见毫无疑问，G20能够超越G7，正是社会存在决定社会意识规律的反映。

当代世界最突出的问题仍然是发展问题。2008年国际金融危机爆发至今，世界经济遭受重创，不仅美欧发达国家经济持续下滑，陷入经济泥沼不能自拔，还波及全世界，促使贸易保护主义盛行，导致国际贸易体系和国际金融机制出现了不稳定的局面，各国经济出现紧张局面，严重影响到全球经济的繁荣发展。发展是人类社会进步的动力，又是当代世界的主题，如何推动发展当然是发展逻辑问题的必然要求。人类社会发展经验表明，发展就是发现矛盾、分析和解决矛盾的过程。人类社会发展规律包括矛盾运动定律，普遍联系发展规律，包括判断主要矛盾和其他矛盾、推动解决好主要矛盾和其他矛盾的内容。人类社会既是命运共同体，又是矛盾共存体。能不能认识矛盾、洞察矛盾运动走势，会不会解决主要矛盾、推动社会发展，这正是世界发展问题逻辑提出的任务。[③]

既然当今世界最急迫的问题是如何解决金融危机带来的金融动荡和推动世界经济的发展，而G7“已经异化为意识形态化的江湖，失却了讨论全球经济治理的本来意义”[④]，自身的局限性已难以担当解决全球性问题的使命。感应时代律动，体现问题导向，正确认识矛盾、抓住主要矛盾，把

---

① 徐倩：《习近平推进“一带一路”建设，蛮拼的》，http://news.xinhuanet.com/world/2016-04/03/c_128860603.htm。

② 《世行计算金砖五国经济规模接近G7》，新华网 http://news.xinhuanet.com/world/2015-07/23/c_128050775.htm。

③ 任理轩：《认识把握人类社会发展规律的新飞跃——三论协调推进“四个全面”战略布局》，《人民日报》2015年6月30日。

④ 张敬伟：《G7的政治化江湖与G20的全球经济治理》，http://www.china.org.cn/chinese/2016-05/30/content_38564728.htm。

分析和解决矛盾与引领发展有机统一起来，通过扩大机遇、消解矛盾、转化危机极大增强社会矛盾运动的建构力、消弭其解构力，化解现实风险，重振和推动世界经济发展，这样的历史责任只有 G20 才有能力承担。历史与现实都已证明，依托 G20 这一平台，协调立场，调整政策，以共同体的形式，发挥共同体的力量，同心协力来应对危机，解决经济金融问题，已取得一定进展。同样，发展现实表明，已被边缘化的 2016 年 G7 日本峰会在中国眼里已成世界性的"秀场"，只具有"发达国家经济治理平台的身份"，被贴上"损害其他国家利益，加剧刺激地区紧张"的标签。① 所以，习近平总书记"七一讲话"指出："中国对外开放，不是要一家唱独角戏，而是要欢迎各方共同参与；不是要谋求势力范围，而是要支持各国共同发展；不是要营造自己的后花园，而是要建设各国共享的百花园。"②2016 年 9 月，中国主办的 G20 峰会在杭州举行，中国最高领导人向世界清晰表明自己的立场和态度，是对 G20 发展方向和所代表时代意义的最好诠释。这说明更具有包容性、广泛代表性、符合世界发展方向、具有历史合理性的世界经济治理平台 G20，超越具有冷战思维的 G7，被赋予推动国际经济政治新秩序建设历史使命，是人类社会发展到今天，把握当今时代的规律和特征，完成时代提出的任务和要求的必然结果。

综上所述，G20 超越 G7 是代表了当今世界发展的趋势，反映了世界历史逻辑与时代逻辑的客观要求，体现了人类命运共同体诉求的价值取向，符合人类社会发展的规律，是全球治理体系实现合理化、公正性的反映，更是破解世界经济发展难题和困境的必然要求。既然 G7 的"存在感"是靠中国来支撑的，我们有理由相信，摆脱旧世界的束缚，共建人类利益共同体和命运共同体，通过 G20 这一平台的积极推动，中国将扮演更重要的角色，正如习近平总书记所指出的"中国将积极参与全球治理体系建设，努力为完善全球治理贡献中国智慧，同世界各国人民一道，推动国

① 《如此炒作究竟得到了什么(钟声)》，《人民日报》2016 年 5 月 28 日；《中方对日本和 G7 炒作南海问题强烈不满》，《人民日报》2016 年 5 月 28 日。

② 习近平：《在庆祝中国共产党成立 95 周年大会上的讲话(2016 年 7 月 1 日)》，《人民日报》2016 年 7 月 2 日。

际秩序和全球治理体系朝着更加公正合理方向发展。"[①]相信在中国推动下，一个更加公正合理的国际新秩序将会更早来临，并造福于全人类。G20 正在展现全球治理"新世界"的雏形，尽管它还不完美，需要更多完善，但却预示着摆脱 G7"旧世界"，中国风格、中国气派推动下的 G20 杭州峰会是一个新的起点，人类命运共同体建设将以此为契机迈上新台阶，进入新阶段，向人类展示光明的前景。

① 习近平：《在庆祝中国共产党成立 95 周年大会上的讲话（2016 年 7 月 1 日）》，《人民日报》2016 年 7 月 2 日。

第十章
"一带一路"：习近平新时代的国家战略

第一节 "一带一路"倡议研究现状

社会科学最大的动力来源于现实的需要。当今中国的学术界，就热点而言非"一带一路"倡议莫属。这一研究热点的开启，是与中国国家大战略的提出相伴而生的。2013 年 9 月 7 日，出访哈萨克斯坦的中共中央总书记、国家主席习近平首次提出，要用创新的合作模式，共同建设"丝绸之路经济带"，以点带面，从线到片，逐步形成区域大合作。这是中国领导人首次向国际社会公开提出共同建设"丝绸之路经济带"的重大战略构想。在 10 月 3 日，访问印度尼西亚的习近平总书记在印尼国会发表演讲时又提出，愿同东盟国家发展好海洋合作伙伴关系，共同建设 21 世纪"海上丝绸之路"。随后，中央将其上升到实践层面，在 12 月中央经济工作会议上，习近平总书记提出："推进'丝绸之路经济带'建设，抓紧制定战略规划，加强基础设施互联互通建设。建设'21 世纪海上丝绸之路'，加强海上通道互联互通建设，拉紧相互利益纽带"（简称"一带一路"建设）。[①] 至此，"一带一路"作为国家整体战略实现从理论到实践的转换，也立即成为学术界研究的热点。迄今为止，学术界研究的进展如何？在哪些领域取得了成就？未来突破的空间在哪里？诸如此类的问题，需要从学术研究

① 王优玲：《"一带一路"大事记》，新华网 http://news.xinhuanet.com/world/2015-01/04/c_1113870934.htm。

的层面做一些系统梳理，以利以后研究的深入与拓展。

一、“一带一路”倡议研究概况

首先需要说明的是，“丝绸之路”和“海上丝绸之路”一直是历史学家们探究的课题，他们的成果是今天国家战略得以成型与出台的基础，也是“一带一路”倡议研究的前奏和先导。由此形成三个相互关联的研究范畴，即“丝绸之路”和“海上丝绸之路”历史问题研究、“丝绸之路经济带”和“21 世纪海上丝绸之路”建设问题研究以及“一带一路”倡议研究。本章将不涉及“丝绸之路”和“海上丝绸之路”历史问题研究的成果，而聚焦于“丝绸之路经济带”和“21 世纪海上丝绸之路”、“一带一路”倡议两个相互密切关联的成果。鉴于属于不同的区域领域研究的范畴，有必要分别将其成果列出清单，以供学者们参考，以显示学术研究的脉络和整体状态。

1. “丝绸之路经济带”和“21 世纪海上丝绸之路”研究

从学术发展的脉络看，最初是聚焦于有关“丝绸之路经济带”和“21 世纪海上丝绸之路”建设战略的研究。有关“丝绸之路经济带”和“21 世纪海上丝绸之路”建设战略，学术界的研究成果已日渐丰富，代表性著作有刘育红《“新丝绸之路”经济带交通基础设施与区域经济增长》（中国社会科学出版社，2014 年），马莉莉、任保平编著《丝绸之路经济带发展报告：2014》（中国经济出版社，2014 年），孙力、吴宏伟主编《中亚国家发展报告（2014）：“丝绸之路经济带”专辑》（社会科学文献出版社，2014 年），任宗哲、石英、白宽犁《陕西蓝皮书：丝绸之路经济带发展报告（2014）》（社会科学文献出版社，2014 年），徐海燕《绿色丝绸之路经济带的路径研究：中亚农业现代化、咸海治理与新能源开发》（复旦大学出版社，2014 年），中国人民大学重阳金融研究院《欧亚时代——丝绸之路经济带研究蓝皮书 2014 - 2015》（中国经济出版社，2014 年），方光华、任保平主编《丝绸之路经济带：发展选择与陕西对策论文集》（中国经济出版社，2014 年），张诗雨、张勇《海上新丝路：21 世纪海上丝绸之路发展思路与构想》（中国发展出版社，2014 年），纪云飞主编《中国海上丝绸之路研究年鉴（2013）》（浙江大学出版社，2014 年），维也纳联合国城中国文化联谊会等编《中国梦：联合国多边合作与丝绸之路经贸文化交流作》（人民出版社，

2014 年)，黄建钢《“浙江舟山群岛新区·现代海上丝绸之路”研究》(海洋出版社，2014 年)，孙德刚、叶海亚·祖必和编《构建新丝绸之路：21 世纪的中国与中东关系研究》(世界知识出版社，2014 年)等。

自 2013 年 9 月习近平总书记首次提出“丝绸之路经济带”建设战略后，学术界和社会各界立即作出积极反应，发表的成果日益丰富。在中国知网，笔者选择全文键入关键词“丝绸之路”，并设定全文词频“5”作为条件进行搜索，以 2013 年 9 月至 2016 年 12 月作为时间窗口，获得 35588 个结果，也就是说有 35588 篇论文或文章，是以“丝绸之路”为主题展开的。其中代表性的论文有：胡鞍钢、马伟、鄢一龙《“丝绸之路经济带”：战略内涵、定位和实现路径》(《新疆师范大学学报(哲学社会科学版)》2014 年第 2 期)，白永秀、王颂吉《丝绸之路经济带的纵深背景与地缘战略》(《改革》2014 年第 3 期)，陈万灵、何传添《海上丝绸之路的各方博弈及其经贸定位》(《改革》2014 年第 3 期)，何茂春、张冀兵《新丝绸之路经济带的国家战略分析——中国的历史机遇、潜在挑战与应对策略》(《人民论坛·学术前沿》2013 年第 23 期)，袁新涛《丝绸之路经济带建设和 21 世纪海上丝绸之路建设的国家战略分析》(《东南亚纵横》2014 年第 8 期)，冯维江《丝绸之路经济带战略的国际政治经济学分析》(《当代亚太》2014 年第 6 期)，李向阳《论海上丝绸之路的多元化合作机制》(《世界经济与政治》2014 年第 11 期)，谭秀杰、周茂荣《21 世纪“海上丝绸之路”贸易潜力及其影响因素——基于随机前沿引力模型的实证研究》(《国际贸易》2015 年第 2 期)，甘均先《中美印围绕新丝绸之路的竞争与合作分析》(《东北亚论坛》2015 年第 1 期)，林民旺《印度对“一带一路”的认知》(《当代世界经济与政治》2015 年第 5 期)，张洁《海上通道安全与中国战略支点的构建——兼谈 21 世纪海上丝绸之路建设的安全考量》(《国际安全研究》2015 年第 2 期)，王义桅、郑栋《“一带一路”倡议的道德风险与应对措施》(《东北亚论坛》2015 年第 4 期)，黄清子、张立、王振振《丝绸之路经济带环保投资效应研究》(《中国人口·资源与环境》2016 年第 3 期)，李建军、孙慧《全球价值链分工、制度质量与丝绸之路经济带建设研究》(《国际贸易问题》2016 年第 4 期)，А. Г. 拉林 В. А. 马特维耶夫、高晓慧《俄罗斯如何看待欧亚经济联盟与“丝绸之路经济带”对接》(《欧亚经济》2016 年第 2

期),李新《上海合作组织:共建丝绸之路经济带的重要平台》(《东北亚论坛》2016 年第 4 期),刘清才、支继超《中国丝绸之路经济带与欧亚经济联盟的对接合作——基本架构和实施路径》(《东北亚论坛》2016 年第 4 期)等等。

2. “一带一路”倡议研究

“一带一路”倡议是“丝绸之路经济带”和“21 世纪海上丝绸之路”建设战略的简称,首见于中国外交部长王毅于 2013 年 12 月 16 日参加“新起点、新理念、新实践——2013 中国与世界”研讨会时的演讲,他在题为“开启中国外交新征程”的演讲中指出“2014 年将是全面开拓之年……将大力推动丝绸之路经济带、21 世纪海上丝绸之路‘一带一路’建设”。[①]“一带一路”建设概括性的新概念一经媒体报道,就变为特殊专用名词,成为研究的热门词语,也具有特殊的语境含义。实际上,笔者在中国知网,选择不同的检索主题,以文献分类差别,键入关键词“一带一路”进行检索,合计共获得 38695 个检索结果,其中 2013 年 2 个,其余均为 2014 年 1 月至 2017 年 12 月 30 日期间发表的论文或文章。[②]

中国知网“一带一路”文献统计表

时间 类别	2013	2014	2015	2016	2017	备注
期刊	2	172	3445	4390	8120	按篇名检索
报纸	0	544	5959	3482	7653	按题名检索
会议论文	0	7	217	175	136	安篇名检索
硕博论文	0	0	25	220	284	按题名检索
总计	2	723	11646	9847	16477	38695

应该说,有两个特点非常明显,一是新闻媒体的报道文章非常多,2014 年有 723 篇,2015 年一年中,猛增到 11646 篇。到 2017 年,就已达 16477 篇,增长幅度惊人。这一方面反映了国际社会和各地各级政府参

① 徐惠芬:《外交部部长王毅发表主题演讲,明确 2014 年五大方向,中国明年要办好 APEC 峰会主场外交》,《新闻晨报》2013 年 12 月 17 日 A19。

② 检索时间 2018/4/09 11:15。

与的热度和积极性，另一方面也是中国经济社会发展的指向性标志；二是围绕“一带一路”倡议的专题性会议诸如2014年12月在北京外交学院举行的“一带一路与亚洲命运共同体”研讨会①、2015年1月在西安交通大学举办的“中美新型大国关系下的一路一带高端学术研讨会”②等日益增多，体现了学术界研究的关注程度很高。

作为国家智库的中国社会科学院，从国家的战略需要出发，极为重视对“一带一路”倡议问题的研究，其代表性的成果是已出版由亚太与全球战略研究院李向阳主编《亚太地区发展报告(2015)——一带一路》(社会科学文献出版社，2015年)、张洁主编《中国周边安全形势评估——“一带一路”与周边战略(2015)》(社会科学文献出版社，2015年)等专题性著作以及诸如李向阳《“一带一路”定位、内涵及需要优先处理的关系》(社会科学文献出版社，2015年)、王玉主《“一带一路”与亚洲一体化模式的重构》(社会科学文献出版社，2015年)、王金波《“一带一路”建设与东盟地区的自由贸易区安排》(社会科学文献出版社，2015年)、赵江林《中美丝绸之路战略比较研究——兼议美国新丝绸之路战略对中国的特殊意义》(社会科学文献出版社，2015年)等系列智库报告，发挥了资政智库的特殊作用。

另外，完全以“一带一路”倡议为主题的宽视野、有深度的研究，最先则要首推邹磊的《中国“一带一路”倡议的政治经济学》(上海人民出版社，2015年)，该书是作者在博士论文基础上修改而成，主要围绕如何理解“一带一路”倡议的历史延续和时代特征、如何理解新时期中国“一带一路”倡议的战略性、如何理解中国即将或正在实施的建设举措，对于在此过程中可能遭遇的现实或潜在的风险应该如何评估与因应等三个相互交织的重点问题展开。

概括起来，2015年以后，研究成果更是雨后春笋般出现，整个学术界研究的状况是：一类是“一带一路”与区域安全与周边战略结合的研究，

① 《“一带一路与亚洲命运共同体研讨会”在北京举行》，http://www.meeting.edu.cn/meeting/news/MeetingNews! detail.action? id=56946。

② 《“中美新型大国关系下的一路一带高端学术研讨会”在西安交大召开》，http://www.meeting.edu.cn/meeting/news/MeetingNews! detail.action? id=57244。

如李向阳主编《亚太地区发展报告(2015)——一带一路》(社会科学文献出版社,2015 年),张洁主编《中国周边安全形势评估——“一带一路”与周边战略(2015)》,张洁主编《中国周边安全形势评估(2016)——“一带一路”:战略对接与安全风险》(社会科学文献出版社,2016 年),“一带一路”课题组编《建设“一带一路”的战略机遇与安全环境评估》(中央文献出版社,2016 年)等;一类是解读“一带一路”及其实践的研究成果,代表性成果有任宣编《图说“一带一路”大战略》(人民日报出版社,2015 年),王义桅《“一带一路”:机遇与挑战》(人民出版社,2015 年),复旦大学中国与周边国家关系研究中心编辑《中国周边外交学刊——“‘一带一路’的战略定位与基本内涵专辑”》(社会科学文献出版社,2015 年),赵磊编《“一带一路”年度报告:从愿景到行动(2016)》(商务印书馆,2016 年),新玉言、李克《崛起大战略:“一带一路”倡议全剖析》(台海出版社,2016 年),冯维江《一带一路:迈向治理现代化的大战略》(机械工业出版社,2016 年),胡键编《一带一路战略构想及其实践研究》(时事出版社,2016 年)等;一类是关于“一带一路”世界影响的研究,诸如葛剑雄、胡鞍钢、林毅夫、乔良、汤敏等著《改变世界经济地理的“一带一路”》(上海交通大学出版社,2015 年),王义桅《世界是通的:“一带一路”的逻辑》(商务印书馆,2016 年),薛力《“一带一路”与”亚欧世纪”的到来》(中国社会科学出版社,2016 年),任宣编《图说“一带一路”大战略》(人民日报出版社,2015 年)等。至于国外学者的研究和观点,王灵桂编《国外智库看“一带一路”》(社会科学文献出版社,2016 年)做了很好的学术梳理和介绍工作,使学界能一窥其概貌。

较有代表性的研究论文有:杨晨曦《“一带一路”区域能源合作中的大国因素及应对策略》(《新视野》2014 年第 4 期),潜旭明《“一带一路”战略的支点:中国与中东能源合作》(《阿拉伯世界研究》2014 年第 3 期),杨思灵《“一带一路”:印度的回应及对策》(《亚非纵横》2014 年第 6 期),蒋希蘅、程国强《“一带一路”建设的若干建议》(《西部大开发》2014 年第 10 期),张莉《“一带一路”战略应关注的问题及实施路径》(《中国经贸导刊》2014 年第 27 期),赵翊《“一带一路”战略与中国对阿拉伯国家出口潜力分析》(《阿拉伯世界研究》2014 年第 3 期),袁新涛《“一带一路”建设的国家战略分析》(《理论月刊》2014 年第 11 期)等。

2015 年，代表性的期刊论文主要有：杨思灵《“一带一路”倡议下中国与沿线国家关系治理及挑战》（《南亚研究》2015 年第 2 期），卢锋、李昕、李双双、姜志霄、张杰平、杨业伟《为什么是中国？——“一带一路”的经济逻辑》（《国际经济评论》2015 年第 3 期），胡键《“一带一路”倡议构想与欧亚大陆秩序的重塑》（《当代世界与社会主义》2015 年第 4 期），宋国友《“一带一路”倡议构想与中国经济外交新发展》（《国际观察》2015 年第 4 期），张明《直面“一带一路”的六大风险》（《国际经济评论》2015 年第 4 期），刘卫东《“一带一路”倡议的科学内涵与科学问题》，刘慧、叶尔肯・吾扎提、王成龙《“一带一路”倡议对中国国土开发空间格局的影响》（《地理科学进展》2015 年第 5 期），王娟娟、秦炜《一带一路战略区电子商务新常态模式探索》（《中国流通经济》2015 年第 5 期），黄河《公共产品视角下的“一带一路”》（《世界经济与政治》2015 年第 6 期），王明国《“一带一路”倡议的国际制度基础》（《东北亚论坛》2015 年第 6 期），李晓、李俊久《“一带一路”与中国地缘政治经济战略的重构》（《世界经济与政治》2015 年第 10 期），白云真《“一带一路”倡议与中国对外援助转型》（《世界经济与政治》2015 年第 10 期），李兴、成志杰《金砖合作机制是推动“一带一路”建设的强大助力》（《人文杂志》2015 年第 12 期）等。

2016 年，代表性的期刊论文主要有：曾向红《“一带一路”的地缘政治想象与地区合作》（《世界经济与政治》2016 年第 1 期），于津平、顾威《“一带一路”建设的利益、风险与策略》（《南开学报》2016 年第 1 期），刘国斌《论亚投行在推进“一带一路”建设中的金融支撑作用》（《东北亚论坛》2016 年第 2 期），肖德、李坤《“一带一路”背景下中国金融服务贸易国际竞争力分析》（《东北师大学报（哲学社会科学版）》2016 年第 3 期），曾文革、党庶枫《“一带一路”倡议下的国际经济规则创新》（《国际商务研究》2016 年第 3 期），石建国《论韩国〈中央日报〉视域中的中国“一带一路”倡议》（《当代韩国》2016 年第 2 期），李绍荣《对“一带一路”发展战略的经济学分析》（《人民论坛・学术前沿》2016 年第 5 期），薛力《美国再平衡战略与中国“一带一路”》（《世界经济与政治》2016 年第 5 期），詹小美《“一带一路”文明互鉴的关系共演》（《内蒙古社会科学（汉文版）》2016 年第 6 期），孙灿洪、邮生《国际体系视野下的“一带一路”倡议——国家经济外交运行的“平衡术”视角》(《外交评论(外交学院学报)》2016 年第 6 期),陈文玲《一带一路与长江经济带战略构想内涵与战略意义——兼论重庆在两大战略中的定位》(《中国流通经济》2016 年第 7 期),陈伟光、郭晴《中国对“一带一路”沿线国家投资的潜力估计与区位选择》(《宏观经济研究》2016 年第 9 期),李向阳《跨太平洋伙伴关系协定与“一带一路”之比较》(《世界经济与政治》2016 年第 9 期),李凤亮、宇文曼倩《“一带一路”对文化产业发展的影响及对策》(《同济大学学报(社会科学版)》2016 年第 5 期),王义桅《“一带一路”:重塑经济全球化话语权》(《红旗文稿》2016 年第 21 期)、赵金龙、王斌《我国“一带一路”FTA 战略的路径选择研究》(《世界经济研究》2016 年第 12 期)等。

概而言之,总体研究成果发展的趋势是,无论是著作还是论文,自 2014 年以后猛增,特别是在国家社会科学基金、自然科学基金、教育部人文社科规划基金等项目的大力扶持下,各种成果呈井喷式发展态势,极大推进了对“一带一路”倡议的研究。

二、“一带一路”倡议研究主要观点评述

从时间和空间两个维度来考察,“丝绸之路经济带”“21 世纪海上丝绸之路”和“一带一路”是先后呈递出现的概念,在媒体宣传和研究者推动下,各类成果非常丰富。综合起来,可以概括为以下一些主题。

1. 关于“一带一路”倡议提出的背景研究

2013 年 9 月 7 日,习近平访问哈萨克斯坦时,首次提出共同建设“丝绸之路经济带”的战略倡议;12 月,又在印度尼西亚国会发表重要演讲时明确提出,中国愿同东盟国家发展好海洋合作伙伴关系,共同建设“21 世纪海上丝绸之路”;2014 年 3 月访问欧洲时,他提出要把中欧合作和“丝绸之路经济带”等重大洲际合作倡议结合起来,以构建亚欧大市场为目标,加强基础设施互联互通;9 月出席中俄蒙三国元首会晤时表示,我们可以把丝绸之路经济带同俄罗斯跨欧亚大铁路、蒙古国草原之路倡议进行对接,打造中蒙俄经济走廊;9 月访问印度时,他在印度世界事务委员会的演讲中提出,中国希望以“一带一路”为双翼,同南亚国家一道实现腾飞。据媒体统计,他至少在超过 10 个国家的各类场合提及过“一带一路”

倡议构想。[①] 把这些事实串联起来，才能真正理解和体会国家提出“一带一路”倡议的意图和背景。

学者们的研究揭示了中国之所以提出“一带一路”倡议的背景。李建民认为，建设“丝绸之路经济带”倡议的初衷，首先是希望发掘古“丝绸之路”特有的价值和理念，在全球化的今天，实现地区各国的共同发展、共同繁荣；其次，充分兼顾了国际、国内两方面的战略需求。国内来看，是统筹中西部地区实现跨越式发展和寻求全方位的开放格局的需要；国际因素是将在空间上形成串联中外的轴线，成为促进中国与周边国家和地区互惠互利、交流合作的纽带。王海燕认为，“丝绸之路经济带”倡议的提出有其历史和现实背景。“丝绸之路经济带”的提出是时代的需求，旨在新技术日益发达的今天将古老的海上“丝绸之路”与陆上“丝绸之路”连接起来，将沿线国家的昨天、今天和明天连接起来，将中亚地区的多种机制有机结合，包容发展，给中亚地区内陆国家经济发展以巨大推动，加快中国与欧亚国家互惠合作的步伐。吴宏伟认为，“丝绸之路经济带”战略的提出不仅仅是中国的需要，对包括中亚国家在内的沿线各国都是极为有利的。首先，复兴“丝绸之路”是中亚各国独立以后的迫切需求和愿望。其次，中亚国家为发展本国经济、改善民生都制定了新的发展战略，需要大量投资，它们欢迎包括中国在内的国家参与其发展进程。最后，中亚多数国家经济快速发展得益于中国与中亚国家贸易的快速发展和合作水平的大幅提升，显示了现代“丝绸之路”的巨大作用。张恒龙认为，推进“丝绸之路经济带”建设是中国形成全方位开放新格局的重要战略举措，需要在促进周边区域合作与区域经济一体化的大背景下进行考量，需要在发达国家为削弱新兴市场国家对国际经济秩序的影响力而调整国际贸易规则的背景下进行考量。[②]

还有学者认为，“丝绸之路经济带”是着眼于亚欧大陆带状经济合作构想，在古丝绸之路影响深远、大国丝绸之路战略竞争激烈、亚欧国家合

---

① 《十八大以来习近平外交“路线图”：已出访 27 国》，人民网 http://politics.people.com.cn/BIG5/n/2014/1103/c1001-25965821.html。

② 参见《“丝绸之路经济带”构想的背景、潜在挑战和未来走势》，《欧亚经济》2014 年第 4 期。

作日益密切的背景下提出来的。①

以世界眼光而论，更具有时代敏感度的是中国社会科学院学部委员张蕴岭，他认为"'一带一路'是时代要求，中国对于这个时代的最主流的要求就是持续发展，和平崛起，这是"一带一路"的根本目标。"②学者彭光谦的认识更具有战略高度，他认为"'一带一路'战略构想是在世界经济遭受国际金融危机沉重打击复苏乏力，食利为生的国际垄断资本失去引领世界经济发展的动力，同时中国外有世界强权战略围堵，内有经济转型、盘活过剩产能和外汇资产压力，肩负由世界大国向世界强国奋力迈进，实现中华民族伟大复兴的历史使命的关键时刻，在人类社会何去何从的又一个十字路口，作出的重大战略思考、战略抉择与战略布局。"③还有学者认为，中国提出"一带一路"倡议，是因为"全球化 3.0 体系的缺陷导致众多后发国家的利益诉求长期受到压抑，全球经济体系并不和谐"。中国"一带一路"倡议的提出，是竞争全球化 4.0 主导权，是通过推进开放、包容的战略体系构建一个发展共同体、利益共同体和命运共同体。④

2. 关于"一带一路"倡议内涵、定位、实现途径的研究

"一带一路"内涵深刻丰富，学家们从不同视角作了解读。习近平首次提出建设"丝绸之路经济带"倡议时，就建议从"政策沟通、道路联通、贸易畅通、货币流通、民心相通"五个方面来着手。据此，国内专家普遍认为，无论是"丝绸之路经济带"，还是"21 世纪海上丝绸之路"，都蕴含着以经济合作为基础和主轴，以人文交流为重要支撑，开放包容、和平发展、互利共赢的合作理念。⑤

由于研究的侧重点不同，学者们也存在一些不同的认识。孙壮志认为，"丝绸之路经济带"建设，其内涵既有交通、能源、金融等重点领域的合

---

① 白永秀、王颂吉：《丝绸之路经济带的纵深背景与地缘战略》，《改革》2014 年第 3 期。

② 张蕴岭：《和平崛起是"一带一路"的根本目标》，http://www.shandongbusiness.gov.cn/public/html/news/201502/336641.html。

③ 彭光谦：《"一带一路"战略构想与国际秩序重构》，http://www.scio.gov.cn/ztk/wh/slxy/31215/Document/1391522/1391522.htm。

④ 张可云、蔡之兵：《全球化 4.0、区域协调发展 4.0 与工业 4.0——"一带一路"倡议的背景、内在本质与关键动力》，《郑州大学学报(哲学社会科学版)》2015 年第 3 期。

⑤ 蒋希衡、程国强：《国内外专家关于"一带一路"建设的看法和建议综述》，《中国经济时报》2014 年 8 月 21 日第 5 版。

作，也有农业、中小企业以及市场中介服务方面的合作，还包括科技、环保、旅游、卫生、教育、救灾等领域的交流；陈利君认为中国推进“丝绸之路经济带”建设也应包括“南方丝绸之路；陈继东也认为，“中巴经济走廊”是“丝绸之路经济带”的重要组成部分；潘志平的观点是：这是大发展、大开放之路，政治沟通与合作之路，物质与精神结合的文明之路；王海运认为，这是一个“对外经济合作的基本框架”，“经济大合作的构想”，“‘经济带’而非‘经济区’合作构想”，“以广义上的‘路’为重点的合作构想”，“覆盖古‘绸之路’沿途主要地区的合作构想”，“秉承‘丝绸之路’精神的合作构想”。[①] 杜德斌、马亚华则从时间和空间两个维度分析“一带一路”的地缘战略内涵，认为“一带一路”是中华民族复兴的地缘大战略。[②]

孙志远则认为，“一带一路”至少包含经济、安全、人文三方面的内涵，即经济的角度涵盖对外开放、经济转型升级、区域经济发展；安全方面涵盖保障国家经济安全、粮食安全与能源安全、维护社会稳定、促进世界和平与发展；人文内涵是通过扩大各国科技合作、密切人员往来，为中国及沿途国家的经济发展提供了有力的技术和智力支持，为加强不同国家、民族、宗教间的人文交流和相互理解、消除彼此的隔阂与误解、增强尊重互信、共创人类文明繁荣局面创造了有利条件。[③]

胡鞍钢、马伟、鄢一龙《“丝绸之路经济带”：战略内涵、定位和实现路径》[④]，则从辐射范围对“丝绸之路经济带”内涵做了概括，认为“中亚经济带是‘丝绸之路经济带’的核心区”；“环中亚经济带是‘丝绸之路经济带’的重要区”；“亚欧经济带是‘丝绸之路经济带’的拓展区”。巴殿君认为，“一带一路”有“实现‘走出去’战略与‘稳疆兴疆’的目标”、“建设与周边国家的‘命运共同体’”、“推动发展中大国的‘南南合作’”的战略内涵。[⑤] 刘卫东从时间与空间结合，认为“丝绸之路”这个文化符号的内涵可以归结为

---

① 参见《“丝绸之路经济带”构想的背景、潜在挑战和未来走势》，《欧亚经济》2014 年定 4 期。

② 杜德斌、马亚华：《“一带一路”：中华民族复兴的地缘大战略》，《地理研究》2015 年第 6 期。

③ 孙志远：《“一带一路”战略构想的三重内涵》，《中国经济时报》2014 年 8 月 11 日第 6 版。

④ 胡鞍钢、马伟、鄢一龙：《“丝绸之路经济带”：战略内涵、定位和实现路径》，《新疆师范大学学报(哲学社会科学版)2014 年第 2 期。

⑤ 复旦大学中国与周边国家关系研究中心编辑：《中国周边外交学刊——“‘一带一路’的战略定位与基本内涵专辑”》，社会科学文献出版社，2015 年，第 117 - 118 页。

和平、友谊、交往和繁荣;"一带一路"是中国版的经济全球化模式,是探索推进全球化健康发展的尝试;从表面看,"一带一路"是一个具有高度空间选择性的战略概念。事实上,"一带一路"具有多重空间内涵,是一个跨尺度的概念:首先,不是一个封闭的体系,没有一个绝对的边界;其次,是一个以国家间的合作为主的国际区域经济合作网络;第三,共建"一带一路"涉及到设施互联互通,这部分工作确实有具体的空间指向和空间范围。①

国务院发展研究中心对外经济研究部部长赵晋平从十个方面系统阐述"一带一路"的内涵,他认为"一带一路"倡议构想具有历史传承的体现、开放包容、陆海的统筹、东西互进、虚实结合、经贸先行、设施联通、大国责任、市场作用、中外共赢十大内涵。②

关于"21 世纪海上丝绸之路"内涵探索的文章较少,比较全面、系统进行探索的较有代表性的文章《21 世纪海上丝绸之路的战略构想与建设方略》认为,其内涵包括"三大支柱和七大支点",三大支柱即精神纽带、经贸合作与人文交流;海上丝绸之路沿线分为东南亚、南亚、西亚、非洲、欧盟、南太平洋岛国、拉美七大区域,在七大区域构建七大战略支点,形成七大推进路径,即第一支点中国——东盟自贸区、第二支点是南亚区域合作联盟、第三支点是海湾合作委员会、第四支点为南部非洲关税同盟、第五支点为欧洲经济与货币联盟、第六支点为南太平洋岛国、第七个支点为太平洋联盟。③

概而言之,关于"一带一路"内涵的研究成果显示,有从空间范围和辐射区域所做的探索④,有从区域一体化合作组织关系层面所做的思考⑤,

---

① 刘卫东:《"一带一路"倡议的科学内涵与科学问题》,《地理科学进展》2015 年第 5 期。

② 赵晋平:《"一带一路"的十个内涵》,《北大商业评论》2015 年第 6 期。

③ 全毅、汪洁、刘婉婷:《21 世纪海上丝绸之路的战略构想与建设方略》,《国际贸易》2014 年第 8 期。

④ 白永秀、王颂吉:《丝绸之路经济带的纵深背景与地缘战略》,《改革》2014 年第 3 期;卫玲、戴江伟:《丝绸之路经济带:超越地理空间的内涵识别及其当代解读》,《兰州大学学报(社会科学版)》2014 年第 1 期;张军:《我国西南地区在'一带一路'开放战略中的优势及定位》,《经济纵横》2014 年第 11 期;李辉:《青岛市打造"海上丝绸之路"枢纽型城市的战略定位分析》,《中共青岛市委党校·青岛行政学院学报》2014 年第 4 期;高新才、杨芳:《丝绸之路经济带城市经济联系的时空变化分析——基于城市流强度的视角》,《兰州大学学报(社会科学版)》2015 第 1 期。

⑤ 王保忠、何炼成、李忠民:《"新丝绸之路经济带"一体化战略路径与实施对策》,《经济纵横》2013 年第 11 期;何茂春、张冀兵:《新丝绸之路经济带的国家战略分析——中国的历史机遇、潜在挑战与应对策略》,《学术前沿》2013 年第 23 期。

有从历史、现实和未来结合所做的研究①，有从经济、社会、人文等层面所做的探究②，有从产业、地缘战略、国家与地区关系等方面所做的思索③等。研究成果表明，随着时间的推移，“一带一路”倡议实施带来的价值和影响的显现，使得“一带一路”倡议的内涵与外延呈扩张趋势，有关认识也不断提升，视野更为开阔，内涵更为丰富深刻。

由于“一带一路”倡议构想东连活跃的亚太经济圈，西接发达的欧洲经济圈，将东亚、东南亚、南亚、中亚、西亚、欧洲南部、非洲东部的广大地

---

① 张诗雨、张勇：《海上新丝路：21世纪海上丝绸之路发展思路与构想》，中国发展出版社，2014年。

② 刘育红：《“新丝绸之路”经济带交通基础设施与区域经济增长》，中国社会科学出版社，2014年；赵明龙：《人文交流：海上丝绸之路建设不可或缺的内容》，《东南亚纵横》2014年第11期。

③ 庞昌伟：《能源合作：“丝绸之路经济带”战略的突破口》，《新疆师范大学学报（哲学社会科学版）》2014年第2期；陈万灵、何传添：《海上丝绸之路的各方博弈及其经贸定位》，《改革》2014年第3期；郭爱君、毛锦凰：《丝绸之路经济带：优势产业空间差异与产业空间布局战略研究》，《兰州大学学报（社会科学版）》2014年第1期；周明：《想象与获益动机——哈萨克斯坦参与丝绸之路经济带构建评估》，《外交评论》2014年第3期；李琪：《中国与中亚创新合作模式、共建“丝绸之路经济带”地缘战略意涵和实践》，《陕西师范大学学报（哲学社会科学版）》，2014年第4期；惠宁、杨世迪：《丝绸之路经济带的内涵界定、合作内容及实现路径》，《延安大学学报（社会科学版）》2014年第4期；王志远：《丝绸之路经济带的国际战略内涵解析》，《新疆财经》2014年第3期；吴磊：《构建“新丝绸之路”：中国与中东关系发展的新内涵》，《西亚非洲》2014年第3期；李建民：《丝绸之路经济带、欧亚经济联盟与中俄合作》，《俄罗斯学刊》2014年第5期；吕余生：《21世纪海上丝绸之路建设的产业合作探索》，《东南亚纵横》2014年第11期；刘赐贵：《发展海洋合作伙伴关系，推进21世纪海上丝绸之路建设的若干思考》，《国际问题研究》2014年第4期；孙力、吴宏伟主编《中亚国家发展报告（2014）：“丝绸之路经济带”专辑》，社会科学文献出版社，2014年；徐海燕：《绿色丝绸之路经济带的路径研究：中亚农业现代化、咸海治理与新能源开发》，复旦大学出版社，2014年；中国人民大学重阳金融研究院主编：《欧亚时代——丝绸之路经济带研究蓝皮书2014－2015》，中国经济出版社，2014年；王维然：《中亚区域经济一体化研究》，知识产权出版社，2014年；张丽君主编《丝绸之路经济带构建与发展研究》，中国经济出版社，2015年；金立群、林毅夫等：《“一带一路”引领中国》，中国文史出版社，2015年；孙久文、高志刚：《丝绸之路经济带与区域经济发展研究》，经济管理出版社，2015年；徐希燕等：《“一带一路”与未来中国》，中国社会科学出版社，2016年；刘伟、郭濂：《一带一路：全球价值双环流下的区域互惠共赢》，北京大学出版社，2016年；孙启鹏、马飞、刘丹、朱文英编：《丝绸之路经济带国际运输通道研究》，西安交通大学出版社，2016年；曲凤杰等编著：《走向印度洋：“丝绸之路经济带”东南亚—南亚—印度洋方向重点国别研究》，中国市场出版社，2016年；李永全、王晓泉：《丝绸之路经济带与哈萨克斯坦光明之路新经济政策对接合作的问题与前景》，中国社会科学出版社，2016年；李树民、王会战主编：《丝绸之路经济带文化遗产保护与旅游合作发展研究》，西安交通大学出版社，2016年；夏文斌主编：《丝绸之路经济带与新疆发展》，中国农业出版社，2017年；庞鹤、王珏：《丝绸之路经济带沿线国家跨文化沟通与贸易畅通》，中国社会科学出版社，2017年等。

区联系在一起，覆盖40多个国家，总人口超过44亿，经济总量超过21万亿美元，分别占世界的63%和29%，拥有巨大的资源和市场，是世界跨度最大、覆盖面最广的新兴经济带。为抢占先机，搭上国家战略的“顺风车”，基于国内各省区地理位置、区域发展与周边国家联通优势等因素，国内诸多省区市纷纷提出参与“一带一路”的规划和定位设想，为“一带一路”倡议注入了新的内涵，这是学术界研究的热点和鲜明特点。据统计，至2015年初已有20个省份提出参与相关战略的规划或设想。“一带一路”核心区域有16个省份，其中，“丝绸之路经济带”包括新疆、青海、甘肃、陕西、宁夏等西北5个省份，重庆、四川、广西、云南等西南4个省份，以及最新扩围的内蒙古；“21世纪海上丝绸之路”则囊括上海、江苏、浙江、福建、广东、海南等东部沿海6个省市以及最新扩围的山东省。此外，黑龙江、辽宁、河南和湖北也明确表态，积极融入“一带一路”建设。例如，新疆的自身定位是“形成丝绸之路经济带上重要的交通枢纽、商贸物流和文化科技中心，打造丝绸之路经济带核心区”；福建是“打造‘一带一路’互联互通建设的重要枢纽、海上丝绸之路经贸合作的前沿平台和海上丝绸之路人文交流的重要纽带”。① 甘肃地处丝绸之路经济带的咽喉要道，提出的战略内涵和定位是“打造‘丝绸之路经济带’黄金段，构建我国向西开放的重要门户和次区域合作战略基地”。② 陕西提出打造成为丝绸之路经济带的交通物流商贸枢纽、文化科教交流核心区、承接产业转移示范区、高端生产要素聚集区。③ 广西提出打造21世纪海上丝绸之路的新门户和新枢纽。④ 实际上，地方政府参与“一带一路”倡议的意愿依然不减，据媒体报道，2015年全国31个省(区、市)中，28个已经召开了“两会”，在

① 梁敏：《20省份全面布局“一带一路”，今年进入实质操作阶段》，《上海证券报》2015年1月28日；秦放鸣、孙庆刚：《新疆在“丝绸之路经济带”建设中的定位和选择》，《新疆大学学报(哲学·人文社会科学版)》2013年第6期；朱江：《远逝的风帆——海上丝绸之路与扬州》，东南大学出版社，2014年；吴崇伯：《融入国家“21世纪海上丝绸之路”战略的优势与对策论析——以福建为例》，《华侨大学学报(哲学社会科学版)》2014年第4期。

② 卢吉平：《“丝绸之路经济带”甘肃段建设蓝图出炉》，《甘肃经济日报》2014年5月23日第1版。

③ 赵正永：《向西开放：西部大发展的新机遇——学习贯彻习近平同志共建丝绸之路经济带的战略构想》，《人民日报》2013年10月29日第7版。

④ 陈武：《发展好海洋合作伙伴关系——深入学习贯彻习近平同志关于共建21世纪“海上丝绸之路”的战略构想》，《人民日报》2014年1月15日第7版。

其工作报告中都明确表态要参与、对接“一带一路”倡议。①

关于“一带一路”倡议定位问题，是与“一带一路”倡议内涵的认识相伴而生的。胡鞍钢等认为，“‘丝绸之路经济带’是在古代丝绸之路概念基础上形成的当代经贸合作升级版，具有重要战略意义：在性质上，它是集政治经济、内政外交与时空跨越为一体的历史超越版；在内容上，它是集向西开放与西部开发为一体的政策综合版；在形成上，它是历经几代领导集体谋划国家安全战略和经济战略的当代升级版。② 学者储殷、高远指出：这一战略虽然表现出了一定的全球战略的特征，但在本质上还是区域性的；其的推进必须以多重双边伙伴关系为基础。③ 赵可金则认为，“一带一路”本质上是中国寻求建立以合作共赢为核心的新型国际关系的重要载体，其战略思维是努力做一个负责任、敢担当的大国，坚持走中国特色的大国外交之路，其核心是中国要学习做建设性领导者，为国际社会提供更多的国际公共产品。④ 胡键另辟蹊径，认为是继冷战后政治重塑欧亚秩序不成功之后的新尝试，即沿线各国共同用经济的手段来重塑欧亚大陆秩序。⑤

关于21世纪海上丝绸之路战略定位，全毅等学者研究后的观点是：“承袭历史，以经略海洋、建设海洋强国为目标，从全球视角扩大我国对印度洋和亚欧非的开放，以经济外交和文化交流为手段，在广阔的亚欧非地区建立经济联系更加紧密、人文合作更加融合，提高沿线各国相互倚重，确保海上贸易通道安全，拓展我国的地缘政治与地缘经济利益的发展空间。”⑥

随着时间的推移，研究的深化，一些更系统化、内容更充实的大部头

---

① 张翼：《“一带一路”：开启出海新浪潮》，《光明日报》2015年2月5日。

② 胡鞍钢、马伟、鄢一龙：《“丝绸之路经济带”：战略内涵、定位和实现路径》，《新疆师范大学学报(哲学社会科学版)2014年第2期。

③ 储殷、高远：《中国“一带一路”倡议定位的三个问题》，《国际经济评论》2015年第2期。

④ 赵可金：《“一带一路”的中国方略研究》，《新疆师范大学学报(哲学社会科学版)2016年第1期。

⑤ 胡键：《“一带一路”倡议构想与欧亚大陆秩序的重塑》，《当代世界与社会主义》2015年第4期。

⑥ 全毅、汪洁、刘婉婷：《21世纪海上丝绸之路的战略构想与建设方略》，《国际贸易》2014年第8期。

的研究著作相继出版，这些著作对“一带一路”倡议内涵、定位、实现途径都有更深入的研究。例如，马莉莉、任保平编著的《丝绸之路经济带发展报告：2014》，以空间范围和辐射区域为依据，从国别、地区、城市各层面系统梳理其发展的内涵，涉及主要成员方俄罗斯、哈萨克斯坦、吉尔吉斯斯坦、塔吉克斯坦、乌兹别克斯坦、土库曼斯坦的发展和参与合作的形势；中国主要区域陕西、新疆、甘肃、宁夏与青海、西南省市、中部地区、东部省市、中心城市与城市群(关中—天水经济区、天山北坡经济区、兰州—西宁经济区、宁夏沿黄经济区、西安内陆港、西安自由贸易试验区、喀什经济开发区)、合作领域(互联互通、能源、产业、贸易、投资、物流、旅游、教育、科技)、借古鉴今等主题，探究全球和中国分工体系中丝绸之路经济带的共建选择、发展现状与前景。该书还对“丝绸之路经济带”做了定位，从推动国际区域经济一体化发展、营造多极化趋势下国际经济发展的和平环境、提高全球经济的开放度和包容度、搭建全球经济一体化的重要战略平台、推动中国全方位对外开放新格局的形成、推进中国东西部经济协调均衡发展、有利于维护中国的安全与稳定等层面做了系统阐述。① 马莉莉、任保平编著《丝绸之路经济带发展报告：2015》，围绕中国经济新常态与“一带一路”关系、“一带”与“一路”比较、内陆型改革开放新高地建设、丝绸之路经济带的互联互通、产业合作与发展、表性区域发展等重要理论与实践问题进行专题研究，并梳理总结新近一年的丝绸之路经济带互联互通建设、产业合作和代表性区域发展等情况。② 马莉莉、王颂吉、李侨敏编著的《丝绸之路经济带发展报告(2016)》，从理论范式、组织推进、互联互通、产能合作、经济走廊、自由贸易试验区和国际合作机制等方面梳理了“一带一路”建设的代表性进展，并提出设置“差异化战略支点”，以支点辐射周边，由支点联结成网络，继而在不同地区展开差异化、定制化建设的系统性推进方式。③ 可以看出，这已经成为年度系列的研究品牌。

中国人民大学重阳金融研究院则编辑出版了第二本“丝绸之路经济

① 马莉莉、任保平编著：《丝绸之路经济带发展报告：2014》，中国经济出版社，2014年。

② 马莉莉、任保平编著：《丝绸之路经济带发展报告：2015》，中国经济出版社，2015年。

③ 马莉莉、王颂吉、李侨敏编著：《丝绸之路经济带发展报告：2016》，中国经济出版社，2017年。

带智库蓝皮书"《"一带一路"与国际贸易新格局：丝绸之路经济带智库蓝皮书 2015－2016》，主要从多国政要对"一带一路"建设的支持、"一带一路"与国际贸易新格局、贸易畅通政策的沟通与协同、"一带一路"的贸易机会与未来、跨境贸易与金融合作、国际贸易支点城市的合作与共赢、"义新欧"助力贸易畅通、"丝绸之路经济带"国际贸易支点城市报告等作了深入系统研究。①

与《丝绸之路经济带发展报告：2014》研究结构与框架相似的还有李忠民主编《"丝绸之路"经济带发展研究》，内容主要包括在世界经济失衡的条件下思考中国的发展、研究能源一体化，积极打造中国能源增长极，以综合交通通道为展开空间，依托沿线交通基础设施和中心城市，对域内贸易和生产要素进行优化配置、关于沿线城市发展与丝绸之路经济带建设问题。其他还有薛伟贤、冯宗宪的《丝绸之路经济带核心城市建设研究》等。②

特别需要提出的是，在有关"一带一路"研究中，陕西学术界走在前列，学术成果最多也最突出。任宗哲、石英、白宽犁主编的《陕西蓝皮书：丝绸之路经济带发展报告(2014)》，是国内有关丝绸之路经济带建设的第一本蓝皮书。该书集中体现了陕西省社会科学院的研究智慧，全方位展示了丝绸之路经济带沿线王要省份尤其是陕西的发展定位和建设现状；③2015 年陕西省社会科学院推出的第二本丝路蓝皮书《丝绸之路经济带发展报告(2015－2016)》，总报告立足丝绸之路经济带全线建设，全面跟踪和反映了年度"五通"建设的现状、进展和未来发展趋势。第二部分为区域篇，以"凸显西北"为特色，在国际层面主要对与西北区域相关度较高的中国—中亚—西亚经济走廊、新亚欧大陆桥经济走廊、中巴经济走廊发展进行的跟踪研究。第三部分为经济篇，汇集关于丝路经济带

---

① 中国人民大学重阳金融研究院主编：《"一带一路"与国际贸易新格局：丝绸之路经济带智库蓝皮书 2015－2016》，中信出版社，2016 年。

② 李忠民主编：《"丝绸之路"经济带发展研究》，经济科学出版社，2014 年；薛伟贤、冯宗宪：《丝绸之路经济带核心城市建设研究》，西安交通大学出版社，2017 年。

③ 任宗哲、石英、白宽犁主编：《陕西蓝皮书：丝绸之路经济带发展报告(2014)》，社会科学文献出版社，2014 年。

设施互联、产业合作、投资合作、贸易合作、电子商务、旅游合作、农业合作、开发性金融、人民币国际化等主要围绕设施联通、贸易畅通、资金融通等经济领域的专题报告。第四部分为社会文化篇，以促进民心相通为主题，内容包括丝绸之路经济带的文化交流、教育合作、科技合作、宗教合作等四个专题报告。[①] 2017 年第三本丝路蓝皮书《丝绸之路经济带发展报告(2016－2017)》出版，总报告立足丝绸之路经济带全线建设，全面跟踪和反映了年度“五通”建设的现状和进展；区域篇以对与西北区域相关度较高的三条国际经济走廊的发展进行跟踪研究，围绕西北五省区(新疆、甘肃、青海、宁夏、陕西以及陕西省会城市西安)进行跟踪研究；经济篇围绕设施联通、贸易畅通、资金融通等经济领域的建设展开；社会文化篇，以促进民心相通为主题，包括丝绸之路经济带的文化交流、教育合作、科技合作、宗教合作等四个专题报告。[②]

方光华、任保平主编的《丝绸之路经济带：发展选择与陕西对策论文集》，是 2014 年 1 月 18 日于西安举办的“丝绸之路经济带：发展选择与陕西对策”研讨会的结晶，以陕西的定位与发展为中心，多方面研究“一带一路”的又一力作。[③] 此外还有任保平、马莉莉、师博主编的《丝绸之路经济带与新阶段西部大开发》[④]，任保平、马莉莉、师博主编的《丝绸之路经济带的合作机制与内陆型改革开放》，[⑤]也具有系列化的趋势，都是深度研究的力作。

与“丝绸之路经济带”的研究成果相比，有关“21 世纪海上丝绸之路”的研究较为薄弱，成果较少，迄今较有代表性的成果是张诗雨、张勇编著的《海上新丝路：21 世纪海上丝绸之路发展思路与构想》。该书在全面系统梳理中国古代不同时期海上丝绸之路兴衰历程的基础上，深入分析了

---

① 任宗哲、白宽犁、谷孟宾主编：《丝绸之路经济带发展报告(2016 版)2015－2016》，社会科学文献出版社，2015 年。

② 任宗哲、白宽犁、谷孟宾主编：《丝绸之路蓝皮书：丝绸之路经济带发展报告(2017)》，社会科学文献出版社，2017 年。

③ 方光华、任保平主编：《丝绸之路经济带：发展选择与陕西对策论文集》，中国经济出版社，2014 年。

④ 任保平、马莉莉、师博主编：《丝绸之路经济带与新阶段西部大开发》，中国经济出版社，2015 年。

⑤ 任保平、马莉莉、师博主编：《丝绸之路经济带的合作机制与内陆型改革开放》，中国经济出版社，2016 年。

中国海洋交通运输产业的发展现状，并立足全球海运未来走势，探讨了建设“21世纪海上丝绸之路”的战略构想，提出了提升海洋文化，促进国际交流、提高海运质量，促进海运发展、优化海洋政策，推动海洋发展、健全海洋法律，助力海洋发展、提升科技实力，保障海洋发展的内涵建设建议。① 赵江林主编《21世纪海上丝绸之路：目标构想、实施基础与对策研究》，从21世纪海上丝绸之路的战略构想与目标定位、宏观经济基础、企业价值链视角、国家价值链视角、区域基础设施互联互通、区域合作新模式、印度与21世纪海上丝绸之路、“一带一路”实施的目标共性、路径差异与对策研究等方面，深入系统做了研究与阐释。② 李向阳探讨海上丝绸之路的多元化合作机制，认为落实到具体区域，这种多元性体现为：东北亚地区应该成为海上丝绸之路的起点，以推动中蒙俄朝韩次区域合作为主攻方向；中国沿海地区应以两岸四地之间的区域经济合作框架为核心；在东南亚地区以打造中国—东盟自贸区的升级版为基础；在南亚地区，以正在构建的孟中印缅经济走廊与中巴经济走廊为突破口；延伸到西亚地区，应加快中国—海合会自贸区的谈判进程。至于海上丝绸之路的终点则应该是一个开放的选择。此外，在跨区域层面，还应该包括体现海上丝绸之路特征的一系列合作机制。③

从发挥国家智库作用的角度，作为中国社会科学院亚太与全球战略研究院集体研究的成果，李向阳主编的《亚太地区发展报告2015——一带一路》，明确将“一带一路”列入研究方向，全书有五个专题组成，其中第二个专题就是“一带一路”，围绕“一带一路”倡议推行的经济基础、21世纪海上丝绸之路与互联互通、21世纪海上丝绸之路与东亚区域合作、21世纪海上丝绸之路与中国——东盟命运共同体、构建“一带一路”的安全环境问题概述等层面做系统阐述。④ 显然，侧重点是以21世纪海上丝绸

---

① 张诗雨、张勇编著：《海上新丝路：21世纪海上丝绸之路发展思路与构想》，中国发展出版社，2014年。

② 赵江林主编：《21世纪海上丝绸之路：目标构想、实施基础与对策研究》，社会科学文献出版社，2015年。

③ 李向阳：《论海上丝绸之路的多元化合作机制》，《世界经济与政治》2014年第11期。

④ 李向阳主编《亚太地区发展报告2015——一带一路》，社会科学文献出版社，2015年。

之路为中心展开的；张洁主编的《中国周边安全形势评估——“一带一路”与周边战略(2015)》，完全以“一带一路”为主题展开，全书包括总篇、“一带一路”与大国因素、“一带一路”与区域因素，以及“一带一路”与热点问题等四个版块，主要涉及战略定位、内涵和实施路径、“一带一路”倡议的推进现状、主要大国和各次区域对“一带一路”的回应、战略对接以及未来面临的主要挑战等。[①] 张洁主编的《中国周边安全形势评估(2016)——“一带一路”：战略对接与安全风险》，继续以“一带一路”为核心议题，突出评估报告强化对安全议题研究的传统，并结合本年度中国周边安全形势的特点，将研究重点放在了“一带一路”倡议与大国、地区性主要国家的战略对接或对冲的评估上，并对“一带一路”倡议推进中面临的主要安全挑战，包括来自国家间关系的以及传统安全(海上争议)与非传统安全问题(恐怖主义、环境安全)引发的，都给出审慎的研判。[②] 作为年度报告，它的特点是针对性和现实性极强，是“一带一路”研究者不可或缺的参考书。随着“一带一路”建设的深入推进，社科院又推出了“一带一路”建设蓝皮书，如李永全、王晓泉主编《“一带一路”蓝皮书：“一带一路”建设发展报告(2016)》，分总报告、国际合作篇、国内区域篇、专题篇四部分组成，利用充分的资料，翔实数据，对“一带一路”建设中存在的重大问题与挑战以及应对方略，从国际和国内两个维度分别进行深入探讨。[③]

国家信息中心也推出了《“一带一路”大数据报告(2016)》，上篇为综合性评价指数分析报告，包括“‘一带一路’发展成效综合评价体系”、“‘一带一路’国别融合度大数据评价报告 2016”、“‘一带一路’省市参与度大数据评价报告 2016”。下篇为重点专题报告，围绕“一带一路”倡议推进过程中的人民币加入 SDR 全球互联网关注情况等重大问题、国际产能合作总体进展及互联网关注情况等重要领域、中国—中东欧国家“一带一

① 张洁主编：《中国周边安全形势评估：“一带一路”与周边战略(2015)》，社会科学文献出版社，2015 年。

② 张洁主编：《中国周边安全形势评估(2016)——“一带一路”：战略对接与安全风险》，社会科学文献出版社，2016 年。

③ 李永全、王晓泉主编：《“一带一路”蓝皮书：“一带一路”建设发展报告(2016)》，社会科学文献出版社，2016 年。

路”合作互联网关注情况及未来潜力等重点国别进行分析。[①] 金巍则主编出版了由中国人民银行金融研究所所长姚余栋领衔经济、文化领域各界专家的研究成果《梅花与牡丹:“一带一路“背景下的中国文化战略》,从国际政治、经济、文化交流、文化贸易、企业与组织等多元角度,对“一带一路”背景下的文化与文化战略问题进行了解读。[②] 陈元、钱颖一主编《“一带一路”金融大战略》,从金融战略的角度梳理了我国的金融机构与“一带一路”沿线城市的格局与发展策略,同时阐述了人民币国际化和金融风险等相关重要问题。[③]

有关“一带一路”建设的实现途径,上述论著都有涉及,最具有宏观视野的代表性观点是:(1)中国和中亚南亚国家、俄罗斯、欧盟国家共同建设“一带一路”,形成亚欧区域经济一体化发展大格局;(2)中国和东盟国家共同建设“一带一路”,打造中国—东盟命运共同体;(3)中国和阿拉伯国家共同建设“一带一路”,不断深化中阿战略合作关系;(4)中国国内各地区各部门共同建设“一带一路”,形成全方位开放新格局。[④]

3. 关于“一带一路”建设状况与过程的研究

2015 年随着“一带一路”倡议的实质性推进,学术界随即跟进展开了系统研究。

关于政策沟通。A. Г. 拉林、B. A. 马特维耶夫、高晓慧针对俄罗斯如何看待欧亚经济联盟与“丝绸之路经济带”对接问题展开研究,认为建设“丝绸之路经济带”给俄罗斯既带来利益又带来风险。利益在于可以促使“中国—欧洲走廊”俄罗斯段的现代化改造和集约经营;风险在于中国影响力的提升将导致西伯利亚大铁路的运输份额减少并相对削弱俄罗斯在中亚的影响。俄罗斯应该适应新的现实,减少损失并抓住获得最大利益

① 国家信息中心“一带一路”大数据中心:《“一带一路”大数据报告(2016)》,商务印书馆,2016 年。

② 金巍主编:《梅花与牡丹:“一带一路“背景下的中国文化战略》,中信出版社,2016 年。

③ 陈元、钱颖一主编:《“一带一路”金融大战略》,中信出版社,2016 年。

④ 袁新涛:《“一带一路”建设的国家战略分析》,《理论月刊》2014 年第 11 期;王军、李锋:《通过六大战略支点打造 21 世纪“海上丝绸之路”》,《证券日报》2014 年 2 月 25 日 A3 版。

的机会。[①] 李新则认为，对接路线图应包括两方面的内容：第一，软环境将对接，即在中国与欧亚经济联盟对话和上合组织框架内讨论贸易、投资规则和商品技术标准的对接，实现贸易投资便利化，以及商品、资本和技术、服务自由流动，从上合自贸区经过经济伙伴关系到整个欧亚大陆经济空间；第二，硬环境对接，即务实推进六大经济走廊贯通整个欧亚共同经济空间，实现基础设施互联互通，推进产能合作，促进中国对相关国家的投资。[②]

林民旺从社会认知的角度，考察印度智库、媒体、学者对“一带一路”的基本看法以及对于印度是否应该加入中国“一带一路”的争论。认为印度社会对“一带一路”的看法存在较大分歧。印度官方则采取了“没有态度”的表态，显示出印度谨慎应对的立场。对此，作者提出了化解印度忧虑的基本思路，即寻求中印在南亚地区政策上的对接，尝试建立多边磋商沟通机制以及进一步发展彼此间的战略互信。[③] 甘均先则认为，“一带一路”符合印度的发展需求，其巨大的包容性、对亚欧贸易的重大影响力，将促使印度与中国实现“战略对接”。[④] 陈菲深入探究“一带一路”与印度“季风计划”的战略对接问题，认为中印应通过概念对接、功能对接和文化对接，中印之间能够规避冲突、凝聚共识、开拓合作。[⑤]

华倩认为，客观认识“一带一路”和“草原之路”战略对接中存在的挑战，倡导正确的义利观，夯实具体的合作路径，必将对中蒙两国的战略对接乃至未来“一带一路”沿线各国的互利合作形成良好的辐射作用，进而对整个东北亚的合作态势产生深远影响。[⑥]

马建英通过对美国媒体、学界、智库等的考察，发现美国国内虽然也不乏一些理性、客观的声音，但是总体上对中国的意图存在较大疑虑。如

① 〔俄〕A. Г. 拉林、〔俄〕B. A. 马特维耶夫、高晓慧：《俄罗斯如何看待欧亚经济联盟与“丝绸之路经济带”对接》，《欧亚经济》2016 年第 2 期。

② 李新：《丝绸之路经济带对接欧亚经济联盟：共建欧亚共同经济空间》，《东北亚论坛》2016 年第 4 期。

③ 林民旺：《印度对“一带一路”的认知及中国的政策选择》，《世界经济与政治》2015 年第 5 期。

④ 甘均先：《“一带一路”：龙象独行抑或共舞？》，《国际问题研究》2015 年第 4 期。

⑤ 陈菲：《“一带一路”与印度“季风计划”的战略对接研究》，《国际展望》2015 年第 6 期。

⑥ 华倩：《“一带一路”与蒙古国“草原之路”的战略对接研究》，《国际展望》2015 年第 6 期。

何化解？作者提出的策略选项包括：扭转“观念市场”，引导美方树立“我们的事业”意识；从最易处着手，打造吸引美国合作的示范工程；争取与美国的“新丝绸之路”计划对接，避免双方恶性竞争；妥善处理好周边海洋争端，防止相关国家加速倒向美国；坚持市场机制主导地位，为美国等域外国家企业创造平等参与机会；注重与美国主导的国际机构合作，化解多边阻力和政治风险等。①

王志民分析中哈产能合作及其溢出效应，中哈产能合作是“一带一路”与“光明之路”战略对接的基本内容，中哈产能合作的新理念和新形式为“一带一路”沿线国家和地区的产能合作提供了新思路和新样板。②

顾强对越南进行的实证调研分析，认为官方层面经历了从怀疑到谨慎欢迎的过程；学者层面欢迎与疑虑并存；媒体层面其观点和态度与官方立场相一致；商界与普通民众层面对“一带一路”不关心或不甚了解，故谈不上支持或反对。因此，促进中越合作共建“一带一路”需要制定好近期、中期以及远期规划。③

陆瑾从历史与现实结合分析伊朗人对“一带一路”的认知，认为伊朗从最初的观望和谨言慎行转向积极推动两国合作项目对接。民心相通是确保中伊顺利推进“带一路”建设的社会根基，项目对接是中伊双方落实“一带一路”倡议的重要支撑。④

左品分析“一带一路”建设与中拉合作深化问题，剖析拉美与“一带一路”建设对接的可能性与可行性，最后通过对美国西半球政策的思考，探讨其对中拉关系的深化可能产生的影响。⑤

总之，涉及众多“一带一路”沿线国家和相关国家，成果极为丰富，显示了研究的深入和广泛覆盖面。

关于道路联通。孟辽阔针对“一带一路”倡议的道路联通问题展开研

---

① 马建英：《美国对中国“一带一路”倡议的认知与反应》，《世界经济与政治》2015 年第 10 期。

② 王志民：《“一带一路”背景下中哈产能合作及其溢出效应》，《大陆桥视野》2017 年第 2 期。

③ 顾强：《越南各阶层对“一带一路”的认知与态度及其应对策略研究——对越南进行的实证调研分析》，《世界经济与政治论坛》2016 年第 5 期。

④ 陆瑾：《历史与现实视阈下的中伊合作：基于伊朗人对“一带一路”认知的解读》，《西亚非洲》2015 年第 6 期。

⑤ 左品：《关于“一带一路”建设与中拉合作深化的若干思考》，《国际观察》2015 年第 5 期。

究，认为推进"一带一路"倡议中的道路联通，一要以合作共赢为目标，二要对陆路和海路道路联通进行统筹兼顾，三要建设复合型的国际战略通道，四要增加对"一带一路"沿线国家的投资。① 龚静、尹忠明从铁路建设对我国"一带一路"倡议的贸易效应着手，利用 29 个省市 1998－2013 年的面板数据，通过构建异质性随机前沿模型分析了铁路建设对各省市贸易非效率部分的影响，结果显示铁路运输时间节省及运输距离减少均能够有效提高出口贸易效率；同时，要素禀赋对出口贸易规模影响显著，政府干预度对出口贸易效率及其波动性也有显著影响。② 王琴梅、曹琼在分析"一带一路"道路联通的现状、阻滞因素后，建议应从构建合作机制、保障海上运输通道安全，强化陆上交通基础设施建设，推进陆上互联互通、积极推进交通"走出去"，加强国际运输合作等方面来推进。③

关于贸易畅通。廖泽芳、宁凌基于实证考察，探究 21 世纪海上丝绸之路之中国与东盟贸易畅通问题，实证结果表明，经济增长和经济发展、人口总量、优惠贸易安排，以及国家沿海特征等是促进双方贸易畅通的因素，运输距离是阻碍贸易流通的核心变量，人民币升值也在一定程度上制约了双边贸易发展。因此，中国—东盟应推进海上道路联通，进一步加强贸易政策沟通，并与货币流通结合起来促进贸易畅通。④ 李剑力、黄立群针对"一带一路"贸易畅通的机制与促进对策问题，提出要着力构建政策对接机制、信息共享机制、通关协作机制、监管一体化机制和争端解决机制，从多领域、全方位、多层面切实地推动和实践贸易畅通。⑤ 廖泽芳、李婷、程云洁则分析中国与"一带一路"沿线国家贸易畅通的障碍及潜力，认为为了进一步促进中国与"一带一路"沿线国家之间的贸易发展，中国应

---

① 孟辽阔：《"一带一路"倡议的道路联通研究》，《黄河科技大学学报》2015 年第 5 期。

② 龚静、尹忠明：《铁路建设对我国"一带一路"倡议的贸易效应研究——基于运输时间和运输距离视角的异质性随机前沿模型分析》，《国际贸易问题》2016 年第 2 期。

③ 王琴梅、曹琼：《"一带一路"道路联通的现状、阻滞因素及推进建议》，《发展研究》2015 年第 10 期。

④ 廖泽芳、宁凌：《21 世纪海上丝绸之路之中国与东盟贸易畅通——基于引力模型的实证考察》，《经济问题》2015 年第 12 期。

⑤ 李剑力：《"一带一路"贸易畅通的机制与促进对策研究》，《黄河科技大学学报》2015 年第 6 期；黄立群：《"一带一路"贸易畅通策略研究》，《国际贸易》2016 年第 8 期。

当加强与“一带一路”沿线国家的贸易政策沟通、稳定双边贸易结算汇率，构造中国与沿线各国“互利共赢”的经济贸易增长格局。①

关于资金融通。马翔、李雪艳探究“一带一路”倡议背景下的资金融通问题，认为需要从以下八个方面进行突破，即逐步试点典型区域跨境人民币双向直航、完善现有双边货币互换与回购协议网络、在条件成熟区域推进跨境投融资便利化、形成跨区域的多层次金融网状组织体系、打造具有沿边区域产业的金融交易平台、发展一揽子本外币债券及本币债权计划、推动跨区域多边合作的投融资模式创新、完善区域协调监督与资本流动监测机制。② 徐坡岭、刘来会则认为“一带一路”愿景下资金融通的突破点，就在于以满足经贸资金需求和项目融资需求推动区域内资金融通机制化，推动人民币区域国际化，构建区域金融市场体系，加强区域内外国际金融合作是达成相关目标的政策选择。③ 刘黎黎、李向锋、孟初醒、吉哲还从“资金融通”视角，以工行为例，探究了商业银行助力“一带一路”倡议的问题。④

关于民心相通。梁红军撰文认为，推动民心相通关键工作是做好人文交流，要通过不同宗教间的对话交流来推动，要坚持旅游优先，以特色旅游来促进，要加强传媒合作，以好故事的感染来实现。⑤ 李自国则认为，民心相通至少有三个层次：相互了解；信任和友谊；命运共同体。而要提高沟通效果，还须注重沟通能力和渠道建设，讲究方式方法。⑥ 李诗和、徐玖平研究后认为，坚持忠恕之道可以打通人心相隔的阻梗，为“一带

① 廖泽芳、李婷、程云洁：《中国与“一带一路”沿线国家贸易畅通障碍及潜力分析》，《上海经济研究》2017 年第 1 期。

② 马翔、李雪艳：《“一带一路”倡议背景下的资金融通问题研究》，《内蒙古社会科学(汉文版)》2016 年第 1 期。

③ 徐坡岭、刘来会：《“一带一路”愿景下资金融通的突破点》，《新疆师范大学学报(哲学社会科学版)》2016 年第 3 期。

④ 刘黎黎、李向锋、孟初醒、吉哲：《从“资金融通”视角看商业银行助力“一带一路”倡议——以工行为例》，《现代商业》2017 年第 12 期。

⑤ 梁红军：《“一带一路”倡议的民心相通研究》，《黄河科技大学学报》2015 年第 6 期。

⑥ 李自国：《“一带一路”愿景下民心相通的交融点》，《新疆师范大学学报(哲学社会科学版)》2016 年第 3 期。

一路”建设营造和谐的人文环境，铺筑通畅的人心通道。[①] 丁俊认为，中国与伊斯兰国家间的“民心相通”需要深化中华文明与伊斯兰文明的对话、交流与互鉴，是一项宏大而系统的文明交往工程。[②] 张广兴、张晗、张盈盈认为，可通过发动沿线国家人民积极参与，推进人文外交，多层次、全方位讲好中国故事，加强统筹协调，建立有助于“民心相通”的相关机制和平台，加强中国企业社会责任等来推动“民心相通”。[③]

翟崑、王丽娜选取东盟十国的民心相通指数作为研究对象，分析中国—东盟民心相通的现状，比较成员国之间的异同和形成原因，并提出政策建议。[④] 邱华、盛周强、杨敏以中斯合作建设“惠民、暖心”的洁水工程为切入点，认为中斯以“政产学研”的合作模式，打造“惠民、暖心”的“洁水工程”，努力提升斯里兰卡饮用水安全保障能力，为促进中国与“一带一路”沿线国家的“民心相通”发挥了积极作用。[⑤] 徐绍华、蔡春玲、李海樱研究认为，中国与东南亚南亚国家的民心相通虽然具备一定的地缘、族缘、人缘、文缘、商缘优势，但由于受战略互信、领土争端、政局动荡、投资保护、大国干预、宗教问题、旅游交往等多种因素的影响，也面临一些严峻挑战。实现中国与东南亚南亚国家的民心相通需要从心开始，通过政府、文化、经济、旅游、制度等路径选择，运用交心、动心、凝心、化心、合心等实践策略，才能取得良好的民心相通效果。[⑥]

4. 关于“一带一路”倡议面临挑战与风险的研究

从习近平先后提出“一带一路”建设战略的地点看，该战略首先涉及的是中国与周边国家的关系，实际上就是如何拓展中国发展空间的问题；

---

① 李诗和、徐玖平：《以“忠恕之道”实现“一带一路”建设的民心相通》，《青海社会科学》2016 年第 6 期。

② 丁俊：《论中国与伊斯兰国家间的“民心相通”》，《阿拉伯世界研究》2016 年第 3 期。

③ 张广兴、张晗、张盈盈：《“民心相通”：推进“一带一路”倡议的社会根基》，《河北师范大学学报(哲学社会科学版)》2017 年第 2 期。

④ 翟崑、王丽娜：《一带一路背景下的中国—东盟民心相通现状实证研究》，《云南师范大学学报(哲学社会科学版)》2016 年第 6 期。

⑤ 邱华、盛周强、杨敏：《“政产学研”联手共建“一带一路”——中斯合作建设“惠民、暖心”的洁水工程》，《中国科学院院刊》2017 年第 4 期。

⑥ 徐绍华、蔡春玲、李海樱：《从心开始：中国与东南亚南亚国家民心相通的对策思路》，《创新》2017 年第 2 期。

其次，从各地政府纷纷出台参与规划方案和政策，实际上又是中国国家内部发展的问题。一内一外相得益彰，相辅相成，“一带一路”建设才能取得最大成效。但是，“一带一路”外部的情况最为复杂，由于涉及众多境外国家，地缘政治复杂，面临诸多挑战。对于外部的挑战，学者们多方做了探讨。李建民认为，建设“丝绸之路经济带”的重点障碍和关键环节不在国内，而在国外，未来中国面对的最大挑战是如何处理“丝绸之路经济带”建设中缺乏主导国与推进制度建设之间的平衡关系，特别是要处理好与地区大国俄罗斯、印度的关系。结论是“丝绸之路经济带”是大国角力的舞台，没有这些国家的共同推动，“丝绸之路经济带”的建设将十分困难。

潘志平则从复杂的国际大环境，主要是美国因素和俄罗斯因素；动荡的国际小环境，中亚小环境政局动荡不止，“三股势力”呈发展态势，是“丝绸之路经济带”所面对的重大障碍；相关国家、人民的复杂心态，一方面寻求共同发展，另一方面对高速发展的中国存有相当大的戒心三方面，对存在的挑战做了思考。①

关于“21 世纪海上丝绸之路”建设面临的挑战，有学者认为，由于南中国海问题、美日“印太战略”的竞争、印度的地缘政治以及中东非洲局部地区形势动荡不安与贫穷，是中国面临着复杂的地缘政治挑战；中国的航路安全和合作项目的可持续性受到严重威胁。②

针对“一带一路”建设，袁新涛在研究中明确地指出，主要挑战是：(1)美国实施“新丝绸之路”战略和主导跨太平洋伙伴关系协定；(2)俄罗斯实施“欧亚经济联盟”战略和寻求欧亚地区事务主导权；(3)日本实施“丝绸之路外交”战略和搅局南海围堵中国；(4)国内省市争打丝绸之路牌引发无序竞争和恶性竞争。③

但张蕴岭则认为：第一个最大的挑战就是疑虑，对中国的战略性的疑虑，对中国的倡议战略意图有怀疑，担心中国主导，不合作；第二个挑战就是诸如南海等争端，要超越争端，这样才能发展建设；第三个是投资等

---

① 参见《“丝绸之路经济带”构想的背景、潜在挑战和未来走势》，《欧亚经济》2014 年第 4 期。

② 全毅、汪洁、刘婉婷：《21 世纪海上丝绸之路的战略构想与建设方略》，《国际贸易》2014 年第 8 期。

③ 袁新涛：《“一带一路”建设的国家战略分析》，《理论月刊》2014 年第 11 期。

风险的挑战；第四个挑战是我们自己急于求成；第五个挑战是开放性，倡议是中国提出的，但要变成大家的行动，欢迎所有的国家参与，包括国际现有的组织。[①] 这种兼顾内部与外部因素的认识，更有理性。

从现实针对性角度出发，《中国周边安全形势评估："一带一路"与周边战略(2015)》报告课题组认为，2015 年是"一带一路"倡议推进的关键期。从目前来看，至少面临四方面的挑战：一是一些国家对中国的战略意图有怀疑；二是大国博弈，一些大国出于担心"一带一路"与自己在本地区的影响力构成挑战，不仅自己排斥"一带一路"倡议，而且设法加以遏制；三是中国如何妥善化解与邻国的领土领海争端；四是如何保障中国资金和企业的安全。[②] 张洁撰文强调海上通道安全与中国战略支点的构建的重要性，认为中国应以海洋强国战略和"21 世纪海上丝绸之路"倡议为依托，借鉴古代历史经验，结合互联互通、基础设施投资、港口建设的布局，分类型、按步骤地将重点港口打造为本国的战略支点，其中，印度尼西亚的苏门答腊岛和加里曼丹岛应该成为优先选项。中国应兼顾经济与安全利益，加强对两岛重点港口的现代化建设，通过划定工业园区、投资基础设施建设，实现冶炼、造船等产业的发展与升级，使这些港口兼备商用与军用功能，可为中国船只和海上力量提供后勤补给，助力中国维护海上通道安全和掌控关键性航道。[③]

学者们普遍都存在共识，认为中国面临的挑战主要是：首先是中国和邻国的领域主权之争，诸如中日钓鱼岛主权争议，中菲中越南海岛屿主权争议等；其次是相关国家政局动荡的影响，从中亚到西亚再到非洲，尤其是西亚和非洲，内部的宗教冲突和政局动荡，还有非传统的恐怖主义滋扰，是困扰中国和这些国家开展合作的主因；其三是世界大国的干扰和影响，尤其是美日针对中国的破坏行动；其四是中国资本与产能输出收益

---

① 李雅琦：《张蕴岭："一带一路"是开放平台，应该包括韩国和日本》，澎湃新闻 http://www.thepaper.cn/newsDetail_forward_1295690。

② 张洁主编：《中国周边安全形势评估："一带一路"与周边战略(2015)》，社会科学文献出版社，2015 年。

③ 张洁：《海上通道安全与中国战略支点的构建——兼谈 21 世纪海上丝绸之路建设的安全考量》，《南亚研究》2015 年第 2 期。

问题。

关于风险问题。张明认为,“一带一路”倡议要正视投资收益率低、投资安全挑战大、政府出资不确定、经济结构难调整、加深对中国的误解、国家政策不确定等六大潜在风险。① 周方银则认为,“一带一路”面临的风险挑战包括如何从启动阶段更快更平稳地过渡到可持续的良性发展轨道;在发展过程中,由于国际形势变化等引起的中途发生局部逆转的风险;战略回报与战略投入不匹配,或者在一定时期内战略回报不是十分明显的可能性;建设过程中资源的碎片化、零散化使用,不能发挥系统性效果的问题;“一带一路”国内支持动力的可持续性问题等等。② 王义桅、郑栋研究后认为,“一带一路”倡议面临双边行为中言行不一、损人利己等行为的道德风险,应从观念、机制、实践三方入手,在继承传统丝路精神的基础之上,促使民心相通,使道德风险趋于缓和,并以此为契机逐步推动“一带一路”建设的顺利开展。③

5. 关于“一带一路”倡议影响和意义的研究

2013 年 9、10 月份,习近平提出“一带一路”倡议构想,到 2014 年 11 月,中国成功主办 APEC 峰会,将“一带一路”外交深化为“互联互通”,以及 G20 峰会和习近平访问南太三国及与该区域岛国领导人会晤期间,“一带一路”已经从战略理念转化为外交实践,而且成效斐然,如亚太自贸区提上日程,中韩、中澳结束实质性谈判等等。这意味着中国不仅将海上丝绸之路延伸至南太国家,更将“互联互通”的地缘概念从“一带一路”拓展至整个亚太地区。在“一带一路”从理念提出到实践过程中,学者们围绕其影响和意义做了不少探索和研究。

从长期发展的角度,李建民认为,建设“丝绸之路经济带”可推动亚欧大陆各国的经济合作,促进各国经济发展,进一步改变整个亚欧大陆的经济版图。这一战略实施的终极结果将会构建国际经济新秩序,进而构建国际政治、文化新秩序;李新认为“‘一带一路’构成了中国全方位对外开

---

① 张明:《直面“一带一路”的六大风险》,《国际经济评论》2015 年第 4 期。
② 周方银:《“一带一路”面临的风险挑战及其应对》,《国际观察》2015 年第 4 期。
③ 王义桅、郑栋:《“一带一路”倡议的道德风险与应对措施》,《东北亚论坛》2015 年第 4 期。

放的战略新格局和周边外交战略新框架，标志着中国对外开放战略发生了实质性变化。”①

冯宗宪认为，对于中国而言，“一带一路”构想寄托着多层次的区域合作愿景。其一，从国内段而言，这是一个引领未来中国西部大开发、实施向西开放战略的升级版。其二，从国际段的中国紧邻区域而言，这一构想符合上海合作组织框架下区域经济合作发展的新方向。其三，从整个国际段而言，这一构想展现了中国发展区域共赢合作的新理念、新蓝图、新途径和新模式。② 张燕生则从“一带一路”建设与和谐世界建设关系着眼，指出它“有利于世界和谐发展”。③

还有学者认为，“一带一路”的提出是中国外交思想的重大创新，它将为中国与相关国家既有的双多边机制及区域合作平台注入新的内涵和活力，加速推进中国亚洲大区域合作战略，并由此连接“中国梦”与“世界梦”。④ 有学者甚至认为是超越了“三步走”发展战略的框架，“包含了崭新的战略思考和构思。”⑤

彭光谦从世界秩序重建的角度，认为“‘一带一路’是一项在世界大棋盘上下棋的国家大战略，是源远流长的中华优秀文化在当代的传承与发展，是推动‘中国梦’与‘亚太梦’‘世界梦’有机衔接，推动21世纪人类进步和共同发展的新动力。它必将促进世界政治生态的健康发展和世界经济版图的重绘。”⑥

林毅夫从经济发展的视角看待“一带一路”倡议的影响，认为“发展中国家，目前基本上都遇到工业化和现代化的窗口期，只要抓住机会，参加中国‘一带一路’的构想，很可能会像中国一样，实现过去三十多年的高速

---

① 《“丝绸之路经济带”构想的背景、潜在挑战和未来走势》，《欧亚经济》2014年第4期。

② 冯宗宪：《“一带一路”构想的战略意义》，《光明日报》2014年10月20日第11版。

③ 张燕生：《“一带一路”建设有利于世界和谐发展》，《中国经济周刊》2014年11月17日。

④ 黄日涵、丛培影：《“一带一路”开拓中国外交新思路》，《时事报告》2014年第11期。

⑤ 刘瑞：《从“三步走”到“一带一路”：中国现代化战略的形成与升华》，《中国社会科学报》2014年10月20日第A07版。

⑥ 彭光谦：《“一带一路”战略构想与国际秩序重构》，http://www.scio.gov.cn/ztk/wh/slxy/31215/Document/1391522/1391522.htm。

增长。”[①]刘慧、叶尔肯·吾扎提、王成龙探究“一带一路”倡议对中国国土开发空间格局的影响，认为“一带一路”倡议对国土空间格局将产生重要影响，有助于促进均衡国土空间的形成；将促进内陆地区形成若干个大都市经济区和内陆开放型经济高地，同时，强化与“一带一路”国际大通道相对接的国内开发轴线的地位和作用，形成全方位对外开放的国土空间格局；将进一步增强沿海地区的国际竞争力，形成“高效”的国土空间；将加快内陆沿边地区主要口岸和沿边城市的发展，使沿边地区成为重要的国土开发新空间。[②] 李凤亮、宇文曼倩从“一带一路”对文化产业发展影响的视角，指出“一带一路”倡议的提出有利于文化产业“走出去”，整合文化产业资源要素，推进文化产业区域协作，丰富文化产品内容。如何才能率先在“一带一路”文化产业建设中取得突破，一要坚持文化引入，突出交流先行；二要打造文化载体，发展文化旅游；三要深入跨区域融合，开拓发展空间；四要加强跨文化交融，扩展文化内涵。[③]

安虎森、栾秋琳从东亚分工格局的演变来探讨“一带一路”倡议的影响，认为“‘一带一路’战略通过构建以中国为‘雁首’、沿线国家为‘雁身’的新型分工体系，以互联互通的方式，引领沿线国家实现共同发展，为东亚经济再起飞和世界经济复苏创造了有利条件。”[④]

《人民日报》的评论最经典地概括了该战略的时代意义，指出：“‘一带一路’有助于实现中国与周边、与亚欧国家发展战略的对接，编织更加紧密的共同利益网络，将双方利益融合提升到更高水平”。[⑤] 杜德斌、马亚华认为，“一带一路”为21世纪中国国家大战略指明了地理方向，是中国在新的地理历史条件下融入欧亚大陆的第一次尝试。在空间上，“一带一

---

① 蔡敏婕、陈骥旻：《林毅夫：建设21世纪海上丝绸之路可为沿线国家带来工业现代化》，http://www.scio.gov.cn/ztk/wh/slxy/31215/Document/1387458/1387458.htm。

② 刘慧、叶尔肯·吾扎提、王成龙：《“一带一路”倡议对中国国土开发空间格局的影响》，《地理科学进展》2015年第5期。

③ 李凤亮、宇文曼倩：《“一带一路”对文化产业发展的影响及对策》，《同济大学学报(社会科学版)》2016年第5期。

④ 安虎森、栾秋琳：《“一带一路”倡议下东亚分工新格局的演变及实施方略》，《南京社会科学》2017年第2期。

⑤ 钟声：《丝路精神，贯穿古今开新篇——聚焦“一带一路”倡议的时代意义(上)》，《人民日报》2014年2月25日第3版。

路”分别从欧亚大陆中部心脏地带和南部边缘地带，从东向西把这块大陆上的主要战略枢纽区串连了起来，其成功实施将赋予中国作为重要力量参与欧亚大陆战略态势的基本能力，并极大优化中国外部安全环境。①

或许从世界热炒“一带一路”是中国版马歇尔计划的话题中也不难体会该战略的国际影响与意义。2014 年 11 月在中国主办 APEC 会议之际，“马歇尔计划 2.0”或“中国版马歇尔计划”的名词开始在海内外媒体迅速蔓延传播，也成为学界讨论的焦点。一些媒体人和学者简单套用“马歇尔计划”来评价认知“一带一路”倡议，更多学者则批评这一观点，认为忽视了二者的差异，如张蕴岭就强调马歇尔计划系美国支持战后欧洲复兴，而“一带一路”是作为发展中国家的中国立足于发展中国家对发展中国家的援助，追求合作共赢。②

三、“一带一路”倡议研究的未来展望

“一带一路”倡议本身是统筹内外的国家大战略，研究中的视角、视野和眼界的高低决定立论的高下。实际上，无论是媒体，还是研究者，在高度关注的同时，要不断思考未来研究的空间和可能性，才能持续为这一战略的实践提供智力支持。

首先，应重视宏观、整体研究和顶层设计，突破地区和部门利益局限，解决中国各地区一窝蜂的同质化问题。综观现有研究成果，笔者认为存在的不足也是明显的。

有关“一带一路”研究成果和各类报道呈现井喷式的状况，推进了“一带一路”倡议的研究。但现有成果很多是地方各级政府主导和驱动的，不可避免具有地方主义的特色，掺杂地区和部门利益，如关于“丝绸之路经

---

① 杜德斌、马亚华：《“一带一路”：中华民族复兴的地缘大战略》，《地理研究》2015 年第 6 期。

② 《外媒热炒“中国版马歇尔计划”》，《中国报道》2014 年第 12 期；王继成：《“一带一路”是中国版马歇尔计划吗？》，《时代人物》2014 年第 12 期；叶檀：《中国推出马歇尔计划如何取得成功？》，《中国经济信息》2014 年第 22 期；冯维江：《为中国版“马歇尔计划”正名》，《当代金融家》2014 年第 12 期；施文婷：《中国版“马歇尔计划”》，《中外企业家》2014 年第 24 期；刘英：《“一带一路”战略不是中国版“马歇尔计划”》，《经济参考报》2015 年 1 月 9 日第 015 版；李雅琦：《张蕴岭：“一带一路”是开放平台，应该包括韩国和日本》，澎湃新闻 http://www.thepaper.cn/newsDetail_forward_1295690 等。

济带"起点的争论，西安与连云港就是典型，在陕西学者的研究中，是以西安为中心加快建设丝绸之路经济带新起点；江苏连云港则以杂志《大陆桥视野》为依托，连续刊文要将连云港建设成"丝绸之路经济带"的"东方桥头堡"；①云南也提出要"作为中国面向西南开放的桥头堡"，可以打造成为联接枢纽。② 再如关于"21 世纪海上丝绸之路"起点，就有福建泉州、广东广州等城市间的争论，如广州提出"推进 21 世纪海上丝绸之路建设发挥排头兵和引领示范作用"，③福建提出打造"21 世纪海上丝绸之路"重要枢纽，④上海学者黄仁伟也提出上海要在"21 世纪海上丝绸之路"建设中具有枢纽地位，⑤广西提出钦州港要在"21 世纪海上丝绸之路"建设中发挥桥头堡作用⑥等。关于"丝绸之路经济带"和"21 世纪海上丝绸之路"交汇点，也有连云港与宁波港的争论等。⑦ 如何避免重复性研究和无谓争论，真正找到发展的症结和问题，通过切实的改革，为"一带一路"注入地方活力，仍是一个待解的难题。现有研究还出现另一种现象，就是"一带一路"的泛化，诸如《"一带一路"环境下的英语教学改革》《中国工

---

① 李伯牙：《丝绸之路经济带"桥头堡"之争》，《21 世纪经济报道》2013 年 10 月 24 日；本刊编辑部：《多方合作共创大陆桥美好明天》，《大陆桥视野》2013 年第 12 期；刘易平：《丝绸之路经济带东西桥头堡加强合作促发展》，《大陆桥视野》2013 年第 12 期；刘成文、尹克忠：《将连云港建设成为"丝绸之路经济带"的东方桥头堡的策略研究》，《大陆桥视野》2013 年第 12 期；仲其庄：《充分发挥连云港港口与口岸在丝绸之路经济带建设中的枢纽地位和引领示范作用——访连云港市委常委、市政府党组成员、港口管理局局长吴以桥》，《大陆桥视野》2014 年第 2 期；古龙高、古璇：《丝绸之路经济带东方桥头堡发展方略》，《大陆桥视野》2014 年第 3 期；本刊编辑部：《打造"一带一路"东方桥头堡》，《大陆桥视野》2014 年第 11 期等。

② 余雪彬：《学者：建设南方丝绸之路经济大走廊，促进共同繁荣》，http://www. scio. gov. cn/ztk/wh/slxy/31215/Document/1389034/1389034. htm。

③ 罗桦琳、王鹤、王晓全：《14 位专家在广州论坛支招"海上丝绸之路"》，《广州日报》2014 年 11 月 28 日。

④ 尤权：《打造 21 世纪海上丝绸之路重要枢纽》，《求是》2014 年第 17 期。

⑤ 吴振东、郭敬丹：《21 世纪海上丝绸之路上海论坛在沪举行，专家强调"上海使命"》，http://www. simic. net. cn/news_show. php? id=158904。

⑥《钦州港：建设"21 世纪海上丝绸之路"桥头堡》，http://www. simic. net. cn/news_show. php? id=152480。

⑦ 赵晓江：《打造"一带一路"海陆交汇点》，《人民论坛》2014 年第 27 期；冯伟、鞠海涛、贺成旭：《"一带一路"陆海交会枢纽——连云港》，《中国交通报》2014 年 9 月 1 日第 5 版；宋兵、胡泽波、张帆：《宁波港串起海陆"丝绸之路"》，《浙江日报》2014 年 6 月 23 日第 11 版；戴东生：《"一带一路"海陆联运枢纽发展研究——以宁波为例》，《城市观察》2014 年第 6 期等。

程机械标准化与“一带一路”》等就体现了这一现象。笔者不是认为它们没有关系或联系，而是认为这种联系的意义到底何在？是需要研究者深思的。

现有研究存在的不足，这正是未来可以拓展或者需要充实的领域。同时，如何利用地方的积极性参与周边国家在铁路、公路、口岸等基础设施方面建设的问题，综合未来发展的空间布局和战略需求，树立全国一盘棋理念，突破地方性和部门利益的窠臼和局限，强化整体性、系统性、宏观性研究，仍是需要强化和加强的研究方向。

其次，强化人文领域研究。这不仅仅是指对“一带一路”以往人文历史发展内容的研究，更重要的是注重对当代人文交流现象和内容的研究。目前的研究大多集中于探讨历史上人文交流的状况，而忽视对现实存在问题的探究，尤其是在“一带一路”倡议推动下，中外交流日益广泛，民族融合现象非常突出，也带来了许多问题，这对人类意味着什么？如何解决？有何启示？都需要学者展开接地气的探究。因为“一带一路”绝不仅是经济发展之路，更应该是人文交流发展之路，促进各民族间的交流与交融，创造中华文化走向世界之路。

其三，重视和拓展“一带一路”对相关国家关系影响的研究。综合来看，前瞻性研究还不够。“一带一路”倡议，需要将其放置于国际关系的现实状态中来考虑。但现如今的研究多重视大国因素，即对美俄关系研究多，而忽视对蒙古一类国家的研究，例如对于朝鲜半岛尤其是朝鲜参与“一带一路”问题的研究几乎是空白，日本纳入“一带一路”相关问题也需要展开系统研究。重视周边国家，但却忽视对“一带一路”辐射区域国家战略的对接研究。“一带一路”承载的是沟通中国梦与世界梦的伟大使命，是实现世界和谐、和平发展的载体。不仅仅应从经济、产业、人文等着手，还应重视对世界格局、国际秩序、各国关系影响的研究。“一带一路”地域空间很广，如何按照经济分工原则定位进行分工和整合，实现区域经济资源的有效利用和合理配置？如何发挥民间和市场力量的积极作用？此外，周边国家受其他大国因素的影响，对中国“一带一路”的合作意愿度因其发展水平差异、认识水平不同而各不相同，如何从国家更高的战略角度来平衡和驾驭各个方向的发展战略和关系？再如俄罗斯学者认为，俄罗斯或将“丝绸之路经济带”视为挑战，因为中亚是俄罗斯的传统势力范围，而且是全球大国博弈的地区。从中亚角度，最佳方案是双边和多边关系基础上的俄罗斯、中国、美国、欧盟和国际机构建立强有力的对话与合作机制。有学者甚至认为，其成功与否取决于上海合作组织能否转型。[①]诸如此类的问题都需要展开及时而充分的研究。

当今时代，在技术进步的推动下，电子商务飞速发展，已成为引领未来商业消费的主要模式。如何在“一带一路”建设中植入电子商务的元素，推动中国和世界的电子商务水平和能力，应该成为研究者必须关注的问题。现有的研究，虽然关注到了这一问题，但研究成果较少，[②]需要及时总结实践经验，是研究者可以大有作为开拓创新的方向。

总之，“一带一路”研究还只是刚刚开始，既有的问题本身研究还需要深化，有些问题才刚刚显露，而随着时间的推移，“一带一路”实践的深入，未来还有许多新问题会不断涌现，因此，对“一带一路”的研究将是一个不断攀登的过程，是实现由自然王国迈向理性王国、最后走向自由王国的过程。

第二节　习近平“一带一路”倡议的逻辑起点与思想源泉

党的十八大以来，习近平总书记站在党和国家事业发展全局的高度，发表了一系列事关外交工作全局和长远发展的重要讲话和指示。这些讲话和指示，立足于对国际国内两个大局形势的判断，运用马克思主义的立场、观点、方法，对新形势下外交工作的一系列重大理论和现实问题作了科学回答，其最核心的就是形成了“一带一路”的战略思想，标志着我们党对外交工作规律的认识达到了一个新高度，是党中央治国理政新理念、新思想、新战略的重要组成部分，是新时期外交工作的行动纲领和思想指南。

---

① 中国人民大学重阳金融研究院主编：《欧亚时代——丝绸之路经济带研究蓝皮书 2014－2015》，中国经济出版，2014 年。

② 杜群阳、黄卫勇、方建春、王莉、黄金亮、李凯：《“网上丝绸之路”对“一带一路”战略的意义》，《浙江经济》2014 年第 24 期。

那么,为什么会是“一带一路”?是什么样的问题意识促使习近平总书记审时度势提出了这一牵动中国与世界大局、全局的战略?时间距“一带一路”倡议的提出已过去了4年多了,围绕“一带一路”倡议研究的成果已非常丰富,笔者仅在中国知网,键入关键词“一带一路”,并设定全文词频“3”作为条件进行检索,获得10941个检索结果,其中2014年135个,其余均为2015年1月至2017年12月30日间发表的论文或文章。[①] 当然,人们在思考与研究“一带一路”倡议时,一直在深思其隐藏在背后的问题意识,换言之,其逻辑起点到底是什么?但迄今为止,在笔者看来将提出“一带一路”的逻辑起点仅仅归结为“经济逻辑”[②]显然是不够的,而且不够准确和全面。笔者认为,推动习近平总书记提出“一带一路”倡议的内在动力是中国经济走向世界与制约实现中国经济“走出去”的现实内外矛盾和坚持和平发展、合作共赢与制约实现和平发展、合作共赢的现实人类社会矛盾。这两对矛盾是当前我国外交工作展开的原点,也是习近平总书记“一带一路”倡议思想的逻辑起点。

首先,中国经济“走出去”遭遇严重冲击和制约。自2002年党的十六大首次提出“实施‘走出去’战略”[③]以来,对外贸易、投资、劳务合作等飞速发展,货物出口由2003年的4382亿美元增长到2007年的12180亿美元,2003年全年对外承包工程、对外劳务合作完成营业额172亿美元,2007年则对外直接投资187亿美元,对外承包工程完成营业额406亿美元,对外劳务合作完成营业额68亿美元,[④]达到历史新高。但是,2008年的国际金融危机带来巨大冲击,2009年货物出口额12017亿美元,比

---

① 检索时间2018/4/10 8:30。

② 卢锋、李昕、李双双、姜志霄、张杰平、杨业伟:《为什么是中国?——“一带一路”的经济逻辑》,《国际经济评论》2015年第3期,第11页。

③ 《人民日报》2002年10月17日。

④ 中华人民共和国国家统计局:《中华人民共和国2003年国民经济和社会发展统计公报(2004年2月26日)》,http://www.stats.gov.cn/tjsj/tjgb/ndtjgb/qgndtjgb/200402/t20040226_30017.html。中华人民共和国国家统计局:《2007年国民经济和社会发展统计公报(2008年2月28日)》,http://www.stats.gov.cn/tjsj/tjgb/ndtjgb/qgndtjgb/200802/t20080228_30022.html。最后访问日期:2018年6月13日。

2007年还少163亿美元，与上年相比下降16%。[①] 与此同时，各种针对中国的贸易保护主义措施日益增多，使我国"走出去"战略蒙上阴影。在此种情况下，突破口在哪里？如何为过剩的产能寻找到新的市场与空间，为我国经济的可持续发展提供动力？如何为区域协调发展提供动力？如何为西部大开发战略提供新动能？诸如此类问题，归结起来，就是如何为破解发展的内部难题寻找到新的出路。其次，要实现"走出去"战略，外部环境至关重要，换言之，现实的世界是否为我们实现"走出去"战略准备了条件。

有外因与内因结合就构成了"一带一路"倡议提出的逻辑起点。而建立在逻辑起点之上的更深厚的思考，却是历史逻辑与时代逻辑交织而成的思想源泉。

一、"一带一路"倡议的历史逻辑

1. "丝绸之路"是"一带一路"倡议的历史源头

如果我们把汉代张骞通西域，完成了"凿空之旅"，视作"一带一路"产生的逻辑起点的话，那么，"一带一路"就是承续我国古代丝绸之路历史而产生的。

公元前139年，汉武帝为彻底解除匈奴族人对北部边疆的威胁，计划联合大月氏共抗匈奴，于是派遣张骞出使西域。张骞此行恢复了内地与西域的联系，直接影响和促进了汉朝与西域诸国的关系，从此揭开"丝绸之路"历史发展的序幕。尽管学术界研究后也承认，"丝绸之路"无论是作为地理概念，还是作为文化、学术概念，最初是19世纪70年代，由德国地理学家李希霍芬(Ferdinand von Richthofen)首次提出来的，他认为"丝绸之路"就是"自公元前114年至公元127年间连接中国与河中以及印度的丝绸贸易的西域道路。"[②]随时间推移，中外学者持续探索，陆上与海上"丝绸之路"都被确定，使其内涵与外延不断清晰，"丝绸之路"——是一条

---

① 中华人民共和国国家统计局：《中华人民共和国2009国民经济和社会发展统计公报(2009年2月25日)》，http://www.stats.gov.cn/tjsj/tjgb/ndtjgb/qgndtjgb/201002/t20100225_30024.html。最后访问日期：2018年6月13日。

② 〔德〕Richthofen, F. V. *China*, Bd. 1, Berlin, 1877, 454 ff.

将沿途各国经济、政治、军事、文化、民族等紧密联系起来的，连接欧亚大陆的贸易通道，[1]成为专属名词闻名于世界。

我国是一个具有五千年文明历史的国家，在中国古代历史的发展过程中，中华民族不断拓展对外贸易交流之路，共发展出 4 条主要通道：(1)始于中国长安，经甘肃河西走廊、新疆通往中亚、西亚、波斯湾和地中海的“沙漠丝绸之路”，经河西走廊至敦煌分南北两路：南路从敦煌经楼兰、于阗(今和田)、莎车，穿越葱岭(今帕米尔)到大月氏、安息(今伊朗)，往西到达条支(今波斯湾)、大秦(古罗马帝国东部)；北路从敦煌到交河、龟兹(今库车)、疏勒(今喀什)，穿越葱岭到大宛(今费尔干纳)，往西经安息到达大秦。[2] 作为“丝绸之路”的主干道，长约 7000 公里，一直将以丝绸为代表的众多商品和富含东方特色的瓷器、铁器、金银器等工艺品从中原远销至地中海沿岸，使中华文明为世人神往。(2)经云贵通往南亚印度的“茶马古道”，以长安为起点，经成都、雅安、到大理，这是主线路，以四川成都为起点，向东南亚、南亚、西亚辐射，又形成三条具体的路径：一条为西道，即“旄牛道”，始于成都，经云南进人缅甸和东南亚，远至印度和孟加拉地区；一条是东道，又称“五尺道”，经四川、云南中部南下到达越南及中南半岛；还有一条唐宋时期发展起来的“茶马古道”，通过四川、云南进人西藏，进而抵达尼泊尔与印度。[3] 通过这条通道，中国的丝绸、蜀布、筇竹杖、铁器等源源不断的输出，国外的琉璃、宝石、翡翠等又输入。(3)经蒙古和俄罗斯通往欧洲的“草原丝绸之路”，它由中原地区向北越长城至塞外，穿过蒙古草原向西经中亚草原至南亚、西亚，直达地中海北陆欧洲地区，是以丝绸、皮毛和茶马等物的经贸交往主干道，又称“皮毛之路”“茶马之路”。早在公元前 5 世纪就有贸易记载，是丝绸之路中形成时间最早、延续时间最长、历经路程最远的经贸人文通道。[4] (4)以泉州、广州、扬州等为起点，经南海、太平洋和印度洋，至朝鲜、日本、东南亚诸国、南亚诸

① 周伟洲、丁景泰主编：《丝绸之路大辞典》，陕西人民出版社，2006 年，第 1 页。

② 国家图书馆编：《丝绸中的记忆》，国家图书馆出版社，2013 年，第 178 页。

③ 参见张晓红、詹小美：《“一带一路”生成发展的历史逻辑》，《广西社会科学》2017 年第 10 期，第 152 页。

④ 周伟洲、丁景泰主编：《丝绸之路大辞典》，陕西人民出版社，2006 年，第 5 页。

国、阿拉伯和东非沿海诸国的海上商路——“海上丝绸之路”。海上贸易以陶瓷和香料为最，故而又称“海上陶瓷之路”和“海上香料之路”。[①] 尽管各条贸易交流通道形成、发展的主客观条件存在明显的差异，不同时期贸易对象、贸易内容也具有不同的特点，不过有一点是共同的，即总体上对外输出的商品以丝绸、瓷器、茶叶等为大宗，所以人们统称为“丝绸之路”，今天依然是中国最重要的对外合作交流通道。[②]

有学者研究后认为，发轫于西汉的陆上“丝绸之路”，在2000多年的历史进程中，经两汉与魏晋南北朝的繁荣发展，至唐代达到鼎盛，于宋元逐步式微，明清时期衰落。始于秦汉的海上“丝绸之路”，“兴于隋唐，盛于宋元，于明初达到顶峰”，18世纪中期，清朝厉行海禁，趋于衰落。最终结局是“丝绸之路”经历了“清朝的‘历史终结’”。[③] 笔者不认同这一说法，因中国政治变迁和沿线国家政治环境变化，“丝绸之路”陷入衰落，但并没有完全中断，只不过与兴盛时期相比，规模与范围大幅缩小而已。历史事实是，鸦片战争后，虽然在西方列强的冲击下，以中国为中心的陆上还是海上“丝绸之路”都一蹶不振，进入了衰落期，但在抗日战争时期的特殊因素刺激下，除海上丝绸之路外，其他“沙漠丝绸之路”“茶马古道”“草原丝绸之路”三条线路都成为支援战争的生命线而出现繁忙景象。例如，云南作为与国外直接贸易的通道，1937－1940年滇越铁路就运送各类军需民用物资150万吨，各类人员300余万人；1938－1942年，滇缅公路共运入各类物资45.5万吨，运送矿砂、桐油等出口物资10余万吨；1942－1945年间的中印驼峰航线，运送物资780674吨，运送人员33477人；传统的马帮运输也再度兴盛，据不完全统计，仅兵工署委托永昌祥等由畹町经滇缅驿运干线进口内运的物资

---

① 国家图书馆编《丝绸中的记忆》，国家图书馆出版社，2013年，第180页。

② 张宁：《“丝路精神”作为古老的合作原则，更应发扬光大——学者解读习近平在中阿合作论坛部长级会议开幕式主旨讲话》，人民网 http://theory.people.com.cn/n/2014/0605/c148980-25109174.html。最后访问日期：2018年1月6日。

③ 参见张晓红、詹小美：《“一带一路”生成发展的历史逻辑》，《广西社会科学》2017年第10期，第149－152页。

就有 20092.8 吨。[①] 西北地区，依托新修建的兰新公路，自 1937 年 9 月至 1941 年 10 月，苏联援华物资包括飞机 1562 架、坦克 164 辆、各式火炮 1850 门、各式车辆 1337 辆、各式步枪 10 万支等，八年抗战期间中国向苏联出口矿产品 50409 吨、茶叶 591022 市担、茯茶砖 331425 块、8170 关吨、339600 关担、驼毛 16056 关担、猪鬃 7104 关担等。[②] 可见，尽管"丝绸之路"起起伏伏，时断时续，但有一点是共通的，始终延续下来了，在清朝并没有出现"历史终结"。

因历史发展而来，因历史需要而兴盛。2000 年的"丝绸之路"就为中国历史性地准备了向外部发展的条件，是 2013 年习近平提出"一带一路"倡议的历史性源头和逻辑起点。

2. "一带一路"倡议是"丝绸之路"在新时代的传承与发展

1949 年 10 月 1 日，中华人民共和国宣告成立，中国人民迎来一个新的时代。中国人民经过艰苦卓绝、前赴后继的英勇斗争，推翻了压在头上的帝国主义、封建主义和官僚资本主义三座大山，摆脱了 1840 年以来的半殖民地半封建社会的命运，实现了民族解放、国家独立和民主自由的奋斗目标和当家做主的梦想。但是，第二次世界大战后的世界，形成美、苏两大阵营对峙的局面。以美国为首的西方资本主义阵营对新成立的中华人民共和国采取封锁、遏制政策，试图颠覆新生的人民政权。中国则选择"一边倒"，加入以苏联为首的社会主义阵营。中苏、中蒙关系发展，很自然地带动和促使北方"沙漠丝绸之路"与"草原丝绸之路"焕发新生。但是，好景不长，出于与美国争霸全球的考虑，苏联试图控制中国为其所用，引发中苏关系紧张。中国不愿做苏联的附庸，中苏关系恶化、破裂，北方边境贸易停滞。

到 20 世纪 70 年代末，美、苏争霸达到高潮。美国出于全球战略需

---

① 杨毓才：《云南各民族经济发展史》，云南民族出版社，1989 年，第 343 页；陆仰渊、方庆秋主编《民国社会经济史》，中国经济出版社，1991 年，第 619 页；马建国：《抗日战争时期的中美军事合作》，解放军出版社，2007 年，第 310 页；马廷璧：《云南战时驿运》，政协西南地区文史资料协作会议编《抗战时期西南的交通》，云南人民出版社，1992 年，第 459 页。

② 尹红：《抗战时期大后方的两条交通生命线》，《理论观察》2016 年第 2 期，第 94 页；徐万民：《八年抗战时期的中苏贸易》，《近代史研究》1988 年第 6 期，第 198 页。

要，借重中国对抗苏联。中国则通过十一届三中全会，重新确立国家的发展方向和路线方针政策，开启改革开放的历史进程。迄今为止，对外开放经历以下阶段。

中国对外开放历史进程表①

时间	内　　容	备注
1980 年 8 月	设立深圳、珠海、厦门、汕头四个经济特区	
1984 年 5 月	开放沿海大连、秦皇岛、天津、烟台、青岛、连云港、南通、上海、宁波、温州、福州、广州、湛江、北海 14 个港口城市，准许设立经济技术开发区	沿海
1988 年 3 月	将沿海经济开放区扩展到北方沿海的辽东半岛、山东半岛及其他沿海市县	
1988 年 4 月	建立海南经济特区	
1988 年 8 月	批准北京市设立新技术产业开发试验区	
1990 年 4 月	建立上海浦东新区	
1991 年 3 月	设立武汉东湖新技术开发区、南京浦口高新技术外向型开发区、沈阳市南湖科技开发区、天津新技术产业园区、西安市新技术产业开发区、成都高新技术产业开发区、威海火炬高技术产业开发区、中山火炬高技术产业开发区、长春南湖南岭新技术工业园区、哈尔滨高技术开发区、长沙科技开发试验区、福州市科技园区、广州天河高新技术产业开发区、合肥科技工业园、重庆高新技术产业开发区、杭州高新技术产业开发区、桂林新技术产业开发区、郑州高技术开发区、兰州宁卧庄新技术产业开发试验区、石家庄高新技术产业开发区、济南市高技术产业开发区	
1992 年 3 月	开放黑龙江、吉林、内蒙古、新疆、云南、广西 6 省（区）的 13 个市、镇	沿边
1992 年 6 月	开放芜湖、九江、岳阳、武汉和重庆，8 月增加宜昌共 6 个长江沿岸城市	沿江

① 资料来源：《人民日报》相关报道；中华人民共和国年鉴社编《中华人民共和国年鉴》（1981－2016）。

续 表

时间	内 容	备注
1992 年 7 月	开放哈尔滨、长春、呼和浩特、南宁、乌鲁木齐、昆明、石家庄 7 个边境、沿海地区省会(自治区首府)城市;太原、合肥、南昌、郑州、长沙、成都、贵阳、西安、兰州、西宁、银川等 11 个内陆地区省会(首府)城市	省会首府
1996 年 11 月	自 1990 年起设立保税区,分别是上海外高桥保税区、天津港保税区、深圳沙头保税区、深圳福田保税区、大连保税区、广州保税区、张家港保税区、海口保税区、厦门象屿保税区、福州保税区、宁波保税区、青岛保税区、汕头保税区、深圳盐田港保税区、珠海保税区等	15
2001 年 11 月	加入世界贸易组织,与全球接轨,全方位对外开放	
2013 年 8 月	设立上海自由贸易试验区	
2015 年 3 月	设立广东、天津、福建自由贸易试验区	

至此,我国对外开放形成"经济特区——沿海港口城市——经济技术开发区——沿海经济开放区——再到内地"这样一个多层次、有重点、点面结合的对外开放格局。中国开放的大门越来越大,对外交往的幅度和规模空前发展,形成多层次、多渠道、全方位开放的格局。

对外开放促进了对外经济活动的迅猛发展,也推动了中国经济的持续、快速增长。到 2012 年,中国经济规模国内生产总值 54 万亿元,进出口总额 24.4 万亿元,①分别位居世界第二和第一位。如此庞大的经济规模和发展能力,需要发展空间。但是,2008 年发生的国际金融危机对世界经济的冲击仍在持续,欧美日等发达经济体相继陷入衰退,世界贸易保护主义势头凶猛。而中国的发展特别是改革开放以来的飞速发展,已为"丝绸之路"的复兴打下坚实基础。于是,"一带一路"倡议顺应时代诉求,就承接"丝绸之路"历史,成为新时代繁荣发展的必然要求。实现中华民族伟大复兴"中国梦",自然少不了"丝绸之路"复兴这一环。因此,"一带一路"倡议是"丝绸之路"的传承与发展,是新中国建设和改革开放进程的

① 中华人民共和国国家统计局网站 http://data.stats.gov.cn/easyquery.htm? cn=C01。

历史逻辑的必然结果。

从历史路径而言，因地缘和地区环境演变，在2000多年的发展中，以中国为轴心的“丝绸之路”发展出了四条通道。这四条路径发展到了今天，正在发生翻天覆地的变化。一是贸易交通工具与通道完全不同。铁路、公路、航空运输、海运取代了传统的肩挑手提、驼队、骡马队。二是贸易的内容极为丰富，主要不再是丝绸、瓷器、茶叶、香料、手工艺品等，而代之以能源、矿产、电器、纺织品、机械产品、农副产品等。三是贸易的交易方式完全不同，由传统的货币交易、以货易货转为线上（借助互联网）、线下（现场订货），交易。但是，无论如何变化，都阻挡不了发展的要求与趋势，而且是对时代的适应和对现实的超越。

更重要的是，“丝绸之路”是双向选择的历史逻辑演化的结果。如果说历史上的“丝绸之路”的历史选择包含着中国选择“丝绸之路”，以及“丝绸之路”选择中国的双重逻辑。同样，承接“丝绸之路”的“一带一路”也遵循选择的历史逻辑，尊重参与者选择的意愿。所以，中国政府称其为“倡议”。如同“丝绸之路”的选择源于不同人类文明之间的相互吸引，“一带一路”的选择也源于人类文化多样性、交流交融广泛发展的客观需要。不管是中国的选择还是沿线国家参与者的选择，都是主客体双向选择的结果，是遵循历史逻辑的体现。

3. “一带一路”是中国与沿线国家共有的精神财富

2000多年来，“丝绸之路”的兴衰，也留下共有的精神财富。“丝绸之路”不仅进行物质文化的交换，也进行精神文化的交往。物质交往与文化交流既是一个选择的过程，也是一个融通的过程。在很长时间内，中国以先进的农耕文明为支撑，一直是强盛的经济、政治、文化中心，也始终扮演着文明输出国的角色，中华文化的影响在北至东北亚，南抵越南，包括日本、韩国等范围形成具有强大生命力的汉文化圈。与此同时，中国也从世界其他文明中汲取了物质和文化的养分，这些文化在中国落地生根，并与本土文化交融得以延续与发展。通过“丝绸之路”，印度的佛教和印度教、波斯的摩尼教、以色列的犹太教、西亚的伊斯兰教、欧洲的天主教和基督教先后传入中国，对中华文化的发展产生了深远影响。

作为“丝绸之路”的主干道，“沙漠丝绸之路”不仅记载着中华民族开拓西部的艰辛步伐，以及与其他民族交往交流交融的发展过程，也凸显了中华民族不畏艰险、坚忍不拔、开拓进取的浓郁而独特的人文精神和价值追求，拥有异常丰富的历史文化积。

西南丝绸之路作为内接中原，外联南亚、东南亚的重要桥梁，除了具有浓郁的商业性外，最重要的是其内含的文化融合性。它一端连接中原文化，一端连接印缅文化，途经楚文化、巴蜀文化和佛教文化，独特的自然地理环境与杂居交错的民族聚落，使不同文明在多国家、多地域、多民族的碰撞与交融中和谐共生、和合共荣，不断积聚与沉淀形成了内涵丰富独具特色的西南丝绸之路文化。

作为中国海洋文化精神的载体，海上丝绸之路的历史航迹表明，和平友好的海上丝绸之路贸易追求经济共赢、文化共生以及社会生活的共享，这种互荣互惠的合作与交流，正是中华价值体系在国际交往中的集中体现。

草原丝绸之路使中原的农耕文化与草原的游牧文化、中华文化与外来文化的汇聚、碰撞、融合，赋予这条道路以深厚的历史文化底蕴。草原丝绸之路发展的历史进程表明，不同文明之间的沟通交流不仅是自身文明向前发展的内在需求，也是世界文明进步的强大动力。

概括而言，几千年来，多民族、多种族、多宗教、多文化在此交汇融合，在“丝绸之路”沿线国家之间形成了“和平合作、开放包容、互学互鉴、互利共赢”的丝路精神。[①] “一带一路”倡议继承和延续这一精神，并结合新的时代要求，秉持“共商、共建、共享”与“互利共赢”原则，倡导“世代友好，做和谐和睦的好邻居、相互支持，做真诚互信的好朋友、务实合作，做互利共赢的好伙伴、更宽的胸襟、更广的视野拓展区域合作，共创新的辉煌”的“一带精神”和“讲信修睦、合作共赢、守望相助、心心相印、开放包容”的“一路精神”。[②] 显而易见，“一带一路”倡议的精神是从“丝绸之路”中走出来的，是吸收历史的精华又结合时代特点创新的成果。继承“丝绸之

① 习近平：《携手推进“一带一路”建设——在“一带一路”国际合作高峰论坛开幕式上的演讲(2017 年 5 月 14 日，北京)》，《人民日报》2017 年 5 月 15 日 03 版。

② 习近平：《习近平谈治国理政》，外文出版社，2014 年，第 288 - 289、292 - 294 页。

路"友好交往与合作的精神内核,重新激活这条古老通道的生命力,在新的"一带一路"倡议基础上为"丝绸之路"注入新的时代内涵,丰富合作内容,创新合作方式,为世界不同文明更加全面深入的交往与互动提供新的平台,正是"丝绸之路"所体现出来的多元、包容、互鉴、合作、勤奋、友好的精神内涵,对于今天不同文明间的交流具有深刻的启示意义。

二、"一带一路"倡议的时代逻辑

首先,"一带一路"倡议是和平与发展是当今世界时代主题的产物。

每个历史时代,都有其主要矛盾,都有需要解决的根本任务,这个主要矛盾和根本任务就是时代的主题。[①] 和平与发展是当今世界时代主题的观点,最初是在 20 世纪 80 年代由改革开放的总设计师邓小平提出来的。当时的依据是美苏争霸世界,是世界的主要矛盾,维护和平是世界人民的共同愿望;发展中国家与发达国家之间的发展差距是根源,维护和平要靠发展,谋求发展则需要有和平环境。20 世纪 80、90 年代的历史实践证明,这是当今人类社会的一个客观规律。进入 21 世纪以后,美国为维护世界霸主地位,借"9·11"事件,相继发动 2001 年阿富汗战争、2003 年伊拉克战争,策动 2010 年的伊斯兰世界"阿拉伯之春"运动,借此策动利比亚战争、叙利亚冲突。中东局势紧张、动荡不宁,最终造成世界谈虎色变的"难民危机",[②]成为各国和平与发展稳定的威胁。但是,具有讽刺意味的是,频繁发动战争的美国因此背上沉重债务负担,导致国内发生次贷危机进而演变为国际金融危机,使全球经济陷入经济危机状态,自身无法摆脱经济发展低迷的困境,造成 2013 年 10 月出现政府关门停摆的局面。[③]

世界第一强国美国的经历和冷战后世界发展的历史再次证明,和平是发展的前提和基础。只有在和平的国际环境中,世界各国才能保持正常的经济交往和顺利实现本国的发展计划。战乱和冲突则是经济发展的

① 孙居涛、戴德铮主编《当代经济、政治与文化》,武汉大学出版社,2010 年,第 170 页。

② 任彦:《难民危机仍在"折磨"欧洲》,http://www.xinhuanet.com/world/2018-01/16/c_129791610.htm。

③ 赵志芳:《美国政府关门影响多大》,《中国经济时报》2013 年 10 月 08 日。

重大障碍。战乱不仅使参战国消耗大量的人力、物务、财力，造成严重的经济损失，而且导致交通运输瘫痪、国际贸易中断，给世界经济的发展造成严重的影响。同样，发展是解决世界主要矛盾与问题和维护世界和平的有力手段与保障。和平事业是需要一定的物质基础，而经济贸易往来则能增进各国人民的友好往来，有可能抑制世界战争的爆发；经济的发展有助于消除世界不稳定的因素，减少发生军事冲突的可能性；世界经济特别是发展中国家经济的发展有利于世界和平力量的壮大。

正是基于牢牢把握世界的时代主题，中国清醒地高举和平与发展的时代大旗，谋和平、促发展、求合作、图共赢，成功抓住战略机遇期，推动经济、政治、文化、社会、生态全面协调可持续发展，不仅使国家综合实力全面上了新台阶，而且为后续发展和维护和平局面打下坚实基础。于是，中共十八大报告再次强调指出："当今世界正在发生深刻复杂变化，和平与发展仍然是时代主题"。① 顺理成章，习近平适时提出"一带一路"倡议，不仅完全契合当今世界时代主题的要义，而且符合和顺应各国和平与发展的共同愿望与要求。可见，"一带一路"的选择与决策，不仅是"丝绸之路"历史发展符号的创新，而且是回应和平发展时代主题的新发展。

其次，"一带一路"倡议是经济全球化深入发展的必然要求。

纵观人类社会发展进程和世界历史，人们认为"工业革命、市场经济和经济全球化，是彻底改变人类命运和世界面貌的三位一体历史过程"。② 当市场经济插上工业革命的翅膀，人类发展进入工业化时代。工业生产使物质财富大量涌现和积累，而无节制的占有欲望和无止境的经济增长需要无限广阔的市场。如亚当·斯密和大卫·李嘉图所揭示的，只要市场空间足够大，经济增长就具有无限的扩展性。各国只要根据自己的要素禀赋，专业化分工生产各自具有相对成本优势的产品（同自己生产的其他产品相比），通过国际自由贸易，就可以获得对各贸易国都最有利的结果。在此基础上，工业革命和市场经济又推动各种生产要素与资

---

① 《胡锦涛在中国共产党第十八次全国代表大会上的报告（2012 年 11 月 8 日）》，http://cpc.people.com.cn/n/2012/1118/c64094-19612151-11.html。

② 金碚：《论经济全球化 3.0 时代——兼论"一带一路"的互通观念》，《中国工业经济》2016 年第 1 期，第 5 页。

源在更广泛的领域和更开阔的空间流动配置，跨越国界，遍布世界，即在本质上不仅是“全国化”的，而且是“全球化”的全球市场和全球经济。很自然，市场经济和工业化必然导致经济全球化。这也是人类社会发展的一个客观规律和趋势。

迄今为止，从长时段的视角，人类经济全球化的进程可以概括为三个阶段：第一阶段，19 世纪以英国为代表的西方市场经济国家，在蒸汽技术革命（第一次工业革命）、电力技术革命（第二次工业革命）推动下，发动了第一次经济全球化浪潮。第二阶段，20 世纪中叶，美国取代英国，成为经济全球化的引领者，在电力技术革命（第二次工业革命）、信息技术革命（第三次工业革命）推动下，开展了第二次经济全球化浪潮。第三阶段，当今世界正处于第三次工业革命方兴未艾、智能化与信息化革命（第四次工业革命）发展，第二次经济全球化浪潮走向极盛、第三次全球化浪潮正在兴起的时代。① 从经济全球化的历史和现状看，经济全球化之所以表现出上述完全不同的阶段，是由于物质技术状况和基础设施条件、地缘利益格局和市场势力结构、国际制度安排即全球治理结构等因素影响的结果。

经过新中国成立后的不断努力、特别是改革开放 40 年的大力发展，我国国力雄厚，特别是大飞机、高铁、高速公路、港口、5G 通信、桥梁、隧道、特高压输电以及人工智能、清洁能源、无人控制技术、量子信息技术、虚拟现实以及生物技术为主的全新技术革命等为代表的海陆空交通运输基础设施、国际通信设施、安全保障设施等物质技术状况和基础设施领域，都已步入全球领先状态或取得局部优势；形成以中国为主导的中国与东盟、中国与上海合作组织成员国、中国与中日韩等地缘利益格局和市场势力结构，以及上海合作组织、金砖国家等相应的国际制度安排。在发展模式和道路选择上，中国“坚定不移走和平发展道路，致力于促进开放的发展、合作的发展、共赢的发展，同时呼吁各国走和平发展道路”。② 各个方面的建设和发展，都在为力促经济全球化实现飞跃准备条件。而且，我

---

① 参见〔德〕施瓦布：《第四次工业革命》，李菁译，中信出版社，2016 年；金碚：《论经济全球化 3.0 时代——兼论“一带一路”的互通观念》，《中国工业经济》2016 年第 1 期，第 7 页。

② 习近平：《习近平谈治国理政》，外文出版社，2014 年，第 274 - 275 页。

们所处的经济全球化 2.0 时代的一个新近的最突出特点是，以中国为代表的新兴经济体，以强劲增长的态势，深度融入全球化格局，改变了经济全球化的整体面貌，并强有力地推动经济全球化从 2.0 时代进入 3.0 时代。

经济全球化的发展趋势要求商品、资金（资本）、人员等在世界范围的顺畅流动，表现为贸易自由、投资自由、移民自由（自然人国际迁移自由）等政策主张及制度安排。但环顾现实世界，受 2008 年国际金融危机影响，全球贸易保护主义盛行，以中国为例，2008 年 11 月至 2013 年 3 月，在全部 69 个《产品总分类（CPC2）》①位数行业分类中，有 66 个行业受到外国各种歧视性措施（红色措施或黄色措施）的影响，其覆盖率达到惊人的 95.65%，其中红色措施涵盖了 52 个行业，黄色措施涉及 59 个行业。② 由美国等发达国家带动的这种逆全球化的现象，直接冲击了经济全球化的发展态势。

经济全球化何去何从？拷问世界各国的领导人。在此种情况下，中国顺应时代发展的逻辑，及时提出“一带一路”倡议，积极承担历史与时代责任，充当经济全球化第三阶段的引领者，带动沿线国家努力实现政策沟通、设施联通、贸易畅通、资金融通、民心相通，推动经济全球化迈向 3.0 版本。作为“一带一路”倡议背景和驱动力之一的经济全球化，是当代世界经济发展最根本的特征和不可抗拒的历史潮流，由此，中国的“一带一路”倡议，正在成为经济全球化 3.0 时代来临的具有标志性意义的伟大事件。

再次，“一带一路”倡议是“互利共赢”的时代潮流的产物。

时代潮流是特定历史阶段的“特殊逻辑”，就是源于这个时代并支配着这个时代的时代“原则”。若抓住了这个“原则”，就抓住了时代问题的

---

① 《产品总分类（CPC2）》是一种涵盖货物和服务的完整产品分类，意在充当一种国际标准，用以汇集和以表格列出各种要求给出产品细目的数据。分为 10 大类（部门），第 0－4 类以《商品名称及编码协调制度》（HS 为基础），第 5－9 类超出了 HS 分类的范围而提供了服务产品的分类。——作者注。

② 参见王小梅、秦学志、尚勤：《金融危机以来贸易保护主义对中国出口的影响》，《数量经济技术经济研究》2014 年第 5 期，第 25 页。

症结，找到了时代发展的必由之路。毫无疑问，当今世界的时代潮流与原则毫无疑问就是“合作共赢”。[①] 世界历史发展到今天，已向人类社会提出要在发展中贯穿创新、协调、绿色、开放、共享五大发展理念，在国家关系发展中推动建立以合作共赢为核心的新型国际关系。习近平总书记高屋建瓴指出：“当今世界，开放包容、多元互鉴是主基调，相互联系、相互依存是大潮流，和平、发展、合作、共赢是主旋律。”[②]他还强调：“世界潮流，浩浩荡荡，顺之则昌，逆之则亡。要跟上时代前进步伐，就不能身体已进入 21 世纪，而脑袋还停留在过去。”[③]就是强调要把本国的利益与世界各国的共同利益结合起来，努力扩大各方利益的汇合点，要和平而不是战争，要合作而不是对抗，要共赢而不是零和单赢。

显而易见，中国“一带一路”倡议之所以首先在周边国家和沿线国家中得到共鸣，获得积极支持，就是因为“一带一路”倡议是奉行和实践合作共赢的原则，是人类社会迈向和平与发展的人类命运共同体目标的现实途径。[④] 从时代逻辑视角，中国“一带一路”倡议，贯彻和实践“只有各国共同发展了，世界才能更好发展”的理念，这是不以人的意志为转移的客观规律的体现。

三、马克思主义是“一带一路”倡议的思想源泉

1. “一带一路”倡议是马克思主义科学理论发展的产物

自 1848 年马克思、恩格斯发表《共产党宣言》，正式宣告马克思主义诞生以来，无数坚持真理、探索人类社会公平正义道路的仁人志士，就找到了正确、科学的思想武器。马克思主义是无产阶级解放的理论武器，工人阶级先锋队——共产党人的“圣经”，一经宣告诞生，整个世界的面貌开

---

① 习近平：《弘扬和平共处五项原则　建设合作共赢美好世界——在和平共处五项原则发表 60 周年纪念大会上的讲话（2014 年 6 月 28 日）》，《人民日报》2014 年 6 月 29 日。

② 习近平：《共倡开放包容　共促和平发展——在伦敦金融城市长晚宴上的演讲（2015 年 10 月 21 日，伦敦）》，《人民日报》2015 年 10 月 23 日。

③ 习近平：《顺应时代前进潮流　促进世界和平发展——在莫斯科国际关系学院的演讲（2013 年 3 月 23 日）》，《人民日报》，2013 年 03 月 24 日。

④ 中共中央宣传部：《习近平书记系列重要讲话读本（2016 年版）》，学习出版社、人民出版社，2016 年，第 261 页。

始焕然一新。

马克思主义是一个实践的科学，从来就告诫实践它的阶级、政党，要理论联系实际，不能教条主义地理解和运用它的思想和观点，要在实践中不断丰富和发展马克思主义。于是，沙俄的共产党人在杰出领导人列宁领导下，运用马克思主义解决了苏俄革命的一系列问题，独创性地提出了“社会主义革命可以首先在一国取得胜利”的观点，[①]将马克思主义推进到列宁主义阶段。“十月革命一声炮响，给我们传来了马克思列宁主义”，马克思主义传入中国后，中国革命的面貌焕然一新。[②] 中国共产党人运用马克思列宁主义做思想武器，将马克思主义的基本原理与中国的具体实际紧密结合，实现了马克思主义中国化的理论飞跃，在中国革命、建设的实践中，创立了毛泽东思想。1978 年十一届三中全会后，中国共产党人依据国内外形势和基本国情，开启了改革开放的伟大探索和长征。在 30 多年的非凡斗争和实践中，将马克思主义中国化推进到新境界，相继创立了马克思主义的新成果——邓小平理论、“三个代表”重要思想、科学发展观。2012 年中共十八大后，以习近平为核心的中国共产党人，砥砺进取，开拓创新，以非凡的勇气将中国特色社会主义推进到新阶段——新时代，形成了习近平新时代中国特色社会主义思想。

“一带一路”倡议是习近平开创新时代的伟大设想，也是习近平新时代中国特色社会主义思想的组成部分。一言以贯之，没有马克思主义就不会有中国革命和中国共产党，就不会有新中国和中国特色社会主义的伟大实践。归根溯源，“一带一路”倡议的思想源泉就是马克思主义。

2. “一带一路”倡议是灵活运用马克思主义的立场、观点、方法的典范

马克思主义的发展历程，不断揭示了马克思主义之所以是科学、是真理，不在于其具体的词句，而在于蕴含其中的立场、观点与方法。无数的

---

① 中共中央马克思恩格斯列宁斯大林著作编译局编：《列宁专题文集：论社会主义》，人民出版社，2009 年，第 8 页。

②《毛泽东选集》第四卷，人民出版社，1991 年，第 1471 页。

历史事实证明,马克思主义之所以在中国发展,就在于中国共产党人将马克思主义的基本原理(立场、观点、方法)与中国的具体实践相结合,解决中国革命、建设和改革开放中的实际问题,探索符合自身实际与实践特点的马克思主义中国化的新成果。

首先,“一带一路”倡议是人民为中心的立场与观点的体现。

马克思主义之所以是人间正道、大义,就是因为她从来就认为“历史活动是群众的活动,随着历史活动的深入,必将是群众队伍的扩大”[①],“人民,只有人民,才是创造世界历史的动力”[②],“人民是历史的创造者,是决定党和国家前途命运的根本力量”[③]。从人民群众是历史创造者的视角,“丝绸之路”是2000多年中国和相关国家人民共同创造的财富和成果,来自“丝绸之路”沿线国家和地区贸易的商人、朝贡的使臣、传教的僧侣、游历的旅人以及求学的学者和学生等是这一历史的创造者。

正是坚持以人民为中心的执政理念,在新的时空环境下,中国领导人习近平才能够承续“丝绸之路”历史,提出“一带一路”倡议,实现历史、现实与未来的连接。从历史看,“一带一路”倡议是对“丝绸之路”的传承,与“丝绸之路”相关国家有共鸣,存在共同利益;从现实看,是中国自身发展的需要,是解决东西部平衡协调发展、能源资源环境约束趋紧、“走出去”困境、处理与周边国家关系、协调与相关大国关系等诸多难题的需要;从未来看,关系未来世界的走向和人类社会的前途命运。一句话,根本上就是为了实现好、维护好、发展好人民的利益,实现中华民族伟大复兴的“中国梦”;维护世界和平与发展的大局,倡导“共商、共建、共享”和“互利共赢”,实现各国人民自己的梦想,建设人类命运共同体。

其次,“一带一路”倡议是马克思主义总体方法论的运用。

马克思曾经预言:“如果中国能够通过革命实现复兴,那么,未来的中国就会重新恢复大陆贸易,并使大陆贸易与海洋贸易结合起来。”[④]他之

---

① 《马克思恩格斯文集》第一卷,人民出版社,2009年,第287页。

② 《毛泽东选集》第三卷,人民出版社,1991年,第1031页。

③ 习近平:《决胜全面建成小康社会,夺取新时代中国特色社会主义伟大胜利——在中国共产党第十九次全国代表大会上的报告(2017年10月18日)》,人民出版社,2017年,第21页。

④ 转引自韩毓海:《为什么要一起读马克思》,《光明日报》2015年5月12日。

所以能够准确预测以后的中国一定会复兴“丝绸之路”，就在于他方法论的科学性。毛泽东在1941年对这一方法论做了中国式的总结和阐释，将之概括为“实事求是”，并且指出：“对周围环境作系统的周密的调查和研究。……就是不要割断历史。……要从国内外、省内外、县内外、区内外的实际情况出发，从其中引出其固有的而不是臆造的规律性，即找出周围事变的内部联系，作为我们行动的向导”。[①] 显然，马克思和毛泽东运用和强调的就是马克思主义总体方法论。马克思主义总体性方法论是从现实实践和社会关系出发研究社会历史的方法。它把社会当作一个有机的总体加以考量，从整体的角度来审视问题，从而理解整体，理解组成整体的各个部分，以及整体与部分之间、部分与部分之间的内在联系以及发展趋势的总和。习近平指出：“指导思想是一个政党的精神旗帜。95年来，中国共产党之所以能够完成近代以来各种政治力量不可能完成的艰巨任务，就在于始终把马克思主义这一科学理论作为自己的行动指南，并坚持在实践中不断丰富和发展马克思主义。”[②]

习近平作为杰出的马克思主义者，他深知今天的中国是历史的中国与现实中的中国、中国的世界与世界中的中国交织而成，如何开拓新局面？他的方法就是闪耀着马克思主义光辉的“实事求是”，从古今中外的历史普遍联系与结合中找出规律性来，这个发现的规律性就是“一带一路”倡议。

在马克思主义总体方法论的引领与实践中，“一带一路”倡议承载“丝路之路”的精神，在新的时代境遇中，将“丝绸之路”演化为多元、自主的“带路辐射空间”，通过境内外经济、交通、人文的合作与交流，带动沿线国家与地区参与和平、发展、合作、共赢的进程，致力于打造共商、共建、共享、共赢的区域合作新模式，以点带面、从线到片，逐步形成区域合作乃至国际合作的新区位、新结构、新空间，建设全球治理的人类命运共同体新秩序。

---

① 《毛泽东选集》第三卷，人民出版社，1991年，第800－801页。

② 习近平：《开创中华民族伟大复兴新局面》，http://www.chinanews.com/gn/2016/11-12/8061079.shtml。

综上所述，植根于“丝绸之路”历史土壤的“一带一路”倡议，既是对古老“丝绸之路”的历史传承与现实观照，又是顺应潮流和时代发展的重要举措；既体现了兴衰的历史演替、丰富多样的历史路径、求和平谋发展的历史选择，又凸显了“一带一路”倡议之于“丝绸之路”的历史逻辑、当今世界的时代逻辑和马克思主义的思想源泉的联系。承继“丝绸之路”的“一带一路”正在成为东西方人民合作交流的重要纽带，连接“中国梦”与“世界梦”的重要桥梁，马克思主义中国化进入新时代的实践成果。其历史与现实的观照，彰显了传统、现实与时代的丰富意涵，在继承与发展的价值性延伸中，闪耀的正是马克思主义的思想光芒，揭示了马克思主义思想的强大阐释力和创造力，表达了习近平强烈的中国特色社会主义的道路自信、理论自信、制度自信、文化自信和使命感，反映了马克思主义中国化不断推进到新境界的发展成就。“一带一路”倡议的伟大实践，必将在中华民族伟大复兴的史册上留下光辉的篇章。

第三节　习近平“一带一路”倡议的国家战略属性

国际战略是国家运用国家力量和手段维护国家利益、推动国家对外交往和斗争活动的方略和艺术。人类历史和现实表明，国际战略的好坏、高下关系到国家的兴衰成败。十八大以来，习近平总书记顺应时势和国际潮流，依据中国国情和国家利益，砥砺进取，强化顶层设计，审时度势，高屋建瓴，提出了划时代的“一带一路”倡议。笔者认为，该倡议是习近平总书记为当代中国设计的国际战略，是其治国理政新理念、新思想、新战略的重要组成部分，具有重大的理论和现实意义。但是，综观现有的研究成果，学术界还没有明确将“一带一路”倡议视为我国国际战略并展开系统阐述。[①] 可

① 经中国知网检索，涉及习近平总书记国际战略研究主题的主要有以下数篇文章：左凤荣：《习近平国际战略思想研究》，《理论视野》2015 年第 8 期；孟辽阔、郭丹：《习近平国际战略思想初探》，《安徽师范大学学报（人文社会科学版）》2016 年第 1 期；李海君、张战：《习近平国际战略思想探析》，《科学社会主义》2016 年第 3 期；孙一仰：《习近平国际战略思想探析》，《思想理论教育导刊》2016 年第 6 期；唐连凤、李光霞：《论习近平国际战略思想》，《通化师范学院学报》2016 年第 11 期等。其中，左凤荣、孟辽阔、李海君等人的文章仅是将“一带一路”倡议视为是习近平总书记国际战略思想之一，并没有从国际战略的视角阐述“一带一路”倡议。

见，十八大以来，换言之，习近平总书记治国理政以来，有无国际战略，如果有，具体是什么？对此问题的认识并不清晰和一致。笔者认为，有必要从学理的层面做一些探索，以期推进相关问题的研究。

一、国际战略刍议

时代的问题就是人文社会科学研究的方向。自2013年9、10月间习近平总书记首次提出建设“丝绸之路经济带”“21世纪海上丝绸之路”(后合称“一带一路”)倡议以后，立即成为国内外学术界关注与探究的热点问题，迄今已发表和出版大量论著。但就笔者所见，明确将“一带一路”与中国国际战略联系起来进行研究的成果几乎没有。其中的原因，笔者认为有二：一是学术界对国际战略这一概念的理解与认识存在异议和分歧；二是对十八大以来的中国国际战略认识不一，更或者说没有明确的界定，忽视其重要的指导意义与价值。因此，归结起来根本的原因还在于对作为学术研究和思考的核心概念“国际战略”的认知问题。

1. “国际战略”词义历史渊源

要理解国际战略这一概念，首先就要从词义入手。很明显，国际战略是由词干“国际”“战略”合成的词语。在我国编撰的最新版的《辞海》中，关于“战略”有两层解释，即①指导战争全局的计划和策略；②泛指国家、政党对全局性问题的谋划。关于“国际”也有两层解释，即①国与国之间；②与世界各国有关的(事物)。非常令人意外的是，在《辞海》中没有“国际战略”一词。当然，不只是中国出版的辞书中查不到“国际战略”，在国外编撰出版的诸如著名的《大不列颠百科全书》也没有这一对应的词语。显而易见，国际战略是一个合成词，而且是新近形成的词语。追根溯源，从历史渊源上，其核心词干是“战略”。

战略这一概念最初是人类社会从战争实践中总结而来的。自从人类社会出现战争这一社会现象，人们就在寻求克敌制胜的法宝和探究战争胜利的秘诀。在古代中国，探究战争问题的概念出现在兵书和史书中，这就是与战略相似或相近的兵略、谋略、韬略、方策、权谋、庙算以及方略等，例如司马光在《资治通鉴》序言就提及“良将之方略”一语。[1] 那么,作为概念的战略一词,据学者们研究,最早是西晋史学家司马彪(? —约 306 年)撰写的《战略》一书使用的。检索二十五史,《宋书》《宋史》《明史》各使用一次,《清史稿》出现 5 次。[2] 由此不难看出,作为流行语,“战略”一词是在 20 世纪才广泛使用的。在西方,“战略”的词源是希腊语“strategos”即“将军”,但很长时间内,并不具有今天人们所熟悉的“战略”涵义。直到 1777 年,伴随着欧洲频频发生的战争,法国人梅齐乐(Paul Gideon Joly de Maizeroy, 1719 - 1780 年)撰写《战争理论》(*Théorie de la guerre*),首次引用“战略”(statégie)并界定为“作战的指导”。[3] 于是,作为特定涵义的“战略”概念流行起来。1802 年,詹姆斯(Charles James)编撰的《新的扩展军事词典》(*A New and Enlarged Military Dictionary*)便首次收录“战略”(Strategy)作为词条。不过,真正具有现代“战略”概念涵义的是由克劳塞维茨(1780 - 1831 年)在其所著《战争论》(*On War*)一书中所界定的,他明确指出“战略是为了达到战争目的而对战斗的运用”。[4] 当然,作为中文的“战略”与西文“strategy”对应使用,是在近代西学东渐的过程中实现的。1936 年,红军长征胜利后毛泽东撰写并发表《中国革命战争的战略问题》,明确指出“战略问题是研究战争全局的规律的东西”[5],进一步奠定了战略概念的基础。

从上述中外战略概念形成的历史来看,其名称以及内涵与外延的阐述不尽相同,但核心内涵是一致的,就是一定历史时期的国家或政治军事集团为达成政治目的,指导和运用军事力量的科学和艺术。而且,战争本就是政治、经济、军事、文化等相互交织的现象,人类社会的发展使人们的认识能力不断提升,战略的概念遂超出战争的范畴,趋向于具有全局性、高层次、动态性、综合统筹性等诸多特征。时至今日,在近代学科分类发展的基础上,战略一词的运用已经泛化,引申发展出诸如大战略、国家战

---

① 〔宋〕司马光:《资治通鉴》第 1 册,中华书局,1956 年,第 29 页。

② 参见李少军主编:《国际战略学》,中国社会科学出版社,2009 年,第 4 - 5 页。

③ 钮先钟:《西方战略思想史》,广西师范大学出版社,2003 年,第 3 页。

④ 〔德〕克劳塞维茨:《战争论》(第一卷),中国人民解放军军事科学院译,商务印书馆,1997 年版,第 175 页。

⑤ 《毛泽东选集》(第 1 卷),人民出版社,1991 年,第 175 页。

略、全球战略、经济战略、政治战略、文化战略、外交战略、社会发展战略、科技发展战略、企业战略等概念。与此同时，由于现实生活中人们面对不同层级和领域的问题，涉及不同的行为主体、目标、空间、时间、手段与过程，使得战略概念越加宽泛，有鉴于此，关于战略概念的界定就出现争议。笔者认为“战略就是调动一切力量与资源以实现既定政策目标的艺术与科学”[①]，较为准确概括了各种现象，具有普遍适用性。

显而易见，基于人类社会的历史与现实，当代国际社会和国际关系中，国家是最有权威和最基本的活动主体和战略单元，从普遍联系的事实出发，以国家为中心制定的战略就成为层次最高和最宏观的战略。在西方，美国称之为“国家战略”，法国称之为“总体战略”，英国则以“大战略”称谓。[②] 从行动方向、内容、国家利益等视角，有对内战略与对外战略之分，政治战略、经济战略、外交战略、发展战略和安全战略等称谓。据此，在国家战略中，涉及对外关系的战略可称之为对外战略、外交战略或国际战略。

“国际战略”一词，并不是来自于西方。之所以会出现，源自新中国，特别是与毛泽东的战略思想直接相关。早在新民主主义革命时期，毛泽东就十分重视战略问题，从为总结第二次国内革命战争经验而撰写的《中国革命战争的战略问题》一文，就可知他对“战略问题”的重视。[③] 新中国成立后，毛泽东从战略全局高度先后设计了“一边倒”“一条线”“三个世界划分”等国家外交战略，指导新中国成功应对严酷的国际环境，开拓了对外关系发展的新局面。1962 年，王稼祥在提交中央的报告中最早使用了“国际战略”一词。[④] 鉴于毛泽东的巨大贡献，1979 年邓小平在发言中就指出：“毛泽东同志在他晚年为我们制定的关于划分三个世界的战略……

---

① 李少军主编：《国际战略学》，中国社会科学出版社，2009 年，第 18 页。

② 参见军事科学院计划组织部编：《战争与战略问题研究》，军事科学出版社，1988 年，第 181－186 页。

③ 参阅《毛泽东选集》(第 1 卷)，人民出版社，1991 年，第 170－244 页。

④ 王稼祥在 1962 年报送中共中央的《关于人民团体在国际会议上对某些国际问题的公开提法》里，将争取社会主义建设的国际和平环境称为“毛泽东同志一贯的国际战略思想”。——参见：《王稼祥选集》，人民出版社，1994 年，第 46 页；门洪华：《中国国际战略导论》，清华大学出版社，2009 年，第 7 页。

这一国际战略原则……起了不可估量的作用”。[①] 此后，我国国际关系学界开始广泛应用“国际战略”一词。

2. 东西方历史实践镜像

从历史的发展，战略概念的内涵与外延的拓展是与战争紧密联系的。第一次世界大战时期，西方学术界在战争实践的基础上，对最早被克劳塞维茨所使用的“大战略”一词做了新的阐释。例如利德尔·哈特(B. H. Liddell Hart)就认为“大战略的目的是协调和指导国家的全部力量以便达到战争的政治目的，即国家政策所确定的目标”，“军事战略只看到战争本身，而大战略则超越战争看到未来的和平”。同时，他还指出“与战略不一样，大战略的领域大部分还是未知境界，仍然有待于探索和了解”。[②] 第二次世界大战结束后，战争规模的扩大和波及领域与范围之广前所未有，促使人们进一步思考战略概念问题，于是战略概念在新的国际体系和国际环境中继续发展，并相继衍生出国家战略、国家安全战略等概念。

实践中，以第二次世界大战后的美国为例，杜鲁门总统时期(1945 年 4 月 12 日- 1953 年 1 月 20 日)，他根据当时的国际形势提出了“遏制战略”，这是美国战后的“国际战略”。该战略旨在“遏制”共产主义的蔓延和苏联的扩张，以维护美国的世界霸权地位。[③] 此后，美国历届总统根据国际形势的变化和世界格局的演化，先后提出了“解放战略”(艾森豪威尔时期 1953 - 1960)、“和平战略”(肯尼迪-约翰逊时期 1961 - 1969)、“维护均势战略”(尼克松-福特时期 1969 - 1977)、“世界秩序战略”(卡特时期 1977 - 1980)、“实力求和平战略”(里根时期 1981 - 1988)、“超越遏制战略”(老布什时期 1989 - 1992)、“参与和扩展战略”(克林顿时期 1992 - 2000)、“先发制人战略”(小布什时期 2001 - 2008)、“巧实力和亚太再平衡战略”(奥巴马时期 2009 - 2017)。以上美国的“国际战略”演化表明，其战略都以维护美国在全世界的领导地位与影响力这一总目标为中心和宗旨，其不同时期制定与奉行不同国际战略的依据则是美国实力的变化。

---

① 《邓小平文选》(第 2 卷)，人民出版社，1994 年，第 160 页。

② 吴春秋：《论大战路和世界战争史》，解放军出版社，2002 年，第 29 页。

③ 王绳祖主编：《国际关系史》第 7 卷，世界知识出版社，1995 年，第 106 页。

新中国成立后，我国根据国际形势和外交环境制定和实行了符合自己国情的国际战略。例如毛泽东时期50年代的"一边倒"、60年代末70年代初的"一条线"、70年代的"三个世界划分"国际战略最为著名，影响深远。十一届三中全会后，我国迎来改革开放的新时期，国际战略进入转型阶段，由于国力所限，在国内外复杂的国际环境中，出于"韬光养晦"的需要，没有提出明确的国际战略。① 直到2005年4月，中国国家主席胡锦涛在参加雅加达亚非峰会时，明确提出亚非国家应"推动不同文明友好相处、平等对话、发展繁荣，共同构建一个和谐世界"。同年9月，在联合国成立60周年庆典上，胡锦涛系统地阐述了"和谐世界"的内涵。② 于是，"和谐世界"作为我国的国际战略进入国际社会的视野。③ "和谐世界"的

---

① 笔者在梳理邓小平时期、江泽民时期我国国际战略的过程中，发现学术界的研究表明，存在明显的分歧，多数学者都是从国际战略思想的视角总结邓小平时期、江泽民时期对我国国际战略方面的成就，认为无论是邓小平还是江泽民，尽管提出了许多创新性的思想，但都没有提出明确的国际战略。也有少数学者如门洪华就认为"不结盟"是邓小平时期的国际战略，"韬光养晦，有所作为"是江泽民时期的国际战略；袁武振、高喜平、石源华等则认为邓小平时期是奉行"不结盟"的独立自主战略，江泽民时期是奉行"全方位"的睦邻友好战略。参见：高放：《中国国际战略的演变》，《世界经济与政治》1998年第9期；邓小玲：《邓小平国际战略思想研究综述》，《广西师范大学学报(哲学社会科学版)》2005年第4期；马云：《略论邓小平国际战略思想》，《内蒙古民族大学学报(社会科学版)》2004年第5期；刘渝梅：《邓小平国际战略思想与21世纪中国的国际战略选择》，《社会主义研究》2005年第3期；刘华秋：《邓小平国际战略思想论要》，《党的文献》2007年第2期；李景治：《邓小平国际战略思想的历史贡献》，《思想理论教育导刊》2014年第12期；佘海舟：《时代发展与中国国际战略——谈江泽民对邓小平国际战略思想的发展》，《当代世界与社会主义》2003年第3期；俞晓秋、袁庆华、常景华：《邓小平国际战略思想研究述评》，《马克思主义与现实》2004年第4期；高扬：《试论江泽民国际战略思想》，《当代世界与社会主义》2001年第5期；陆树程：《江泽民国际战略思想》，《上海党史与党建》2002年9月号；陶季邑：《论江泽民有所作为的国际战略思想》，《暨南学报(哲学社会科学)》2002年第5期；邓小玲：《从"一边倒"到"新型伙伴关系"——三代领导核心的国际战略思想》，《学术论坛》2005年第9期；杨秀萍：《江泽民战略思想研究述评》，《探索》2006年第6期；袁武振、高喜平：《改革开放以来中国国际战略的演变及启示》，《理论导刊》2009年第5期；何绍铭：《江泽民国际战略思想的发展演变及其意义》，《马克思主义学刊》3卷第4辑2015年12月；腾藤：《邓小平理论与世纪之交的中国国际战略》，人民出版社，2002年；段霞：《中国外交空间的拓展：邓小平国际战略思想研究》，首都经济贸易大学出版社，2004年；陈和香：《毛泽东邓小平国际战略思想比较研究》，社会科学文献出版社，2014年；石源华：《中国周边外交十四讲》，社会科学文献出版社，2016年。

② 胡锦涛：《与时俱进，继往开来，构筑亚非新型战略伙伴关系》，《人民日报》2005年4月23日第1版；胡锦涛：《努力建设持久和平、共同繁荣的和谐世界》，《人民日报》2005年9月16日第1版。

③ 李景治：《"和谐世界"：中国国际战略的新发展》，《科学社会主义》2006年第5期，第22页。

提出，也表明我国国际战略转型期结束，中国将在国际社会扮演更积极的角色。

显而易见，由于美国是世界性的大国，其影响力遍及全球，其国家战略就是平衡与各国的关系，防止霸权衰落，阻止竞争对手或其他大国拥有超越美国的实力，因而毫无疑问其国家战略就是国际战略。中国则有所不同。虽然利益诉求和国家目标存在差异，但核心内涵是一致的，都以处理与外部世界或他国关系为中心，所不同的只是外延，即涉及的范围、影响大小和行动能力强弱不同。前者是全球性的，明显以自我为中心，向四面全面拓展。中国则实力有限，尚不具有全球性，只是区域性的，以巩固自身政权和维护国家安全为目标和中心。

基于资本主义国家意识形态的偏见，从杜鲁门时期起美国制定的“遏制战略”等，以封锁和遏制社会主义国家为目标，在其实践过程中，由于违背世界各国人民的意愿和和平、发展的要求，在其当政时期并不十分成功，而且遭到不同程度的失败。这是由其国家和社会制度性质决定的。反观中国，自毛泽东时期“一边倒”“三个世界划分”等起，到现如今习近平总书记提出的“一带一路”，所制定国际战略，不仅符合中国人民和世界人民利益与意愿，而且顺应世界与时代潮流，就获得世界各国的普遍欢迎和国际组织的积极回应与赞誉。

3. 学术界流行的解释

十一届三中全会后，我国开启改革开放进程，与以美国为代表的西方国家关系全面解冻，于是，西方国际关系和战略学界最流行的学术观点传入我国，其中，“大战略”风靡中国，并被学术界认为是中国版的“国际战略”。“大战略”“国际战略”是否可以对应？学术界存在认识上的差异与分歧。

关于“大战略”，学术界最具有代表性的有两种：吴春秋认为，大战略是“政治集团、国家或国家联盟建设和运用综合国力以实现其政治目标的总体方略”；[①]门洪华则认为，“大战略是综合运用国家战略资源实现国家安全及国际目标的艺术，即一个国家运用自身各种战略资源和战略手

---

① 吴春秋：《广义大战略》，时事出版社，1995 年，第 6 页。

段——包括政治、经济、军事、文化和意识形态等——捍卫并拓展本国整体安全、价值观和国家利益等”。① 这两种定义，前者超越了国家层面，以国际社会为视角和舞台，后者基于国家这一当前国际社会最活跃、最具有影响力的国际社会行为主体与单元，对大战略作了较为准确的界定，反映了世界的本质，因而最具有可操作性和实践意义。

关于“国际战略”，受西方学术界“大战略”概念的启示和影响，中国学术界对国际战略概念的定义分歧较多，较有代表性的也可分为两类：一种观点立足于国家为基本单元和对象，张季良认为，“国际战略是一国对较长一个时期整个国际格局、本国国际地位、国家利益和目标，以及相应的外交和军事政策等总的认识和谋划”；②高金钿也认为“国际战略是指主权国家在对外关系领域较长时期、全局性的谋划，也是指主权国家在国际斗争中运用国家实力谋求国家利益的筹划和指导，其主要表现形态是主权国家的对外战略”。③ 一种是广义的阐释，超越国家的层面，以国际社会为对象，如余起芬主编的《国际战略论》中，将国际战略定义为“一个国家或国家集团谋划和指导国际交往和国际斗争的方略”。④

至于“大战略”与“国际战略”的关系，一种观点认为西方“大战略”就相当于中国的“国际战略”。⑤ 另一种观点，如唐永胜认为“国际战略属于真正意义上的大战略范畴”；⑥门洪华则认为“大战略”就是国家战略，从层次上来说居于最顶端即第一层次，强调国际战略与国内战略的相辅相成、国家战略体系的建构与完善；国际战略居于第二层次，专注于国际层面，其重心在于国家战略利益结构之中国际利益的维护和拓展。⑦

据此，综合学术界已有的研究成果，国际战略应该是一国根据自身国家实力和战略资源，为实现国家权益而拟定的长期性和全局性的对外方

---

① 门洪华：《构建中国大战略的框架：国家实力、战略观念与国际制度》)，北京大学出版社，2005年，第41页。

② 张季良：《国际关系学概论》，世界知识出版社，1989年，第73页。

③ 高金细：《国际战略学概论》，国防大学出版社，2001年，第8页。

④ 余起芬主编：《国际战略论》，军事科学出版社，1998年，第12页。

⑤ 王缉思：《关于构筑中国国际战略的几点看法》，《国际政治研究》2007年第4期，第1页。

⑥ 唐永胜：《国际战略的内涵》，《国际政治研究》2007年第4期，第25-27页。

⑦ 门洪华：《中国国际战略导论》，清华大学出版社，2009年，第9页。

略和行动措施的谋划，它与国内战略相辅相成，共同构成国家战略体系。

上述事实说明，从克劳塞维茨在军事意义上对战略的阐释，到利德尔·哈特的“大战略”概念以及美国战略家们的“国家战略”计划，战略一词的含义发生着深刻的变化，其性质、范围、工具（手段）已经逐步涉及、涵盖了人类生活的几乎所有领域。国际战略是战略内涵和外延不断拓展过程中的一个方面或层次。然而，无论是古代还是现当代的战略家们以及研究人员在作战略问题思考时，事实上都是在一个明确或隐含的前提下进行的，即国家是战略的主体：从战略到大战略（国家战略），都是国家针对其他国家并在与其他国家的互动中制定的方略和政策，无论平时或战时，无论是集中于军事手段或是举全国之力，战略的着眼点都是国与国之间的竞争、博弈。从这一点来说，近代以来的战略从一开始就是“国际的”。那种超越“国家主体”的认识，并不符合历史与社会现实。由此可以看出，目前学术界没能从国际战略高度认识“一带一路”的属性，很大程度上就是因“国际战略”概念认识的分歧或矛盾造成的。

二、“一带一路”倡议是当今中国的国际战略

2013 年 9、10 月习近平总书记在出访哈萨克斯坦、印度尼西亚的过程中，提出了“一带一路”倡议。既然是最高领导人的外交活动，又是在国外提出的，其特殊的地点与环境就使得“一带一路”倡议具有了“国际战略”的光环。实际上，笔者认为“一带一路”是习近平总书记为中国设计的国际战略，还基于其具有国际战略所具有的一般特性和独特的品格。

1. “一带一路”倡议具有国际战略的一般属性

首先，“一带一路”国际战略具有全局性与世界性。从前述概念梳理可知，国际战略具有全局性政治特性，作为国家整体战略组成部分的对外战略，其焦点是立足本国，放眼世界，不但从双边和多视角看待和处理与国际社会各国的关系，更关注作为整体的全球政治经济秩序与格局的演化。只有站在全球的战略高度，才能准确判断国际局势的变化和走势，为国家制定出顺应时势、正确而行之有效的应对策略，引导和推动国际社会向符合本国利益的方向发展，为本国的发展营造良好的环境。国际战略又是世界性的，一国国际战略只有为他国所认可和认同，达成共识，实现

合作共赢，才有可能取得成功，而这种“共识”某种意义上就是向世界提供的公共产品。而习近平在向世界提出“一带一路”国际战略时，就讲明是“倡议”，王毅外交部长更诠释说“从本质上说是一个国际合作的倡议，……不是一个‘会员俱乐部’，而是广泛参与的‘朋友圈’”[①]，就有共有共享的含义。据此来看待“一带一路”，不难发现其完全具有全局性与世界性的特性，如今100多个国家参与“一带一路”建设，众多国际组织支持“一带一路”。于2017年5月14－15日举行的“‘一带一路’国际合作高峰论坛”，是名符其实的国际盛会，有亚洲、欧洲、非洲、南美洲、大洋洲共28个国家元首和政府首脑出席，还有来自110个国家的官员、学者、企业家、金融机构、媒体等各界人士，以及61个国际组织的89名负责人和代表出席论坛，[②]就很好诠释了这一特性。

其次，“一带一路”国际战略具有整体性和综合性。“一带一路”国际战略是我国国家战略的重要组成部分，是一个宏观的长远规划，更是以往“引进来”“走出去”战略相结合的产物，统筹城乡发展、统筹区域发展、统筹经济社会发展、统筹人与自然和谐发展、统筹国内发展和对外开放、统筹中央和地方关系的具体体现。为实践这一战略，需要动员和调动国家各方面的资源与力量，作为整体协调推动，才能取得成功和良好的效果。在实践过程中，“一带一路”不是单向度，而是以合作发展的理念和倡议，充分依靠中国与有关国家既有的双多边机制，借助既有的、行之有效的区域合作平台，以创新的合作模式诸如亚洲基础设施投资银行、丝路基金等，以互联互通为核心的“五通”即“政策沟通、道路联通、贸易畅通、货币流通和民心相通”为内涵[③]，“打造政治互信、经济融合、文化包容的利益共同体、责任共同体和命运共同体”。[④] 显而易见，它又是综合性的系统工程，需要各方面的密切合作。

---

① 刘会民：《王毅：“一带一路”倡议不是“会员俱乐部”，而是广泛参与的“朋友圈”》，央广网 http://china.cnr.cn/gdgg/20170418/t20170418_523713301.shtml。

② 杜一菲、胡泽曦、宦翔：《习近平主席将出席并主持“一带一路”国际合作高峰论坛相关活动——外交部举行中外媒体吹风会介绍有关情况》，《人民日报》2017年4月19日第1版。

③ 习近平：《弘扬人民友谊，共创美好未来》，《人民日报》2013年9月8日第2版。

④《推动共建丝绸之路经济带和21世纪海上丝绸之路的愿景与行动》，人民出版社，2015年，第27页。

再次，“一带一路”国际战略具有预见性和科学合理性。规划预见能力是国际战略内在力量的体现。“一带一路”国际战略是习近平总书记根据我国国家实力和战略资源，顺应世界多极化、经济全球化、文化多样化、社会信息化的世界潮流和和平、发展、合作、共赢的时代潮流，基于历史经验和国家现实、世界情势的分析，紧紧围绕“中国梦”和“两个一百年”的战略目标，高屋建瓴强化顶层设计的成果。作为“一带一路”国际战略规划性纲领文件的《推动共建丝绸之路经济带和21世纪海上丝绸之路的愿景与行动》，从时代背景、共建原则、框架思路、合作重点、合作机制、中国各地方开放态势、中国积极行动、共创美好未来等八个方面，全面系统阐述和勾勒了“一带一路”的路线图与未来成果，展现了“一带一路”国际战略的美好前景。现如今，五年多的实践表明，《愿景与行动》规划的内容一一落实，而且超乎最初的设想，例如2016年12月，继联合国安理会3月通过推进“一带一路”倡议内容的第S/2274号决议后，联合国大会193个会员国一致同意通过第A/71/9号决议，首次写入“一带一路”倡议，呼吁各国积极参与和推进“一带一路”建设。① “一带一路”建设取得丰硕的成果，验证了其超前的预见性和可操作性。

第四，“一带一路”国际战略具有行动与实践的特性。国际战略是国家指导未来国家对外行动和行为的指针，直接关系到国家目标能否顺利实现，关乎国家民族兴衰成败的前途与命运。任何国际战略一经被制定出来，其好坏优劣就要在实践中接受检验。马克思主义是实践的科学，作为马克思主义中国化和中国特色社会主义政治经济学的最新发展成果，“一带一路”国际战略在实践中经受检验，实践证明这是伟大、正确、科学合理的战略设计和规划。一是从思想观念上，“一带一路”国际战略秉持共商、共建、共享原则与和平合作、开放包容、互学互鉴、互利共赢的理念，牢固树立“人类命运共同体”意识，将其打造成“促进共同发展、实现共同繁荣的合作共赢之路”，“增进理解信任、加强全方位交流和平友谊支路”。②

---

① 《联合国大会一致通过决议呼吁各国推进“一带一路”倡议》，http://www.fmprc.gov.cn/web/wjdt_674879/zwbd_674895/t1416497.shtml。

② 《推动共建丝绸之路经济带和21世纪海上丝绸之路的愿景与行动》，人民出版社，2015年，第5页。

“合作共赢”“人类命运共同体”“一带一路”等正在成为世界学说，这些思想在当今世界反全球化运动、贸易保护主义、民粹主义、恐怖主义黑潮波及全球，世界经济与政治陷入困境和混乱的时刻，经受了考验，已成为国际共识，“中国方案”“中国药方”“中国道路”获得普遍赞誉，[①]也指明了人类社会未来发展的航路与方向。二是在实践中取得丰硕成果。自 2013 年 9、10 月首次提出以来，2014 年 2 月 19 日巴基斯坦方面便做出积极回应，启动落地生根的首个项目，双方联合发表声明，确认“中巴经济走廊建设契合两国发展战略，……两国领导人敦促双方有关部门加速推进中巴经济走廊建设”。[②] 到目前为止，已经有 100 多个国家和国际组织积极响应支持，40 多个国家和国际组织同中国签署合作协议，“一带一路”的“朋友圈”不断扩大，遍及亚洲、欧洲、非洲、大洋洲、南美洲、北美洲，被外国媒体赞誉为是“人类有史以来最为宏大的共同发展倡议”。[③] 事实胜于雄辩，习近平总书记提出的“一带一路”国际战略正在全面改变中国的面貌，深刻改变世界经济政治版图。

2. “一带一路”倡议具有鲜明的中国特色

一是连接历史与现实。首先，“一带一路”国际战略承续我国古代丝绸之路的历史。我国是一个具有五千年文明历史的国家，在中国古代历史的发展过程中，中华民族不断拓展对外交流之路，共发展出 4 条通道：经云贵通往南亚的“茶马古道”，经新疆通往中亚、西亚、波斯湾和地中海的“沙漠丝绸之路”，经蒙古和俄罗斯的“草原丝绸之路”，经南海、太平洋和印度洋的“海上丝绸之路”。人们统称为“丝绸之路”，今天依然是中国最重要的对外合作交流通道。几千年来，多民族、多种族、多宗教、多文化在此交汇融合，在各个国家之间形成了“团结互信、平等互利、包容互鉴、合作共赢，不同种族、不同信仰、不同文化背景的国家可以共享和平，共同

---

① 李应齐、李锋、徐伟、韩晓明、曲颂：《为全球化注入新动力——一带一路·权威有话说》，《人民日报》2017 年 4 月 25 日第 23 版。

② 《中华人民共和国和巴基斯坦伊斯兰共和国关于深化中巴战略与经济合作的联合声明》，《人民日报》2014 年 2 月 20 日第 2 版。

③ 吴乐珺、张梦旭、李秉新、侯露露、颜欢、王海林、周翰博、谢亚宏、李志伟、陈丽丹、黄培昭：《中国方案彰显和平发展文明之光》，《人民日报》2017 年 1 月 25 日第 3 版。

发展”的丝路精神。[①] 而随着时间的推移，我国改革开放在取得巨大的发展成就后，正面临世界经济危机的严重冲击与影响，从空间维度，将国内与国际两个大局统筹结合，破解区域差距、西部大开发动力不足、中国“走出去”缺乏着力点、中国发展空间困局难以打开等等诸多历史与现实发展中的难题。破解之道就在于能否借鉴历史资源，勇于将历史与现实结合起来，发扬丝绸之路精神，推陈出新，以创造性的思维复活丝绸之路。无疑，“一带一路”国际战略实现了历史与现实的结合，依托丝绸之路的历史资源，将中西部地区变成了对外开放的前沿阵地，拓展国家的国际空间发展格局，继续发挥沿海的开放龙头作用，东西并进、四方联动，一个充满活力、互利共赢的国际性大格局正在形成。

二是中共十八大之后，以习近平为核心的党中央新领导集体登上历史舞台，如何避免“中等收入陷阱”和“修昔底德陷阱”，破解发展难题和应对国际挑战，带领中国人民实现“两个一百年”和中华民族伟大复兴中国梦的奋斗目标，推动中国特色社会主义事业取得新成就，是习近平总书记执政理国面临的巨大挑战和光荣使命。习近平总书记没有辜负人民的期望，他从历史中汲取养分，回顾历史、关照现实、高瞻远瞩，以勇于开拓的非凡魄力、高屋建瓴的顶层设计智慧、驾驭全局的杰出领导才能，提出并实践了人类历史上最庞大的合作工程——“一带一路”倡议。该战略一经提出，立即惊艳世界，更使中国发展困局全然破解，为国家开辟了美好的未来发展道路。

因此，赋予“一带一路”倡议国际战略的属性，不仅是学理上、逻辑上的必然要求，而且是历史、现实、未来相结合的实践上的本质体现与反映。

三、“一带一路”国际战略在习近平治国理政的战略架构中具有重要地位

从历史发展的逻辑上，2012 年 11 月习近平当选中共中央总书记后，

① 万鹏：《张宁：“丝路精神”作为古老的合作原则，更应发扬光大——学者解读习近平在中阿合作论坛部长级会议开幕式主旨讲话》，人民网 http://theory.people.com.cn/n/2014/0605/c148980-25109174.html。

在公开场合的首次露面，就借参观“复兴之路”展览的机会，向中国人民和全世界首次提出了“中国梦”的概念。次年 3 月 17 日在当选国家主席后发表讲话，系统阐述了“中国梦”的内涵。因此，“中国梦”是习近平总书记治国理政后第一个提出并阐述的概念，在其新理念、新思想、新战略中具有特别和居于举足轻重的地位。随即，在其精心安排的外交出访活动中，他于 2013 年 9、10 月份就提出了“一带一路”倡议，标志着他治国理政国家战略架构中重要的两个支柱都已经展现在世人面前。“一带一路”国际战略与“中国梦”存在着必然的联系。

1. “中国梦”是“一带一路”的灵魂与旗帜

2012 年 11 月 29 日，习近平总书记等新一届中央政治局常委参观“复兴之路”展览，参观过程中发表重要讲话，他说：“我以为，实现中华民族伟大复兴，就是中华民族近代以来最伟大的梦想。这个梦想，凝聚了几代中国人的夙愿，体现了中华民族和中国人民的整体利益，是每一个中华儿女的共同期盼。……我坚信，到中国共产党成立 100 年时全面建成小康社会的目标一定能实现，到新中国成立 100 年时建成富强民主文明和谐的社会主义现代化国家的目标一定能实现，中华民族伟大复兴的梦想一定能实现”。[①] 这是习近平总书记治国理政吹响的集结冲锋号。2013 年 3 月 17 日，当选国家主席后，习近平又系统阐述“中国梦”内涵：“实现中华民族伟大复兴的中国梦，就是要实现国家富强、民族振兴、人民幸福”。[②] 国家发展目标有了清晰的界定，目标是战略的核心，有了这一宏伟目标指引方向，习近平总书记的国家战略就有了核心内涵，因此，“中国梦”是习近平总书记国家战略的灵魂与旗帜。同时，他还为这一宏伟远大的战略目标规划了“两个一百年”具体清晰的路线图与时间表，“中国梦”与“两个一百年”奋斗目标有机结合，并与“三步走”战略一脉相承，成为中国国家战略的重要内容和主体。“中国梦是重大战略创新”[③]，不仅奠定了国家战略基石，更夯实了实践基础。

---

① 习近平：《习近平谈治国理政》，外文出版社，2014 年，第 36 页。
② 习近平：《习近平谈治国理政》，外文出版社，2014 年，第 39 页。
③ 何毅亭：《学习习近平总书记的战略思想》，《学习时报》2016 年 5 月 30 日。

2. “一带一路”是承载“中国梦”的载体

“中国梦”是中华民族规划未来发展的蓝图，实现蓝图需要一定的手段和载体。“中国梦”的国家战略主体是由国内战略与国际战略两翼推动，而“一带一路”就是习近平总书记制定的国际战略，就是承载“中国梦”的载体，是“中国梦”提出后实行的可行路径和路线图。从中国梦的视野来看，“一带一路”是一个统筹了国内外两个大局的大战略，它的实现将为中华民族的崛起提供坚实的经济基础、良好的国际环境，最重要的是将为中华民族的复兴开拓了战略空间。一方面，在国内，中国经过四十多年的改革开放实践，经济总量已稳居世界第二，经济实力显著增强，“一部分人先富起来”也成为现实，但还不是经济强国，科技创新能力不强，城乡区域差距较大，仍然处于社会主义初级阶段，还有7000多万贫困人口，还有很大一部分人没有达到富裕水平，东西部发展不平衡、资源约束趋紧、环境污染、经济社会发展与生态环境不协调的问题依然存在。2008年全球经济危机后，世界经济疲软、欧美日等发达经济体经济发展持续低迷，国际贸易保护主义持续升温，中国面临严峻的国际竞争压力，如何实现转型升级、实现经济可持续发展面临巨大挑战。另一方面，就国际局势而言，2011年美国高调重返亚太，实施“亚太再平衡”战略，拉拢中国周边国家“欲构建排除中国的TPP”，利用东海、南海等问题，激化中国与周边国家的矛盾，使得东亚地区离心化明显。① 很显然，中国的发展空间受到挤压。在这种大背景下，要实现“中国梦”就必须重新思考国家发展战略布局，“一带一路”国际战略构想应时而生，“中国梦”相辅相成，成为中国全方位对外开放的战略新格局和布局周边外交战略新框架。

3. “一带一路”联通“中国梦”与“世界梦”

大国治理从来不能只是眼光向内。随着世界多极化、经济全球化深入发展，随着文化多样化、社会信息化持续推进，和平、发展、合作、共赢成为时代潮流。世界历史发展到今天，已向人类社会提出要在发展中贯穿创新、协调、绿色、开放、共享五大发展理念，在国家关系发展中推动建立

---

① 金灿荣、刘宣佑、黄达：《“美国亚太再平衡战略”对中美关系的影响》，《东北亚论坛》2013年第5期，第9页。

以合作共赢为核心的新型国际关系。习近平总书记高屋建瓴指出:“当今世界,开放包容、多元互鉴是主基调,相互联系、相互依存是大潮流,和平、发展、合作、共赢是主旋律”。[①] 顺应这样的大势,为推动“中国梦”走向实践,以习近平同志为总书记的党中央统筹国内国际两个大局、统筹发展安全两件大事,积极推动更高层面、更大范围、更加紧密的国际战略合作。如何化“中国梦”理念为行动,习近平总书记倡导的“一带一路”倡议就是变梦想为现实的战略平台。习近平指出:“我们提出‘一带一路’倡议,就是要继承和发扬丝绸之路精神,把我国发展同沿线国家发展结合起来,把中国梦同沿线各国人民的梦想结合起来,赋予古代丝绸之路以全新的时代内涵。”[②]他还进一步指出:“中国梦是中国人民追求幸福的梦,也同各国人民的美好梦想息息相通。中国发展必将寓于世界发展潮流之中,也将为世界各国共同发展注入更多活力、带来更多机遇。”[③]2015 年 3 月,在博鳌亚洲论坛召开期间,我国国家发展改革委、外交部、商务部便联合发布推进“一带一路”国际战略的纲领性文件《推动共建丝绸之路经济带和 21 世纪海上丝绸之路的愿景与行动》,提出坚持共建、共商、共享原则,积极布局、推动与沿线国家发展战略的相互对接。

“一带一路”这一战略平台“是共赢的,各国共同参与,遵循共商共建共享原则,实现共同发展繁荣。这条路不是某一方的私家小路,而是大家携手前进的阳光大道”[④],是连接亚洲、欧洲、非洲、北美洲、南美洲、大洋洲的广阔“朋友圈”,链接“中国梦”与“世界梦”的桥梁,是中国社会为世界各国搭建的“快车”“便车”“顺风车”;就是从东方走向西方、从发展中国家走向发达国家、从中国走向世界的一种新的全球化。正如王毅外交部长所说:“‘一带一路’是中国的,但更是世界的。‘一带一路’版权虽属中国,

---

① 习近平:《共倡开放包容,共促和平发展——在伦敦金融城市长晚宴上的演讲》,《人民日报》2015 年 10 月 23 日第 2 版。

② 赵明:《习近平力倡丝路精神增进命运共同体建设》,中国青年网 http://news.youth.cn/wztt/201606/t20160622_8169934.htm。

③ 王龙、冯大鹏:《关于“中国梦”,习近平总书记是这样描绘的》,新华网 http://news.xinhuanet.com/politics/2016-11/30/c_129384304.htm。

④ 欧阳开宇:《习近平:“一带一路”不是某一方的私家小路》,中国新闻网 http://www.chinanews.com/gn/2015/10-22/7582406.shtml。

但收益为各国共享”。[1] 这一国际战略是在充分尊重沿带沿路各国社会政治制度和文化价值观基础上的经济战略合作，不把意识形态强加给别人，符合沿线国家的利益和需求，因而得到世界各国的认同、支持与合作。

综上所述，中共十八大之后，以习近平为核心的党中央，砥砺前行，奋发有为，注重顶层设计，立足全球视野提出了治国理政的关键一招“一带一路”。笔者认为，从战略属性上，“一带一路”是我国现阶段名符其实的国际战略，是中国特色社会主义政治经济学、国际关系学发展的最新成果，只有从国际战略的高度才能更清晰认识和理解“一带一路”的理论和实践的价值与意义。赋予“一带一路”的国际战略地位，一是围绕国际战略概念的东西方实践与学理的探索，二是习近平总书记提出的以“中国梦”为主体的治国理政国家战略构想。“中国梦”动员凝聚中国力量，反映中国人民的心声，其由蓝图变为实现，则需要划时代的“一带一路”国际战略做推动力量和载体。中国发展离不开世界，世界更需要中国，“一带一路”顺应时代潮流和世界人民心声，承载“中国梦”与“世界梦”，成为实践“人类命运共同体”、共筑幸福梦的战略纽带。

---

① 《王毅在十二届全国人大五次会议举行的记者会上就中国外交政策和对外关系答中外记者问》，《人民日报》2017 年 3 月 9 日第 6 版。

第十一章 “一带一路”倡议相关国家立场与态度评述①

“一带一路”是“新丝绸之路经济带”和“21 世纪海上丝绸之路”的简称，旨在借用古代“丝绸之路”的历史符号，积极主动地发展与沿线国家的经济合作伙伴关系，共同打造政治互信、经济融合、文化包容的利益共同体、命运共同体和责任共同体。自 2013 年国家主席习近平首次提出“一带一路”倡议以来，迄今已有多年了，那么，相关国家对这一战略的态度如何？有何回应？持何种立场和态度？诸如此类的问题需要及时作出评估和总结。由于仅依据公开报道资料，本章所得出的观点和看法不一定准确，请方家见谅。

第一节 “一带一路”倡议规划涉及国家状况

2013 年 9 月 7 日，出访哈萨克斯坦的习近平主席首次提出，要用创新的合作模式，共同建设“丝绸之路经济带”，以点带面，从线到片，逐步形成区域大合作。这是中国领导人首次向国际社会公开提出共同建设“丝绸之路经济带”的重大战略构想。10 月 3 日，访问印度尼西亚的习近平主席在印尼国会发表演讲时又提出，愿同东盟国家发展好海洋合作伙伴

① 有关研究：冯巍、程国强：《国际社会对“一带一路”倡议的评价》，《中国经济时报》2014 年 7 月 14 日；《亚欧都有哪些国家支持“一带一路”?》，《重庆与世界》2014 年第 11 期；龚婷：《“一带一路”：国际舆论反应初探及应对建议》，《对外传播》2015 年第 3 期；张洁主编：《中国周边安全形势评估：“一带一路”与周边战略（2015）》，社会科学文献出版社，2015 年等。

关系，共同建设21世纪“海上丝绸之路”。同年11月，中共十八届三中全会上通过的《中共中央关于全面深化改革若干重大问题的决定》，强调要“加快沿边开放步伐，加快同周边国家和区域基础设施互联互通建设，推进丝绸之路经济带、海上丝绸之路建设，形成全方位开放新格局”，①至此“一带一路”倡议上升为我国国家战略。随后，中央将其落实到实践层面，习近平总书记在12月中央经济工作会议上提出：“推进‘丝绸之路经济带’建设，抓紧制定战略规划，加强基础设施互联互通建设。建设‘21世纪海上丝绸之路’，加强海上通道互联互通建设，拉紧相互利益纽带”（简称“一带一路”建设）。②

2014年3月，作为政府落实中央精神的具体措施和步骤，李克强总理在第十二届全国人民代表大会第二次会议的《政府工作报告》中，明确将“一带一路”列为2014年工作重点，将“抓紧规划建设丝绸之路经济带、21世纪海上丝绸之路，推进孟中印缅、中巴经济走廊建设，推出一批重大支撑项目，加快基础设施互联互通，拓展国际经济技术合作新空间”。③由此，“一带一路”的战略构想，在2014年开始进入规划建设阶段。

那么，中国的“一带一路”倡议涵盖哪些国家？我们不妨从国家主席习近平访问相关国家的足迹，看看其中的轨迹。2013年9月，访问土库曼斯坦、哈萨克斯坦、乌兹别克斯坦、吉尔吉斯斯坦，提出“丝绸之路经济带”建设战略；2013年10月访问印尼、马来西亚，提出“21世纪海上丝绸之路”建设战略；2014年2月访问俄罗斯，与俄罗斯总统普京就“一带一路”的对接达成了共识；2014年访问荷兰、法国、德国、比利时，双方决定共同挖掘中国丝绸之路经济带倡议与欧盟政策的契合点，探讨在丝绸之路经济带沿线开展合作的共同倡议；2014年7月访问韩国，达成中韩共同努力推动“加强全方位基础设施和互联互通建设”；2014年8月访问蒙

① 《中共中央关于全面深化改革若干重大问题的决定（二〇一三年十一月十二日中国共产党第十八届中央委员会第三次全体会议通过）》，《人民日报》2013年11月16日，第1、2版。

② 王优玲：《“一带一路”大事记》，新华网 http://news.xinhuanet.com/world/2015-01/04/c_1113870934.htm。

③ “国务院总理李克强2014年《政府工作报告》”，http://www.china.com.cn/legal/2014-03/05/content_31679286_5.htm。

古，蒙方表态“愿参与‘丝绸之路经济带’倡议下合作”；2014 年 9 月出席中俄蒙三国元首会晤，习近平表示“我们可以把丝绸之路经济带同俄罗斯跨欧亚大铁路、蒙古国草原之路倡议进行对接，打造中蒙俄经济走廊”[①]；2014 年 9 月访问塔吉克斯坦、马尔代夫、斯里兰卡、印度，在印度表示中国希望以“一带一路”为双翼，同南亚国家一道实现腾飞；2014 年 11 月访问澳大利亚、新西兰、斐济，访问斐济期间，与库克群岛、密克罗尼西亚联邦、纽埃、巴布亚新几内亚、萨摩亚、汤加和瓦努阿图 7 个太平洋建交岛国领导人分别举行双边会见和集体会晤。概括起来，就是提出并推动共建“一带一路”规划。

根据上述访问路径，中国规划的“一带一路”倡议布局的路线图呼之欲出。最终，在 2015 年 3 月 28 日国家发展改革委、外交部、商务部联合发布了《推动共建丝绸之路经济带和 21 世纪海上丝绸之路的愿景与行动》（以下简称《愿景与行动》）的总规划，明确了“一带一路”倡议“贯穿亚欧非大陆，一头是活跃的东亚经济圈，一头是发达的欧洲经济圈，中间广大腹地国家经济发展潜力巨大。丝绸之路经济带重点畅通中国经中亚、俄罗斯至欧洲（波罗的海）；中国经中亚、西亚至波斯湾、地中海；中国至东南亚、南亚、印度洋。21 世纪海上丝绸之路重点方向是从中国沿海港口过南海到印度洋，延伸至欧洲；从中国沿海港口过南海到南太平洋。”[②]

目前为止，“一带一路”倡议到底涉及哪些国家？随着时间的推移，有几种说法，中国国际经济交流中心秘书长魏建国认为“‘一带一路’沿线涉及 53 个国家 94 个城市”[③]；复旦大学吴心伯教授认为“一带一路”大战略，相关 65 个国家将受益”[④]；2015 年 3 月 7 日十二届全国人大三次会议新闻中心举办的记者会上，商务部部长高虎城则表示“有 50 多个国家表示

---

① 杜尚泽、林雪丹：“习近平出席中俄蒙三国元首会晤”，《人民日报》2014 年 9 月 12 日。

② “推动共建丝绸之路经济带和 21 世纪海上丝绸之路的愿景与行动”，《人民日报》2015 年 3 月 29 日。

③ 魏建国：“一带一路沿线涉及 53 个国家 94 个城市”，http://news.hexun.com/2015-01-17/172482797.html。

④ 包兴安：“‘一带一路’大战略，相关 65 个国家将受益”，《证券日报》2014 年 12 月 9 日。

愿意参与”[①]；2015 年 2 月 3 日新华网刊载记者报道则称“沿线国家中，已经有近 60 个国家明确表示支持和积极参与建设。”[②]

资料显示，我国规划的“一带一路”沿线大多是新兴经济体和发展中国家，涵盖中亚、南亚、西亚、东南亚和中东欧等国家和地区，总人口约 44 亿，经济总量约 21 万亿美元，分别约占全球的 63%和 29%。实际上，“一带一路”将东亚、东南亚、南亚、中亚、西亚、西非、北非、欧洲的广大地区联系在一起，涉及该区域近 120 个国家。如果从点、线、面的视角，这是一个可以不断放大的网络，覆盖的国家范围呈逐渐放大的趋势。换言之，“一带一路”倡议涵盖国家取决于中国战略布局的需要和该区域国家区位优势、发展状况和自然禀赋。“有些国家位于‘一带一路’的主干上，还有些国家位于主干的辐射区域，这些国家都可以参与进来。”也就是说，对于“一带一路”到底有多少参与的国家，“没有精确的数字”的说法是符合实际的。[③] 实际上，《愿景与行动》在“共建原则”的内容中就公开宣布“坚持开放合作”，就是“‘一带一路’相关的国家基于但不限于古代丝绸之路的范围，各国和国际、地区组织均可参与”，[④]已明确确认了上述事实，即没有确切的国家数量限制。这意味着中国的“一带一路”是面向全球的国际合作大战略，不能简单以参与国家数目的多寡和地域范围来衡量。正如以下事实所揭示的，回应的国家已具有全球化的趋势。

第二节　相关国家对“一带一路”倡议的回应

彭光谦认为“‘一带一路’战略构想是在世界经济遭受国际金融危机沉重打击复苏乏力，食利为生的国际垄断资本失去引领世界经济发展的

---

① “商务部部长记者会”，http://live. people. com. cn/note. php? id＝1077150303135150_ctdzb_033。

② 车玉明、刘东凯、刘华、安蓓、王优玲、柳丝：“近 60 个国家明确表示支持和积极参与‘一带一路建设”，http://news. xinhuanet. com/world/2015-02/03/c_1114241622. htm。

③ 岳菲菲：《亚欧至少 10 余国表态支持一带一路》，《北京青年报》2014 年 9 月 22 日。

④ 《授权发布：推动共建丝绸之路经济带和 21 世纪海上丝绸之路的愿景与行动》，新华网 http://news. xinhuanet. com/world/2015-03/28/c_1114793986_2. htm。

动力，同时中国外有世界强权战略围堵，内有经济转型、盘活过剩产能和外汇资产压力，肩负由世界大国向世界强国奋力迈进，实现中华民族伟大复兴的历史使命的关键时刻，在人类社会何去何从的又一个十字路口，作出的重大战略思考、战略抉择与战略布局。”[①]“一带一路”倡议的提出不仅仅是中国的需要，而且也是沿线各国的迫切需求和愿望，符合经济全球化与区域经济一体化的潮流，因此，自该战略提出后，很快获得沿线国家的积极响应，根据 2015 年 3 月 7 日商务部部长高虎城的说法，到目前已有 50 多个国家表示愿意“和中国研究落实探讨”。[②]

概括而言，到目前为止这些回应可分为以下几种类型：

第一类是国家间双边协议的战略规划和安排。

2014 年 2 月 19 日中国与巴基斯坦联合发表《中华人民共和国和巴基斯坦伊斯兰共和国关于深化中巴战略与经济合作的联合声明》，双方认为“中巴经济走廊建设契合两国发展战略，……两国领导人敦促双方有关部门加速推进中巴经济走廊建设”[③]，2015 年 4 月 20 日《中华人民共和国和巴基斯坦伊斯兰共和国关于建立全天候战略合作伙伴关系的联合声明》再次重申“巴方将坚定支持并积极参与‘一带一路’建设”[④]；2014 年 3 月 31 日，中国与比利时联合发表《中华人民共和国和比利时王国关于深化全方位友好合作伙伴关系的联合声明》，内称“双方在中欧全面战略伙伴关系框架内开展合作，支持中欧双方探讨中欧合作同丝绸之路经济带建设相结合，共同建设亚欧大市场”[⑤]；2014 年 4 月 14 日，中国与东帝汶联合发表《中华人民共和国和东帝汶民主共和国关于建立睦邻友好、互信互利的全面合作伙伴关系联合声明》，第十五条规定“东帝汶政府对中国

---

① 《彭光谦：“一带一路”战略构想与国际秩序重构》，http://www. scio. gov. cn/ztk/wh/slxy/31215/Document/1391522/1391522. htm。

② 林其玲：《商务部长高虎城：中国已与 50 个国家探讨一带一路》，《新京报》2015 年 3 月 7 日。

③ 《中华人民共和国和巴基斯坦伊斯兰共和国关于深化中巴战略与经济合作的联合声明》，《人民日报》2014 年 2 月 20 日。

④ 《中华人民共和国和巴基斯坦伊斯兰共和国关于建立全天候战略合作伙伴关系的联合声明》，《人民日报》2015 年 4 月 21 日。

⑤ 《中华人民共和国和比利时王国关于深化全方位友好合作伙伴关系的联合声明》，http://www. fmprc. gov. cn/mfa_chn/ziliao_611306/1179_611310/t1142949. shtml。

政府关于建设21世纪海上丝绸之路和筹建亚投行的倡议表示赞赏和支持,并愿积极参与相关进程"[①];2014年5月18日中国与吉尔吉斯斯坦联合发表《中华人民共和国和吉尔吉斯共和国关于进一步深化战略伙伴关系的联合宣言》,双方表示"实现共建丝绸之路经济带倡议对双边合作全面发展具有重要意义"[②];2014年5月20日,中俄双方发表《中华人民共和国与俄罗斯联邦关于全面战略协作伙伴关系新阶段的联合声明》,其中第二十一条内容为"俄方认为,中方提出的建设丝绸之路经济带倡议非常重要,高度评价中方愿在制定和实施过程中考虑俄方利益。双方将寻找丝绸之路经济带项目和将建立的欧亚经济联盟之间可行的契合点。为此,双方将继续深化两国主管部门的合作,包括在地区发展交通和基础设施方面实施共同项目"[③];2014年8月21日中蒙双方发表《中华人民共和国和蒙古国关于建立和发展全面战略伙伴关系的联合宣言》,其中内容有"蒙方愿参与'丝绸之路经济带'倡议下合作,将以创始成员国身份参与'亚投行'建设"[④];2014年9月14日中塔联合发表《中华人民共和国和塔吉克斯坦共和国关于进一步发展和深化战略伙伴关系的联合宣言》,宣布"双方愿密切合作,共同推动丝绸之路经济带建设"[⑤];2014年9月16日中斯联合发布《中华人民共和国和斯里兰卡民主社会主义共和国关于深化战略合作伙伴关系的行动计划》,斯方"欢迎并支持中方提出的构建21世纪海上丝绸之路的倡议,愿积极参与相关合作"[⑥];2014年10月29日,中国和阿富汗联合发表《中华人民共和国与阿富汗伊斯兰共和国关于深

① 《中华人民共和国和东帝汶民主共和国关于建立睦邻友好、互信互利的全面合作伙伴关系联合声明》,http://www.fmprc.gov.cn/mfa_chn/ziliao_611306/1179_611310/t1146729.shtml。

② 《中华人民共和国和吉尔吉斯共和国关于进一步深化战略伙伴关系的联合宣言》,《人民日报》2014年5月18日。

③ 《中华人民共和国与俄罗斯联邦关于全面战略协作伙伴关系新阶段的联合声明》,http://www.fmprc.gov.cn/mfa_chn/ziliao_611306/1179_611310/t1157763.shtml。

④ 《中华人民共和国和蒙古国关于建立和发展全面战略伙伴关系的联合宣言》,《人民日报》2014年8月22日。

⑤ 《中华人民共和国和塔吉克斯坦共和国关于进一步发展和深化战略伙伴关系的联合宣言》,《人民日报》2014年9月13日。

⑥ 《中华人民共和国和斯里兰卡民主社会主义共和国关于深化战略合作伙伴关系的行动计划》,《人民日报》2014年9月17日。

化战略合作伙伴关系的联合声明》:“阿方欢迎丝绸之路经济带倡议。作为古丝绸之路的历史传统过境路线,阿富汗愿与中方密切合作,共同推进丝绸之路经济带建设”[①];2014 年 11 月 3 日,中卡联合发布《中华人民共和国和卡塔尔国关于建立战略伙伴关系的联合声明》,声明指出“双方强调共同建设‘丝绸之路经济带’和‘21 世纪海上丝绸之路’”[②];2014 年 11 月 15 日,中缅联合发表《中华人民共和国与缅甸联邦共和国关于深化两国全面战略合作的联合声明》,第六条内容规定“缅方欢迎中方提出的‘共建丝绸之路经济带和 21 世纪海上丝绸之路’的倡议”,双方同意将“加强海洋经济、互联互通、科技环保、社会人文等各领域务实合作,推动中缅及与其他沿线国家间的合作共赢、共同发展”[③];2014 年 12 月 23 日中泰联合发布《中华人民共和国政府和泰王国政府联合新闻公报》,泰方“支持中国提出共建‘丝绸之路经济带’和‘21 世纪海上丝绸之路’的倡议”[④];2014 年 12 月 23 日中埃联合发表《中华人民共和国和阿拉伯埃及共和国关于建立全面战略伙伴关系的联合声明》,埃方强调“中方提出的共同建设丝绸之路经济带和 21 世纪海上丝绸之路的倡议具有重要意义,符合两国的未来合作利益。双方愿共同探讨在此框架下的合作”[⑤];2015 年 3 月 25 日,中亚联合发布《中华人民共和国和亚美尼亚共和国关于进一步发展和深化友好合作关系的联合声明》,指出“双方将积极落实已签署的相关协议,共同推动丝绸之路经济带建设,开辟双方合作新的广阔前景”[⑥];2015 年 3 月 27 日,中国与印尼发表《中华人民共和国和印度尼西亚共和国关于加强两国全面战略伙伴关系的联合声明》,声明指出“双方认为,习近平

---

① 《中华人民共和国与阿富汗伊斯兰共和国关于深化战略合作伙伴关系的联合声明》,http://www.fmprc.gov.cn/mfa_chn/ziliao_611306/1179_611310/t1205144.shtml。

② 《中华人民共和国和卡塔尔国关于建立战略伙伴关系的联合声明》,http://www.fmprc.gov.cn/mfa_chn/ziliao_611306/1179_611310/t1206877.shtml。

③ 《中华人民共和国与缅甸联邦共和国关于深化两国全面战略合作的联合声明》,《人民日报》2014 年 11 月 15 日。

④ 《中华人民共和国政府和泰王国政府联合新闻公报》,《人民日报》2014 年 12 月 24 日。

⑤ 《中华人民共和国和阿拉伯埃及共和国关于建立全面战略伙伴关系的联合声明》,《人民日报》2014 年 12 月 24 日。

⑥ 《中华人民共和国和亚美尼亚共和国关于进一步发展和深化友好合作关系的联合声明》,http://www.fmprc.gov.cn/mfa_chn/zyxw_602251/t1248599.shtml。

主席提出的建设‘21 世纪海上丝绸之路’重大倡议和佐科总统倡导的‘全球海洋支点’战略构想高度契合。双方同意发挥各自优势……携手打造‘海洋发展伙伴’”①；2015 年 5 月 10 日，中国与白俄罗斯联合发表《中华人民共和国和白俄罗斯共和国关于进一步发展和深化全面战略伙伴关系的联合声明》，声明指出：“共同建设丝绸之路经济带的伟大倡议为中白开展全方位合作提供了新的历史机遇。双方愿密切合作，共同推动丝绸之路经济带建设”②等等。类似的还有《中华人民共和国和土库曼斯坦关于发展和深化战略伙伴关系的联合宣言》(2014 年 5 月 12 日)、《中华人民共和国和马尔代夫共和国联合新闻公报》(2014 年 9 月 15 日)③等。以上达成双边协议的国家就有 17 个。此外，中国已经与塔吉克斯坦、哈萨克斯坦、卡塔尔、哈萨克斯坦、巴基斯坦等国签署了共建“一带一路”合作备忘录，与科威特签署了共同推进“丝绸之路经济带”与“丝绸城”有关合作的备忘录，与俄罗斯签署了地区合作和边境合作的备忘录。中老、中越跨境经济合作区；与柬埔寨、希腊等国港口建设与运营；中马“两国双园”建设等达成协议并取得进展。④

第二类是通过官方人士和渠道的表态。

诸如 2014 年 5 月 20 日，中国国家主席习近平在上海会见乌兹别克斯坦总统卡里莫夫，卡里莫夫表示“乌方愿积极参与建设丝绸之路经济

---

① 《中华人民共和国和印度尼西亚共和国关于加强两国全面战略伙伴关系的联合声明》，http://www.fmprc.gov.cn/mfa_chn/zyxw_602251/t1249198.shtml。

② 《中华人民共和国和白俄罗斯共和国关于进一步发展和深化全面战略伙伴关系的联合声明》，《人民日报》2015 年 5 月 11 日。

③ 《中华人民共和国和土库曼斯坦关于发展和深化战略伙伴关系的联合宣言》，http://www.fmprc.gov.cn/mfa_chn/ziliao_611306/1179_611310/t1155093.shtml；《中华人民共和国和马尔代夫共和国联合新闻公报》，http://www.fmprc.gov.cn/mfa_chn/ziliao_611306/1179_611310/t1191246.shtml。

④ 车玉明、刘东凯、刘华、安蓓、王优玲、柳丝：《近 60 个国家明确表示支持和积极参与“一带一路”建设》，http://news.xinhuanet.com/world/2015-02/03/c_1114241622.htm；《外交部：中国正与有关国家商讨“一带一路”项目合作》，《中国海洋报》，http://www.oceanol.com/shouye/yaowen/2015-03-02/41424.html；《深化互信、加强对接，共建 21 世纪海上丝绸之路——杨洁篪国务委员在博鳌亚洲论坛 2015 年年会“共建 21 世纪海上丝绸之路分论坛暨中国东盟海洋合作年启动仪式”的演讲》，http://www.fmprc.gov.cn/mfa_chn/zyxw_602251/t1249710.shtml。

带”①。2014 年 6 月 10 日孟加拉国总理哈西娜表示“孟方赞同中方提出的‘一带一路’重要倡议,……孟方愿积极参与孟中印缅经济走廊”②。2014 年 7 月 4 日,时任韩国总统朴槿惠明确表态“韩方愿积极参与中方提出的丝绸之路经济带倡议”③。2014 年 8 月 23 日,格鲁吉亚政府为欢送结束访格行程的“丝绸之路万里行”中国媒体团,特在巴统市组织“丝绸之路”专题活动,格总理加利巴什维利表示“格自古就是‘丝绸之路’的重要节点,是连接东西方的桥梁……格愿在现代丝绸之路建设中发挥自己的作用”。2015 年 3 月 10 日,格鲁吉亚副总理兼经济与可持续发展部长克维里卡什维利更是明确表示“格鲁吉亚准备全面参与‘一带一路’建设”。④ 2014 年 11 月 9 日,泰国总理巴育、新加坡总理李显龙明确表态支持中国的“一带一路”倡议,并积极参与建设。⑤ 2014 年 12 月 23 日,埃及总统塞西表示“埃及支持‘一带一路’倡议,将竭尽所能与中国一道推动倡议的实施”。⑥ 2015 年 2 月 2 日,孟加拉国总统哈米德表示“孟方积极参与‘21 世纪海上丝绸之路’和‘孟中印缅经济走廊’建设,愿与中方一道加强各领域务实合作,实现共同发展”。⑦ 2015 年 3 月 27 日,奥地利总统菲舍尔表示:“中方提出的‘一带一路’倡议对奥地利非常有吸引力,奥方高度重视,愿意积极参与”。⑧ 2015 年 3 月 27 日,马来西亚总理纳吉布表示

---

① 杜尚泽、郝洪:《习近平会见乌兹别克斯坦总统》,《人民日报》2014 年 5 月 21 日。

② 赵明昊:《习近平会见孟加拉国总理哈西娜》,《人民日报》2014 年 6 月 11 日。

③ 杜尚泽、万宇:《习近平与朴槿惠共同出席中韩经贸合作论坛并发表重要讲话》,《人民日报》2014 年 7 月 5 日。

④《驻格鲁吉亚使馆临时代办邓浩出席格政府“丝绸之路”专题活动》,http://www. fmprc. gov. cn/mfa_chn/ziliao_611306/zt_611380/dnzt_611382/ydyl_667839/zwbd_667922/t1185442. shtml;董爱波:《格副总理:“一带一路”建设开启丝路沿线国家合作新时代》,http://news. xinhuanet. com/fortune/2015-03/10/c_1114592853. htm。

⑤《习近平会见新加坡总理李显龙》,http://www. fmprc. gov. cn/mfa_chn/ziliao_611306/zt_611380/dnzt_611382/ydyl_667839/zyxw_667918/t1208866. shtml;《习近平会见泰国总理巴育》,http://www. fmprc. gov. cn/mfa_chn/ziliao_611306/zt_611380/dnzt_611382/ydyl_667839/zyxw_667918/t1208864. shtml。

⑥ 朱小龙:《埃及总统塞西:“一带一路”倡议给埃及带来新机遇》,http://www. gov. cn/xinwen/2014-12/23/content_2795518. htm。

⑦《中国驻孟加拉国大使马明强向孟加拉国总统哈米德递交国书》,http://www. fmprc. gov. cn/mfa_chn/zwbd_602255/t1233690. shtml。

⑧ 李伟红:《习近平同奥地利总统菲舍尔会谈》,《人民日报》2015 年 3 月 28 日。

“支持中方提出的亚投行和21世纪海上丝绸之路的倡议”。[①] 2015年4月7日，中共中央总书记、国家主席习近平与越南共产党中央总书记阮富仲举行会谈，阮富仲回应“一带一路”倡议时称“越方正积极研究参与21世纪海上丝绸之路建设”[②]。2015年4月29日阿尔及利亚总理塞拉勒回应习近平称“阿方愿积极参与中非合作论坛和‘一带一路’框架下同中国的合作。”[③]。2015年5月14日，来华访问的印度总理莫迪回应习近平关于“一带一路”倡议倡议时称“印方愿加强同中方在这一领域合作”。[④] 等等。塞浦路斯驻华大使罗伊祖表示“非常欢迎并支持中国从国家层面提出的‘一带一路’战略”。韩国驻华公使衔参赞兼文化院院长金辰坤则认为“‘一带一路’战略加速中韩两国在各个层面的交流往来”。[⑤] 根据公开报道，乌兹别克斯坦、吉尔吉斯斯坦、土库曼斯坦、海湾阿拉伯国家合作委员会各成员国、巴基斯坦、老挝、缅甸、东帝汶、斯里兰卡、马尔代夫、印度等国元首或政要都已明确表态支持中国“一带一路”的建设。[⑥] 中国中东问题特使吴思科在观察中东国家的反应后也认为，中东国家非常重视“一带一路”倡议。[⑦]

第三类是以参与“一带一路”倡议两大抓手与基石——“亚洲基础设施投资银行(简称亚投行)”和“丝路基金”——的方式，表明其参与“一带一路”倡议的立场与态度。

2014年10月24日，包括中国、印度、新加坡等在内21个首批意向创始成员国代表在北京正式签署《筹建亚投行备忘录》，共同决定成立亚投

① 杜尚泽、丁汀：《习近平会见马来西亚总理纳吉布》，《人民日报》2015年3月28日。

② 《习近平同越共中央总书记阮富仲举行会谈，双方强调珍惜和维护中越传统友谊，共同推动中越全面战略合作伙伴关系持续健康稳定发展》，http://www.fmprc.gov.cn/mfa_chn/zyxw_602251/t1252726.shtml。

③ 赵明昊：《习近平会见阿尔及利亚总理塞拉勒》，《人民日报》2015年4月30日。

④ 杜尚泽：《习近平会见印度总理莫迪》，《人民日报》2015年5月15日。

⑤ 李理、祁诗杨、孙琳：《多国驻华使节热议“一带一路，东中欧冀搭中国直通车”》，《大公报》2015年3月15日。

⑥ 岳菲菲：《习近平“两亚”之行是“路演”，“一带一路”开始进入务实阶段，亚欧至少10余国表态支持一带一路》，《北京青年报》2014年9月22日。

⑦ 吴思科：《“一带一路”——来自中东的声音》，http://www.guancha.cn/wusike/2015_04_09_315234_1.shtml。

行。2014 年 11 月 8 日，习近平宣布中国出资 400 亿美元，成立“丝路基金”。无论是亚投行，还是“丝路基金”，都是为“一带一路”有关沿线国家的基础设施建设提供金融支持，促进经济合作。① 中国成立亚投行的倡议随后得到许多亚洲国家的积极响应。2015 年 3 月 12 日，英国正式向中方提交了作为意向创始成员国加入“亚投行”的确认函，正式申请加入亚投行。② 英国是发达国家阵营中最先明确做出积极回应的西方国家。受其影响，3 月 17 日法国、德国和意大利效仿英国申请加入亚投行，其举动无疑表明，中国的“一带一路”倡议显现出了巨大的国际影响力，由此也掀起加入亚投行热潮。3 月 31 日，是亚投行意向创始成员国的申请截止日期，按媒体的说法是“搭乘东方快车的最后机会”，仅这一天就有吉尔吉斯斯坦、挪威、瑞典三国宣布正式申请作为意向创始成员国加入亚投行。还有国家不愿公开身份，由此可见，申请成为亚投行意向创始成员国的国家应该不止 47 个。③ 现在媒体公开资料显示，3 月 31 日提交申请的还有葡萄牙、以色列、冰岛与中国台湾。④ 实际情况远非如此，就像卢森堡等国在保密一段时间后才公布申请一样，4 月 7 日中国财政部宣布，“4 月 3 日，经现有意向创始成员国同意，伊朗、阿联酋正式成为亚投行意向创始成员国”，4 月 9 日、10 日又宣布马耳他、吉尔吉斯斯坦、土耳其正式成为亚投行意向创始成员国。⑤ 4 月 15 日，是亚投行意向创始成员国确定的截止日期。中国政府正式向世界宣布，亚投行意向创始成员国共有 57 个，其中域内国家 37 个、域外国家 20 个，分别是：奥地利、澳大利亚、阿

① 《商务部部长高虎城答记者提问(2015 年 3 月 7 日)》，http://www.gov.cn/zhuanti/2015qglhzb/zb10.htm。

② 《英国正式申请作为意向创始成员国加入亚投行》，http://gjs.mof.gov.cn/pindaoliebiao/gongzuodongtai/201503/t20150312_1201640.html。

③ 《亚投行“朋友圈”超出预想，申请国家或超出 47 个》，《环球时报》2015 年 4 月 1 日。

④ 辛继召、罗瑞兴、郭曼洁：《各取所需：52 个亚投行“小伙伴”入行逻辑”》，《21 世纪经济报道》2015 年 4 月 2 日。

⑤ 《伊朗、阿联酋正式成为亚投行意向创始成员国》，http://gjs.mof.gov.cn/pindaoliebiao/gongzuodongtai/201504/t20150407_1213405.html；《马耳他、吉尔吉斯斯坦正式成为亚投行意向创始成员国》，http://gjs.mof.gov.cn/pindaoliebiao/gongzuodongtai/201504/t20150409_1214519.html；《土耳其正式成为亚投行意向创始成员国》，http://gjs.mof.gov.cn/pindaoliebiao/gongzuodongtai/201504/t20150410_1215318.html。

塞拜疆、孟加拉国、巴西、文莱、柬埔寨、中国、丹麦、埃及、法国、芬兰、格鲁吉亚、德国、冰岛、印度、印度尼西亚、伊朗、以色列、意大利、约旦、哈萨克斯坦、韩国、科威特、吉尔吉斯斯坦、老挝、卢森堡、马来西亚、马尔代夫、马耳他、蒙古、缅甸、尼泊尔、荷兰、新西兰、挪威、阿曼、巴基斯坦、菲律宾、波兰、葡萄牙、卡塔尔、俄罗斯、沙特阿拉伯、新加坡、南非、西班牙、斯里兰卡、瑞典、瑞士、塔吉克斯坦、泰国、土耳其、阿联酋、英国、乌兹别克斯坦和越南。[①] 从此,"世界走进了一个需要睁开眼睛看中国的时代"[②],亚投行掀起的热潮还在持续,正在成为"一带一路"倡议落实的靓丽风景。

加入亚投行,就意味着一只脚已跨入"一带一路"的大门,另一只脚迟早会迈入大门的。

第四类是区域组织平台内的协议与共识。

2014 年 1 月 17 日,出席"中国——海湾阿拉伯国家合作委员会第三轮战略对话"的海合会代表团表示"海合会各成员国愿积极参与丝绸之路经济带和 21 世纪海上丝绸之路建设"。[③] 2014 年 3 月 31 日,中欧双方发表了《关于深化互利共赢的中欧全面战略伙伴关系的联合声明》,其第十四条规定"中欧加强交通运输关系潜力巨大,双方决定共同挖掘中国丝绸之路经济带倡议与欧盟政策的契合点,探讨在丝绸之路经济带沿线开展合作的共同倡议"。[④] 2014 年 6 月 5 日,在北京举行的中国和阿拉伯合作论坛第六届部长级会议达成最重要的共识——"中阿实施共建'一带一路'"。[⑤] 2014 年 11 月 8 日,前来北京参加"加强互联互通伙伴关系对话会"的中国、孟加拉、柬埔寨、老挝、蒙古、缅甸、巴基斯坦、塔吉克斯坦 8 国领导人联合发布《加强互联互通伙伴关系对话会联合新闻公报》,明确表

---

① 李丽辉:《57 国成亚投行意向创始成员国、亚投行筹建"时间表"明确》,《人民日报》2015 年 4 月 16 日。

② 钟声:"世界睁开眼睛看中国",《人民日报》2015 年 4 月 16 日。

③《习近平会见海湾阿拉伯国家合作委员会代表团》,http://www.fmprc.gov.cn/mfa_chn/ziliao_611306/zt_611380/dnzt_611382/ydyl_667839/zyxw_667918/t1120042.shtml。

④《关于深化互利共赢的中欧全面战略伙伴关系的联合声明》,http://www.fmprc.gov.cn/mfa_chn/ziliao_611306/1179_611310/t1142797.shtml。

⑤《突尼斯《新闻报》刊登驻突尼斯大使边燕花署名文章:中阿合作论坛为中突合作开辟新愿景(驻突尼斯使馆供稿)2014/06/19》,http://www.fmprc.gov.cn/mfa_chn/ziliao_611306/zt_611380/dnzt_611382/ydyl_667839/zwbd_667922/t1166892.shtml。

示“我们支持丝绸之路经济带和21世纪海上丝绸之路(‘一带一路’)倡议”。[①] 2014年12月1日,中国与东盟联合发表《第十七次中国——东盟领导人会议主席声明》,其中第四条内容为“东盟国家领导人注意到并赞赏中方提出建设中国—东盟命运共同体和共建21世纪海上丝绸之路的倡议。”[②]可以说,在上海合作组织、中国—东盟“10+1”、亚太经合组织、亚欧会议、亚洲合作对话、亚信、中阿合作论坛、中国—海合会战略对话等一批多边合作机制中,“一带一路”都获得了很多的支持者和参与者。

第五类是相关国家通过非官方人士和学者发声,表达参与“一带一路”倡议的意向。

以中国近邻韩国、日本为例。韩国是犹抱琵琶半遮面,2015年2月,韩国《中央日报》中国研究所所长韩友德,利用参加“21世纪海上丝绸之路国际研讨会”的机会,在大会发言呼吁将“21世纪海上丝绸之路延伸到韩国的港口城市釜山和仁川”。[③] 学者呼吁于前,官方采取行动于后,最终在3月底,以加入亚投行的方式表明了立场与姿态。日本政府则是另一个极端,明确表示反对,但也不是铁板一块。2015年3月30日,日本官房长官菅义伟表示日本对加入亚投行应持“谨慎态度”,并质疑亚投行能否秉持“公正的治理结构”。不过日本学者对此则持批评态度,并建议“日本应尽早加入亚投行,为亚洲经济发展贡献力量”,认为“加入亚投行符合日本重大战略利益”。[④] 这些不同的声音反映地缘经济和地缘政治的复杂情况和不同诉求,在思考和认识各国态度时也不应忽视。

当然,上述五种情形所处的地位和呈现的分量是不同的。第一类属于官方间的双边规划和正式的外交协议文本,是最有保证可能得到落实

① 《我们支持丝绸之路经济带和21世纪海上丝绸之路(“一带一路”)倡议》》,http://politics.people.com.cn/n/2014/1108/c1001-25997243.html。

② 《第十七次中国——东盟领导人会议主席声明》,http://gjs.mof.gov.cn/pindaoliebiao/gongzuodongtai/201503/t20150312_1201640.html。

③ 谢曦、覃博雅:《韩专家韩友德:期待海上丝绸之路延伸到韩国》,http://korea.people.com.cn/n/2015/0211/c205199-8849430.html。

④ 〔日〕濑口清之:《建议日本应尽早加入亚投行》,《环球时报》2015年3月20日;《日本学者:加入亚投行符合日本重大战略利益》,http://japan.xinhuanet.com/2015-04/24/c_134181483.htm。

的；第二类属于双边性质的官方正式表态，在该政府任期内具有较强的约束性；第三类具有“试金石”的性质，也就是说致力于促进亚洲地区基础设施建设和互联互通的亚投行和“一带一路”有交集，但也有所不同[①]；第四类属于多边性质，虽然具有一定的约束性，但还需要双边协定作必要的充实和完善；第五类可行性最低，只属于言论层面的呼吁，但也表达了一种意向和声音。

综合来看，中亚、西亚、南亚、东南亚、南太平洋、中东、欧洲、非洲，中国的“一带一路”倡议都获得了积极回应。

第三节　韩国社会对中国“一带一路”倡议的反应——以《朝鲜日报》《中央日报》为中心

“一带一路”是“丝绸之路经济带”和“21 世纪海上丝绸之路”的简称，自 2013 年 9、10 月份中国领导人首次提出该倡议以后，立即在国际上引起巨大反响。2013 年 10 月 14 日美国媒体《华盛顿邮报》发表题为“中国用本国的两条丝绸之路绕过美国的‘新丝绸之路’”的文章，认为这是“向华盛顿发起挑战”[②]；俄罗斯媒体《独立报》在 11 月 15 日刊发文章，则称“海陆‘丝绸之路’构想延伸‘中国梦’战略”[③]；日本的《外交学者》2014 年 1 月 15 日刊载题为“中国的西进战略”的文章，认为中国旨在“推动西进战略寻求新的能源供应线”[④]。可见，国际社会十分关注中国的国际动向。迄今中国将“一带一路”倡议作为国家意旨付诸实践，已取得巨大进展，与“一带一路”倡议相伴而生的“亚洲基础设施投资银行”（以下简称“亚投行”）在 2015 年 6 月 29 日举行《亚洲基础设施投资银行协定》签署

① 韩洁：《域内外国家的积极参与体现亚投行的广泛代表性——财政部长楼继伟回应亚投行七大热点问题》，http://news.xinhuanet.com/fortune/2015-03/20/c_1114712336.htm。
②《美媒：中国用“两条丝绸之路”还击华盛顿》，《环球时报》2013 年 10 月 16 日。
③《俄报：海陆“丝绸之路”构想延伸“中国梦”战略》，《参考消息》2013 年 11 月 20 日。
④《日媒：中国推动西进战略寻求新的能源供应线》，《环球时报》2014 年 1 月 17 日。

仪式，50 个意向创始成员国已正式签署协定。[①] 韩国是中国的重要邻国，而中国目前是韩国最大贸易伙伴、最大海外投资对象国、最大出口市场、最大进口来源国、最大旅行目的地国、最大留学生来源国。中韩双边贸易额近 3000 亿美元，占韩国对外贸易总额的五分之一，超过了韩美、韩欧贸易额的总和。[②] 因此，从理论上而言，韩国社会对中国提出的“一带一路”倡议一定非常敏感，会做出积极反应的。实际情况如何，需要做客观研究。而韩国社会的反应状况，也有助于我们理解与认知真实的中韩关系的状况和存在的问题。

一、选择《朝鲜日报》、《中央日报》为视角的缘由

中国政府提出“一带一路”倡议后，作为邻国的韩国如何反应是非常复杂的问题。要研究韩国社会对中国“一带一路”倡议的反应，首先就要弄明白这种反应是指什么？是韩国政府领导人的表态？是一些韩国学者的表态与呼吁？还是韩国社会媒体的评论与报道？

一般而言，对于国际问题，韩国政府领导人的表态是非常谨慎的，有着复杂的国家利益考量，有时还会有反复，而且不同层级与渠道的声音与分量是不一样的。从研究的角度，政府的决策过程难以把握，短时间内最终的态度很难明朗呈现在大众面前。

学者的表态与呼吁是很重要的。由于专业研究知识储备和阅历，他们是非常敏感的，第一时间可以洞悉相关国家政策的意图，可以从不同角度做出解读，而且往往是政府表态的先声。但是，学者众多，可以发声的渠道非常复杂，要做全方位的系统梳理和准确解读是难以做到的。

当然，无论是政府领导人的表态还是学者的发声，都是通过媒体的报道及时呈现在公众面前的。媒体及时和全方位的报道，从动态与立体的角度可以反映韩国社会的认知状况。因此，要一探究竟，从社会学的角

① 杜尚泽：《习近平会见出席〈亚洲基础设施投资银行协定〉签署仪式各国代表团团长》，《人民日报》2015 年 6 月 30 日；〔日〕大越匡洋：《7 国没有签署亚投行协定（2015/06/29）》，日本经济新闻 http://cn.nikkei.com/politicsaeconomy/economic-policy/14998-20150629.html。

②《中韩自贸协定将拉动中国实际 GDP 增 0.34 个百分点》，http://finance.chinanews.com/cj/2015/06-02/7316950.shtml。

度,选择具有反映和引导社会舆论功能的大众传媒重要端口和载体的报纸作为着眼点,具有显而易见的优点和特殊意义。

韩国社会媒体很多。根据韩国报业基金会或韩国言论振兴财团(Korea Press Foundation)统计的数据,截至2013年韩国境内注册的日报数量为36家。据韩国有关机构进行的“2015媒体信赖度调查”结果显示,受访者中有55%选择《朝鲜日报》是影响力最大的媒体,发行数量达167万多份,也是发行量最大的报纸。受访者中有16%选择《中央日报》,是居于《朝鲜日报》之后排名第二的影响力最大的媒体,发行数量达105万多份,在“最喜爱的报纸”排名中为17%,仅次于《朝鲜日报》(20%)。[①] 由于《朝鲜日报》号称是“韩国新闻的直通车”,是韩国政治界领导人、经济界人士、知识分子以及中产阶级的必读报纸;[②]《中央日报》也“以其可靠、深入的新闻报道吸引了舆论领袖、高知和高收入读者的关注”[③],据该报所做的读者群信息分析,以活跃读者职业分类,排名前三位的依次是白领、蓝领与家庭主妇,分别占40.4%、35.2%、12%,以文化程度分类,大学毕业或相当于大学水平的占59.8%,[④],而且都设立有网络版,提供中文版的新闻。因此,从研究可控性、客观性和便捷性的角度考虑,这是笔者选取《朝鲜日报》作为样本的原因。[⑤] 其次,以无国界记者组织出炉的全球新闻自由指数度(Worldwide Press Freedom Index)来衡量,韩国的排名靠前,2015年在全球180个国家中排名第60,优于日本(61)。[⑥] 这说明韩国新闻界记者的自由度相对而言要大一些,能够就一些敏感问题及

---

① 蔡珉基:《〈朝鲜日报〉登企业界影响力排行榜榜首》,http://cnnews. chosun. com/client/news/viw. asp? cate=C01&mcate=M1001&nNewsNumb=20151242726&nidx=42727。

② 《朝鲜日报传媒集团简介》,http://cnnews. chosun. com/client/info/aboutus. asp。

③ Joins:韩国中央日报官网,http://www. egouz. com/asia/korea/2010/0926/1546. html。

④ 《中央日报读者分析》,http://chinese. joins. com/gb/company. do? method=joongang&code=0601。

⑤ 蔡珉基:《〈朝鲜日报〉登企业界影响力排行榜榜首》,http://cnnews. chosun. com/client/news/viw. asp? cate=C01&mcate=M1001&nNewsNumb=20151242726&nidx=42727。

⑥ 全球新闻自由指数(Worldwide Press Freedom Index)是无国界记者组织根据各国新闻自由状况,每年编排出版的世界各国新闻自由排名。2015年度报告中,韩国在全球180个国家中排名第60,日本排名61。2015年全球新闻自由指数(2015 World Press Freedom Index) https://index. rsf. org/#! /。

时展开报道。

二、《朝鲜日报》《中央日报》对中国"一带一路"倡议报道状况及其分析

以时间为主轴，笔者通过检索的方式对《朝鲜日报》《中央日报》在2013年9月至2015年10月的报道做了系统梳理，按时间因素，两年时间中《朝鲜日报》《中央日报》的报道可明显分为四个"时间窗口"，即"'欧亚计划'：韩国对中国'一带一路'倡议的最初反应?"（2013年9、10月至2014年6月）、习近平访韩与韩国对"一带一路"倡议的回应（2014年7月至9月）、"亚投行"拉锯战：韩国社会的犹疑（2014年10月至2015年5月）、"一带一路"与"欧亚计划"对接：中韩实现共赢的目标（2015年6月至9月）四个时段。

1. "欧亚计划"：韩国对中国"一带一路"倡议的最初反应?

2013年11月25日《朝鲜日报》在题为《中国周边外交强调"亲诚惠容"日本除外?》的文章中，最早报道中国的"一带一路"倡议。该文以中国于2013年10月24日至25日召开的"周边外交工作座谈会"为主线，报道中国"亲、诚、惠、容"的周边外交新理念。其中特别提到"习近平在中亚访问期间提议，建设涉及30亿人口的丝绸之路经济带。习近平在访问东南亚期间提议，建设'海上丝绸之路'。"[①]《中央日报》则是以"读者投稿"栏目的方式，于2013年11月29日在题为《30亿"丝绸之路经济圈"起步》的报道中，首次提及"中国国家主席习近平今年9月曾提议中国与中亚各国连接各国交通网，建成从太平洋直通波罗的海的大通道，这个所谓'构建30亿人口的丝绸之路经济圈'计划的核心，就是将中国与中亚的巨大市场连成一个单一经济合作体"。但这个报道的核心，是为了阐述朝鲜"必须加入连接韩半岛与大陆的国际合作之'道'"而展开的，中心点并不是中国的"丝绸之路经济带"。[②]

---

① 安勇炫：《中国周边外交强调'亲诚惠容'日本除外?》，http://cnnews.chosun.com/client/news/viw.asp?cate=C01&mcate=M1002&nNewsNumb=20141220296&nidx=20297。

② 金龙焕：《30亿"丝绸之路经济圈"起步》，http://chinese.joins.com/gb/article.do?method=detail&art_id=112423&category=002005。

那么，为何韩国《中央日报》的报道要特别将朝鲜与欧亚大陆的连接联系起来？这就不能不提及韩国政府提出的新计划“欧亚计划”。2013年10月18日韩国朴槿惠总统提出了雄心勃勃的新战略构想“欧亚计划”，其方向是要将欧亚打造成“团结的大陆、创造的大陆与和平的大陆”。为实现“团结的大陆”的目标，她还提出了三个方案，即建设“丝绸之路快车(SRX)”(从釜山出发，贯通朝鲜、俄罗斯、中国、中亚，直到欧洲)、构建“欧亚能源网”、实现“欧亚经济统合”。[①] 毫无疑问，《中央日报》的报道提示我们，韩国朴槿惠总统提出的“欧亚计划”与中国的“一带一路”倡议有着密不可分的关系。可以这样设想，中国提出“一带一路”倡议，促使韩国政府尽快出台了“欧亚计划”。因此，笔者认为韩国政府的“欧亚计划”可以视为是对中国“一带一路”倡议的最初回应。

不过，在仔细检阅《朝鲜日报》《中央日报》的过程中，笔者也发现一个有趣的现象，无论是在《朝鲜日报》还是《中央日报》，在检索栏输入“丝绸之路经济带”“21世纪海上丝绸之路”“一带一路”“亚洲基础设施投资银行(简称‘亚投行’)”等关键词，毫无例外，都显示有一个空白期，就是说自2013年9月、10月中国国家主席习近平出访首次提出“丝绸之路经济带”和“21世纪海上丝绸之路”倡议以后，直到2014年7月访韩前夕，韩国这两家最重要的媒体对中国提出的“一带一路”倡议进行的公开报道非常少，就是上述两条。由此笔者认为这是一个“空窗期”，值得关注与思考。而且，笔者倾向于认为这并不是报道韩国社会对中国“一带一路”倡议的正式系统反应。从时间因素考虑，它只是韩国“欧亚计划”报道的副产品。

2. 习近平访韩与韩国对“一带一路”倡议的回应

2014年7月3日至4日，中国国家主席习近平对韩国进行国事访问。《人民日报》特别以“钟声”的名义发表题为“中国梦与韩国梦携手并进”的报道，指出“中国提出的建设丝绸之路经济带和21世纪海上丝绸之路构想与韩国提出的‘丝绸之路快线’构想密切相关，双方联手，有助于共同开

---

① 许振：《朴总统推出外交与经济相融合的“欧亚一家”新战略》，http://chinese.joins.com/gb/article.do?method=detail&art_id=110598&category=002002。

拓亚洲乃至世界新的合作空间。”[①]中国首次明确提出将“一带一路”与韩国的“欧亚计划”连接的问题。以习近平访问韩国为契机，引发韩国社会开始关注中国的“一带一路”倡议。

在中国国家主席习近平访问韩国之际，7 月 3 日，《朝鲜日报》发表《朴槿惠接受央视专访：韩国梦与中国梦相通》一文，特别介绍 2 日中国中央电视台播出的对朴槿惠总统专访的内容。朴槿惠表示：“习近平主席把中国梦作为一个国家愿景提出来，这和我提出的韩国梦是相通的。韩国梦追求希望的新时代和国民幸福时代，我认为二者的最终目标是相同的。……所以同样，我希望中国梦和韩国梦最终能汇集在一起发展成为东北亚之梦。”[②]同日还刊发《从六个“第一”看韩中关系》的文章，从贸易、出口、进口、海外投资、人员往来、留学生 6 个领域，介绍了中韩建交 22 年来两国关系发展的状况，即中国是韩国最大贸易伙伴、最大出口市场和进口来源国、最大海外投资对象国，韩国是中国第一大入境客源国，中韩两国留学生均居对方国家外国留学生人数之首。[③] 7 月 4 日，《朝鲜日报》刊发社论《韩中首脑会谈》，阐述习近平访问韩国的影响与意义。[④] 7 月 5 日，《朝鲜日报》又以《习近平提议上海等地将建中韩自贸区》为题，对中韩首脑会谈做了详细报道，其中提到“朴槿惠当天正式提议将韩国的‘欧亚倡议’和中国的‘新丝绸之路经济带’构想结合起来。”[⑤]《中央日报》也以《习近平提议“建设共同产业园区”，期待建立新万金中国特区》为题，报道称“朴总统‘有必要探索韩国的‘欧亚计划’和中国的‘新丝绸之路构想’之间的联系’，‘如果两大构想能联系起来，那么中国将成为连接韩国与远东

---

① 钟声：“中国梦与韩国梦携手并进”，《人民日报》2014 年 7 月 3 日。

② 金真明：《朴槿惠接受央视专访：韩国梦与中国梦相通》，http://old. chnarchive. chosun. com/site/data/html_dir/2014/07/03/20140703000001. html。

③ 安勇炫：《从六个“第一”看韩中关系》，http://old. chnarchive. chosun. com/site/data/html_dir/2014/07/03/20140703000022. html。

④ 社论：《韩中首脑会谈》，http://old. chnarchive. chosun. com/site/data/html_dir/2014/07/04/20140704000027. html。

⑤ 崔宰赫：《习近平提议上海等地将建中韩自贸区》，http://old. chnarchive. chosun. com/site/data/html_dir/2014/07/05/20140705000007. html。

亚洲、中亚、中东、欧洲的桥梁，两国的竞争力也会得到进一步提高’”。[1]这是韩国官方首次正式表态要将“欧亚计划”与中国的“一带一路”倡议实现对接。

受习近平访问韩国带来的影响，《朝鲜日报》《中央日报》明显加强了对中国“一带一路”倡议倡议相关消息的报道。《朝鲜日报》于 8 月 18 日以《新丝路启航，“一带一路”构建新格局》，首次全面系统介绍了中国的“一带一路”倡议的由来以及内涵，并指出“中国官方媒体和经济部门最近开始大力宣传并推进习近平的‘新丝绸之路战略’（一带一路构想）”。文章还以“利用陆地丝绸之路开发中西部地区”、“利用海上丝绸之路掌控东南亚贸易、石油要道”为小标题，系统阐述中国“一带一路”倡议期望达到的目标，文章借用韩国产业研究院北京分院院长李文亨（音）的观点，认为“中国推进新丝绸之路战略意在摆脱美国的对中包围网。”[2]9 月 17 日又以《珍珠链 VS 钻石：中日外交战略冲突》为题，综合报道中国国家主席习近平访问习近平访问马尔代夫、斯里兰卡、印度的消息，认为中国国家主席习近平的访问是“快马加鞭推进‘珍珠链’外交战略，即将东南亚和印度洋主要港口串联在一起”，而“21 世纪海上丝绸之路”构想则包含“珍珠链战略”。文章指出，日本首相“安倍晋三 2012 年 12 月曾表示，要想牵制中国，日本、夏威夷（美国）、澳大利亚、印度应该联合起来形成钻石包围圈。习近平巡访马尔代夫、斯里兰卡、印度之前，安倍晋三访问了斯里兰卡和孟加拉国，并邀请印度总理莫迪访问东京，这也是为了推进‘安保钻石’构想”。据此，作者认为“习近平的珍珠链战略难免与日本首相安倍晋三推进的‘安保钻石’构想冲突。”文章最后又引述《印度时报》16 日报道，称“印度也在筹划‘季风航路’构想，以应对中国战略。”[3]当然，文章作者隐含的观点，就是中国的“一带一路”倡议与日本的“安保钻石”构想、印度的

---

① 金贤睿、金荣旼：《习近平提议“建设共同产业园区”，期待建立新万金中国特区》，http://chinese.joins.com/gb/article.do?method=detail&art_id=121740&category=002002。

② 安勇炫：《新丝路启航，“一带一路”构建新格局》，http://old.chnarchive.chosun.com/site/data/html_dir/2014/08/18/2014081800020.html。

③ 安勇炫：《珍珠链 VS 钻石：中日外交战略冲突》，http://old.chnarchive.chosun.com/site/data/html_dir/2014/09/17/2014091700012.html。

“季风航路”构想都存在冲突。此外，与“一带一路”倡议相关的的报道还有《邱国洪感谢〈朝鲜日报〉重点报道习主席访韩，承诺将大力支持“New-eurasia 自行车和平大长征”》①等。

与《朝鲜日报》视角不同，《中央日报》8 月 19 日则以《奔向中国丝绸之路的心脏——甘肃省》为题，围绕中国为推进“一帶一路”战略，甘肃省正在进行的“骊靬古城项目”，系统介绍骊靬古城遗址状况以及该项目的由来，认为该项目“可以理解为计划恢复两千年前的罗马军团，实现东西文化融合，同时实现中华文明和经济复兴的‘一带一路’而实行的战略。”同时还介绍了 8 月 8 日在张掖市召开的中国首届“丝绸之路马文化产业国际论坛”，甘肃省为建设丝绸之路经济带而正在推进的《甘肃华夏文明传承创新区总体方案》“1313 工程”以及甘肃武威永昌一带农村的变化。正是在这篇文章的结尾，作者特别介绍了“一带一路”。② 这是该报首次向韩国国内完整介绍“一带一路”的概念。10 月 13 日，该报发表旗下的中国研究所所长韩友德撰写的《中国“一带一路外交”VS 西海非法捕捞》一文。此时中韩之间正围绕 10 月 10 日一艘中国渔船在遭韩国海警盘查过程中，船长不幸中枪身亡一事展开外交交涉。③ 该报借此事为切入点，重点却是讨论中国的“一带一路”倡议。文章首先回顾一年前中国国家主席习近平的外交行迹，即“‘一带一路’政策宣告诞生”的过程，认为“这就是‘一带一路外交’的开始”。其次，文章回顾 2013 年 10 月 24 日习近平主持召开的“周边外交工作座谈会”，认为“‘亲诚惠容’其实是中国为实践‘一带一路外交’而提出的指导理念”。再次，作者认为“习主席不断出访周边国家”，就是“积极推销‘一带一路外交政策’”。文章结尾作者笔锋一转，回到中国籍船长不幸死亡事件，指出“最重要的问题是从源头解决非法捕捞问题。……这当然是中国政府该做的事情，希望亲诚惠容的理念

① 池海范：《邱国洪感谢〈朝鲜日报〉重点报道习主席访韩，承诺将大力支持“New-eurasia 自行车和平大长征”》，http://old. chnarchive. chosun. com/site/data/html _ dir/2014/08/08/20140808000024. html。

② 崔荧奎：《奔向中国丝绸之路的心脏——甘肃省》，http://chinese. joins. com/gb/article. do?method=detail&art_id=123690&category=002003。

③ 张青：《中国渔船船长遭韩国海警盘查中枪身亡》，http://news. xinhuanet. com/world/2014-10/10/c_1112767765. htm。

能够在韩国西海问题上得到体现”。[①] 文章的作者当然是站在韩国的立场阐述观点的，但把“一带一路”倡议与两国间的突发事件联系起来，回避自身的责任却是值得反思的。

整体上看，自7月3日习近平访问韩国到10月24日包括中国在内的21个国家代表汇聚北京商签筹建“亚洲基础设施投资银行(简称亚投行)”议定书前夕，无论是《朝鲜日报》还是《中央日报》，针对中国“一带一路”倡议的报道都不是很多。

3. “亚投行”拉锯战：韩国社会的犹疑

2014年10月24日，包括中国在内的21个国家代表汇聚北京，正式签署了《筹建亚投行备忘录》，由此，中国“一带一路”倡议的实践进入亚投行时间。2015年1月15日至16日，筹建亚投行第二次谈判代表会议在印度孟买举行，会议决定“有意愿作为创始成员加入的国家需在2015年3月31日前正式提出申请，经现有意向创始成员国同意，即可参与亚投行筹建进程”。[②] 亚投行筹建再次提速，能否成为亚投行意向创始成员国成为各国博弈的焦点。

针对亚投行筹建问题，韩国社会有何反应呢？10月23日《朝鲜日报》题为《韩国应积极介入中国主导的国际机制》的文章，指出“从中长期角度考虑，中国希望通过新丝绸之路构想、成立金砖四国银行、提议设立亚洲基础设施投资银行(AIIB)、构建新的亚洲安全体系等战略成为欧亚大陆的核心枢纽。继19世纪之后，全球大地缘政治游戏再次启幕。”对此，主张“韩国应主动积极参与，而不是被动等待。韩国应该在‘联美和中’战略的基础上更进一步，推进‘联美协中’战略。”[③]紧接着在10月31日又发表《韩国应正确认识“中国力量”》的文章，针对中国积极推进成立中国主导的亚投行等新的经济机构，作者认为亚投行等“是旨在弥补亚洲

---

① 韩友德：《中国“一带一路外交”VS西海非法捕捞》，http://chinese.joins.com/gb/article.do?method=detail&art_id=125966&category=002003。

② 李晓喻：《亚投行章程草案获第一次审议，计划2015年中签署终稿》，http://finance.chinanews.com/cj/2015/01-20/6987644.shtml。

③ 金兴圭：《韩国应积极介入中国主导的国际机制》，http://cnnews.chosun.com/client/news/viw.asp?cate=C08&mcate=m1001&nNewsNumb=20141018397&nidx=18398。

开发银行(ADB)和国际货币基金组织(IMF)缺陷的新尝试,具有积极意义”,主张“韩国应摆脱过度看重‘中国力量’的强迫感,抓住目前仍在不断进化的中国国家结构和经济提供的机遇,……共同开创新的共生模式”。[①] 此外还报道了与中国“一带一路”倡议相关的诸如《韩政府着手研究连接韩中铁路轮渡方案》(2014 年 11 月 18 日)[②]、《沪港通开通半月,韩投资者与国际不接轨》(2014 年 12 月 2 日)[③]等消息。

《中央日报》10 月 28 日则以发表《中国没有无条件保护朝鲜的义务》一文,以采访中国社会科学院亚太与全球战略研究院(NIIS)院长李向阳的方式,对亚投行问题做出最初反应。文章涉及中国全球战略很多主题,其中李向阳回答了中国“一带一路”倡议与西部大开发关系以及与韩国挂钩的可能性、中国主导的金砖四国投资银行以及亚投行是否会挑战现有的国际金融体制、韩国如果加入亚投行将会有哪些益处等问题。[④] 当然,文章标题已经表明,作者更想了解中国对朝鲜的政策与态度,亚投行还未引起足够的重视。12 月 10 日,该报在“读者投稿”栏目刊发题为《习近平主席的梦想不断成长》的文章,引人注目。作者以时间为顺序梳理和介绍了习近平提出中国梦、“亚洲互相协作与信任措施会议”上提出亚洲梦、亚太经合组织会议(APEC)上提出亚太梦和亚欧梦的过程与内涵,认为习主席“他的梦想不是空想,会成为现实”,因为“他在提出梦想的同时也不忘提出具体的实践方案。旨在实现欧亚梦的“一带一路”计划就是这样”。那么韩国应该如何应对呢?该文作者建议“韩国应该积极探讨参与一带一路计划的问题。当然,在搭车之前有必要从多个角度慎重考虑这一计划的合理性和参与方式,不过慎重归慎重,不能变成

① 吴承烈:《韩国应正确认识“中国力量”》,http://cnnews.chosun.com/client/news/viw.asp?cate=C08&mcate=m1001&nNewsNumb=20141018524&nidx=18525。

② 朴秀缵:《韩政府着手研究连接韩中铁路轮渡方案》,http://cnnews.chosun.com/client/news/viw.asp?cate=C01&mcate=M1002&nNewsNumb=20141118833&nidx=18834。

③ Son Deok-ho:《沪港通开通半月,韩投资者与国际不接轨》,http://cnnews.chosun.com/client/news/viw.asp?cate=C01&mcate=m1003&nNewsNumb=20141219137&nidx=19138。

④ 崔炯奎:《“中国没有无条件保护朝鲜的义务”》,http://chinese.joins.com/gb/article.do?method=detail&art_id=126669&category=002003。

优柔寡断。”①

当时间进入2015年以后，筹建亚投行第二次谈判代表会议确定申请成为意向创始成员国最后截止日期为3月31日，而中国政府也确定在3月26日至29日举办博鳌亚洲论坛2015年年会。中国政府利用该论坛发起了最后的冲锋，时间因素使得博鳌亚洲论坛2015年年会成为亚投行的风向标和博弈的工具。

3月19日《朝鲜日报》发表题为《放眼统一前景，韩应积极参与国际金融秩序重建》的“社论”，文章指出，继英国之后，德国、法国、意大利等欧洲国家纷纷决定加入中国主导的亚投行。而美国也从开始的强硬反对后退了一步，表示“是否加入是主权国家自己决定的问题”。“目前中国正在敦促韩国到本月底决定是否加入为创始会员国”，韩国应该何去何从？由于英国、德国、法国、意大利加入中国版国际金融机构亚投行，“将成为现有国际金融秩序带来新变化的重要转折点”。因此，“我们应该从国际金融秩序重建的大局面中寻找韩国的作用”。② 正如标题所言，该报主张韩国顺应时势加入亚投行。

随后围绕博鳌亚洲论坛2015年年会，该报推出了系列报道。3月27日以《博鳌论坛中国开幕，“一带一路”成热点》为题，介绍整个论坛的情况，特别指出“今年博鳌论坛的热点是习主席的经济外交战略‘一带一路’”。还介绍了亚投行和丝路基金与“一带一路”的关系。③ 3月28日刊发《博鳌亚洲论坛今举行开幕式，习近平将发表主旨演讲》一文，概括指出本届年会“‘一带一路’、亚投行成为最热的话题”。“亚投行‘朋友圈’正迅速扩大。韩国、奥地利27日正式宣布申请加入亚投行。”④3月30日，以

① 刘尚哲：《习近平主席的梦想不断成长》，http://chinese.joins.com/gb/article.do?method=detail&art_id=128588&category=002003。

② 社论：《放眼统一前景，韩应积极参与国际金融秩序重建》，http://cnnews.chosun.com/client/news/viw.asp?cate=C08&mcate=m1001&nNewsNumb=20150323136&nidx=23137。

③ 曹中植、刘玛蒂：《博鳌论坛中国开幕，“一带一路”成热点》，http://cnnews.chosun.com/client/news/viw.asp?cate=C01&mcate=M1002&nNewsNumb=20150323247&nidx=23248。

④《博鳌亚洲论坛今举行开幕式，习近平将发表主旨演讲》，http://cnnews.chosun.com/client/news/viw.asp?cate=C01&mcate=M1002&nNewsNumb=20150323258&nidx=23259。

《习近平博鳌论坛强调一带一路？亚洲命运共同体》为题，全面系统介绍中国国家主席习近平在28日的主旨演讲，还将“一带一路”和中华主义做了联系，指出“如果说中华主义用的是刀枪，‘一带一路’的重要武器就是金融。中国主导成立的亚洲基础设施投资银行和400亿美元规模的新丝绸之路基金等，预计会成为一带一路的弹药库。”文章结尾再次对“一带一路”做了解释。①

相比《朝鲜日报》，《中央日报》则早在3月2日就以《韩国要加入亚洲基础设施投资银行的理由：抓住中国“新丝绸之路战略”机会》为题，发表《中央日报》中国研究所所长韩友德的文章，指出“中国希望韩国加入，要求韩国加入AIIB，而韩国则一直在犹豫，因为美国警惕中国的亚洲霸权战略，要观察美国的立场，这并不是没有依据。”但由于“新丝绸之路战略的核心地区中东和东南亚是韩国的第一、二大建设市场。如果中国在该地区社会间接资本(SOC)建设投入巨额资金，对韩国来说也是个机会。”因此，作者主张“对于中国的新丝绸之路战略，要从经济角度而不是政治角度来处理。只有这样才能营造加入的氛围，抓住机会，加入AIIB即是开始。”②3月18日刊发《韩国政府考虑在月底前积极讨论加入中国主导的AIIB》，报道韩国政府出于“国家利益”的考虑，积极讨论AIIB的加入问题。③ 3月21日又以《作茧自缚的AIIB困境》为题，介绍了造成韩国加入亚投行困境的原因。认为“哪怕当初对AIIB的本质多给予一点关注，现在就不会遭到别人嘲弄，也不必为此事烦恼”。④

在博鳌亚洲论坛2015年年会报道问题上，《中央日报》更为积极。其中的原因是《本报是中国“博鳌论坛”唯一的官方韩国媒体合作伙伴，2015

① 安勇炫：《习近平博鳌论坛强调一带一路？亚洲命运共同体》，http://cnnews.chosun.com/client/news/viw.asp?cate=C01&mcate=M1002&nNewsNumb=20150323264&nidx=23265。

② http://chinese.joins.com/gb/article.do?method=detail&art_id=132009&category=002005

③ 崔荧奎、高贞爱、金玄基：《韩国政府考虑在月底前积极讨论加入中国主导的AIIB》，http://chinese.joins.com/gb/article.do?method=detail&art_id=132744&category=002002。

④ 崔荧奎：《作茧自缚的AIIB困境》，http://chinese.joins.com/gb/article.do?method=detail&art_id=132920&category=002003。

“博鳌论坛”3月26日开幕》(1月21日)。与《朝鲜日报》报道内容相似,《中央日报》以诸如《迈向创亚洲新未来,第14届博鳌论坛正式开幕》(3月27日)、《习近平的“一带一路”梦想成博鳌论坛关注焦点》(3月28日)、《习近平博鳌论坛演讲强调一带一路共赢之路》(3月30日)、《CJ集团中国区总裁朴根太:接到邀请参加明年博鳌亚洲论坛韩流分论坛》(3月31日)等报道对“博鳌论坛”状况做了全面介绍。值得关注的是,该报3月31日刊发《习近平的“带”与奥巴马的“网”谁能覆盖亚洲?》的文章,认为“习主席本月28日在中国海南举行的博鳌亚洲论坛年会上提出的“一带一路”构想是希望让过去曾是世界中心的中华再次迎来全盛时期”,但是,“这与奥巴马今年2月向议会提交的国家安保战略报告书中的亚洲网构想相冲突。……韩半岛既是一带一路的后方阵地,也是再平衡的最前方。”因此,中美“主导的世界秩序的冲突预示着韩国外交将面临难题”。[①] 4月1日发表《休·怀特:美中两国共享权力可维持亚洲和平》一文,介绍参加博鳌论坛的澳大利亚著名中国和国际战略问题专家休·怀特(Hugh White)针对“中国的崛起将不可避免地导致美中发生两国冲突”观点的看法,认为“中美两国可以以权力共享(Power Sharing)促进地区稳定”。[②] 4月9日又专门刊发《美国应对中国崛起的最佳“对冲(Hedging)”战略》的文章,介绍美国芝加哥召开的北美亚洲学会年度总会讨论美中两国关系变化和“对冲(Hedging)”战略的情形,认为:“随着习近平主席最近在海南博鳌论坛上阐明为中国复兴打造陆海丝绸之路‘一带一路’构想,致力于2020年建成东亚经济共同体。此外,中国主导的亚投行也拥有包括韩国在内的亚洲、欧洲和中东等48个国家作为创立成员国加入,给美日两国主导的国际金融秩序带来全新的变革。”如何应对?“对冲战略”是理性的选择。当然,该战略有7种类型,即“搭乘(bandwagoning)”和“均衡(balancing)”的两极战略(搭乘是在地政学上依赖复兴的中国,“均衡”是抵消中国的过度影响力活动),以及“有限搭乘

① 蔡秉健:《习近平的“带”与奥巴马的“网”谁能覆盖亚洲?》,http://chinese.joins.com/gb/article.do?method=detail&art_id=133308&category=002002。

② 徐裕真:《休·怀特:美中两国共享权力可维持亚洲和平》,http://chinese.joins.com/gb/article.do?method=detail&art_id=133399&category=002002。

(limited bandwagoning)”、“结合参与(binding engagement)”、“经济实用主义(economic pragmatism)”、“拒绝支配(dominance denial)”、“间接均衡(indirect balancing)”。而“韩国与澳大利亚、印度和东盟国家一起加入中国主导的 AIIB,是根据经济实用主义的选择。”①

2015 年 3 月 12 日因英国的参与,掀起亚投行参与高潮后,韩国于 3 月 26 日正式宣布申请作为意向创始成员国加入亚投行,并向中方提交书面确认函。② 博鳌亚洲论坛 2015 年年会结束后,亚投行掀起的冲击波仍在持续。对此,随着亚投行筹建的进程,《朝鲜日报》及时做了报道,诸如《AIIB 人气火爆,美日“始料未及”陷入困惑》(4 月 2 日)、《中学者:AIIB 中国金融霸权论是夸大其词》(4 月 7 日)、《AIIB 首个商业示范点应投资朝鲜基础设施》(4 月 23 日)、《AIIB 想获得成功该怎样做?》(4 月 27 日)等。在题为《如果“历史黄金期”退潮》(4 月 15 日)的文章中,作者认为“过去的 30 多年是韩国在国际社会上享有的特别黄金期,……然而最近东北亚掀起的激浪开始从根本上动摇支撑黄金期的外交安全框架的基础。激浪的发源地是中国。”中国“要以中国方式来建造新的国际秩序。AIIB(亚投行)和‘一带一路’就是其落实方案。……如果错过历史机会,韩国被排除在外的国际象棋盘形成的话,我们的子孙后代或许会面临比现在更加残酷的挑战。”因此,作者建议“在新的国际秩序形成之前,我们应该挤进国际象棋盘。”③

《中央日报》侧重点有所不同,发表了《美国政治两极化为中国主导的亚投行提供了有利条件》(4 月 27 日)的文章,在题为《鲍威尔:亚投行是一个好构想,美国批判过于性急》(4 月 29 日)一文中,美国前国务卿科

---

① 朴振:《美国应对中国崛起的最佳“对冲(Hedging)”战略》,http://chinese.joins.com/gb/article.do?method=detail&art_id=133743&category=002005。

②《中国主导亚投行今日签约筹建,美施压致韩澳未加入》,http://mil.news.sina.com.cn/2014-10-24/1049807305.html;李龙洙:《韩国将尽快发表是否参加 AIIB》,朝鲜日报网 http://cnnews.chosun.com/client/news/viw.asp?cate=C01&mcate=M1001&nNewsNumb=20150323175&nidx=23176;姚琪琳:《韩国决定申请加入亚投行》,http://news.xinhuanet.com/fortune/2015-03/26/c_1114778034.htm。

③ 池海范:《如果“历史黄金期”退潮》,http://cnnews.chosun.com/client/news/viw.asp?cate=C08&mcate=M1001&nNewsNumb=20150423502&nidx=23503。

林·鲍威尔(Colin Powell)表示"亚投行是一个不错的构想,美国过于性急地对亚投行和加入亚投行的国家进行批判","美国政府要停止批判亚投行"。[1]

加入亚投行引发的博弈以及博鳌亚洲论坛2015年年会的召开,进一步促使韩国社会积极关注中国的"一带一路"倡议及其实践。自4月至5月底,《朝鲜日报》《中央日报》从不同层面作了报道。

4月3日起,《朝鲜日报》刊发《中股市7年来最高值,受一带一路·沪港通影响》(4月3日)、《王沪宁出面担任"一带一路"策士》(4月7日)、《中巴首脑会谈,启动"一带一路"项目》(4月22日)、《习近平访俄,与普京举行首脑会谈》(5月9日)、《从尼泊尔地震看中国的软实力》(5月12日)、《中国货币·财政政策并行,试图挽救经济》(5月12日)、《中泰达成运河建设协议,意在牵制美日》(5月19日)、《阎学通:朝中同盟破裂,是时候结成韩中同盟》(5月22日)、《中国千万富翁超过100万名,广东上海北京富翁最多》(5月28日)等文章。在《朝鲜日报》刊发的专访文章《阎学通:朝中同盟破裂,是时候结成韩中同盟》一文中,针对"有人担心中国试图通过'一带一路'走向中华霸权主义"的疑虑,中国学者阎学通反驳称:"这是为了在地球村共同生存的计划。"[2]

《中央日报》有不同的视角与特色,在刊发与"一带一路"相关的《未来15年间中国将建设1600个机场》(4月7日)、《国立外交院应新设〈一带一路〉课程》(4月8日)、《要以西海火车轮渡与中国大陆铁路连接》(4月10日)等文章后,自4月12日起,《中央日报》的报道更为丰富与深入,原因是自4月12日至5月1日,《中央日报》社组织实地采访组,分两组采访中国连云港、郑州、兰州、乌鲁木齐、霍尔果斯,哈萨克斯坦阿拉木图、吉尔吉斯斯坦比什凯克、乌兹别克斯坦塔什干,并推出了"中国一带一路促进现状及对韩国产生的影响"为题的系列报道。综合来说,此后的报道篇

---

① 金永熙、河瑄昤:《鲍威尔:亚投行是一个好构想,美国批判过于性急》,http://chinese.joins.com/gb/article.do?method=detail&art_id=134617&category=002002。

② 郑智燮:《阎学通:朝中同盟破裂,是时候结成韩中同盟》,http://cnnews.chosun.com/client/news/viw.asp?cate=C01&mcate=M1002&nNewsNumb=20150523971&nidx=23972。

目包括《习近平"中国梦"设计师王沪宁的力量从何而来》(4 月 20 日)、《当地贸易馆长口中的中国市场攻略关键词》(4 月 28 日)、《习近平朱立伦会见,时隔 6 年实现国共领导会谈》(5 月 5 日)、《为了国家利益与狼共舞》(5 月 8 日)、《运输韩国商品的新丝绸之路——中国横跨铁路》(5 月 13 日)、《甘肃省副省长夏红民:共建韩国西海—连云港跨海铁路》(5 月 13 日)、《中国边境城市霍尔果斯,日到访哈萨克斯坦顾客上千》(5 月 13 日)、《习近平豪爽外交,李克强身后买单》(5 月 13 日)、《高度过热的中国股市未来前景如何》(5 月 13 日)、《韩国产品通过中国横跨铁路在中亚和东欧打开新市场》(5 月 13 日)、《豪掷 33 万亿韩元的习近平 VS 死守后院的普京展开哈萨克斯坦资源争夺战》(5 月 15 日)、《习近平主席在故乡西安破格欢迎印度总理》(5 月 15 日)、《韩国的新挑战——资源富国哈萨克斯坦》(5 月 15 日)、《稍有不慎"机会之地"伊朗就会被中国和印度夺走》(5 月 20 日)、《克拉克:东北亚也要打造北美和欧洲对话场所——NATO》(5 月 22 日)、《陕西省长娄勤俭:对韩国中小企业也会像三星那样受到优待》(5 月 25 日)等内容。这些报道一方面将中国与周边国家与地区的外交关系与互动和中国的"一带一路"倡议联系起来,以勾勒和揭示中国的发展战略;另一方面,又通过专题采访组的实地采访报道,梳理中国"一带一路"倡议的影响和各地的反响。例如,4 月 13 日在题为《用"一带一路"表达"强汉盛唐"的中国梦——习近平的"一带一路"VS 希拉里的"新丝绸之路"》一文中,作者首先阐述了"中国梦"与"一带一路"的由来与内涵,并认为"丝绸之路构想称得上是中国梦"。随后,作者指出最早使用"丝绸之路开发"这一表述的并不是中国,而是美国。然而,"'希拉里的丝绸之路'现在已经不见踪影了",原因是缺钱。文章指出"中国推进一带一路战略的过程中主打的王牌正是铁路","铁路是衡量全球经济版图的标尺"。中国高铁正是贯通中国梦和一带一路的"一个象征"。[①] 4 月 22 日《习近平拟构建的国际新秩序》一文,作者更是明确指出"中国通过

① 韩友德:《用"一带一路"表达"强汉盛唐"的中国梦——习近平的"一带一路"VS 希拉里的"新丝绸之路"》, http://chinese. joins. com/gb/article. do? method = detail&art _ id = 133849&category=002005。

一带一路计划试图构建的新型国际关系即世界各国相互商议，相互建设，共享利益的秩序。不论社会主义国家或资本主义国家，不论宗教、价值观，所有国家都能相互合作，实现共同发展。”[①]特别值得一提的是，5 月 15 日《中央日报》题为《〈中央日报〉中国研究所探访中国“一带一路”现场》一文，总结了采访组的观感、看法和体会，对中国学界有重要参考价值，笔者特摘录于此：

通过实地采访，我们确认了如下事实：

(1) 中国政府对于一带一路项目非常的关心，热情很高。各省市自治区也都在纷纷考虑如何参与到当中。但是如果没有一个合适的宏观调控的话，这种热情很可能会发展成为恶性竞争。

(2) 中亚地区的市场已经被中国产品掌控，但是即使在中亚地区，中国产品也往往是廉价商品的代名词，甚至在廉价产品市场上，中国产品为了与土耳其产品竞争，销售价格要低于土耳其。

(3) 在中亚，我们发现对于中国的一带一路政策存在两种截然相反的态度。

① 肯定态度

主要是经济领域的一些企业，目前对于一带一路的期待非常高；

对于一带一路政策带来的基础设施建设工程以及由此而产生的物流环境的变化非常关心；

政府官员对于通过一带一路在外交方面与中国进行合作，创造和平共处的环境非常的关心；

② 否定态度

对于中国的迅速壮大，周边国家的居民普遍感受到作为弱小周边国家，国家安全受到威胁；

而在与中国的贸易当中，偏重于贩卖资源，导致严重的贫富不均问题；

---

① 刘尚哲：《习近平拟构建的国际新秩序》，http://chinese.joins.com/gb/article.do?method=detail&art_id=134305&category=002005。

对于中国企业(包括国有和民营)在当地疯狂购买矿山的现象,当地的商人普遍感到忧虑;

同时对于自己国家内迅速增加的中国人的数目也普遍抱有警戒心。

通过采访我们得出以下结论:

① 为了能够打消周边国家居民因“中国威胁”而产生的不信任感,需要中国政府表明坚定的立场。并且不能只是空喊口号,必须做出一些实际行动(比如加强对于在海外的本国企业的员工的管理等);

② 比起经济合作,更加应该重视人文交流。中国政府设立了“新丝绸之路基金(400 亿美元)”,那么是不是也可以设立一个人文交流专项基金呢?

③ 舆论媒体的作用非常大。我们应该减少造成紧张或者对立的氛围的报道,而是朝着促进合作共赢的方向报道,人文交流的平台需要由舆论媒体来搭建。目前韩国中央日报也在积极促进这方面的交流,我们每年都会邀请 200 位大学生和青年公务员组成代表团访问韩国,体验韩国文化,并且跟韩国的青年大学生和公务员进行交流。[①]

4. “一带一路”与“欧亚计划”对接:中韩实现共赢的目标

中韩自贸区谈判最早于 2012 年 5 月启动。2014 年 11 月,中韩两国元首在北京共同宣布结束中韩自贸区实质性谈判,并于 2015 年 2 月 25 日正式宣布草签《中韩自由贸易协定》(FTA)。[②] 自中国与韩国相继提出“一带一路“倡议和“欧亚计划”后,《中韩自由贸易协定》已经被赋予特殊的意义,即检验“一带一路”与“欧亚计划”对接成效的试金石。6 月 1 日,当中国商务部部长高虎城与韩国产业通商资源部部长尹相直在首尔正式签署中韩《自由贸易协定》一刻起,就标志着“一带一路”与“欧亚计划”对

① 《〈中央日报〉中国研究所探访中国“一带一路”现场》,http://chinese. joins. com/gb/article. do? method=detail&art_id=135252&category=002002。

② 《中韩自贸区完成谈判》,http://www. mofcom. gov. cn/article/ae/ai/201502/20150200902051. shtml。

接取得了实质性进展。在6月至9月的报道中,无论是《朝鲜日报》还是《中央日报》,其报道都体现了两国对接融合的相关内容。

6月2日《朝鲜日报》发表《韩中签署FTA朴槿惠习近平互换贺信》一文,介绍6月1日中韩签署自由贸易协定的状况和意义、中韩首脑贺信的内容和中韩贸易现状。[①] 概括而言,此后从三个层面作了报道,一是关于中国"一带一路"与韩国"欧亚计划"对接内容的报道,6月24日以《现代汽车投资10亿美元重庆工厂开工》为题,详细报道了韩国现代汽车在中国的第五个生产基地重庆工厂举行开工典礼的情形、缘由、发展现状,从中揭示了韩国与中国"一带一路"倡议的关系。[②] 6月26日《一带一路与新万金共同开创新机遇》一文,则详细介绍了6月24日在韩国全罗北道圆光大学举行的"一带一路与新万金开发研讨会"的情形。"新万金开发"是韩国最大的填海造陆工程,学者们认为连接"一带一路"与"欧亚计划","新万金开发具有较高的可行性"。[③] 此外相关的还有诸如《亚投行协定在京签署,韩获3.81%股份成第5大股东》(6月29日)、《AIIB行长金立群9月8日访韩》(8月31日)、《亚投行行长金立群:中国经济已进入成熟发展阶段》(9月10日)等内容。二是关于中国"一带一路"进展的报道,7月14日《胡鞍钢:"一带一路"希望合唱而非独唱》一文,介绍7月13日"亚欧大陆论坛首尔(New-eurasia Forum Seoul)2015"情况,胡鞍钢描绘的中国"一带一路"政策的底画是"中国希望合唱而非独唱"[④];8月11日《南京宁波等6个城市争海上丝路"起点"》,介绍南京、宁波等6城市争夺海上丝绸之路"起点"的状况[⑤];9月23日《中国一带一路高铁连接到丹东珲春》,则介绍8月底中国连接辽宁省沈阳至丹东、9月20日连接

① 崔宰赫:《韩中签署FTA朴槿惠习近平互换贺信》,http://cnnews.chosun.com/client/news/viw.asp?cate=C01&mcate=M1001&nNewsNumb=20150624135&nidx=24136。

② 安勇炫:《现代汽车投资10亿美元重庆工厂开工》,http://cnnews.chosun.com/client/news/viw.asp?cate=C01&mcate=M1002&nNewsNumb=20150640571&nidx=40572。

③ 金圣虎:《一带一路与新万金共同开创新机遇》,http://cnnews.chosun.com/client/news/viw.asp?cate=C01&mcate=M1001&nNewsNumb=20150640608&nidx=40609。

④ 崔炯硕:《胡鞍钢:"一带一路"希望合唱而非独唱》,http://cnnews.chosun.com/client/news/viw.asp?cate=C01&mcate=M1001&nNewsNumb=20150740879&nidx=40880。

⑤ 安勇炫:《南京宁波等6个城市争海上丝路"起点"》,http://cnnews.chosun.com/client/news/viw.asp?cate=C01&mcate=M1002&nNewsNumb=20150841255&nidx=41256。

吉林省长春至珲春的高铁开通的情形。由于丹东、珲春位于中朝鸭绿江边境和图们江边境,因此作者认为这是"习近平的对外扩张战略'一带一路'来到了韩半岛的眼皮底下"①。三是关于中韩首脑围绕对接内容会谈消息的报道,9 月 2 日韩国总统朴槿惠应邀来华参加中国人民抗日战争暨世界反法西斯战争胜利 70 周年纪念活动,同日该报以《朴槿惠与习近平将讨论"中国的作用"》为题报道了两国元首即将会谈的消息,又以《习近平会见韩国总统朴槿惠》一文详细报道了会谈内容,关于"一带一路",习近平表示"韩方'欧亚合作倡议'同'一带一路'建设契合,中方欢迎韩方积极参与'一带一路'建设和亚洲基础设施投资银行工作。"朴槿惠则回应称"韩方愿积极推进韩中各领域合作,加强'欧亚合作倡议'同'一带一路'倡议的协调对接。"②9 月 7 日还以《韩国将通过 4 个渠道与中国开展统一外交》为题,再次介绍中国领导人习近平与朴槿惠总统会谈的成果,文章指出"据悉,当时朴槿惠多次向习近平提到'韩朝和平统一符合中国的利益'。朴槿惠提出将开发朝鲜的'东北亚开发银行'和习近平的'一带一路'相结合也出于同样的原因。"③

6 月 2 日《中央日报》刊发《韩中正式签署〈自由贸易协定〉》的署名文章,全面报道《自由贸易协定》谈判、签署协议状况、两国元首贺信、协定最终批准程序、协定生效后对中韩两国的影响等内容,最后作者指出"尹相直部长和高虎城商务部长当天在签署仪式上一致表示'韩中 FTA 将会成为推进中国'一带一路'和韩国'欧亚计划'的重要连接环'。"④可见,中韩官方是将《自贸协定》视为对接的重要进展和象征。总体来看,6 月至 9 月,《中央日报》从三个层面做了报道,一是围绕中国"一带一路"与韩国"欧亚计划"对接内容的报道,8 月 3 日《韩中应携手共同推进中国一带一

---

① 安勇炫:《中国一带一路高铁连接到丹东珲春》,http://cnnews. chosun. com/client/news/viw. asp? cate=C01&mcate=M1002&nNewsNumb=20150941866&nidx=41867。

②《习近平会见韩国总统朴槿惠》,http://cnnews. chosun. com/client/news/viw. asp? cate=C01&mcate=M1002&nNewsNumb=20150941582&nidx=41583。

③ 崔宰赫:《韩国将通过 4 个渠道与中国开展统一外交》,http://cnnews. chosun. com/client/news/viw. asp? cate=C01&mcate=M1001&nNewsNumb=20150941624&nidx=41625。

④ 申容昊、李泰庚:《韩中正式签署《〈自由贸易协定〉》,http://chinese. joins. com/gb/article. do? method=detail&art_id=135985&category=002002。

路和韩国欧亚计划》一文，详细介绍7月17日在中国西安西北大学举行的“欧亚计划与一带一路构想研讨会”的内容，会议的结论认为“中国一带一路的基本思路‘五通’与韩国欧亚计划的目标‘三大陆’是同一种概念，两个战略互相补充完善，可以发挥更大的效力。”同时，“与中国一带一路战略合作是韩国推进欧亚计划的必要条件，同时欧亚计划也是提高一带一路战略完整性的充分条件”。[①] 此外，题为《中国人民对外友好协会袁敏道：韩国是为人吹干湿衣的朋友》（6月8日）、《与中国制造业进化的共存之道》（8月5日）、《三星投资带来的“陕西速度、西安效率”将打开韩中经济合作西部开拓时代》（8月5日）、《〈评论〉中国的现实主义外交和韩国的外交智慧》（9月7日）、《〈中央日报〉副会长宋弼镐在北京同三国代表讨论》（9月21日）的报道，都展现了中韩合作发展的势头。当然，实现中国“一带一路”与韩国“欧亚计划”的对接，朝鲜是一个绕不开的关键点，对此，《中央日报》以《〈和平奥德赛2015〉如果想要准备统一，首先要点亮新义州的灯》（7月6日）、《韩中关系政热经热，建议成立东北亚开发银行》（7月15日）、《空有宝藏无人知》（7月16日）、《今日习近平就任后首访朝、中、俄交界处》（7月17日）、《习近平访朝中边境地区与朝鲜族居民盘腿对话向朝鲜展示柔和姿态》（7月18日）、《完成欧亚大陆铁路网需朝韩铁路相连》（9月7日）等视角给予了报道。二是围绕中国“一带一路”倡议的进展作了报道，6月3日曾以《酷似围棋的习近平外交》的文章，系统介绍中国领导人习近平的外交战略及其思想渊源，形象地将习近平提出的“一带一路”倡议比喻为围棋外交，最后作者认为，习近平的外交是围棋外交，而“一带一路”倡议构想是“三边通中央必胜”，即如果将亚洲、欧洲和非洲三个大陆通过“一带一路”计划连接，就一定会取胜的围棋打法。[②] 更多层面的报道还包括《14亿中国人在怀抱“百年之梦”前进》（6月1日）、《中国缘何邀请象征民主化的昂山素季访华？》（6月11日）、《习近平梦想“天下大同”愿欧亚65国共同发展》（6月23日）、《亚投行时代

---

① 韩友德：《韩中应携手共同推进中国一带一路和韩国欧亚计划》，http://chinese.joins.com/gb/article.do?method=detail&art_id=138863&category=002002。

② 刘尚哲：《酷似围棋的习近平外交》，http://chinese.joins.com/gb/article.do?method=detail&art_id=136059&category=002003。

敞开大门　扩大国家利益的良机》(6 月 30 日)、《西安 9 月举办欧亚经济论坛》(7 月 29 日)、《娄勤俭：陕西是一带一路起点，东西方文化物资交流中心》(7 月 30 日)、《西安成一带一路最大受惠城市，西北的凤凰欲振翅飞翔》(7 月 30 日)、《在西安建设江林·韩国城的江林集团会长王占林》(7 月 31 日)、《美中规则游戏 TPP，时间将站在哪一边?》(9 月 21 日)等。其中 9 月 30 日《中国"一带一路"新的官方英译传递了什么信息?》一文，作者认为中国官方规范"一带一路的倡议"中的"倡议"英译为"initiative"，传递出的信息是"体现了中国政府在这一事务的推动上，希望与各方加强对话与合作的姿态。"①三是关于对接中的中韩首脑外交的报道，9 月 2 日韩国总统朴槿惠应邀来华参加中国人民抗日战争暨世界反法西斯战争胜利 70 周年纪念活动，早在 8 月 31 日该报就以《中国将现场直播阅兵仪式开展影像外交，朴总统须制定"表情战略"》为题，介绍了朴槿惠可能讨论的外交主题和采取的立场，其中关于朝鲜问题，鉴于"朝鲜正考虑未来 2－3 年是否该为核开发继续忍受孤立，中国正面对着是否要通过一带一路政策将关注点从东北亚转移到西部的岔路口，需要作出决定"，因此，韩国应"静静地与中国在朝核问题上保持合作"。② 9 月 3 日分别以《韩中首脑希望 10 月底或 11 月初举行韩中日首脑会谈》(9 月 3 日)、《中国媒体：朴总统参加阅兵式是韩国外交智慧》(9 月 3 日)为题，全面介绍中韩首脑会谈的状况。关于"一带一路"与"欧亚计划"对接问题，两国元首表示"我们关注韩方的'欧亚合作倡议'同中方的'一带一路构想'相契合的部分，决定在实践各自的构想上继续探索相互对接的可能性"。在介绍中国媒体报道时称新华社报道时特别指出"韩方愿积极推进韩中各领域合作，加强'欧亚合作倡议'同'一带一路'倡议的协调对接。"③

---

① 陈丽：《中国"一带一路"新的官方英译传递了什么信息?》，http://chinese.joins.com/gb/article.do?method=detail&art_id=141478&category=002007。

② 刘智慧：《中国将现场直播阅兵仪式开展影像外交，朴总统须制定"表情战略"》，http://chinese.joins.com/gb/article.do?method=detail&art_id=140116&category=002003；崔荧奎：《中国媒体：朴总统参加阅兵式是韩国外交智慧》，http://chinese.joins.com/gb/article.do?method=detail&art_id=140284&category=002003。

③ 申容昊、刘智惠：《韩中首脑希望 10 月底或 11 月初举行韩中日首脑会谈》，http://chinese.joins.com/gb/article.do?method=detail&art_id=140266&category=002002。

概而言之,《朝鲜日报》《中央日报》有关中国“一带一路”倡议的报道呈现阶段性的特征,由最初的冷淡、沉默逐渐加温,开始关注甚至重视中国“一带一路”倡议的进展。但无论是报道的数量,还是角度都保持谨慎的姿态,体现了其右倾保守的特色。

三、媒体《朝鲜日报》《中央日报》“一带一路”报道透视下的中韩关系

综观两年来《朝鲜日报》《中央日报》有关中国“一带一路”倡议报道的内容,可以看出有明显的特点。

第一,阶段性特征明显。自 2013 年 9、10 月份中国领导人出访过程中提出“丝绸之路经济带”“21 世纪海上丝绸之路”倡议后,到 2015 年 9 月,按时间因素考虑,两年时间中《朝鲜日报》《中央日报》的报道可明显分为四个“时间窗口”,即沉默期(2013 年 9、10 月至 2014 年 6 月)、中国领导人访韩期(2014 年 7 月至 9 月)、亚洲基础设施投资银行筹建期(2014 年 10 月至 2015 年 5 月)以及中国“一带一路”与韩国“欧亚计划”对接与韩国总统访华期(2015 年 6 月至 9 月)四个阶段。

第二,总体上报道数量随时间推移呈逐渐上升趋势。《中央日报》的报道数量达到 69 篇,与《朝鲜日报》同时期 46 篇的报道数量相比,多出近三分之一。而且《朝鲜日报》更关注亚投行问题,相关报道数量达 20 篇之多,而《中央日报》明显则更关注中国推进“一带一路”倡议的国际外交动向以及“一带一路”倡议对中国社会特别是对中韩关系的影响,注重“一带一路”与“欧亚计划”衔接的问题与进展,这反映出韩国社会关注中国“一带一路”倡议的倾向性。

第三,《朝鲜日报》的报道深受两国关系日程与议题的影响,其中两国领导人的访问对该报报道中国的“一带一路”倡议是一个契机,起了巨大推动作用。

而通过《朝鲜日报》报道状况,不难发现中韩关系发展的一些端倪。

一是韩国社会、特别是中上层社会精英一开始对中国“一带一路”的发展战略抱持慎重甚至冷漠态度。中国国家主席习近平提出“一带一路”倡议后,立即在中国国内成为热火朝天的话题。习近平总书记于 2013 年

12 月的中央经济工作会议上更明确提出："推进'丝绸之路经济带'建设，抓紧制定战略规划，加强基础设施互联互通建设。建设'21 世纪海上丝绸之路'，加强海上通道互联互通建设，拉紧相互利益纽带"(简称"一带一路"建设)。[①] 2014 年 3 月，作为政府落实中央精神的具体措施和步骤，李克强总理在第十二届全国人民代表大会第二次会议的《政府工作报告》中，明确将"一带一路"列为 2014 年工作重点，将"抓紧规划建设丝绸之路经济带、21 世纪海上丝绸之路，推进孟中印缅、中巴经济走廊建设，推出一批重大支撑项目，加快基础设施互联互通，拓展国际经济技术合作新空间"。[②] 显然，在中国中央和各省市都在制定规划"一带一路"并付诸实践的过程中，作为邻国韩国的却"冷眼旁观"。换言之，从 2013 年 9、10 月中国首次提出"一带一路"倡议，到 2014 年 12 月，尽管有中国领导人习近平访问、亚投行筹建等重大日程和议题推动，《朝鲜日报》有关中国"一带一路"倡议的报道全部有 11 篇，但《中央日报》有关中国"一带一路"倡议的报道全部仅有 6 篇，这固然可以用这是中国自己的事，与韩国无关来搪塞，但毕竟中国与韩国关系非同一般，6 个第一的现实，不是简单的数字游戏，实际上一直到 2015 年 3 月 21 日韩国《中央日报》文章的作者还在感慨"过去 2 年访问北京的韩国政治人多达 100 多位，却没有一个谈过'一带一路'有关问题，连当韩中首脑会谈时也没有关注过这一问题。"[③] 至于原因也不复杂，该报在揭示韩国的亚投行困境时就曾指出"哪怕当初对 AIIB 的本质多给予一点关注，现在就不会遭到别人嘲弄，也不必为此事烦恼"。联系前后事实，首先是对于中国提出"一带一路"倡议的意图、目的等诸多问题尚不清楚，又关注度不够，不好表态，自然是"沉默是金"最为明智和保险；其次是美国立场与态度影响所致。中国的"一带一路"倡议当然是针对美国的"亚太再平衡战略"而提出的，韩国与美国是同盟

---

① 王优玲：《"一带一路"大事记》，新华网 http://news.xinhuanet.com/world/2015-01/04/c_1113870934.htm。

② 《国务院总理李克强 2014 年〈政府工作报告〉》，http://www.china.com.cn/legal/2014-03/05/content_31679286_5.htm。

③ 崔荧奎：《作茧自缚的 AIIB 困境》，http://chinese.joins.com/gb/article.do?method=detail&art_id=132920&category=002003。

关系，即使中韩关系深度发展，但与美韩关系不能相提并论，仍存在战略上的“差距”。所以，既然美国怀疑和抵制中国的“一带一路”，作为政治正确的表现，《朝鲜日报》《中央日报》出现中国“一带一路”报道的“空窗期”就是回应的一种方式。

二是中国采取的外交主动姿态与行动，重塑着中韩关系，是韩国社会关注中国“一带一路”倡议的根本原因。2014 年 7 月中国国家主席习近平访韩为契机，中国主动拉开了对韩国的外交攻势，很自然“一带一路”就是必谈的内容。再经过亚投行与博鳌论坛时间，博弈达到高潮，最终韩国顺应大势，从两国关系的现状和未来考虑，在中国政府设定的申请成为亚投行创始会员国的最后期限来临之际，毅然选择加入亚投行，将中韩关系拉到新高度。但随着以上时间窗口的演进，韩国社会开始对中国“一带一路”倡议做出反应，以《朝鲜日报》的报道而言，前述梳理内容表明，2014 年 7 月至 9 月，有关报道有 6 篇；2014 年 10 月至次年 5 月有 27 篇；2015 年 6 月至 9 月以中韩签署自贸协定到韩国总统朴槿惠访华为标志，即中国“一带一路”与韩国“欧亚计划”对接窗口期，相关报道有 12 篇之多；《中央日报》的报道则表明，在 2015 年 3 月开始对中国“一带一路”倡议做出积极反应，至 5 月份相关报道就有 35 篇之多，6 月至 9 月又达 28 篇。由报道数量的变化可知，韩国社会从犹疑发展到理解、接受，再到积极推进两国倡议的对接、合作，都说明两国关系在不断加深。

三是从《朝鲜日报》上述报道的反应过程来看，中韩关系是一个相互理解、共同促进的过程。中国提出“一带一路”倡议，韩国提出“欧亚计划”[①]，《朝鲜日报》报道显示，到 2014 年 7 月韩国总统朴槿惠亦已将“欧亚计划”改为“欧亚倡议”。这一事实说明，中国的“一带一路”倡议是造福于周边、亚太与世界的伟大战略，实现两国战略对接，打造中韩“利益共同体”、“命运共同体”，不仅符合两国的当前与长远利益，也是两国的必然选择。

综上所述，作为中上层社会精英广泛阅读的《朝鲜日报》《中央日报》，在韩国主流社会中居于举足轻重的地位，影响面巨大。同时，作为主流声

① 许振：《朴总统推出外交与经济相融合的“欧亚一家”新战略》，http://chinese.joins.com/gb/article.do?method=detail&art_id=110598&category=002002。

音传声筒的《朝鲜日报》《中央日报》，其通过版面的控制、选择报道内容与数量的控制、报道视角的设定与调整，在韩国社会有关中国“一带一路”倡议报道问题上以所持立场、姿态和态度，影响着韩国主流社会的认知与判断。依时间的推移，从报道的数量变化，清晰显示出无论是其开始的“冷眼旁观”，还是最终积极报道中韩“一带一路”“欧亚计划”战略对接、合作的进展，特别是《中央日报》采取积极行动，深入中国内地以及与“一带一路”沿线有关国家，实地采访报道中国“一带一路”倡议的进展与影响，都说明对中国“一带一路”倡议与中韩合作持积极姿态。《朝鲜日报》《中央日报》的报道还揭示了首脑外交、议题设定在推进中韩关系发展中的重要性。因此，《朝鲜日报》《中央日报》报道的阶段性特征，启示我们中韩关系的发展仍然任重道远，而且需要加强两国媒体间的沟通、交流与合作。

第四节　“一带一路”倡议实践中存在的问题

纵观历史，一个国家在崛起的过程中，自然会涉及到发展空间问题，就是希望构建自己的经济、政治、安全、文化等空间，这是普遍现象，而且通常是排他性的。作为助推中国崛起的“一带一路”倡议，虽然中国倡导开放性与包容性，但很多国家仍抱持疑虑，却是不争的事实。

一是“一带一路”倡议从口头上的支持到实际操作，再到实现共赢目标，中间还有许多不确定因素。一些国家表里不一，存在抵触心理。

如果从“一带一路”倡议途经路线看，无疑俄罗斯和印度是该战略成功实施和实践关联最重要的国家，如果得不到俄罗斯和印度的配合，中国的“一带一路”倡议要付诸实践和成功实施几乎是不可能的。中国提出“一带一路”倡议后，俄罗斯与印度在官方层面虽然都表达了支持的立场与态度，做出了积极配合的姿态。但俄罗斯与印度作为区域大国，非常在意自身利益的维护和大国地位的彰显，由于中国“一带一路”倡议所涉区域从地缘战略角度属于俄罗斯和印度的传统势力范围，它们不可能不产生疑虑和抵触心理。

实际上，在中国提出“一带一路”倡议后，俄罗斯的回应就在某种程度上体现了其微妙的心理。2014 年 11 月 11 日，正在北京出席 APEC 峰会的俄罗斯总统普京曾提示“应警惕亚太地区分裂成为独立的内部竞争性组织”，他同时也“高度评价了中国制定的‘一带一路’路线图”，表示“该路线图将有利于推动亚太自由贸易区进程”。[①] 但如果把二者联系起来，不难看出，俄罗斯领导人在担忧中国主导的“一带一路”倡议的发展方向。同样，在中国“一带一路”倡议的重要抓手“亚投行”设立问题上，俄罗斯迟迟未能表态，直到 2015 年 3 月 28 日，出席中国海南博鳌亚洲论坛 2015 年年会开幕式的俄罗斯第一副总理舒瓦洛夫，才正式宣布“俄罗斯将加入亚投行”。[②] 这一时间已距离中国宣布的最后关闭申请成为亚投行意向创始成员国的时间点 3 月 31 日仅剩 3 天。3 月 30 日，俄罗斯正式向中方提交书面确认函，申请作为意向创始成员国加入亚投行，最终搭上“末班车”。[③] 与此同时，俄罗斯向外界透露，“俄罗斯科学院日前向总统普京提出了‘跨欧亚带开发计划’的构想，计划打造一条横贯俄罗斯全境、长达近 2 万公里的高速公路，以促进俄罗斯经济的发展。”[④]此时俄罗斯公开这一计划，其寓意不言自明。再者，俄罗斯科学院远东研究所副所长 A. B. 奥斯特洛夫斯基也曾指出：“中俄之间的利益冲突可能在于‘丝绸之路经济带’同西伯利亚大铁路的竞争”，甚至有俄罗斯学者提出，“要避免用‘中国梦’‘绑架’他国”。[⑤] 以上种种事实说明，俄罗斯并未消除对中国“一带一路”倡议的疑虑，虽然俄罗斯与中国的双边关系，尤其是安全和政治关系日益深化，但并不意味着俄罗斯不介意中国在其视为“后院”的中亚日益增强影响力。中国还需要致力于消除俄罗斯的顾虑，使之为中国“一带一路”倡议提供助力。当然，国际形势的发展与环境的变化，尤其因乌克兰问题引发的西方对俄罗斯的制裁，也在促使俄罗斯转变态度。2015 年 5

---

① 郭鹏飞：“普京高度评价中方‘一带一路’路线图，提醒亚太勿分裂”，http://world.huanqiu.com/exclusive/2014-11/5198415.html。

② 刘华、郭信峰：《俄罗斯宣布将加入亚投行》，http://news.xinhuanet.com/fortune/2015-03/28/c_1114793792.htm。

③《评论：加入亚投行，俄罗斯向东再进一步》，http://www.chinanews.com/gj/2015/04-01/7175377.shtml。

④ 灵犀：《俄拟建横跨欧亚“超级高速公路”》，《广州日报》2015 年 3 月 27 日。

⑤《“丝绸之路经济带”构想的背景、潜在挑战和未来走势》，《欧亚经济》2014 年第 4 期第 20、46 页。

月8日，中俄签署并联合发表《中华人民共和国和俄罗斯联邦关于深化全面战略协作伙伴关系、倡导合作共赢的联合声明》《中华人民共和国与俄罗斯联邦关于丝绸之路经济带建设和欧亚经济联盟建设对接合作的联合声明》，声明明确指出“俄方支持丝绸之路经济带建设，愿与中方密切合作，推动落实该倡议。”[①]俄方的这一最新态度与立场，与国际局势的演化有关。不过，从地缘经济、地缘政治的角度，并不意味着俄罗斯不再在意中国在中亚地区包括其境内影响力的增强，换言之，消除俄罗斯的疑虑还需要很长的路要走。

亚洲另一区域大国印度对待中国“一带一路”倡议的态度更为复杂。印度在中国的“一带一路”倡议构想中占据重要的地位，中国驻印度大使乐玉成表示：“印处于‘一带一路’交汇之地，是中国推进‘一带一路’天然和重要的合作伙伴。”[②]2014年2月，中国最早于印中第17届边界谈判中首次明确提出了邀请印度参与丝绸之路建设的建议。2014年6月，印度副总统安萨里访华，中国再次提出了类似的建议。[③] 同年9月，习近平访问印度与印度总理莫迪会谈，习近平也明确提出，双方“开展在丝绸之路经济带、21世纪海上丝绸之路、亚投行等框架内的合作，推动区域经济一体化和互联互通进程。”然而中国这些关于“一带一路”的建议均未获得印度的正面积极回应，莫迪仅回应称“印方将研究参与中方关于建设孟中印缅走廊和亚投行的倡议”。[④] 很多印度分析家也将“一带一路”倡议视为是“中国侵入印度‘南亚后院’的策略，逐步将印度边缘化的大战略”。[⑤]迄今为止，印度仅在亚投行层面做出了积极回应，作为第一批意向创始成

---

① 《中华人民共和国和俄罗斯联邦关于深化全面战略协作伙伴关系、倡导合作共赢的联合声明》《中华人民共和国与俄罗斯联邦关于丝绸之路经济带建设和欧亚经济联盟建设对接合作的联合声明》，《人民日报》2015年5月9日第02版。

② 《驻印度大使乐玉成出席“丝绸之路经济带和21世纪海上丝绸之路：机遇与挑战”国际研讨会开幕式》，http://www.fmprc.gov.cn/mfa_chn/zwbd_602255/t1249284.shtml。

③ Dr. Rahul Mishra, “What China MUST do to get India on Silk Route”, September 17, 2014. http://www. rediff. com/news/column/what-china-nust-do-to-get-india-on-silk-route/20140917.htm.

④ 吴姣：《习近平同印度总理莫迪举行会谈，构建更加紧密的发展伙伴关系，共同实现和平发展合作发展》，《中国日报》2014年9月18日。

⑤ 林民旺：《认知鸿沟下的中印关系》，http://www.ftchinese.com/story/001062041?page=3。

员国支持了中国的“一带一路”倡议。与此同时，为了与中国争夺地区影响力和抗衡中国，2014 年 6 月，莫迪政府另外发起了自己的丝绸之路计划——跨印度洋海上航路与文化景观(Project Mausam)计划。[①] 中国学者庞中英认为，印度推出该计划是为了“反制”中国“一带一路”倡议。他甚至认为“中国‘一带一路’计划最大的阻力之一正是印度。”[②]这样的判断不一定完全准确，但印度没有清楚而明确地支持中国的“一带一路”倡议却是事实。直到 2015 年 5 月 14 日，印度总理首次访华，在与习近平会谈时，正面回应称“中方提出了“‘一带一路’倡议，印方同样重视南亚地区互联互通建设，认为这将促进本地区的发展繁荣。印方愿加强同中方在这一领域合作。”[③]但是，在两国总理的会谈中则没有提及“一带一路”，随后于 5 月 15 日发表的《中华人民共和国和印度共和国联合声明》中，只是在“塑造国际地区议程”名目下，强调“双方同意同有关各方一道加快推动亚洲基础设施投资银行筹建过程”、“双方对在孟中印缅经济走廊框架内的合作进展表示欢迎。……同意继续努力，落实会议达成的共识”，却未能明确载入关于“一带一路”倡议的内容。[④] 这一结果再次说明，印度只是在亚投行等层面公开表达其支持的态度，但在总体上却对“一带一路”倡议态度暧昧，甚至消极。

韩国是“骑墙派”或“中间派”的典型代表。2014 年 10 月 24 日，是中国为“一带一路”倡议实施筹备的重要基石“亚投行”正式签署筹建谅解备忘录的日子，签字的 21 个国家成为首批亚投行意向创始成员国。但原定作为亚投行发起方之一的韩国则在美国的施压下没有出现在签字现场。面对中国的催促，直到 2015 年 3 月 12 日因英国的参与，掀起亚投行参与高潮后，韩国才于 3 月 26 日正式宣布申请作为意向创始成员国加入亚投

---

① 杨思灵：《“一带一路”：印度的回应及对策》，《亚非纵横》2014 年第 6 期，第 58 页。

② 庞中英：《海上丝路战略面临最大挑战：印度推季风计划反制》，联合早报网 http://www.zaobao.com/wencui/social/story20150228-451522；《庞中英访印记(二)：一带一路阻力之一在印度》，http://www.guancha.cn/PangZhongYing/2015_03_04_310947.shtml。

③ 杜尚泽：《习近平会见印度总理莫迪》，《人民日报》2015 年 5 月 15 日。

④ 赵成：《李克强同印度总理莫迪会谈时强调中印携手构建更加紧密的发展伙伴关系》；《中华人民共和国和印度共和国联合声明》，《人民日报》2015 年 5 月 16 日。

行，并向中方提交书面确认函。[①] 一方面，韩国与中国经济关系紧密，参与中国"一带一路"倡议有利于韩国的经济发展；但另一方面，韩国因政治上、军事上与美国结盟，深受美国的影响和控制，因此，韩国是典型的骑墙派，态度左右摇摆，既期望借助中国"一带一路"倡议获取经济上的好处，又注意与中国保持距离，避免刺激美国。正如韩国学者建议的"虽然应该尽量跟中国合作，但韩美同盟仍应放在合作的第一位。如果韩美同盟弱化，可能让韩国在对中关系方面也处于不利地位。"[②]可见，韩国的态度与立场，固然美国施压是主因，但问题主要还在于韩国自身企图两面讨好获利的心态。当然，类似持韩国一样态度的国家还有不少，在全球经济、政治、金融秩序重组中，他们的姿态在短期内很难有大的改变。

二是警惕一些国家存在的政治、经济风险。

在中国推出"一带一路"倡议后，无论在双边层面，还是在多边层面都获得了不少支持，但是，国际政治存在不可预见的风险和挑战。

事例之一是斯里兰卡。2015 年 1 月 8 日，斯里兰卡举行总统选举，西里塞纳当选斯里兰卡新一任总统。3 月 5 日新政府上台后，以缺少相关审批手续为由，要求由中国企业投资建设的科伦坡港口城项目暂停施工。[③] 这一举动世界瞩目，因中国与前斯里兰卡政府达成关于"一带一路"倡议的许多共识，正在积极推进项目建设，斯里兰卡新政府此举具有震撼性。3 月 18 日，斯里兰卡政府虽然及时解冻了部分项目，但留下的阴影没有消除。3 月 25 日，来华访问的西里塞纳总统向习近平表示："丝绸之路是斯中两国共同的历史遗产，斯方希望在 21 世纪海上丝绸之路框

---

① 《《中国主导亚投行今日签约筹建，美施压致韩澳未加入》，http://mil. news. sina. com. cn/2014-10-24/1049807305. html；李龙洙：《韩国将尽快发表是否参加 AIIB》，朝鲜日报网 http://cnnews. chosun. com/client/news/viw. asp? cate = C01&mcate = M1001&nNewsNumb=20150323175&nidx=23176；姚琪琳：《韩国决定申请加入亚投行》，http://news. xinhuanet. com/fortune/2015-03/26/c_1114778034. htm。

② 裴成奎、金明星：《危机还是机遇？韩国外交面临艰难考验》，朝鲜日报网 http://cnnews. chosun. com/client/news/viw. asp? cate = C01&mcate = M1001&nNewsNumb = 20150323276&nidx=23277。

③ 黄海敏：《斯里兰卡政府暂停中国投资项目，称出于综合考虑》，http://www. chinanews. com/gj/2015/03-06/7105487. shtml；杨梅菊、黄海敏：《斯里兰卡政府批准港口城项目进行防波堤建设》，http://www. chinanews. com/gj/2015/03-19/7140597. shtml。

架内加强同中方合作。斯方……愿与中方一道落实好两国业已达成的各项协议。目前科伦坡港口城出现的情况是暂时的，短期的，问题不在中方。”[①]斯里兰卡政府的新态度，为“一带一路”倡议在斯里兰卡的落实扫除了障碍。

事例之二是希腊。希腊地处欧洲东南角、巴尔干半岛的南端，是中国“一带一路”倡议进入中东欧的门户与桥头堡。2009 年，中国远洋集团经国际招标，成功中标希腊比雷埃夫斯港集装箱二号及三号码头 35 年的特许经营权，并已入围本轮私有化计划的最后竞标名单，获准购买希腊政府在比雷埃夫斯港 67%的股权。2015 年 1 月 25 日，希腊进行议会选举，希腊最大反对党左翼激进联盟党赢得组阁权，27 日，希腊新政府宣誓就职，当天就以兑现有关暂停出售国有资产的竞选承诺为由，宣布暂停比雷埃夫斯港的私有化进程。[②] 希腊新政府推翻前政府协议，引发世界关注。对此，中国外交部发言人华春莹 28 日回应称“中方注意到相关报道，正在向希腊方面核实有关情况”。为消除影响，希腊新任海运部部长特里查斯 28 日公开表示：“新政府尊重与中远已达成的协议，并对执行合同义务持严肃态度”。[③] 不过，由此引发的问题并未解决。4 月 1 日，希腊经济部长斯塔萨基斯再次表示，“政府不打算出售希腊最大港口比雷埃夫斯港”。[④]围绕该港口的博弈并未结束。该案例也显示政治因素给“一带一路”倡议的实施带来了巨大的挑战。

三是避免用孤立和静止的观点和态度来看待抵触“一带一路”倡议的国家。

以对待亚投行的立场与态度来看，迄今明确抵触和反对中国“一带一路”倡议的国家就是美国与日本。英国媒体就此评论称“美国遏制亚投行

① 杜尚泽：《习近平同斯里兰卡总统西里塞纳会谈》，《人民日报》2015 年 3 月 27 日。

② 《希腊新政府叫停港口出售》，http://finance.chinanews.com/cj/2015/01-29/7016227.shtml；刘溪若：《希腊叫停港口出售？中远海外扩张受阻》，《新京报》2015 年 1 月 29 日。

③ 《中方正核实希腊新政府停止向中远出售比港股份计划》，http://www.chinanews.com/gn/2015/01-28/7013891.shtml；梁曼瑜：《希腊新部长：尊重与中远协议》，《环球时报》2015 年 1 月 30 日。

④ 《法媒：希腊不打算出售比港多数股份，中企曾竞标》，参考消息网 http://world.cankaoxiaoxi.com/2015/0402/727619.shtml。

原则上犯错,实际行动也失败”。[①] 由于当今世界经济、政治、金融秩序是美国主导的,美国与追随者日本是既得利益国家,与中国存在诸多矛盾与冲突,不希望中国因“一带一路”倡议的成功实施顺利崛起,从而主导亚洲和世界。但是,当今世界全球化、一体化、信息化、网络化飞速发展,人类融合发展到了新阶段,求和平、求发展、合作共赢已成时代和世界潮流,任何国家和利益集团都无法抗拒,基于这一发展趋势,中国制定的《愿景与行动》倡导“坚持互利共赢,兼顾各方利益和关切,寻求利益契合点和合作最大公约数,体现各方智慧和创意,各施所长,各尽所能,把各方优势和潜力充分发挥出来”[②],体现了开放与包容的精神。因此,随着时间的推移,化解矛盾,逐步吸收美、日参与中国的“一带一路”倡议并非没有可能。实际上,美国、日本已通过批评声音的释放,为以后寻找转圜机会加入亚投行留下了余地。而且,来华访问的美国国务卿克里在 2015 年 5 月 16 日接受凤凰卫视记者采访时公开表示“美国从来没有反对过亚投行”,至今两国依然就亚投行在进行对话。[③] 可见,美国已为反转留下了余地。

综上所述,“一带一路”倡议是中国基于当前国内、国际环境与实际,兼顾当前利益与长远利益、中国利益与世界利益而提出的大战略。一方面“一带一路”倡议是助推中国经济转型升级、实现中国从“有世界影响的地区大国”转变为“综合性的世界大国”,最终实现中华民族伟大复兴“中国梦”的一种尝试和路径;另一方面,该战略具有改变现有世界经济、政治和金融秩序的功能,是推动世界建立更为公正、合理的国际新秩序的“助燃剂”,意味着“一带一路”计划由中国梦转化成亚洲梦、亚欧梦和全球梦。在中国“一带一路”倡议推进和实践过程中,通过双边、多边、政府领导人与官方表态、亚投行、学者发声五种方式,各国表明了自己的立场与态度。但是,现有世界旧秩序的既得利益者却持反对和抵触的立场和态度,众多

① 叶伟、李宗泽:《英媒:美国遏制亚投行原则上犯错,实际行动也失败》,http://oversea.huanqiu.com/article/2015-03/5983178.html。

②《授权发布:推动共建丝绸之路经济带和 21 世纪海上丝绸之路的愿景与行动》,新华网 http://news.xinhuanet.com/world/2015-03/28/c_1114793986_2.htm。

③ 傅晓田:《克里接受凤凰专访:欢迎中国成为世界第一大经济体》,http://news.ifeng.com/a/20150517/43775195_0.shtml。

发展中国家因历史的教训与经验，也带有种种疑虑。因此，中国为推动“一带一路”倡议的成功实践，以亚投行和“丝路基金”为平台与抓手，以化解矛盾与疑虑。

总之，中国“一带一路”倡议涉及国家众多，因所处地位和面临问题不同，文化背景各异，发展程度不一，地缘环境差异，尤其容易引发周边国家的安全疑虑，因而达成的协议和各国表态的状况差异很大，需要综合各方面的情形具体问题具体分析。只要坚持团结互信、平等互利、包容互鉴、合作共赢，不同种族、不同信仰、不同文化背景的国家完全可以共享和平，共同发展，“一带一路”倡议一定能获得更多国家理解和支持。

第十二章
“一带一路”倡议与中国周边[1]外交

第一节 “一带一路”：立足于中国周边外交的创新战略

2013年中国提出“一带一路”以后，从国家战略的构成和发展看，这是习近平为核心的党中央治国理政全面创新的国际战略。那么，显而易见，“一带一路”国际战略对我国周边国家关系和外交有何影响？怎样理解“一带一路”国际战略与“大国是关键、周边是首要、发展中国家是基础、多边是舞台”的外交战略布局的关系？国内外学术界讨论还不多，或者说还不够系统全面和充分。

我国周边地区关系极为复杂，大国利益相互交织，发展上差距很大，而且政治制度、文化宗教、现实利益、对外关系结构、安全框架等更是纷繁复杂。但中国要发展，离不开周边国家的合作与支持。很现实的问题就是，中国要推动与周边关系的发展，推动区域合作机制的建设，遇到了许多矛盾：一是中国快速崛起，成为世界第二大经济体，一些周边国家极为疑惧，担心中国垄断市场与资源，甚至控制它们的经济，因此在大国间搞平衡，意图抵消中国的压力与影响力；二

① 本文所指周边国家，是与我国接壤或邻近的俄罗斯、哈萨克斯坦、吉尔吉斯斯坦、塔吉克斯坦、乌兹别克斯坦、土库曼斯坦、蒙古、日本、朝鲜、韩国、越南、缅甸、泰国、老挝、柬埔寨、菲律宾、马来西亚、新加坡、印度尼西亚、文莱、巴基斯坦、印度、孟加拉国、阿富汗、斯里兰卡、尼泊尔、不丹、锡金，以及与我国香港、澳门、台湾地区有特殊关系的美、英、法、葡等西方国家。——参见石源华《中国周边外交十四讲》，社会科学文献出版社，2016年，第185页。

是来自日本、印度等周边大国对抗性的竞争，诸如当中国提出以“10＋3”为基础建设自贸区的方案，就被日本以种种方式拒绝或消解，使中国建设自贸区的方案难以得到落实；三是美国的干扰和破坏，因为美国担心被排除在外，侵害其霸权利益，就利用周边国家对中国的防范心理，借助南海争端等，离间中国与周边国家的关系。面对这些矛盾，中国怎么办？

自20世纪80、90年代和21世纪初10余年的外交努力与实践，中国逐步形成和完善了“大国是关键、周边是首要、发展中国家是基础、多边是重要舞台”的外交战略和策略布局的思想。

“大国是关键、周边是首要、发展中国家是基础、多边是重要舞台”外交战略和策略布局思想形成于90年代。20世纪80年代末、90年代初，在东欧剧变、苏联解体、海湾战争等全球重大的国际事件冲击下，国际格局深刻调整，引发全球性、地区性力量和国家关系的重组和演化。矛盾、复杂、多变的国际环境，促使中国领导人深入思考因应变局的外交策略和战略。江泽民时期，根据冷战后大国关系呈现出相互借重、相互依存、相互竞争与相互协调的新特点，积极调整和改善与美、俄、欧、日等大国或大国集团的关系，与之建立不结盟、不对抗、不针对第三国的大国伙伴关系，稳定、改善和发展了与世界大国的关系；[①]在“特别是发展同周边国家的关系”基础上，进一步提出“继续加强睦邻友好，坚持与邻为善、以邻为伴，加强区域合作，把同周边国家的交流和合作推向新水平”，[②]推动了中国与周边国家关系的发展；加强同发展中国家的友好关系作为中国全方位外交工作的基本立足点，努力推动双方关系不断迈向新的台阶，为中国全方位的外交格局奠定了稳固基础；[③]创新性创建“中非

① 参见钟之成：《为了世界更美好——江泽民出访纪实》，世界知识出版社，2006年；刘德喜：《外交方略》，江西人民出版社，2001年；谢益显：《中国当代外交史》，中国青年出版社，2002年。

② 《十三大以来重要文献选编》(中)，人民出版社，1991年，第1435页；《江泽民文选》第3卷，人民出版社，2006年，第567页。

③ 饶银华：《论第三代领导集体与发展中国家交往的思想》，《探索》2005年第4期，第22页；钟之成：《为了世界更美好——江泽民出访纪实》，世界知识出版社，2006年，第51页。

合作论坛”①、上海合作组织②等多边外交舞台,多边外交取得重大进展。

进入 21 世纪以后,胡锦涛根据国际形势的新发展和新环境,积极完善和发展外交布局,2004 年 8 月中共中央召开第十次驻外使节会议,胡锦涛指出:“新时期新阶段,我们要推动我国同主要大国关系稳定发展;要坚持与邻为善、以邻为伴的方针和睦邻、安邻、富邻的政策,把加强双边友好与加强区域合作结合起来;要加强同发展中国家的团结和合作,在国际事务中支持发展中国家的正义要求和合理主张;要在政治、经济、社会、裁军、军控等多边领域发挥我国的建设性作用,维护联合国宪章的宗旨和原则以及公认的国际关系基本准则,支持反映人类社会发展规律、符合各国共同利益的共识”③,进一步明确和发展了“大国是关键、周边是首要、发展中国家是基础、多边是重要舞台”的外交思想。

党的十八大之后,如何继承和发展“大国是关键、周边是首要、发展中国家是基础、多边是重要舞台”的外交战略和策略思想,使之能够适应国际金融危机发展中的世界和全球新形势,保证中国和平发展、实现中华民族伟大复兴的中国梦,是一个巨大挑战。事实上,中国国际关系学界直到 2015 年还在围绕“‘周边是首要’与‘大国是关键’关系如何处理”大打笔

---

① 中非合作论坛是中国和非洲国家在南南合作范畴内的集体对话机制。中国政府于 2000 年 10 月提出召开“中非合作论坛——北京 2000 年部长级会议”的倡议,得到非洲国家的热烈响应和广泛支持。2000 年 10 月 10 日至 12 日,中非合作论坛第一届部长级会议在北京召开。中非合作论坛部长级会议每 3 年举行一届。迄今已举办 6 届。http://baike. baidu. com/link? url = oZ5mnaBn _ WQyQRtMY8uzl79YavdIdbhYhoLi6BJp5vCjNItu2E1ZNGRzPtfHbpZvHR1xADVTyXVqJ-_ xsok-KAGd3rhCPKECCOpc _ Ix3usPEQzmUHn2csxWEQPeccBm76JNo45QWjlxrQ3ZbSnXHva。

② 上海合作组织(The Shanghai Cooperation Organization, SCO),前身是“上海五国”会晤机制。1996 年 4 月 26 日,中国、俄罗斯、哈萨克斯坦、吉尔吉斯斯坦、塔吉克斯坦五国元首在上海举行会晤,“上海五国”会晤机制正式建立。2001 年 6 月 14 日至 15 日,上海五国元首在上海举行第六次会晤,乌兹别克斯坦以完全平等的身份加入“上海五国”。15 日,六国元首举行首次会议,并签署了《上海合作组织成立宣言》,上海合作组织正式成立。http://baike. sogou. com/v151872. htm? fromTitle=%E4%B8%8A%E6%B5%B7%E4%BA%94%E5%9B%BD。

③ 《第十次驻外使节会议在京举行》,《人民日报》2004 年 8 月 30 日。

墨官司[①]，就可见问题的难度。在挑战与压力面前，习近平另辟蹊径，推陈出新，将历史与现实紧密结合起来，提出“一带一路”倡议，融合“大国是关键、周边是首要、发展中国家是基础、多边是重要舞台”的外交战略与策略思想，是“大国是关键、周边是首要、发展中国家是基础、多边是重要舞台”布局的具体化与体现，实现了中国外交的新发展和新飞跃。2014 年 11 月，在中央外事工作会议上，习近平就新形势下不断拓展和深化外交战略布局提出要求，强调“要切实抓好周边外交工作，打造周边命运共同体；要切实运筹好大国关系，构建健康稳定的大国关系框架，扩大同发展中大国的合作；要切实加强同发展中国家的团结合作，把我国发展与广大发展中国家共同发展紧密联系起来；要切实推进多边外交，推动国际体系和全球治理改革，增加我国和广大发展中国家的代表性和话语权；积极推进“一带一路”建设，努力寻求同各方利益的汇合点，通过务实合作促进合作共赢。”[②]显然，在习近平的外交战略布局中，周边外交被放置于第一位，大国关系很重要，但要与发展中国家合作结合起来，要把我国发展与发展中国家紧密结合推进与发展中国家的团结合作，利用多边外交推进国际体系和全球治理改革，增加和提升我国与发展中国家的代表性和话语权，而实现上述战略布局思想的抓手和平台就是“一带一路”。

首先，“一带一路”突破时空、地域局限，体现了全球性、时代性、全局性、长远性、预见性、地缘性等多重战略属性，真正实现了顶层设计的目的，将“大国是关键、周边是首要、发展中国家是基础、多边是重要舞台”的战略方针与战略路线糅合在“一带一路”之中，有助于打破和避免分散经营、各自为战、顾此失彼、侧重点难以把握、缺乏总体性战略设计和考量等

---

① 在建构新型国际关系的大背景下，选择周边优先还是美国优先，是一个战略性问题。围绕这个话题，已经形成三种观点：一种是对美关系优先论，即主张把发展与超级大国美国的关系置于中国外交的中心，这曾经是很长时期官学双方的基本共识；第二种是周边优先论，以阎学通等为代表的学者认为，“部分的周边”固然不比美国，但“整体的周边”显然比对美关系更加重要；第三种就是王义桅等主张的统筹兼顾论，这种观点不赞成将周边优先还是美国优先对立起来，因为两者很难讲谁更重要。——参见阎学通：《整体的“周边”比美国更重要》，《环球时报》2015 年 1 月 13 日；王义桅：《大国外交不必厚此薄彼》，《环球时报》2015 年 2 月 2 日；郭树勇：《“周边是首要”，当以区域治理优先》，《环球时报》2015 年 2 月 11 日。

②《习近平出席中央外事工作会议并发表重要讲话》，http://news.xinhuanet.com/politics/2014-11/29/c_1113457723.htm。

困局和弊端，使我国外交的整体性战略价值得以凸显。

其次，“一带一路”首要和第一位的就是要处理发展中国与周边国家的关系，重视与正视中国与周边国家关系发展的历史、现实、未来问题。“一带一路”倡议承接了历史元素“丝绸之路”。据学术界的研究，自西汉时期张骞出使西域，正式开通链接中亚的丝绸之路开始起，中国古代与世界各地链接的交通线，主要有连接古代中国与中亚的“陆上丝绸之路”；东南沿海联通东南亚、南亚次大陆、波斯湾乃至东非的“海上丝绸之路”；连接中国四川、云南进入东南亚、南亚次大陆的“南方丝绸之路”；从中原和河西走廊进入蒙古高原，沿亚欧草原分别到中亚、波斯、东欧的“草原丝绸之路”。“丝绸之路”是中外文化、思想、科技、教育、艺术的交流融合之路，“一带一路”契合时代潮流，继承和延续历史资源与遗产，只能而且必须从中国的周边国家着手，这是历史和现实的逻辑发展和必要要求。正是基于这一重要历史特征，2013 年 10 月，中共中央首次召开周边外交工作座谈会，习近平强调指出：“无论从地理方位、自然环境还是相互关系看，周边对我国都具有极为重要的战略意义。思考周边问题、开展周边外交要有立体、多元、跨越时空的视角”，并且从战略高度指出“做好周边外交工作，是实现‘两个一百年’奋斗目标、实现中华民族伟大复兴的中国梦的需要”。[①] 因此，实践“一带一路”倡议就是贯彻落实“周边是首要”的战略方针。

第三，“一带一路”倡议就是处理大国关系问题，正视中国的自身发展中国家的身份与地位，处理好与发展中国家的关系。人类历史与现实表明，推动世界格局和地区局势变化的推动力量，关键因素就是大国。我们是马克思主义者，必须要承认事物是普遍联系、量变与质变和否定之否定这三大基本规律，因此，抓住大国就牵住了国际局势变化的牛鼻子，处理好大国关系就能使中国在当今复杂多变的国际形势中居于有利的地位，从而落实和实践自己的国家发展战略。新中国自 1949 年宣告成立，摆脱半殖民地半封建社会的历史，走上独立自主的发展道路，但国民经济和社

---

① 钱彤：《习近平在周边外交工作座谈会上发表重要讲话》，http://news.china.com.cn/2013-10/25/content_30408130.htm。

会发展水平都处于落后的状态，我们的身份就是发展中国家，这是经济身份、政治身份还是文化身份与符号。经过69年的努力，我们经济、政治和文化等各方面都取得巨大成就，其中经济总量已居世界第二，但我们仍然坚持发展中国家的身份没有改变，目前仍是发展中国家坚定的一员，就是基于历史与现实，从国际体系和全球治理改革的需要，将大国关系发展与发展中国国家关系发展结合起来，从而推动人类命运共同体建设历史使命的最终实现。

第四，我国周边外交复杂多样，换言之，我国的周边外交本质上就是大国关系、周边国家关系、发展中国家关系、多边外交的集合体，以大国关系而论，我国周边大国包括美、俄、日、印、英、法等世界性和地区性大国强国；以周边国家而言，相邻和利益直接纠缠的周边国家32个；以发展中国家而论，32个国家中除了美、英、日、法、葡、韩国、新加坡7个发达国家，其余25个国家都属于发展中国家；以多边外交平台而论，在我国周边存在诸如上海合作组织、亚太经合组织(APEC)、东盟、东盟10＋1或10＋3或10＋6或10＋8、东亚峰会、亚欧首脑会议、欧亚经济共同体、亚洲相互协作与信任措施会议、跨太平洋伙伴关系协议(Trans-Pacific Partnership Agreement，TPP)等多样的外交组织或舞台，有些是中国主导或参与的，有些如TPP则以排斥中国为目的。中国周边环境复杂多样，地缘经济政治利益纠缠，构成各种利益格局，只能打造和借助多边外交舞台，达成共识，形成合力，正如习近平所清晰揭示的"思考周边问题、开展周边外交要有立体、多元、跨越时空的视角"①。而"一带一路"将复杂问题简单化，实现了立体、多元、跨越时空的顶层设计的战略要求，开启新的外交时代，推动我国周边外交工作迈上新台阶。

由此可见，"一带一路"没有割裂历史与现实，是对"大国是关键、周边是首要、发展中国家是基础、多边是重要舞台"的外交战略和策略思想的融合、继承和创新发展，立足周边大国和发展中国家，创建和利用多边外交舞台，推动中国外交实现新的重大突破。

---

① 钱彤：《习近平在周边外交工作座谈会上发表重要讲话》，http://news.china.com.cn/2013-10/25/content_30408130.htm。

第二节 “一带一路”倡议的实践使中国周边外交结出累累果实

自2013年习近平首次提出“一带一路”倡议国际战略已经实践4年多了，从周边外交的视角取得了什么样的外交成果？对以后的中国周边国家关系和外交有哪些经验和启示？诸如此类的问题，本节意图用实证主义的方法，以历史维度和现实逻辑结合的方式，对上述问题做一些系统梳理与探究，以进一步推动对中国周边外交和“一带一路”倡议的研究。

一、以“一带一路”为媒介，与周边国家政治合作水平大幅提升

2013年9月，中国国家主席习近平访问土库曼斯坦、哈萨克斯坦、乌兹别克斯坦、吉尔吉斯斯坦，提出“丝绸之路经济带”建设战略；2013年10月访问印尼、马来西亚，提出“21世纪海上丝绸之路”建设战略，开启“一带一路”倡议序幕。

2014年“一带一路”倡议进入规划布局阶段。2014年2月访问俄罗斯，与俄罗斯总统普京就“一带一路”的对接达成共识，“俄方积极响应中方建设丝绸之路经济带和海上丝绸之路的倡议，愿将俄方跨欧亚铁路与‘一带一路’对接，创造出更大效益”；[①]2014年7月访问韩国，达成中国的“一带一路”与韩国的“欧亚倡议”对接的共识；[②]2014年8月访问蒙古，蒙方表态“愿参与‘丝绸之路经济带’倡议下合作”；2014年9月出席中俄蒙三国元首会晤，习近平表示“我们可以把丝绸之路经济带同俄罗斯跨欧亚大铁路、蒙古国草原之路倡议进行对接，打造中蒙俄经济走廊”[③]；2014年9月访问塔吉克斯坦、马尔代夫、斯里兰卡、印度，在印度表示中国希望以

---

① 陈贽、钱彤：《习近平会见俄罗斯总统普京，两国元首共同对中俄关系发展作出战略规划，习近平代表中国政府和中国人民祝索契冬奥会取得成功》，《光明日报》2014年2月7日第1版。

② 崔宰赫：《习近平提议上海等地将建中韩自贸区》，http://old.chnarchive.chosun.com/site/data/html_dir/2014/07/05/2014070500007.html。

③ 杜尚泽、林雪丹：《习近平出席中俄蒙三国元首会晤》，《人民日报》2014年9月12日。

“一带一路”为双翼，同南亚国家一道实现腾飞；2014 年 2 月 19 日中国与巴基斯坦联合发表《中华人民共和国和巴基斯坦伊斯兰共和国关于深化中巴战略与经济合作的联合声明》，双方认为“中巴经济走廊建设契合两国发展战略”①，2015 年 4 月 20 日《中华人民共和国和巴基斯坦伊斯兰共和国关于建立全天候战略合作伙伴关系的联合声明》再次重申“巴方将坚定支持并积极参与‘一带一路’建设”②；2014 年 4 月 14 日，中国与东帝汶联合发表《中华人民共和国和东帝汶民主共和国关于建立睦邻友好、互信互利的全面合作伙伴关系联合声明》，第十五条规定“东帝汶政府对中国政府关于建设 21 世纪海上丝绸之路和筹建亚投行的倡议表示赞赏和支持，并愿积极参与相关进程”③；2014 年 5 月 18 日中国与吉尔吉斯斯坦联合发表《中华人民共和国和吉尔吉斯共和国关于进一步深化战略伙伴关系的联合宣言》，双方表示“实现共建丝绸之路经济带倡议对双边合作全面发展具有重要意义”④；2014 年 5 月 20 日，中俄双方发表《中华人民共和国与俄罗斯联邦关于全面战略协作伙伴关系新阶段的联合声明》，达成“双方将寻找丝绸之路经济带项目和将建立的欧亚经济联盟之间可行的契合点”⑤；2014 年 8 月 21 日中蒙双方发表《中华人民共和国和蒙古国关于建立和发展全面战略伙伴关系的联合宣言》，其中内容有“蒙方愿参与‘丝绸之路经济带’倡议下合作，将以创始成员国身份参与‘亚投行’建设”⑥；2014 年 9 月 14 日中塔联合发表《中华人民共和国和塔吉克斯坦共和国关于进一步发展和深化战略伙伴关系的联合宣言》“双方愿密切合

---

① 《中华人民共和国和巴基斯坦伊斯兰共和国关于深化中巴战略与经济合作的联合声明》，《人民日报》2014 年 2 月 20 日。

② 《中华人民共和国和巴基斯坦伊斯兰共和国关于建立全天候战略合作伙伴关系的联合声明》，《人民日报》2015 年 4 月 21 日。

③ 《中华人民共和国和东帝汶民主共和国关于建立睦邻友好、互信互利的全面合作伙伴关系联合声明》，http://www.fmprc.gov.cn/mfa_chn/ziliao_611306/1179_611310/t1146729.shtml。

④ 《中华人民共和国和吉尔吉斯共和国关于进一步深化战略伙伴关系的联合宣言》，《人民日报》2014 年 5 月 18 日。

⑤ 《中华人民共和国与俄罗斯联邦关于全面战略协作伙伴关系新阶段的联合声明》，http://www.fmprc.gov.cn/mfa_chn/ziliao_611306/1179_611310/t1157763.shtml。

⑥ 《中华人民共和国和蒙古国关于建立和发展全面战略伙伴关系的联合宣言》，《人民日报》2014 年 8 月 22 日。

作，共同推动丝绸之路经济带建设”①；2014 年 9 月 16 日中斯联合发布《中华人民共和国和斯里兰卡民主社会主义共和国关于深化战略合作伙伴关系的行动计划》，斯方“欢迎并支持中方提出的构建 21 世纪海上丝绸之路的倡议，愿积极参与相关合作”②；2014 年 10 月 29 日，中国和阿富汗联合发表《中华人民共和国与阿富汗伊斯兰共和国关于深化战略合作伙伴关系的联合声明》：“阿方欢迎丝绸之路经济带倡议。……阿富汗愿与中方密切合作，共同推进丝绸之路经济带建设”③；2014 年 11 月 15 日，中缅联合发表《中华人民共和国与缅甸联邦共和国关于深化两国全面战略合作的联合声明》，第六条内容规定“缅方欢迎中方提出的‘共建丝绸之路经济带和 21 世纪海上丝绸之路’的倡议”，双方同意将“加强海洋经济、互联互通、科技环保、社会人文等各领域务实合作，推动中缅及与其他沿线国家间的合作共赢、共同发展”④；2014 年 12 月 23 日中泰联合发布表《中华人民共和国政府和泰王国政府联合新闻公报》，泰方“支持中国提出共建‘丝绸之路经济带’和‘21 世纪海上丝绸之路’的倡议”⑤；

2015 年“一带一路”倡议构想完成规划并启动实施之年，周边外交持续发力。2015 年 4 月 20 日至 21 日，习近平访问巴基斯坦，开启外访第一站。访问期间，中巴双方签下 51 项合作协议和备忘录，重点打造被称为“一带一路”的“旗舰项目”的“中巴经济走廊”；⑥4 月 22 日访问印尼期间签署《中华人民共和国与印度尼西亚共和国联合新闻公报》，双方重申“全面对接中方建设‘21 世纪海上丝绸之路’战略构想和印尼方‘全球海洋支点’发展规划”；⑦

① 《中华人民共和国和塔吉克斯坦共和国关于进一步发展和深化战略伙伴关系的联合宣言》，《人民日报》2014 年 9 月 13 日。

② 《中华人民共和国和斯里兰卡民主社会主义共和国关于深化战略合作伙伴关系的行动计划》，《人民日报》2014 年 9 月 17 日。

③ 《中华人民共和国与阿富汗伊斯兰共和国关于深化战略合作伙伴关系的联合声明》，http://www.fmprc.gov.cn/mfa_chn/ziliao_611306/1179_611310/t1205144.shtml。

④ 《中华人民共和国与缅甸联邦共和国关于深化两国全面战略合作的联合声明》，《人民日报》2014 年 11 月 15 日。

⑤ 《中华人民共和国政府和泰王国政府联合新闻公报》，《人民日报》2014 年 12 月 24 日。

⑥ 谭晶晶、崔文毅：《习近平今年首次出访，谱写周边外交新篇章》，http://news.xinhuanet.com/world/2015-04/17/c_1115005564.htm。

⑦ 《中华人民共和国与印度尼西亚共和国联合新闻公报》，http://news.xinhuanet.com/2015-04/22/c_127721564.htm。

5 月 7 日至 12 日，习近平应邀访问哈萨克斯坦、俄罗斯，重在推动项目落实；[①]5 月 14 日，印度总理莫迪应邀访华，表态将“密切同中方在亚洲基础设施投资银行内的合作”；[②]8 月 31 日与应邀来访的哈萨克斯坦总统纳扎尔巴耶夫会谈，哈方表态“哈方积极推动中方丝绸之路经济带建设同哈‘光明之路’新经济政策对接”；[③]8 月 31 日，与应邀来访的柬埔寨国王西哈莫尼、老挝国家主席朱马里举行会谈，9 月 2 日、3 日、4 日分别与巴基斯坦总统侯赛因、韩国总统朴槿惠、东帝汶总统鲁瓦克、塔吉克斯坦总统拉赫蒙、吉尔吉斯斯坦总统阿塔姆巴耶夫、越南国家主席张晋创、蒙古国总统额勒贝格道尔吉、俄罗斯总统普京、缅甸总统吴登盛等举行会谈，推动在“一带一路”倡议上的合作；[④]2015 年 9 月访问美国，正式表态“‘一带一路’是开放包容的，我们欢迎包括美国在内的世界各国和国际组织参与到合作中来”；[⑤]10 月 19 日至 23 日对英国进行国事访问，中英双方共达成包括亚洲基础设施投资银行等约 150 项合作协议，涉及金额约 400 亿英镑；11 月 5 日至 7 日，访问越南、新加坡，推动“一带一路”与越南的“两廊一圈”规划、新加坡国家发展战略相互对接，实现优势互补。[⑥]

2016 年“一带一路”外交进入深入拓展年。3 月 21 日，习近平会见来

① 姚玮洁：《习近平的“一带一路”足迹》，http://news. xinhuanet. com/politics/2016-01/06/c_1117679375_2. htm。

② 杜尚泽：《习近平会见印度总理莫迪》，《人民日报》2015 年 5 月 15 日。

③ 李伟红：《习近平同哈萨克斯坦总统纳扎尔巴耶夫会谈，一致决定推动中哈关系向更高水平、更广空间迈进》，《人民日报》2015 年 9 月 1 日。

④ 李伟红：《习近平会见柬埔寨国王西哈莫尼》，《人民日报》2015 年 9 月 1 日；李伟红：《习近平同老挝人革党中央总书记、国家主席朱马里会谈》，《人民日报》2015 年 9 月 1 日；赵成：《习近平会见巴基斯坦总统侯赛因》，《人民日报》2015 年 9 月 3 日；赵成：《习近平会见韩国总统朴槿惠》，《人民日报》2015 年 9 月 3 日；赵明昊：《习近平会见东帝汶总统鲁瓦克》，《人民日报》2015 年 9 月 3 日；赵明昊：《习近平会见塔吉克斯坦总统拉赫蒙》，《人民日报》2015 年 9 月 3 日；赵明昊：《习近平会见吉尔吉斯斯坦总统阿塔姆巴耶夫》，《人民日报》2015 年 9 月 3 日；赵明昊：《习近平会见越南国家主席张晋创》，《人民日报》2015 年 9 月 4 日；赵明昊：《习近平会见蒙古国总统额勒贝格道尔吉》，《人民日报》2015 年 9 月 4 日；赵明昊：《习近平会见俄罗斯总统普京》，《人民日报》2015 年 9 月 4 日第 2 版；李伟红：《习近平会见缅甸总统吴登盛》，《人民日报》2015 年 9 月 5 日。

⑤《习近平在华盛顿州当地政府和美国友好团体联合欢迎宴会上的演讲》，http://news. xinhuanet. com/politics/2015-09/23/c_1116656143. htm。

⑥ 姚玮洁：《习近平的“一带一路”足迹》，http://news. xinhuanet. com/politics/2016-01/06/c_1117679375_2. htm。

访的尼泊尔总理奥利，尼方“高度评价并愿积极参与‘一带一路’建设”；[①]4月8日，会见来访的斯里兰卡总理维克勒马辛哈，斯方表示“愿积极参与中方提出的‘一带一路’倡议”；[②]5月4日，习近平与老挝人民革命党中央总书记、国家主席本扬举行会谈，双方签署“一带一路”倡议同老挝“变陆锁国为陆联国”战略、中国“十三五”规划和老挝“八五”规划的有效对接的合作文件；[③]6月1日，习近平会见朝鲜劳动党中央政治局委员、中央副委员长、国际部部长李洙墉率领的朝鲜劳动党代表团，“朝方希望与中方共同努力，加强和发展朝中传统友好关系，维护朝鲜半岛及东北亚地区和平稳定”；[④]6月22日，习近平在塔什干同乌兹别克斯坦总统卡里莫夫举行会谈，双方发表联合声明，同意“将共建‘一带一路’作为两国务实合作的主线，坚持共商、共建、共享原则，加强发展战略对接”，“全力支持共建丝绸之路经济带”；[⑤]6月23日、24日，利用出席上海合作组织峰会的时机，在塔什干分别与巴基斯坦总统侯赛因、土库曼斯坦总统别尔德穆哈梅多夫、塔吉克斯坦总统拉赫蒙、俄罗斯总统普京、蒙古国总统额勒贝格道尔吉、哈萨克斯坦总统纳扎尔巴耶夫、吉尔吉斯斯坦总统阿坦巴耶夫，推动“一带一路”框架内的建设与合作；6月25日，习近平同俄罗斯总统普京举行会谈，两国共同签署了《中华人民共和国和俄罗斯联邦联合声明》《中华人民共和国主席和俄罗斯联邦总统关于加强全球战略稳定的联合声明》和《中华人民共和国主席和俄罗斯联邦总统关于协作推进信息网络空间发展的联合声明》，以及经贸、外交、基础设施、技术创新、农业、金融、能源、媒体、网络、体育等领域30多项合作文件；[⑥]8月19日，习近平会见

---

① 李伟红：《习近平会见尼泊尔总理奥利》，《人民日报》2016年3月22日。

② 李伟红：《习近平会见斯里兰卡总理维克勒马辛哈》，《人民日报》2016年4月9日。

③ 杨迅：《习近平同老挝人民革命党中央总书记、国家主席本扬举行会谈》，《人民日报》2016年5月4日。

④ 李伟红：《习近平会见朝鲜劳动党代表团》，《人民日报》2016年6月2日。

⑤ 杜尚泽、曲颂：《习近平同乌兹别克斯坦总统卡里莫夫举行会谈，两国元首一致决定建立中乌全面战略伙伴关系》，《人民日报》2016年6月23日；《中华人民共和国和乌兹别克斯坦共和国联合声明》，《人民日报》2016年6月23日；《中华人民共和国和乌兹别克斯坦共和国联合声明》(2016年6月22日)，https://www.yidaiyilu.gov.cn/zchj/sbwj/2405.htm。

⑥ 李伟红：《习近平同俄罗斯总统普京举行会谈，两国元首强调坚定不移致力于深化中俄全面战略协作伙伴关系，张高丽出席》，《人民日报》2016年6月26日。

应邀来访的缅甸国务资政昂山素季，双方发表联合新闻稿，缅方“欢迎中方倡导的‘一带一路’和孟中印缅经济走廊合作倡议”；[①]9 月初，利用举办 G20 峰会的契机，在杭州会见前来出席二十国集团领导人杭州峰会的印度尼西亚总统佐科、哈萨克斯坦总统纳扎尔巴耶夫、老挝国家主席本扬、新加坡总理李显龙、美国总统奥巴马、俄罗斯总统普京、印度总理莫迪、泰国总理巴育、韩国总统朴槿惠、英国首相特雷莎・梅、日本首相安倍晋三；[②]10 月 13 日，访问柬埔寨，双方发表了《中华人民共和国和柬埔寨王国联合声明》，双方同意加快中国“一带一路”倡议、“十三五”规划同柬埔寨“四角”战略对接，“制定并实施好共同推进‘一带一路’建设合作规划纲要”；[③]10 月 15 日，访问孟加拉国，双方发表联合声明，“一致同意全面拓展各领域合作，共同推进‘一带一路’和孟中印缅经济走廊建设，推动两国关系早日迈上新台阶”；[④]10 月 20 日，习近平同来访的菲律宾总统杜特尔特举行会谈，菲方“希望亚洲基础设施投资银行在菲律宾经济发展中发挥更大作用”；[⑤]11 月 3 日，习近平会见应邀来访的马来西亚总理纳吉布，马

---

① 李伟红：《习近平会见缅甸国务资政昂山素季》，《人民日报》2016 年 8 月 20 日第 1 版；《中华人民共和国和缅甸联邦共和国联合新闻稿》，《人民日报》2016 年 8 月 20 日。

② 江南、杜尚泽：《习近平会见印度尼西亚总统佐科》，《人民日报》2016 年 9 月 3 日；王慧敏、杜尚泽：《习近平同哈萨克斯坦总统纳扎尔巴耶夫举行会谈》，《人民日报》2016 年 9 月 3 日；方敏、杜尚泽：《习近平会见老挝国家主席本扬》，《人民日报》2016 年 9 月 3 日；杜尚泽、杜一菲：《习近平会见新加坡总理李显龙》，《人民日报》2016 年 9 月 3 日；王慧敏、杜尚泽：《习近平会见美国总统奥巴马》，《人民日报》2016 年 9 月 4 日；汪晓东、杜尚泽：《习近平会见俄罗斯总统普京》，《人民日报》2016 年 9 月 5 日；杜尚泽、杜一菲：《习近平会见印度总理莫迪》，《人民日报》2016 年 9 月 5 日；杜尚泽、赵成：《习近平会见泰国总理巴育》，《人民日报》2016 年 9 月 5 日；杜尚泽、江南：《习近平会见韩国总统朴槿惠》，《人民日报》2016 年 9 月 6 日；杜尚泽、赵成：《习近平会见英国首相特雷莎・梅》，《人民日报》2016 年 9 月 6 日；杜尚泽、张梦旭：《习近平会见日本首相安倍晋三》，《人民日报》2016 年 9 月 6 日。

③ 杜尚泽、俞懿春：《习近平同柬埔寨首相洪森举行会谈，两国领导人一致决定中柬继续做高度互信的好朋友、肝胆相照的好伙伴、休戚相关的命运共同体》，《人民日报》2016 年 10 月 14 日；《中华人民共和国和柬埔寨王国联合声明》，《人民日报》2016 年 10 月 14 日。

④ 杜尚泽、徐伟：《习近平同孟加拉国总理哈西娜举行会谈，双方一致决定将中孟关系提升为战略合作伙伴关系，推动两国关系在更高层次上持续向前发展》，《人民日报》2016 年 10 月 15 日；《中华人民共和国和孟加拉人民共和国关于建立战略合作伙伴关系的联合声明》，《人民日报》2016 年 10 月 15 日。

⑤ 李伟红：《习近平同菲律宾总统杜特尔特会谈，双方同意共同推动中菲致力于和平与发展的战略性合作关系健康稳定发展》，《人民日报》2016 年 10 月 21 日。

方表示"愿同中方加强'一带一路'框架下经贸投资、交通运输、港口建设等合作,密切人文交流"。[①] 这一年周边外交非常活跃,我国领导人先后共访问9个亚洲周边国家,17个亚洲周边国家元首或政府首脑来华访问或出席双边、区域和国际会议、展会和论坛。[②]

2017年,"一带一路"外交向全球层面拓展。当然,大国、周边国家、发展中国家、多边舞台依旧是抓手和立足点。3月27日,习近平会见尼泊尔总理普拉昌达,尼方表示"支持'一带一路'倡议,愿积极拓展同中方在贸易投资、交通运输、基础设施、旅游、航空等领域合作,密切人文交流,以更好造福两国人民";[③]4月7日,习近平在美国佛罗里达州海湖庄园同美国总统特朗普举行中美元首第二场正式会晤,习近平表示"中方欢迎美方参与'一带一路'框架内合作",特朗普表示"美方愿同中方继续加强经贸、两军、人文等各领域合作";[④]4月11日,同缅甸总统吴廷觉举行会谈,缅方表示"支持并愿积极参与'一带一路'建设";[⑤]5月12日,同越南国家主席陈大光会谈,越方承诺"拓展经贸、农业、环境、基础设施、旅游、人文、安全等领域和'一带一路'建设中务实合作";[⑥]5月12日、13日、14日、15日、16日、17日,习近平分别会见来华访问或出席"'一带一路'国际合作高峰论坛"的乌兹别克斯坦总统米尔济约耶夫、蒙古国总理额尔登巴特、巴基斯坦总理谢里夫、马来西亚总理纳吉布、俄罗斯总统普京、哈萨克斯坦总统纳扎尔巴耶夫、印度尼西亚总统佐科、菲律宾总统杜特尔特、老挝人民革命党中央总书记、国家主席本扬、吉尔吉斯斯坦总统阿坦巴耶夫、斯里兰卡总理维克勒马辛哈、缅甸国务资政昂山素季、日本自民党干事长二阶俊博、柬埔寨首相洪森;整个峰会盛况空前,共有包括29位外国元首

---

① 杜一菲:《习近平会见马来西亚总理纳吉布》,《人民日报》2016年11月4日。

② 《【2016年商务工作年终综述之十八】以合作谋发展,推进与亚洲周边国家务实经贸关系》,http://www.mofcom.gov.cn/article/ae/ai/201701/20170102504974.shtml。

③ 李伟红:《习近平会见尼泊尔总理普拉昌达》,《人民日报》2017年3月28日。

④ 杜尚泽、章念生、张朋辉:《习近平同特朗普举行中美元首第二场正式会晤》,《人民日报》2017年4月9日。

⑤ 李伟红:《习近平同缅甸总统吴廷觉举行会谈,两国元首一致同意推动中缅关系持续健康稳定发展》,《人民日报》2017年4月11日。

⑥ 杨晔:《习近平同越南国家主席陈大光会谈,一致同意推动中越全面战略合作伙伴关系迈上新台阶》,《人民日报》2017年5月12日。

和政府首脑在内的来自 130 多个国家和 70 多个国际组织约 1500 名代表出席此次高峰论坛。[①] 此次峰会得到周边国家的大力支持，连一向抵触“一带一路”倡议的美、日都派出代表团出席峰会[②]，显示出“一带一路”具有巨大的影响力和活力。5 月 20 日，习近平会见韩国总统特使李海瓒，期望推动中韩关系走向正常轨道。[③] 6 月 7－10 日，对哈萨克斯坦共和国进行国事访问，并出席上海合作组织成员国元首理事会第十七次会议和阿斯塔纳专项世博会开幕式。8 日在阿斯塔纳同哈萨克斯坦总统纳扎尔巴耶夫举行会谈，中阿签署联合声明，哈方表示“哈方愿积极参加“一带一路”框架内过境运输、产能、工业园区、金融、农业、人文等方面合作”；[④]会见俄罗斯总统普京，普京表示“‘一带一路’倡议具有重要的现实意义，也赢得了国际社会广泛支持”[⑤]；会见阿富汗总统加尼，加尼表示“高度赞赏‘一带一路’倡议，期待着将自身发展同‘一带一路’建设对接，积极参加交通运输互联互通等领域合作”[⑥]。9 日会见塔吉克斯坦总统拉赫蒙，拉赫蒙表示“塔方愿将自身发展同‘一带一路’建设对接，加强在互联互通、电力、农业、安全等领域合作”；会见印度总理莫迪；会见土库曼斯坦总统别

---

① 杜尚泽：《习近平同乌兹别克斯坦总统米尔济约耶夫会谈，两国元首同意弘扬中乌世代友好精神，推动中乌关系继往开来》，《人民日报》2017 年 5 月 13 日；杨迅：《习近平会见蒙古国总理额尔登巴特》，《人民日报》2017 年 5 月 13 日；杜一菲：《习近平会见巴基斯坦总理谢里夫》，《人民日报》2017 年 5 月 14 日；杨晔：《习近平会见马来西亚总理纳吉布》，《人民日报》2017 年 5 月 14 日；杜一菲：《习近平会见俄罗斯总统普京》，《人民日报》2017 年 5 月 15 日；杨晔：《习近平会见哈萨克斯坦总统纳扎尔巴耶夫》，《人民日报》2017 年 5 月 15 日；杨晔：《习近平会见印度尼西亚总统佐科》，《人民日报》2017 年 5 月 15 日；杜一菲：《习近平会见菲律宾总统杜特尔特》，《人民日报》2017 年 5 月 16 日；杜尚泽：《习近平同老挝人民革命党中央总书记、国家主席本扬举行会谈》，《人民日报》2017 年 5 月 17 日；杜尚泽：《习近平会见吉尔吉斯斯坦总统阿坦巴耶夫》，《人民日报》2017 年 5 月 17 日；杨迅：《习近平会见斯里兰卡总理维克勒马辛哈》，《人民日报》2017 年 5 月 17 日；杨迅：《习近平会见缅甸国务资政昂山素季》，《人民日报》2017 年 5 月 17 日；杜尚泽：《习近平会见日本自民党干事长二阶俊博》，《人民日报》2017 年 5 月 17 日；杨晔：《习近平会见柬埔寨首相洪森》，《人民日报》2017 年 5 月 18 日；

② 《2017 年 5 月 12 日外交部发言人耿爽主持例行记者会》，http://www.fmprc.gov.cn/web/fyrbt_673021/jzhsl_673025/t1461076.shtml。

③ 杨晔：《习近平会见韩国总统特使李海瓒》，《人民日报》2017 年 5 月 20 日。

④ 吴焰、杜尚泽、周翰博：《习近平同哈萨克斯坦总统纳扎尔巴耶夫举行会谈》，《人民日报》2017 年 6 月 9 日；《中华人民共和国和哈萨克斯坦共和国联合声明》，《人民日报》2017 年 6 月 9 日。

⑤ 杜尚泽、谢亚宏：《习近平会见俄罗斯总统普京》，《人民日报》2017 年 6 月 9 日。

⑥ 杜尚泽、王欢：《习近平会见阿富汗总统加尼》，《人民日报》2017 年 6 月 9 日。

尔德穆哈梅多夫，土方表示愿“在‘一带一路’框架下拓展天然气、清洁能源、产能、交通运输基础设施等领域合作，加强教育、文化等人文交流”。① 7月4日，对俄罗斯进行国事访问。双方同意推动“一带一路”建设同欧亚经济联盟对接，扩大人文交流，加强在教育、文化、体育、旅游、防灾减灾、卫生等领域合作，鼓励青年友好交流，拓展地方合作，办好中俄媒体交流年。② 7月18日，与来访的巴勒斯坦国总统阿巴斯会谈，巴方表示愿“积极参与共建‘一带一路’”。③ 9月13日，习近平同来访的文莱苏丹哈桑纳尔会谈，哈桑纳尔表示“支持中方提出的‘一带一路’倡议”。④ 9月20日，会见来访的新加坡总理李显龙，李显龙表示“新方支持共建‘一带一路’和成立亚洲基础设施投资银行，助力本地区和世界共同发展。”⑤11月12日，应邀对越南进行国事访问，“双方同意落实好共建‘一带一路’和‘两廊一圈’合作文件，促进地区经济联系和互联互通，推动经贸、产能、投资、基础设施建设、货币金融等领域合作不断取得务实进展”。⑥ 11月13日，应邀对老挝进行国事访问，“双方同意加快中国‘一带一路’倡议同老挝‘变陆锁国为陆联国’战略对接，共建中老经济走廊，推进中老铁路等标志性项目，提升经贸合作规模和水平，促进两国经济优势互补，深化产能、金融、农业、能源、资源、水利、通信、基础设施建设、医疗、卫生等领域合作；深化文化、教育、科技、旅游等领域合作”。⑦ 12月7日，与来访的马尔代夫总统亚明会谈，两国元首一致同意共同推进“一带一路”建设，为双边关系发展注入新动力。⑧ 12月14日，与来访的韩国总统文在寅会谈，文

---

① 吴焰、杜尚泽：《习近平会见塔吉克斯坦总统拉赫蒙》，《人民日报》2017年6月10日；杜尚泽、谢亚宏：《习近平会见土库曼斯坦总统别尔德穆哈梅多夫》，《人民日报》2017年6月10日；

② 杜尚泽、吴焰、曲颂：《习近平同俄罗斯总统普京举行会谈，两国元首一致同意携手努力，不断深化中俄全面战略协作伙伴关系》，《人民日报》2017年7月5日。

③ 杜一菲：《习近平同巴勒斯坦国总统阿巴斯会谈，两国元首一致强调推动中巴友好合作事业全面发展》，《人民日报》2017年7月19日。

④ 李伟红：《习近平同文莱苏丹哈桑纳尔举行会谈》，《人民日报》2017年9月14日。

⑤ 杨迅：《习近平会见新加坡总理李显龙》，《人民日报》2017年9月21日。

⑥ 杜尚泽、刘刚、裴广江：《习近平同越共中央总书记阮富仲举行会谈》，《人民日报》2017年11月13日。

⑦ 杜尚泽、杨讴、孙广勇：《习近平同老挝人民革命党中央委员会总书记、国家主席本扬举行会谈》，《人民日报》2017年11月14日。

⑧ 赵成：《习近平同马尔代夫总统亚明会谈》，《人民日报》2017年12月8日。

在寅表示"韩方愿积极参与共建'一带一路'合作。韩方愿同中国及其他国家共同努力构建人类命运共同体"。①

自2013年"一带一路"倡议提出后，在国家领导人频繁互访、会面和会谈中，中国与周边国家的关系迅速提升，政治合作水平实现了新突破。借"一带一路"东风，周边国家战略地位凸显，中国相应与之建立了更紧密的战略伙伴关系。

2013年5月20日中国与塔吉克斯坦宣布，两国决定建立"中塔战略伙伴关系"；②

2013年5月28日，中国、斯里兰卡宣布，将两国关系"提升为战略合作伙伴关系"；③

2013年9月3日，中国、土库曼斯坦宣布"建立中土战略伙伴关系"；④

2013年9月11日，中国、吉尔吉斯斯坦宣布，将两国关系"提升为战略伙伴关系"；⑤

2013年10月3日，中国与印尼宣布，将两国战略伙伴关系提升为全面战略伙伴关系；⑥

2013年10月4日中国与马来西亚政府正式签署协议，将"两国关系提升为全面战略伙伴关系"；⑦

2014年4月8日，中国东帝汶一致决定，将双边关系"提升为睦邻友好、互信互利的全面合作伙伴关系"；⑧

---

① 赵成：《习近平同韩国总统文在寅举行会谈》，《人民日报》2017年12月15日。

② 钱彤：《习近平同塔吉克斯坦总统拉赫蒙会谈，两国元首宣布将中塔关系提升为战略伙伴关系》，《光明日报》2013年5月21日。

③ 徐松：《习近平同斯里兰卡总统拉贾帕克萨会谈，两国宣布将中斯关系提升为战略合作伙伴关系》，《光明日报》2013年5月29日。

④ 韩显阳：《习近平同土库曼斯坦总统别尔德穆哈梅多夫会谈，两国元首宣布建立中土战略伙伴关系》，《光明日报》2013年9月4日。

⑤ 马述强：《习近平同吉尔吉斯斯坦总统阿坦巴耶夫举行会谈，宣布中吉关系提升为战略伙伴关系》，《光明日报》2013年9月12日。

⑥《中印尼全面战略伙伴关系未来规划(2013年10月3日，雅加达)》，《光明日报》2013年10月4日。

⑦ 方晓：《中马将两国关系提升为全面战略伙伴关系》，http://news.sina.com.cn/w/2013-10-05/102028361737.shtml。

⑧ 张朔：《习近平会见东帝汶总理　两国建全面合作伙伴关系》，http://www.china.com.cn/news/world/2014-04/08/content_32031484.htm。

2014年5月20日，中国、俄罗斯签署《中华人民共和国与俄罗斯联邦关于全面战略协作伙伴关系新阶段的联合声明》，将两国关系“提升至全面战略协作伙伴关系新阶段”；①

2014年7月3日，中国、韩国宣布“进一步丰富中韩战略合作伙伴关系内涵，使两国成为实现共同发展的伙伴、致力地区和平的伙伴、携手振兴亚洲的伙伴、促进世界繁荣的伙伴”；②

2014年8月21日，中国、蒙古宣布“将中蒙战略伙伴关系提升为中蒙全面战略伙伴关系”；③

2014年8月31日，中国、哈萨克斯坦宣布，“决定推动双边关系向更高水平、更广空间迈进”；④

2014年10月28日，中国、阿富汗发表关于深化中阿战略合作伙伴关系的联合声明，其中提到“丝绸之路经济带建设对促进阿中合作和地区互联互通具有重要意义”；⑤

中国、巴基斯坦有着特殊的关系，2005年4月，双方宣布，发展更加紧密的战略合作伙伴关系。2015年4月20日，习近平访巴期间，双方决定将中巴战略合作伙伴关系提升为全天候战略合作伙伴关系；⑥

2015年11月6日，中国与新加坡政府宣布，将中新关系定位为与时

---

① 刘华、胡浩、吴宇：《习近平同俄罗斯总统普京会谈，强调扩大和深化务实合作，把中俄全面战略协作伙伴关系推向更高水平》，《光明日报》2014年5月21日；《中华人民共和国与俄罗斯联邦关于全面战略协作伙伴关系新阶段的联合声明》，《光明日报》2014年5月21日。

② 陈赟、钱彤、孟娜：《习近平同韩国总统朴槿惠会谈，两国元首一致决定中韩做实现共同发展的伙伴、致力地区和平的伙伴、携手振兴亚洲的伙伴、促进世界繁荣的伙伴》，《光明日报》2014年7月4日。

③《中华人民共和国和蒙古国关于建立和发展全面战略伙伴关系的联合宣言》，http://www.fmprc.gov.cn/web/gjhdq_676201/gj_676203/yz_676205/1206_676740/1207_676752/t1184719.shtml。

④ 习刘华　侯丽军：《近平同哈萨克斯坦总统纳扎尔巴耶夫举行会谈，一致决定推动中哈关系向更高水平、更广空间迈进》，《光明日报》2015年9月1日。

⑤ 刘华：《习近平同阿富汗总统加尼举行会谈，强调中方重视发展中阿战略合作伙伴关系希望阿富汗实现持久和平稳定发展》，《光明日报》2014年10月29日。

⑥ 贺斌：《习近平同巴基斯坦总理谢里夫举行会谈，双方决定将中巴关系提升为全天候战略合作伙伴关系》，《光明日报》2015年4月21日。

俱进的全方位合作伙伴关系；①

2016年6月22日，中国、乌兹别克斯坦宣布“决定建立中乌全面战略伙伴关系”；②

2016年10月14日，中国、孟加拉国宣布决定“建立战略合作伙伴关系”；③

2017年8月31日，中国、塔吉克斯坦宣布建立“全面战略伙伴关系”。④

上述我国周边外交发展的状况表明，无论是大国关系、周边国家关系、发展中国家关系，还是多边外交，都有一个共同的主题或话题，这就是无论到哪里，“一带一路”始终是重要议题。借助于“一带一路”，中国周边外交开拓了新空间，注入了新活力，中国与周边国家的关系越来越紧密，全面得到提升，不仅重塑了中国周边外交的秩序，而且极大提升了中国的话语权与影响力，周边国家命运共同体建设取得巨大成就。

二、利用或创设多边体制机制，多边外交有声有色

1. 利用原有的多边体制机制，促进与周边国家的关系，推动“一带一路”建设

（1）依托上海合作组织，推进“一带一路”建设

2013年9月3日至13日，国家主席习近平首次对土库曼斯坦、哈萨克斯坦、乌兹别克斯坦、吉尔吉斯斯坦进行国事访问并出席上海合作组织比什凯克峰会。在访问哈萨克斯坦期间，习近平第一次向中亚国家提出“共同建设‘丝绸之路经济带’的战略构想”，获得四国领导人的“高度赞赏、积极支持”，政治互信提升到新的高度，并签署38份相关建设协议，中

① 蒋涛：《中新两国关系定位“与时俱进的全方位合作伙伴关系”》，中国新闻网 http://it.chinanews.com/gn/2015/11-06/7610780.shtml。

② 杜尚泽、曲颂：《习近平同乌兹别克斯坦总统卡里莫夫举行会谈，两国元首一致决定建立中乌全面战略伙伴关系》，《人民日报》2016年6月23日。

③《中华人民共和国和孟加拉人民共和国关于建立战略合作伙伴关系的联合声明》，《人民日报》2016年10月15日。

④《中华人民共和国和塔吉克斯坦共和国关于建立全面战略伙伴关系的联合声明》，https://www.yidaiyilu.gov.cn/zchj/sbwj/25697.htm。

国“弘扬‘上海精神’，建立命运共同体和利益共同体”的主张得到积极响应，①“一带一路”建设取得初步成就。此后，利用上海合作组织每年召开首脑峰会这一体制机制，与与会各国领导人会面，围绕“一带一路”主题，积极推进各方面建设，如2014年9月杜尚别峰会，会见俄罗斯总统普京、哈萨克斯坦总统、土库曼斯坦总统、吉尔吉斯斯坦总统和巴基斯坦总理国家安全和外事顾问、塔吉克斯坦总统拉赫蒙，各国积极表态“希望积极参与丝绸之路经济带建设”②，还举行了首次中俄蒙元首会晤，积极赞同和支持“丝绸之路经济带同俄罗斯跨欧亚大铁路、蒙古国草原之路倡议进行对接，打造中蒙俄经济走廊”的建议。③

2015年7月上海合作组织俄罗斯乌法峰会上，习近平提出“实施好丝绸之路经济带同欧亚经济联盟对接，促进欧亚地区平衡发展”主张，“元首们一致支持建设丝绸之路经济带的倡议，认为应保障经济社会可持续发展，促进贸易投资便利化，完善物流、信息通讯等基础设施建设，促进工业、交通、通信、农业、创新合作，深化文化、科技、卫生、旅游、体育等领域合作”；④峰会期间，还举行了中俄蒙元首第二次会晤，三国元首批准了《中俄蒙发展三方合作中期路线图》，三国有关部门分别签署了《关于编制建设中俄蒙经济走廊规划纲要的谅解备忘录》《关于创建便利条件促进中俄蒙三国贸易发展的合作框架协定》《关于中俄蒙边境口岸发展领域合作的框架协定》。⑤

2016年6月上海合作组织乌兹别克斯坦塔什干峰会，习近平对乌兹

① 《共建文明互鉴共同发展的新丝路——外交部长谈习主席访问中亚四国并出席上合组织峰会》，《人民日报海外版》2013年9月14日。

② 李斌、孟娜：《习近平会见俄罗斯总统普京》，《光明日报》2014年9月12日；李斌、侯丽军、徐剑梅、孟娜、刘红霞：《习近平分别会见哈萨克斯坦总统、土库曼斯坦总统、吉尔吉斯斯坦总统和巴基斯坦总理国家安全和外事顾问》，《光明日报》2014年9月13日；孟娜、沙达提、李斌：《习近平同塔吉克斯坦总统拉赫蒙会谈，进一步发展和深化中塔战略伙伴关系》，《光明日报》2014年9月14日。

③ 陈贽、李斌：《习近平出席中俄蒙三国元首会晤》，《光明日报》2014年9月12日。

④ 汪嘉波：《习近平出席上海合作组织乌法峰会并发表重要讲话，强调团结互助，共迎挑战，推动上海合作组织实现新跨越》，《光明日报》2015年7月11日。

⑤ 侯丽军：《习近平出席中俄蒙三国元首第二次会晤（2015年7月10日）》，http://news.xinhuanet.com/world/2015-07/10/c_1115876103.htm。

别克斯坦进行国事访问，同乌兹别克斯坦总统卡里莫夫举行会谈，“双方同意将共建‘一带一路’作为两国务实合作的主线”；会见俄罗斯总统普京、巴基斯坦总统侯赛因、塔吉克斯坦总统拉赫蒙、土库曼斯坦总统别尔德穆哈梅多夫、蒙古国总统额勒贝格道尔吉、印度总理莫迪；[①]在塔什干举行中俄蒙元首第三次会晤，签署《建设中蒙俄经济走廊规划纲要》和《中华人民共和国海关总署、蒙古国海关与税务总局和俄罗斯联邦海关署关于特定商品海关监管结果互认的协定》等合作文件。[②]

2017 年 6 月上海合作组织成员国元首理事会第十七次会议在哈萨克斯坦首都阿斯塔纳举行，习近平提议“中方和有关各方正积极推动‘一带一路’建设同欧亚经济联盟建设等区域合作倡议以及哈萨克斯坦‘光明之路’等各国发展战略对接，上海合作组织可以为此发挥重要平台作用。中方倡议逐步建立区域经济合作制度性安排，支持建立地方合作机制，并积极开展中小企业合作”，与会“领导人欢迎‘一带一路’倡议，……支持落实有关共识，推动区域经济合作。支持促进贸易和投资便利化，提升本地区互联互通能力，加强在基础设施建设、创新、金融、环保、科技、卫生、文化、教育、体育、旅游等领域合作”，“支持‘一带一路’建设同区域合作倡议和各国发展战略开展对接合作”。签署了《2017 - 2018 年落实〈上合组织成员国旅游合作纲要〉联合行动计划》。[③]

其中，中俄作为上海合作组织的主导国家，欧亚大陆的两个大国进一步协调各自发展战略，签署丝绸之路经济带同欧亚经济联盟合作对接联合声明，组建对接协调工作机制，决定将上海合作组织作为推进这一目标

---

① 贾铁军：《习近平同乌兹别克斯坦总统卡里莫夫会谈，两国元首一致决定建立中乌全面战略伙伴关系》，《光明日报》2016 年 6 月 23 日；贾铁军：《习近平会见俄罗斯总统普京》，《光明日报》2016 年 6 月 24 日第 1 版；贾铁军：《习近平会见巴基斯坦总统侯赛因》，《光明日报》2016 年 6 月 24 日；贾铁军：《习近平会见塔吉克斯坦总统拉赫蒙》，《光明日报》2016 年 6 月 24 日；贾铁军：《习近平会见土库曼斯坦总统别尔德穆哈梅多夫》，《光明日报》2016 年 6 月 24 日；贾铁军：《习近平会见蒙古国总统额勒贝格道尔吉》，《光明日报》2016 年 6 月 24 日；贾铁军：《习近平会见印度总理莫迪》，《光明日报》2016 年 6 月 24 日第 2 版。

② 贾铁军：《习近平主持中俄蒙三国元首第三次会晤》，《光明日报》2016 年 6 月 24 日。

③ 吴焰、杜尚泽、周翰博：《习近平出席上海合作组织成员国元首理事会第十七次会议并发表重要讲话》，《人民日报》2017 年 6 月 10 日；杜尚泽：《习近平主席出席上合组织阿斯塔纳峰会成果丰硕》，《人民日报》2017 年 6 月 10 日。

的主要平台，有力促进了“一带一路”倡议在欧亚大陆的实施。[①] “一带一路”不仅成为上海合作组织会议的主题和重要议题，拓展了其合作内涵，增强了其活力，而且上海合作组织还成为“一带一路”有力的对接和活动平台。

（2）依托金砖国家组织，推进“一带一路”建设

2014 年 7 月习近平出席在巴西福塔莱萨举行的金砖国家领导人会议，会见周边国家领导人俄罗斯总统普京、印度总理莫迪，中俄双方没有谈及“一带一路”，印度表态“正在积极考虑加入亚洲基础设施投资银行”。[②] 2015 年 7 月金砖国家俄罗斯乌法峰会上，俄罗斯、印度的态度发生积极变化。俄罗斯总统普京表态称：“我同习主席今年 5 月决定开展丝绸之路经济带建设同欧亚经济联盟建设对接合作，相信将为两国经济合作提供更大动力”，印度总理莫迪称：“金砖国家新开发银行和亚洲基础设施投资银行的建立为印中深化合作提供了更多机遇，印度愿积极参与上述银行的建设和合作项目。”[③]不仅如此，俄罗斯乌法峰会上，习近平提议“要改革和完善全球经济治理，推动更多国家支持金砖国家新开发银行、应急储备安排、‘一带一路’、亚洲基础设施投资银行、丝路基金等倡议，为世界经济增长和国际金融货币体系改革提供动力。要建立新型的全球发展伙伴关系”，“得到各方积极响应”。[④]

2016 年 10 月习近平出席在印度果阿举行的金砖国家领导人第 8 次会晤，会见周边国家领导人俄罗斯总统普京、印度总理莫迪、尼泊尔总理普拉昌达、斯里兰卡总统西里塞纳、缅甸国务资政昂山素季，普京表示“俄方支持欧亚经济联盟同丝绸之路经济带倡议对接合作”，普拉昌达表示

---

① 《2015，中国特色大国外交的全面推进之年——王毅部长在 2015 年国际形势与中国外交研讨会开幕式上的演讲（2015 - 12 - 12）》，http://www.fmprc.gov.cn/web/zyxw/t1323795.shtml。

② 马述强：《习近平会见俄罗斯总统普京》，《光明日报》2014 年 7 月 16 日；马述强：《习近平会见印度总理莫迪》，《光明日报》2014 年 7 月 16 日。

③ 汪嘉波：《习近平会见俄罗斯总统普京》，《光明日报》2015 年 7 月 9 日；汪嘉波：《习近平会见印度总理莫迪》，《光明日报》2015 年 7 月 9 日。

④ 汪嘉波：《习近平出席金砖国家领导人第七次会晤并发表重要讲话》，《光明日报》2015 年 7 月 10 日；李斌、郝薇薇：《构建共同发展的伙伴关系——记习近平主席出席金砖国家领导人第七次会晤》，《光明日报》2015 年 7 月 11 日。

“积极参加‘一带一路’和亚洲基础设施投资银行框架下互联互通建设”，斯方表示“愿加紧落实斯中有关经贸协定和大项目合作”，缅方表示愿“加紧落实有关合作项目”。[①] 峰会期间，还举行了首次“金砖国家领导人同‘环孟加拉湾多领域经济技术合作倡议’成员国领导人对话会”，中国国家主席习近平同印度总理莫迪、南非总统祖马、巴西总统特梅尔、俄罗斯总统普京以及斯里兰卡总统西里塞纳、孟加拉国总理哈西娜、不丹首相托杰、尼泊尔总理普拉昌达、缅甸国务资政昂山素季、泰国政府代表等共同出席，习近平提议“要推动‘一带一路’建设和‘环孟加拉湾多领域经济技术合作倡议’有关规划有机对接，促进基础设施建设和互联互通，努力实现共同发展”，其他与会国领导人表示“双方要加强在互联互通、贸易投资、海洋经济、人文交流等领域合作，形成发展合力”。[②]

2017 年 9 月 3－5 日，金砖国家领导人第九次会晤在中国厦门举行。习近平会见俄罗斯总统普京、南非总统祖马、墨西哥总统培尼亚、泰国总理巴育。习近平主旨演讲强调，应“秉持开放包容、合作共赢的精神”，“本着共商、共建、共享原则，寻找发展政策和优先领域的契合点，继续向贸易投资大市场、货币金融大流通、基础设施大联通目标迈进”，开启金砖合作第二个“金色十年”。[③] 更为重要的是，为“深化务实合作，促进金砖国家发展”，确立了“金砖＋”合作模式，并在此基础上由中国国家主席习近平主持召开了首次“新兴市场国家与发展中国家对话会”，金砖国家领导人巴西总统特梅尔、俄罗斯总统普京、印度总理莫迪、南非总统祖马和对话会受邀国领导人埃及总统塞西、几内亚总统孔戴、墨西哥总统培尼亚、塔吉克斯

---

① 霍小光、李建敏：《习近平会见俄罗斯总统普京》，《光明日报》2016 年 10 月 16 日；骆珺、陈贽：《习近平会见印度总理莫迪》，《光明日报》2016 年 10 月 16 日；侯丽军：《习近平会见尼泊尔总理普拉昌达》，《光明日报》2016 年 10 月 16 日；杜尚泽、雷达：《习近平会见斯里兰卡总统西里塞纳》，《人民日报》2016 年 10 月 17 日；杜尚泽、邹松：《习近平会见缅甸国务资政昂山素季》，《人民日报》2016 年 10 月 17 日。

② 杜尚泽、雷达：《习近平出席金砖国家领导人同“环孟加拉湾多领域经济技术合作倡议”成员国领导人对话会》，《人民日报》2016 年 10 月 17 日。

③ 李伟红：《习近平会见俄罗斯总统普京》，《人民日报》2017 年 9 月 4 日；杜尚泽、钟自炜：《习近平会见南非总统祖马》，《人民日报》2017 年 9 月 5 日；《习近平会见墨西哥总统培尼亚》，《人民日报》2017 年 9 月 5 日；杜尚泽、何璐：《习近平会见泰国总理巴育》，《人民日报》2017 年 9 月 5 日。

坦总统拉赫蒙、泰国总理巴育出席对话会，围绕“深化互利合作，促进共同发展”的主题，以落实 2030 年可持续发展议程为主线，达成重要共识。[①]

一段时间以来，金砖国家发展遭遇不同程度的挑战，金砖国家组织功能弱化的言论不绝于耳。但自 2015 年俄罗斯乌法峰会起，中国“一带一路”倡议给会晤的主题注入新内涵，为对话会注入正能量，开拓了金砖国家组织发展的道路。而 2017 年金砖国家厦门峰会，“五国领导人共同发表《厦门宣言》，就加强各领域合作释放有力信号，展现了金砖合作的强大生命力。”[②]“互联互通”推动金砖合作走实，层次日益丰富，领域越来越广，金砖国家务实合作，合作共赢正在成为国与国关系的新路标，正在谱写新兴市场国家和发展中国家合作的精彩篇章。

（3）依托亚太经合组织，推进“一带一路”建设

2013 年 10 月 2 日至 5 日，中国国家主席习近平利用出席印度尼西亚巴厘岛亚太经合组织第 21 次领导人非正式会议的机会，对印度尼西亚和马来西亚进行国事访问。正是在访问印尼期间，习近平提出“愿同东盟国家发展好海洋合作伙伴关系，共同建设 21 世纪‘海上丝绸之路’”。[③] 10 月 7－8 日的峰会上，习近平发表讲话指出：“亚太经合组织要顺应潮流，做好互联互通这篇大文章”，“倡议筹建亚洲基础设施投资银行”；[④]APEC 峰会期间，会见周边国家领导人泰国总理英拉、俄罗斯总统普京、韩国总统朴槿惠，泰国表态“支持并参加中方倡议筹建的亚洲基础设施投资银行”。[⑤] “访问传递了中国愿同东盟国家休戚与共、携手共进的坚定信念，为中国—东

---

① 《金砖国家领导人厦门宣言（中国厦门，二〇一七年九月四日）》，《人民日报》2017 年 9 月 5 日；吴绮敏、裴广江、杨迅、张梦旭：《习近平主持新兴市场国家与发展中国家对话会并发表重要讲话》，《人民日报》2017 年 9 月 6 日。

② 杨晔、杜一菲：《金砖合作迈入新的历史阶段——金砖国家领导人第九次会晤和新兴市场国家与发展中国家对话会圆满成功富有成果》，《人民日报》2017 年 9 月 7 日。

③ 付志刚、谭钧：《共同谱写中印尼关系新篇章，携手开创中国—东盟命运共同体美好未来》，《光明日报》2013 年 10 月 4 日第 1 版。

④ 付志刚、谭钧：《习近平在亚太经合组织第二十一次领导人非正式会议上就促进亚太互联互通发表讲话》，《光明日报》2013 年 10 月 9 日。

⑤ 付志刚、谭钧：《习近平会见泰国总理英拉》，《光明日报》2013 年 10 月 7 日；付志刚、谭钧：《习近平会见俄罗斯总统普京》，《光明日报》2013 年 10 月 8 日；付志刚、谭钧：《习近平会见韩国总统朴槿惠》，《光明日报》2013 年 10 月 8 日。

盟合作注入了新的动力。印尼、马来西亚两国领导人及其他东盟国家均高度赞同习近平主席上述主张，表示愿同中方一道，推动东盟—中国关系向前发展，支持并参加中方倡议筹建的亚洲基础设施投资银行。”①

2014 年 11 月 11 日，亚太经合组织第 22 次领导人非正式会议在北京举行。APEC 峰会前，在中国国家主席习近平主持下，孟加拉国总统哈米德、老挝国家主席朱马里、蒙古国总统额勒贝格道尔吉、缅甸总统吴登盛、塔吉克斯坦总统拉赫蒙、柬埔寨首相洪森、巴基斯坦总理谢里夫，联合国亚太经社会执行秘书阿赫塔尔、上海合作组织秘书长梅津采夫于 11 月 8 日举行首次“加强互联互通伙伴关系对话会”，与会各方“高度赞赏习近平主席提出建设‘一带一路’重要倡议，支持中方倡导成立亚洲基础设施投资银行，高度评价中方成立丝路基金，……希望同中国加强合作，携手并进”。② 与此同时，习近平分别会见周边国家领导人缅甸总统吴登盛、孟加拉国总统哈米德、老挝国家主席朱马里、蒙古国总统额勒贝格道尔吉、巴基斯坦总理谢里夫、俄罗斯总统普京、印度尼西亚总统佐科、泰国总理巴育、新加坡总理李显龙、韩国总统朴槿惠、越南国家主席张晋创、文莱苏丹哈桑纳尔、马来西亚总理纳吉布、日本首相安倍晋三，同菲律宾总统阿基诺简短交谈，缅甸、孟加拉国、老挝、蒙古国、巴基斯坦、印尼、泰国、新加坡、文莱、马来西亚等国领导人表示“希望积极参与‘一带一路’建设”，“积极参与亚洲基础设施投资银行建设”。③

2015 年 11 月 17 日至 19 日，亚太经合组织第二十三次领导人非正式

---

① 《开创周边外交新局，推进亚太区域合作——外交部长王毅谈习近平主席访问印度尼西亚、马来西亚并出席亚太经合组织第二十一次领导人非正式会议》，《光明日报》2013 年 10 月 9 日。

② 钱彤：《习近平主持加强互联互通伙伴关系对话会并发表重要讲话，倡导深化互联互通伙伴关系　加强“一带一路”务实合作，宣布中国出资四百亿美元成立丝路基金为“一带一路”项目建设提供投融资支持》，《光明日报》2014 年 11 月 9 日。

③ 刘华：《习近平分别会见缅甸总统孟加拉国总统老挝国家主席蒙古国总统巴基斯坦总理》，《光明日报》2014 年 11 月 9 日；钱彤：《习近平会见俄罗斯总统普京》，《光明日报》2014 年 11 月 10 日；刘华：《习近平分别会见印度尼西亚总统加拿大总理泰国总理新加坡总理》，《光明日报》2014 年 11 月 10 日；刘华：《习近平分别会见韩国总统越南国家主席文莱苏丹马来西亚总理巴布亚新几内亚总理日本首相》，《光明日报》2014 年 11 月 11 日；刘华：《习近平同美国总统奥巴马在中南海会晤，强调要以积水成渊、积土成山的精神推进中美新型大国关系建设》，《光明日报》2014 年 11 月 12 日；《习近平同菲律宾总统阿基诺简短交谈》，《光明日报》2014 年 11 月 12 日。

会议在菲律宾马尼拉举行。会议期间，习近平会见周边国家领导人马来西亚总理纳吉布，纳吉布表示“支持‘一带一路’倡议。”①在 APEC 会议上，习近平建议“推动政策沟通、设施联通、贸易畅通、资金融通、民心相通，尽早建成亚太自由贸易区”。②

2016 年 11 月 19 日至 20 日，亚太经合组织第二十四次领导人非正式会议在秘鲁首都利马举行。出席会议期间，习近平会见周边国家领导人俄罗斯总统普京、美国总统奥巴马、越南国家主席陈大光、菲律宾总统杜特尔特。③ APEC 会议上，习近平强调应“加强‘一带一路’倡议同有关各方发展战略及合作倡议对接”。④

2017 年 11 月 10－11 日，亚太经合组织第二十五次领导人非正式会议在越南岘港市举行。出席会议期间，习近平会见俄罗斯总统普京、越南总理阮春福、韩国总统文在寅、菲律宾总统杜特尔特、日本首相安倍晋三，同智利总统巴切莱特一道出席中智自由贸易协定升级议定书签字仪式。韩方表示“支持并愿积极参与‘一带一路’建设”；安倍晋三表示，日本愿“积极探讨在互联互通和‘一带一路’框架内合作”。⑤ 在主旨演讲中，习近平指出：“基于共商共建共享理念，中方提出并积极推进共建‘一带一路’倡议，得到各方热烈响应和支持。今年 5 月，‘一带一路’国际合作高峰论坛在北京成功举行，取得丰硕成果，推动共建“一带一路”进入全面实

---

① 马勇幼、付志刚：《习近平会见马来西亚总理纳吉布》，《光明日报》2015 年 11 月 18 日。

② 《提供中国方案　传递中国信心——外交部部长王毅谈习近平主席出席二十国集团领导人第十次峰会和亚太经合组织第二十三次领导人非正式会议》，《光明日报》2015 年 11 月 20 日。

③ 杜尚泽、王海林：《习近平会见俄罗斯总统普京》，《人民日报》2016 年 11 月 21 日；杜尚泽、陈效卫：《习近平会见美国总统奥巴马》，《人民日报》2016 年 11 月 21 日；杜尚泽、王海林：《习近平会见越南国家主席陈大光》，《人民日报》2016 年 11 月 21 日；杜尚泽、王海林：《习近平会见菲律宾总统杜特尔特》，《人民日报》2016 年 11 月 21 日。

④ 杜尚泽、张卫中、范剑青：《习近平出席亚太经合组织第二十四次领导人非正式会议并发表重要讲话，强调面向未来开拓进取，共同绘制亚太合作的宏伟画卷》，《人民日报》2016 年 11 月 22 日。

⑤ 杜尚泽、裴广江：《习近平会见俄罗斯总统普京》，《人民日报》2017 年 11 月 11 日；杜尚泽、刘刚：《习近平会见越南总理阮春福》，《人民日报》2017 年 11 月 12 日；杜尚泽、刘刚：《习近平会见韩国总统文在寅》，《人民日报》2017 年 11 月 12 日；杜尚泽、裴广江：《习近平会见菲律宾总统杜特尔特》，《人民日报》2017 年 11 月 12 日；杜尚泽、俞懿春：《习近平会见日本首相安倍晋三》，《人民日报》2017 年 11 月 12 日；杜尚泽、杨晔：《习近平同智利总统巴切莱特一道出席中智自由贸易协定升级议定书签字仪式》，《人民日报》2017 年 11 月 12 日；

施的新阶段。中方愿以此为契机，同亚太伙伴深化政策沟通、设施联通、贸易畅通、资金融通、民心相通，实现协同联动发展，朝着命运共同体方向迈进。”①习近平抓住各种时机，阐释中国道路、中国方案、发展蓝图，宣介中国发展给亚太和世界带来的新机遇。在与东盟领导人对话会上，柬埔寨、老挝、缅甸、泰国、菲律宾等国领导人高度赞赏“一带一路”倡议，表示愿积极参与相关合作。②

从上述2013年以来的APEC会议，不难看出，中国借助这一平台，深化与周边国家领导人的友谊，推进“一带一路”的建设，向峰会提出中国主张，注入“一带一路”新鲜血液，推动了中国与亚太国家关系的发展。

（4）利用二十国集团(G20)③，推动“一带一路”建设

2014月11月15－16日，二十国集团领导人第九次峰会在澳大利亚布里斯班举行。习近平出席峰会并发表讲话，他指出，“中国支持二十国集团成立全球基础设施中心，支持世界银行成立全球基础设施基金，并将通过建设丝绸之路经济带、21世纪海上丝绸之路、亚洲基础设施投资银行、丝路基金等途径，为全球基础设施投资作出贡献”。④ 峰会吸收了中国的建议，达成共识“我们赞成‘全球基础设施倡议’”。⑤

2015年11月15－16日，二十国集团领导人第十次峰会在土耳其安塔利亚举行，习近平在讲话中强调，由于“落实‘一带一路’倡议”等措施，

---

① 习近平：《携手谱写亚太合作共赢新篇章——在亚太经合组织第二十五次领导人非正式会议第一阶段会议上的发言(2017年11月11日，岘港)》，《人民日报》2017年11月12日。

② 郝薇薇、霍小光：《携手踏上亚太繁荣发展新征程——习近平主席出席亚太经合组织第二十五次领导人非正式会议纪实》，《人民日报》2017年11月13日。

③ 二十国集团(G20)成立于1999年9月25日，是一个国际经济合作论坛，属于布雷顿森林体系框架内非正式对话的一种机制，由原八国集团以及其余十二个重要经济体组成。20国集团成员涵盖面广，代表性强，该集团的GDP占全球经济的90%，贸易额占全球的80%，因此已取代G8成为全球经济合作的主要论坛。成员包括：八国集团成员国：美国、日本、德国、法国、英国、意大利、加拿大、俄罗斯，作为一个实体的欧盟和澳大利亚、中国以及具有广泛代表性的发展中国家：南非、阿根廷、巴西、印度、印度尼西亚、墨西哥、沙特阿拉伯及韩国和土耳其。http://baike. sogou. com/v70187. htm? fromTitle＝%E4%BA%8C%E5%8D%81%E5%9B%BD%E9%9B%86%E5%9B%A2。

④ 李佳彬、付志刚：《倡导做共促经济改革的发展伙伴，落实全面增长战略，强调中国将继续保持经济增长势头，为推动世界经济增长作出更大贡献》，《光明日报》2014年11月16日。

⑤《二十国集团领导人布里斯班峰会公报(2014年11月15日－16日)》，《光明日报》2014年11月17日。

“中国有信心、有能力保持经济中高速增长”。① 会议期间，习近平会见周边国家领导人俄罗斯总统普京、印度尼西亚总统佐科，普京表示“俄方支持欧亚经济联盟同中方的丝绸之路经济带建设对接”。习近平还出席了15日举行的金砖国家领导人非正式会晤。②

2016年9月4日至5日中国主办的二十国集团领导人第十一次峰会在杭州举行。峰会期间，习近平会见来华参加峰会的周边国家领导人印度尼西亚总统佐科、哈萨克斯坦总统纳扎尔巴耶夫、老挝国家主席本扬、新加坡总理李显龙、美国总统奥巴马、俄罗斯总统普京、印度总理莫迪、泰国总理巴育、韩国总统朴槿惠、日本首相安倍晋三。③ 在工商峰会上，习近平向世界介绍中国经验、中国方案，其中指出“中国的发展得益于国际社会，也愿为国际社会提供更多公共产品。我提出‘一带一路’倡议，旨在同沿线各国分享中国发展机遇，实现共同繁荣。……倡导创建的亚洲基础设施投资银行，已经开始在区域基础设施建设方面发挥积极作用。”④中国的经验与方案为峰会所吸收，峰会公报写道“我们注意到基础设施互联互通是实现可持续发展和共同繁荣的关键。”⑤

2017年7月7－8日，德国主办的二十国集团领导人第十二次峰会在

① 马述强、李振环、王水平、冯源：《习近平出席二十国集团领导人第十次峰会并发表重要讲话，提倡创新增长路径，共享发展成果》，《光明日报》2015年11月16日。

② 马述强、李振环、王水平、冯源：《习近平会见俄罗斯总统普京》，《光明日报》2015年11月16日；马述强、李振环、王水平、冯源：《习近平出席金砖国家领导人非正式会晤，强调坚定信心，加强协调，共同应对挑战》，《光明日报》2015年11月16日；马述强、李振环、王水平、冯源：《习近平会见印度尼西亚总统佐科》，《光明日报》2015年11月17日。

③ 江南、杜尚泽：《习近平会见印度尼西亚总统佐科》，《人民日报》2016年9月3日；王慧敏、杜尚泽：《习近平同哈萨克斯坦总统纳扎尔巴耶夫举行会谈》，《人民日报》2016年9月3日；方敏、杜尚泽：《习近平会见老挝国家主席本扬》，《人民日报》2016年9月3日；杜尚泽、杜一菲：《习近平会见新加坡总理李显龙》，《人民日报》2016年9月3日；王慧敏、杜尚泽：《习近平会见美国总统奥巴马》，《人民日报》2016年9月4日；汪晓东、杜尚泽：《习近平会见俄罗斯总统普京》，《人民日报》2016年9月5日；杜尚泽、杜一菲：《习近平会见印度总理莫迪》，《人民日报》2016年9月5日；杜尚泽、赵成：《习近平会见泰国总理巴育》，《人民日报》2016年9月5日；杜尚泽、江南：《习近平会见韩国总统朴槿惠》，《人民日报》2016年9月6日；杜尚泽、张梦旭：《习近平会见日本首相安倍晋三》，《人民日报》2016年9月6日。

④ 习近平：《国发展新起点　全球增长新蓝图——在二十国集团工商峰会开幕式上的主旨演讲(2016年9月3日，杭州)》，《人民日报》2016年9月4日。

⑤《二十国集团领导人杭州峰会公报2016年9月5日》，《人民日报》2016年9月6日。

汉堡举行。习近平分别会见韩国总统文在寅、新加坡总理李显龙、英国首相特雷莎·梅、美国总统特朗普、法国总统马克龙、习近平会见日本首相安倍晋三。[①] 在峰会讲话中，习近平指出："'一带一路'建设，努力打造治理新理念、合作新平台、发展新动力，这同二十国集团的宗旨高度契合"。[②] 延续 2016 年杭州峰会的意旨，把 G20 与"一带一路"紧密结合起来。

通过 G20 峰会，中国"一带一路"倡议走向世界，为众多国家所熟知和接受。

（5）依托博鳌亚洲论坛[③]，发挥主场优势，推动"一带一路"建设

2014 年 4 月 8－11 日，博鳌亚洲论坛 2014 年年会在中国海南省的博鳌小镇举行。习近平会见来华参加论坛的周边国家领导人东帝汶总理沙纳纳、老挝总理通邪，两国表态"愿积极参与""一带一路"建设。[④] 为推动"一带一路"建设，博鳌亚洲论坛特别设置"丝绸之路的复兴：对话亚洲领导人"分论坛，中国、老挝、巴基斯坦、东帝汶、泰国、俄罗斯等国政围绕"一带一路"倡议展开讨论，"达成一致共识，将加强交流合作，携手共建"一带一路"，"开创国际交往新模式"。[⑤]

2015 年 3 月 26 至 29 日，博鳌亚洲论坛 2015 年年会在博鳌小镇举

---

① 杜尚泽、管克江：《习近平会见韩国总统文在寅》，《人民日报》2017 年 7 月 7 日；《习近平会见新加坡总理李显龙》，《人民日报》2017 年 7 月 7 日；杜尚泽、管克江、黄发红：《习近平会见英国首相特雷莎·梅》，《人民日报》2017 年 7 月 8 日；杜尚泽、管克江、冯雪珺：《习近平会见美国总统特朗普》，《人民日报》2017 年 7 月 9 日；杜尚泽、管克江、赵成：《习近平会见法国总统马克龙》，《人民日报》2017 年 7 月 9 日；杜尚泽、冯雪珺、黄发红：《习近平会见日本首相安倍晋三》，《人民日报》2017 年 7 月 9 日。

② 霍小光、郝薇薇：《架设合作之桥，促进共同繁荣——习近平主席对德国进行国事访问并出席二十国集团领导人第十二次峰会纪实》，《人民日报》2017 年 7 月 10 日。

③ 博鳌亚洲论坛（英文名称为 Boao Forum For Asia，缩写 BFA）（以下简称"论坛"）是一个非政府、非营利性、定期、定址的国际组织。论坛由菲律宾前总统拉莫斯、澳大利亚前总理霍克及日本前首相细川护熙于 1998 年倡议，并于 2001 年 2 月 27 日正式宣告成立。中国海南博鳌为论坛总部的永久地所在，从 2002 年开始，论坛每年定期在博鳌召开年会。参见博鳌亚洲论坛官网 http://www. boaoforum. org/gylt/index. jhtml。

④ 刘华：《习近平会见东帝汶总理沙纳纳，两国建立睦邻友好、互信互利的全面合作伙伴关系》，《光明日报》2014 年 4 月 9 日第 1 版；刘华：《习近平会见老挝总理通邪》，《光明日报》2014 年 4 月 12 日；刘华：《习近平会见缅甸联邦议会议长吴瑞曼》，《光明日报》2014 年 4 月 12 日；

⑤ 牛梦笛、华挺、王晓樱、魏月蘅：《寻找新动力　共创新未来——写在博鳌亚洲论坛 2014 年年会闭幕之际》，《光明日报》2014 年 4 月 12 日。

行。习近平会见来华参加论坛的周边国家领导人斯里兰卡总统西里塞纳、哈萨克斯坦总理马西莫夫、尼泊尔总统亚达夫。① 本届年会设置了海内外热议的亚洲基础设施投资银行、"一带一路"等议题。习近平在主旨演讲中强调指出,"'一带一路'建设秉持的是共商、共建、共享原则,不是封闭的,而是开放包容的;不是中国一家的独奏,而是沿线国家的合唱。……我们欢迎沿线国家和亚洲国家积极参与,也张开臂膀欢迎五大洲朋友共襄盛举。"②正式向国际社会表明中国对各国参与"一带一路"建设的态度。与会的周边国家领导人印尼总统佐科、尼泊尔总统亚达夫、斯里兰卡总统西里塞纳、哈萨克斯坦总理马西莫夫、马来西亚总理纳吉布、俄罗斯第一副总理舒瓦洛夫、泰国副总理兼外长他纳萨等,表态将积极支持和参与"一带一路"、亚洲基础设施投资银行建设。③

2016年3月22至25日,博鳌亚洲论坛2016年年会在博鳌小镇举行。国务院总理李克强出席博鳌亚洲论坛2016年年会开幕式,并发表主旨演讲,他强调指出,为应对挑战,亚洲国家应"对接'一带一路'倡议与地区发展战略,支持互联互通和国际产能合作。"④

博鳌亚洲论坛2017年年会于3月23日至26日在海南博鳌举行。国务院副总理张高丽在海南博鳌分别会见出席论坛的周边国家领导人尼泊尔总理普拉昌达、阿富汗议会长老院主席穆斯利姆亚尔、缅甸副总统吴敏瑞,各国领导人表示愿积极参加"一带一路"建设。⑤ 为推动各方合作,

---

① 刘华:《习近平同斯里兰卡总统西里塞纳会谈》,《光明日报》2015年3月27日;刘华:《习近平同斯里兰卡总统西里塞纳会谈》,《光明日报》2015年3月27日;刘东凯:《习近平会见哈萨克斯坦总理马西莫夫》,《光明日报》2015年3月28日;宋振远、刘华:《习近平会见马来西亚总理纳吉布》,《光明日报》2015年3月28日;宋振、王慧慧:《习近平会见尼泊尔总统亚达夫》,《光明日报》2015年3月29日;

② 习近平:《迈向命运共同体,开创亚洲新未来——在博鳌亚洲论坛2015年年会上的主旨演讲(2015年3月28日,海南博鳌)》,《光明日报》2015年3月29日。

③ 宋振远　刘华:《习近平出席博鳌亚洲论坛2015年年会开幕式并发表主旨演讲:迈向命运共同体　开创亚洲新未来》,《光明日报》2015年3月29日。

④ 孟祥麟、黄晓慧、丁汀、赵明昊:《李克强出席博鳌亚洲论坛2016年年会开幕式并发表主旨演讲》,《人民日报》2016年3月25日。

⑤ 白洁、王卓伦、周正平:《张高丽会见出席博鳌亚洲论坛2017年年会的外国领导人,会见论坛理事会成员并同中外企业家座谈》,《光明日报》2017年3月25日。

本届年会南海议题分论坛以“21 世纪海上丝绸之路建设与泛南海地区共同发展：新形势下的机遇与合作”为主题，探讨如何进一步落实《南海各方行为宣言》框架下的南海务实合作，以及如何推动“21 世纪海上丝绸之路”倡议下南海沿岸国发展战略的对接。[①]

由上述内容可知，博鳌亚洲论坛已经成为中国推动“一带一路”建设的重要平台，正在发挥独特的作用。

（6）依托东亚峰会[②]，推进“一带一路”建设

2014 年 11 月 13 日第九届东亚峰会在缅甸首都内比都举行。中国国务院总理李克强参加峰会，在主旨演讲中他谈到“关于发展合作问题，关键是促进东亚经济一体化。加快东亚互联互通。中方提出建设丝绸之路经济带和 21 世纪海上丝绸之路的倡议，就是要加强传统陆海丝绸之路沿线国家互联互通。”[③]而在 21 日举行的第十七次东盟与中日韩（10＋3）领导人会议上，李克强在发言中，就 10＋3 以后合作提出意见，其中指出应“密切地区互联互通”，中国筹建的亚洲基础设施投资银行、设立的丝路基金，“优先支持互联互通建设”。[④]

2015 年 11 月 22 日第十届东亚峰会在马来西亚首都吉隆坡举行。中国国务院总理李克强参加峰会，在主旨演讲中他就今后峰会合作提出看法，其中认为“中国正在同东亚很多国家推进‘一带一路’建设和国际产能合作”，正是“加快推进地区经济一体化，把东亚打造成世界经济的稳定

---

① 刘麦：《博鳌亚洲论坛年会将举行，海南 13 项主题活动亮点多》，南海网 http://www.hinews.cn/news/system/2017/03/20/031025466.shtml。

② 东亚峰会（East Asia Summit，EAS）作为东亚地区一个新的合作形式，致力于推动东亚一体化进程、实现东亚共同体目标。峰会为年度领导人会议机制，由当年的东盟轮值主席国主办。第一届于 2005 年 12 月 14 日在吉隆坡举行。因峰会成员国增加，有“10＋1”“10＋3”“10＋6”，目前有 18 个参与国，即东盟 10 国和中国、日本、韩国、印度、澳大利亚、新西兰、美国和俄罗斯 8 国，因此峰会也被称为“10＋8”峰会。http://baike.sogou.com/v2158821.htm?fromTitle=%E4%B8%9C%E4%BA%9A%E5%B3%B0%E4%BC%9A。

③ 李克强：《在第九届东亚峰会上的发言（2014 年 11 月 13 日，缅甸内比都）》，《光明日报》2014 年 11 月 15 日。

④ 李克强：《在第十七次东盟与中日韩（10＋3）领导人会议上的讲话（2014 年 11 月 13 日，缅甸内比都）》，《光明日报》2014 年 11 月 15 日。

增长极”正确方向。[①] 与此同时，在 11 月 21 日举行的第十八次东盟与中日韩（10＋3）领导人会议上，李克强在发言中，就 10＋3 以后合作提出建议，认为应“提升互联互通水平。互联互通将为区域合作提供有力支撑，也是中国‘一带一路’倡议的主要内容”。[②]

2016 年 9 月 8 日，第十一届东亚峰会在老挝万象举行。国务院总理李克强在讲话中，就经济发展提出“大力支持地区互联互通”建议。强调“中方愿与各方共同推动‘一带一路’建设，发挥好亚洲基础设施投资银行、丝路基金等融资平台的作用，为地区互联互通建设提供资金支持”。[③] 在 9 月 7 日举行的第十九次东盟与中日韩（10＋3）领导人会议上，李克强在发言中谈及以后合作建议，其中应“促进互联互通建设。中方支持东盟制定《东盟互联互通总体规划 2025》，愿加强‘一带一路’倡议与这一规划对接，在此基础上推进东亚整体范围的互联互通。中方愿与各方共同出力，充分利用亚洲基础设施投资银行、丝路基金等融资平台，为亚洲特别是东盟国家互联互通项目争取更多资金支持。”[④]

2017 年 12 日至 14 日，国务院总理李克强出席在菲律宾举行的第二十次中国—东盟（10＋1）领导人会议、第二十次东盟与中日韩（10＋3）领导人会议和第十二届东亚峰会。11 月 14 日，出席第二十次东盟与中日韩（10＋3）领导人会议时，他在发言中强调：“推进‘三个层面合作’，即以 10＋3 合作为主渠道，以东盟与中、日、韩三组 10＋1 合作为基础，以中日韩、澜沧江—湄公河、东盟东部增长区等次区域合作为有益补充，使东亚经济共同体建设始终走在健康、稳定、可持续的道路上。……中方愿将‘一带一路’倡议与东盟互联互通总体规划更好对接，共同探讨制定‘东亚

---

① 桂涛、全晓书：《李克强出席第十届东亚峰会时强调，秉持团结合作，把东亚打造成世界经济的稳定增长极》，《光明日报》2015 年 11 月 23 日。

② 李克强：《在第十八次东盟与中日韩（10＋3）领导人会议上的讲话（2015 年 11 月 21 日，吉隆坡）》，《光明日报》2015 年 11 月 23 日。

③ 李克强：《在第十一届东亚峰会上的讲话（2016 年 9 月 8 日，万象）》，《人民日报》2016 年 9 月 9 日。

④ 李克强：《在第十九次东盟与中日韩（10＋3）领导人会议上的讲话（2016 年 9 月 7 日，万象）》，《人民日报》2016 年 9 月 9 日。

互联互通总体规划’，推动陆上、海上、天上、网上四位一体的联通。”[①]在同日举行的东亚峰会上，他再次强调指出“加快区域一体化建设。推动‘一带一路’倡议同《东盟互联互通总体规划2025》对接，加快中国—东盟自贸区升级成果落地，推动中日韩自贸区、区域全面经济伙伴关系协定谈判早日完成”。[②]

显然，东亚峰会和东盟与中日韩(10＋3)峰会都已成为中国宣传和推进“一带一路”的良好场所，在推动东亚区域的互联互通方面不断发挥着重要作用。

(7) 依托亚洲相互协作与信任措施会议(CICA)[③]，推进“一带一路”建设

2014年5月20日至21日，亚信第四次峰会在中国上海举行。亚信会议是跨文明、跨地域、涵盖国家最多的亚洲安全对话论坛，中国作为主席国，发挥主场优势，围绕“加强对话、信任与协作，共建和平、稳定与合作的新亚洲”的主题，与46个国家和国际组织领导人，共商亚洲安全合作大计。会议期间，中国国家主席习近平会见吉尔吉斯斯坦总统阿坦巴耶夫、柬埔寨首相洪森、哈萨克斯坦总统纳扎尔巴耶夫、蒙古国总统额勒贝格道尔吉、塔吉克斯坦总统拉赫蒙、阿富汗总统卡尔扎伊、俄罗斯总统普京、乌兹别克斯坦总统卡里莫夫、阿塞拜疆总统阿利耶夫、伊朗总统鲁哈尼、巴基斯坦总统侯赛因、斯里兰卡总统拉贾帕克萨，会谈中周边国家领导人都表示“愿积极参与建

---

① 白阳、张志文：《李克强出席第二十次东盟与中日韩领导人会议时强调：凝聚共识，加大投入，共同推进东亚经济共同体建设》，《人民日报》2017年11月15日。

② 白阳、张志文：《李克强出席第十二届东亚峰会时强调：谱写东亚合作新篇章、开创东亚发展新愿景》，《人民日报》2017年11月16日。

③ 亚洲相互协作与信任措施会议(Conference on Interaction and Confidence-Building Measures in Asia, CICA)是一个有关安全问题的多边论坛，其宗旨是在部分亚洲国家之间讨论加强合作、增加信任的措施。亚信会议现有26个成员国、12个观察员国和组织，横跨亚洲各次区域，涵盖不同制度、不同宗教、不同文化、不同发展阶段，具有广泛代表性。亚信的宗旨是通过制定多边信任措施，加强对话与合作，促进亚洲和平、安全与稳定，现已制定军事政治、新威胁新挑战、经济、生态、人文等五大领域信任措施。峰会和外长会议均为每四年举行一次，两会交错举行，间隔两年。http://baike.sogou.com/v68160051.htm?fromTitle=%E4%BA%9A%E4%BF%A1%E4%BC%9A%E8%AE%AE。

设‘一带一路’，促进经贸往来和互联互通”。[①] 中国为亚洲安全贡献“中国智慧”，习近平指出：“要有效应对复杂的安全挑战，必须彻底摒弃旧有安全观念，积极倡导共同、综合、合作、可持续的亚洲安全观，构建开放、平等、透明的安全合作格局，走出一条安全共建、共享、共赢的亚洲安全之路。”[②]当然，没有发展就没有安全，因此，习近平将“一带一路”建设与亚洲安全结合在一起，强调指出：“中国将同各国一道，加快推进丝绸之路经济带和21世纪海上丝绸之路建设，尽早启动亚洲基础设施投资银行，更加深入参与区域合作进程，推动亚洲发展和安全相互促进、相得益彰”。[③]

2014年4月27－28日，利用主席国身份在北京主办亚信第五次外长会议。会议发言中，针对亚洲安全未来之路应该如何走？习近平强调指出“把握方向，构建亚洲命运共同体”“夯实基础，推动不同文明交流互鉴”“互谅互让，坚持对话协商和平解决争议”“循序渐进，探讨建立符合地区特点的安全架构”，为亚信会议、亚洲安全以及人类命运共同体建设指明了方向，提出了新的发展坐标。与会代表高度评价“一带一路”，认为这是“连接亚洲人民共同繁荣梦想的纽带”，“‘一带一路’倡议与亚信机制发展相契合”，将促进国与国之间的对话，消除疑虑，建立信

---

① 刘华、许晓青：《习近平同吉尔吉斯斯坦总统阿坦巴耶夫会谈，强调坚持友好互信互利共赢深化中吉战略伙伴关系》，《光明日报》2014年5月19日；刘华、许晓青：《习近平会见柬埔寨首相洪森》，《光明日报》2014年5月19日；刘华、吴宇：《习近平同哈萨克斯坦总统纳扎尔巴耶夫会谈，指出深化中哈战略合作大有可为》，《光明日报》2014年5月20日；谭晶晶、许晓青：《习近平会见蒙古国总统额勒贝格道尔吉》，《光明日报》2014年5月20日；刘华、吴宇：《习近平会见塔吉克斯坦总统拉赫蒙》，《光明日报》2014年5月20日；谭晶晶、吴宇：《习近平会见阿富汗总统卡尔扎伊》，《光明日报》2014年5月20日；刘华、胡浩、吴宇：《习近平同俄罗斯总统普京会谈，强调扩大和深化务实合作，把中俄全面战略协作伙伴关系推向更高水平》，《光明日报》2014年5月21日；谭晶晶、吴宇：《习近平会见乌兹别克斯坦总统卡里莫夫》，《光明日报》2014年5月21日；刘华、许晓青：《习近平会见阿塞拜疆总统阿利耶夫》，《光明日报》2014年5月21日；刘华、许晓青：《习近平同伊朗总统鲁哈尼举行会谈，强调推动中伊友好合作迈上新台阶》，《光明日报》2014年5月23日；刘华、吴宇：《习近平会见巴基斯坦总统侯赛因》，《光明日报》2014年5月23日；刘华、杨金志：《习近平会见斯里兰卡总统拉贾帕克萨》，《光明日报》2014年5月23日。

② 耿学鹏、李志晖：《习近平和哈萨克斯坦总统、土耳其总统特别代表会见记者时指出，走出一条安全共建、共享、共赢的亚洲安全之路》，《光明日报》2014年5月22日。

③ 习近平：《习近平谈治国理政》，外文出版社，2014年，第358页。

任、合作，也是解决问题的方式。[1] 亚信会议成为有效促进“一带一路”建设的良好平台，通过推动亚洲的安全建设，为“一带一路”提供良好的安全环境。

此外，亚欧会议（ASEM）、亚洲合作对话（ACD）、大湄公河次区域（GMS）经济合作、中亚区域经济合作（CAREC）等现有多边合作机制作用，使更多国家和地区参与“一带一路”建设。总之，通过在现有机制平台的“瓶子”中装入“一带一路”的“新酒”，来推动各方面的建设和合作。

2. 创设多边外交平台，推进“一带一路”的建设。

“一带一路”是前所未有的大事业，中国周边虽然有众多原有的多边舞台，但都不是中国主导的，而且不是以“互联互通”为建设宗旨的，这必然会制约“一带一路”的建设进程。因此，自 2013 年“一带一路”倡议提出后，就开始大力作为，积极筹设相关多边外交舞台，以推动中国“一带一路”国际战略的实践。

（1）筹设亚洲基础设施投资银行（简称亚投行），为“一带一路”保驾护航

早在 2013 年 10 月 2 日，访问印度尼西亚的中国国家主席习近平在雅加达同苏西洛总统举行会谈时就表示，为促进本地区互联互通建设和经济一体化进程，中方倡议筹建亚洲基础设施投资银行（Asian Infrastructure Investment Bank），愿向包括东盟国家在内的本地区发展中国家基础设施建设提供资金支持。新的亚洲基础设施投资银行将同域外现有多边开发银行合作，相互补充，共同促进亚洲经济持续稳定发展。苏西洛对中方倡议筹建亚洲基础设施投资银行作出了积极回应。[2] 随后，中国提出筹建亚投行的倡议得到广泛支持，许多国家反响积极，达成了共识。

---

① 王新萍、张梦旭、赵明昊、谢亚宏、庄雪雅、韩晓明、陈尚文、李应齐、张志文、徐伟、曲颂、王欲然：《为亚洲安全和发展撑起一片蓝天》，《人民日报》2016 年 4 月 29 日。

② 付志钢、谭钧：《习近平同印度尼西亚总统苏西洛举行会谈，决定把中印尼关系提升为全面战略伙伴关系，宣布中方倡议筹建亚洲基础设施投资银行，促进本地区互联互通建设和经济一体化进程》，《光明日报》2013 年 10 月 3 日。

2014 年 10 月 24 日，包括中国在内的 21 个国家代表汇聚北京，正式签署了《筹建亚投行备忘录》，共同决定成立亚洲基础设施投资银行，该行是一个政府间性质的亚洲区域多边开发机构，重点支持基础设施建设，总部设在北京，法定资本 1000 亿美元。① 由此，中国"一带一路"倡议进入亚投行时间。2015 年 1 月 15 日至 16 日，筹建亚投行第二次谈判代表会议在印度孟买举行，会议决定"有意愿作为创始成员加入的国家需在 2015 年 3 月 31 日前正式提出申请，经现有意向创始成员国同意，即可参与亚投行筹建进程"。② 截至 4 月 15 日，经现有意向创始成员国同意，亚投行意向创始成员国全部确定为 57 个。③ 6 月 29 日，亚投行各国代表正式签署《亚洲基础设施投资银行协定》。出席签字仪式的习近平发表谈话，强调指出"中方提出'一带一路'设想和亚洲基础设施投资银行倡议，就是本着亲诚惠容的周边外交理念，致力于同亚洲国家一道解决本地区面临的现实问题，共同发展"，④为亚投行指明了发展方向。12 月 25 日，中国政府宣布《亚洲基础设施投资银行协定》正式生效，标志着亚投行正式成立，全球迎来首个由中国倡议设立的多边金融机构。由于亚投行前景看好，至 2017 年 5 月中旬，亚投行现有成员已迅速增至 77 个。⑤

亚投行是中国"一带一路"倡议的载体，贷款具有"战略性"，很多项目是中国"一带一路"倡议的重要组成元素，不仅帮助中国和沿线国家之间建立"经济走廊"，而且正在帮助中国提高软实力，扩大"一带一路"的世界影响力。

（2）设立丝路基金，为"一带一路"提供资金支持

---

① 杨亮：《21 国在京签约决定成立亚洲基础设施投资银行》，《光明日报》2014 年 10 月 25 日。

② 李晓喻：《亚投行章程草案获第一次审议　计划 2015 年中签署终稿》，http://finance.chinanews.com/cj/2015/01-20/6987644.shtml。

③《瑞典等七国正式成为亚投行意向创始成员国》（2015 年 4 月 15 日），http://gjs.mof.gov.cn/pindaoliebiao/gongzuodongtai/201504/t20150415_1217200.html。

④ 刘华：《习近平会见出席〈亚洲基础设施投资银行协定〉签署仪式各国代表团团长》，《光明日报》2015 年 6 月 30 日。

⑤《亚洲基础设施投资银行新增 7 个成员》，2017 - 05 - 14 10：38http://www.sohu.com/a/140455471_544821。

中国“一带一路”的战略新构想自提出后，立即受到国际社会广泛关注。但是，一个显而易见的问题是，“一带一路”经过的这些地区普遍面临基础设施融资缺口较大的难题。根据亚洲开发银行（亚开行）的预测，2010至2020年间，亚太区域基础设施建设需要投入8万亿美元，但附加众多条款的亚开行每年仅能提供100亿美元的基建贷款，远远不能满足需要。[①] 为此，2014年11月9日，在2014年APEC工商领导人峰会上，习近平表示，设立400亿美元丝路基金，“为‘一带一路’沿线国家基础设施建设、资源开发、产业合作等有关项目提供投融资支持”。[②]

2015年4月20日，中巴双方宣布，丝路基金宣布入股三峡南亚公司，与长江三峡集团等机构联合开发巴基斯坦卡洛特水电站等清洁能源项目，这是丝路基金成立后的首个投资项目。[③] 这意味着丝路基金正式投入“一带一路”建设项目。

2017年5月14日，习近平宣布，中国将向丝路基金新增资金1000亿人民币。[④] 用我国资金实力直接支持“一带一路”建设，正在改变周边国家的基础设施面貌。

（3）合作设立金砖国家开发银行，助力“一带一路”

2012年3月28－29日，在印度首都新德里举行的金砖国家领导人第四次峰会上，印度领导人提议，为应对国际金融危机，支持发展中国家基础设施建设，应设立“金砖国家银行”。[⑤] 不过，成立金砖国家银行的声音由来已久，但并非一帆风顺，甚至一度不被看好。2013年3月27日南非德班金砖国家领导人第五次会晤最终定调，中国国家主席习

---

① 王子约、覃苏：《千亿级丝路基金》，http://business. sohu. com/20141107/n405855064. shtml。

② 习近平：《谋求持久发展，共筑亚太梦想——在亚太经合组织工商领导人峰会开幕式上的演讲（2014年11月9日，国家会议中心）》，《光明日报》2014年11月10日。

③《中华人民共和国和巴基斯坦伊斯兰共和国关于建立全天候战略合作伙伴关系的联合声明（2015年4月20日，伊斯兰堡）》，《光明日报》2015年4月21日。

④ 朱竞若、杜尚泽、裴广江：《习近平出席“一带一路”国际合作高峰论坛开幕式并发表主旨演讲，强调坚持以和平合作、开放包容、互学互鉴、互利共赢为核心的丝路精神，将“一带一路”建成和平之路、繁荣之路、开放之路、创新之路、文明之路》，《人民日报》2017年5月15日。

⑤《印度提议设立金砖国家银行》，http://www. mofcom. gov. cn/aarticle/i/jyjl/j/201203/20120308040015. html。

近平在主旨讲话中强调“要积极推进金砖国家开发银行、外汇储备库等项目，加快各领域务实合作”，最终“成员国领导人决定，建立金砖国家开发银行并筹备建立金砖国家外汇储备库”，令金砖国家银行转入具体“推敲期”。[①] 2014 年 7 月 15 日在巴西福塔莱萨金砖国家领导人第六次会晤上，“5 国领导人决定，成立金砖国家开发银行，总部设在中国上海”。[②] 金砖国家开发银行初始核定资本 1000 亿美元，初始认缴资本 500 亿美元，由创始成员国中国、俄罗斯、印度、巴西、南非均摊，主要资助金砖国家以及其他发展中国家的基础设施建设。[③]

金砖国家中，俄罗斯、印度均为中国周边大国，也是发展中国家，金砖国家开发银行的创立，不仅为中国“一带一路”建设提供有益助力，而且也有助于提升中国的国际影响力。

(4) 举办“一带一路”国际合作高峰论坛，推进“一带一路”建设事业

2017 年 1 月 17 日应邀出席瑞士达沃斯世界经济论坛 2017 年年会的中国国家主席习近平在发表大会主旨演讲中，正式对外宣布：“今年 5 月，中国将在北京主办‘一带一路’国际合作高峰论坛，共商合作大计，共建合作平台，共享合作成果，为解决当前世界和区域经济面临的问题寻找方案，为实现联动式发展注入新能量，让‘一带一路’建设更好造福各国人民”。[④] 清晰揭示了中国主办论坛的目的：一是共商合作大计、共建合作平台、共享合作成果，体现了中国建设“一带一路”所倡导的共商、共建、共享的开放包容理念；二是总结“一带一路”建设成就，为解决世界和区域经济建设面临的问题寻找方案和道路。

不过，举办“‘一带一路’国际合作高峰论”中国到底有什么样的考虑？

---

① 马海兵：《金砖国家领导人第五次会晤在德班举行，习近平出席并发表重要讲话》，《光明日报》2013 年 3 月 28 日；魏晞：《金砖国家银行进入推敲期，专家建议“把好事办好”》，http://www.chinanews.com/gj/2013/03-28/4685875.shtml。

② 马述强：《习近平主席出席金砖国家领导人第六次会晤并发表重要讲话，强调发展金砖国家更紧密更全面更牢固的伙伴关系，会议决定成立金砖国家开发银行并将总部设在上海，建立金砖国家应急储备安排》，《光明日报》2014 年 7 月 17 日。

③ 黄薇：《中国，参与全球经济治理的负责任大国》，《光明日报》2014 年 7 月 17 日。

④ 杜尚泽、吴刚：《习近平出席世界经济论坛 2017 年年会开幕式并发表主旨演讲，强调要坚定不移推进经济全球化引导好经济全球化走向，打造世界经济增长、合作、治理、发展新模式，宣布中国将在北京主办“一带一路”国际合作高峰论坛》，《人民日报》2017 年 1 月 18 日。

希望达成什么目标？外界存在不少疑问。对此，利用 2017 年 3 月 8 日十二届全国人大五次会议举行记者会的机会，中国外交部长王毅做了清晰的解答："我们希望高峰论坛实现三方面成果：一是总结凝聚各方共识，对接各国发展战略，明确优势互补，共同繁荣的大方向；二是梳理重点领域合作，围绕基础设施互联互通、贸易投资、金融支持、人文交流等确定一批重大合作项目；三是提出中长期合作举措，探讨共建'一带一路'长效合作机制，构建更加紧密务实的伙伴关系网络"。①

5 月 14 - 15 日，首届"'一带一路'国际合作高峰论坛"在北京举行。首先，论坛规格很高。国务委员杨洁篪总结说："高峰论坛是'一带一路'框架下最高规格的国际活动，也是新中国成立以来由中国首倡、中国主办的层级最高、规模最大的多边外交活动，是今年最重要的主场外交"；其次，规模空前。1500 多名中外嘉宾，其中包括 29 个国家的国家元首、政府首脑在内的 850 多位外方嘉宾，涵盖 130 多个国家、70 多个国际组织；第三，成果丰硕。一是进一步明确了未来"一带一路"的合作方向。习近平在高峰论坛上发表重要讲话中，明确指出："要牢牢坚持共商、共建、共享，让政策沟通、设施联通、贸易畅通、资金融通、民心相通成为共同努力的目标，将'一带一路'建成和平、繁荣、开放、创新、文明之路"。为"一带一路"建设指明了方向和目标，并得到与会各国领导人普遍的积极回应，写入峰会联合公报内容，已成为广泛的国际共识；二是规划了"一带一路"建设的具体路线图。高峰论坛期间，中国同与会国家和国际组织进行了全面的政策对接，签署了几十份合作文件，确立了未来一段时间的重点领域和路径；三是确定了一批"一带一路"将实施的重点项目。通过高峰论坛这个平台，各国之间形成了一份沉甸甸的成果清单，共 5 大类、76 大项、270 多项，涉及众多领域。这表明，"一带一路"合作的领域越来越宽广，程度越来越深入；四是"'一带一路'国际合作高峰论"作为国际合作平台，常态化、机制化建设取得重大进展。中国政府宣布，将在 2019 年举办

① 《王毅在十二届全国人大五次会议举行的记者会上就中国外交政策和对外关系答中外记者问》，《人民日报》2017 年 3 月 9 日。

第二届“一带一路”国际合作高峰论坛。①

（5）创设澜沧江—湄公河流域合作机制，推进“一带一路”建设

2016 年 3 月 24 日，中方倡议的澜沧江—湄公河合作首次领导人会议在海南三亚举行，中国国务院总理李克强总理同柬埔寨、老挝、缅甸、泰国和越南领导人共同与会。会议通过并发表了《澜沧江—湄公河合作首次领导人会议三亚宣言》和《澜沧江—湄公河国家产能合作联合声明》两份重要文件，在推动产能合作、加强贸易投资合作、加强经济技术合作和可持续发展等经贸领域取得务实成果。会议的成功举行，宣告了澜沧江—湄公河流域合作机制的诞生。2014 年 11 月李克强总理在第 17 次中国—东盟领导人会议上提议建立澜沧江—湄公河合作机制，经过各方努力，澜沧江—湄公河流域合作机制从倡议变成现实。② 该机制的建立，将有助于缩小湄公河次区域国家间发展差距，助力东盟共同体建设和区域一体化进程，也为中国—东盟合作、“一带一路”建设增添了新平台和新内涵。

此外，利用和新创设平台还有中国—东盟博览会、中国—亚欧博览会、欧亚经济论坛、中国国际投资贸易洽谈会、中国—南亚博览会、中国西部国际博览会、中国—俄罗斯博览会、前海合作论坛等平台，还积极支持沿线周边国家地方、民间挖掘“一带一路”历史文化遗产，联合举办专项投资、贸易、文化交流活动。

三、“互联互通”建设成效显著

互联互通是时代潮流，是世界各国的共同需要，是“一带一路”的血脉。2013 年习近平提出“一带一路”倡议时，就指出：“互联互通应该是基础设施、制度规章、人员交流三位一体，政策沟通、设施联通、贸易畅

---

① 李伟红：《建设和平、繁荣、开放、创新、文明之路——杨洁篪接受媒体采访表示，“一带一路”国际合作高峰论坛成果丰硕》，《人民日报》2017 年 5 月 18 日。

② 崔文毅、臧晓程：《“打造周边命运共同体又一重要平台”——专家解读澜湄合作首次领导人会议成果》，http://www.gov.cn/xinwen/2016-03/24/content_5057489.htm；刘轶芳、刘颖：《财经观察：中国—东盟合作添新翼》，http://news.xinhuanet.com/world/2016-03/24/c_1118434747.htm。

通、资金融通、民心相通五大领域齐头并进,全方位、立体化、网络状的大联通。”[①]因此,“一带一路”建设本质上就是推进与沿线国家、特别是周边国家的外交工作,以互联互通为核心和抓手,从“政策沟通、设施联通、贸易畅通、资金融通、民心相通”各方面推动国家关系迈上新台阶。经过4年多的外交努力和实践,已取得重大成就。

1. 政策沟通不断深化

政策沟通被称为“一带一路”建设的“五通”之首。“一带一路”沿线各国发展水平不同、利益诉求多元,加强政府间合作、做好政策交流对接是共建“一带一路”的重要保障。按照推进“一带一路”建设工作领导小组办公室负责人的解释,政策沟通“将以高层互访为引领,加强政府间合作,着力推进双多边合作,积极构建多层次政府间政策交流机制和联动机制,加强政策对话和协商,深化经济合作,增进政治互信,达成合作新共识。沿线各国可以就经济发展战略和对策进行充分交流对接,本着求同存异理念,共同制定推进区域合作的规划和措施,及时协商解决合作中出现的问题,营造良好的政策环境。”[②]如前所述,在高层互访引领,达成合作共识方面,自2013年提出“一带一路”起,我国国家主席习近平、国务院总理李克强等国家领导人每年都频繁出访哈萨克斯坦、印度尼西亚、俄罗斯、巴基斯坦等周边国家,同时邀请周边国家领导人来华访问、或出席诸如加强互联互通伙伴关系对话会等双边、多边、区域和国际会议、展会和论坛,形成中俄、中哈等总理定期会晤机制,围绕“一带一路”达成了广泛共识。

在签署合作协议,推动双多边合作方面,成果众多。2013年中国提出“一带一路”倡议,但如果没有沿线国家、特别是周边国家的理解、支持和配合,就失去了实践的基础,成为空中楼阁。实际情况是,中国政府经过艰苦的外交努力,将“一带一路”变成了周边国家的共同行动。以俄罗斯为例,2014年2月6日访问俄罗斯的习近平在与普京总统的会谈中,

---

① 刘贤、韩璐:《张高丽出席亚欧互联互通产业对话会开幕式》,http://www.chinanews.com/gn/2015/05-27/7304630.shtml。

② 《推进“一带一路”建设工作领导小组办公室负责人就“一带一路”建设有关问题答记者问》,《光明日报》2015年3月30日。

首次提出“中方欢迎俄方参与丝绸之路经济带和海上丝绸之路建设，使之成为两国全面战略协作伙伴关系发展的新平台”，普京回应“愿将俄方跨欧亚铁路与‘一带一路’对接，创造出更大效益”。[①] 俄罗斯态度较为谨慎，尽管此后中俄领导人频繁见面访问会谈，但直到2015年5月8日中俄签署并发表《关于丝绸之路经济带建设和欧亚经济联盟建设对接合作的联合声明》，[②]中俄政策沟通才实现重大突破。目前，我国围绕“一带一路”与周边沿线国家签署了《上海合作组织成员国政府间国际道路运输便利化协定》《中国—东盟海运协定》等130多个双边和区域运输协定，涉及铁路、公路、海运、航空和邮政等多个方面。[③] 2016年9月，中国、哈萨克斯坦签署《“丝绸之路经济带”建设与“光明之路”新经济政策对接合作规划》，这是“一带一路”框架下签署发布的第一个双边合作规划。[④] 2016年，中国与印度尼西亚、蒙古、东帝汶、日本、马来西亚、文莱、韩国、孟加拉国、泰国、新加坡、斯里兰卡、菲律宾等亚洲周边国家举行40多场各层级双边经贸磋商机制会议和会谈，具体对接经济发展规划，推进“一带一路”建设合作，实现了中国与亚洲周边国家双边经贸联委会机制的全覆盖。[⑤] 总体上来看，政策对接早、行动快、覆盖面广是丝绸之路经济带在欧亚地区推进的显著特点。

当然，如下图所示，中国与周边国家政策沟通是循序渐进，不断取得进展的。

---

① 陈赞、钱彤：《习近平会见俄罗斯总统普京，两国元首共同对中俄关系发展作出战略规划，习近平代表中国政府和中国人民祝索契冬奥会取得成功》，《光明日报》2014年2月7日。

② 汪嘉波：《习近平同俄罗斯总统普京会谈，两国元首一致同意加强两国战略协作，共同维护世界和平和国际公平正义，推进丝绸之路经济带建设同欧亚经济联盟建设对接》，《光明日报》2015年5月9日。

③ 李茂颖、钟自炜、李亚楠、刘志强、张志文：《延展吧，丝路通途（大数据观察·聚焦一带一路），3年多来签署130多个双边和区域运输协定》，《人民日报》2017年5月8日。

④ 钟声：《引领上合发展　共建一带一路》，《人民日报》2017年6月3日。

⑤ 《【2016年商务工作年终综述之十八】以合作谋发展，推进与亚洲周边国家务实经贸关系》，http://www.mofcom.gov.cn/article/ae/ai/201701/20170102504974.shtml。

中国与周边国家政策沟通成果表①

时间	国别、组织	政策沟通成果	备注
2014	哈萨克斯坦	中哈经贸中长期发展规划	签署
		中哈政府间关于中哈霍尔果斯国际边境合作中心活动管理协定	修订
		共建“一带一路”合作备忘录	签署

① 《中华人民共和国和巴基斯坦伊斯兰共和国关于深化中巴战略与经济合作的联合声明(2014－02－19)》，http://www. fmprc. gov. cn/web/ziliao_674904/1179_674909/t1130162. shtml；《2014 年商务工作年终综述之十六：紧抓机遇　稳步推进欧亚地区丝绸之路经济带建设》，http://www. mofcom. gov. cn/article/ae/ai/201501/20150100877057. shtml；《中华人民共和国和东帝汶民主共和国关于建立睦邻友好、互信互利的全面合作伙伴关系联合声明(2014－04－14)》，http://www. fmprc. gov. cn/web/ziliao_674904/1179_674909/t1146729. shtml；车玉明、刘东凯、刘华、安蓓、王优玲、柳丝：“近 60 个国家明确表示支持和积极参与‘一带一路建设”，http://news. xinhuanet. com/world/2015-02/03/c_1114241622. htm；《中韩自贸协定正式签署》，http://www. mofcom. gov. cn/article/ae/ai/201506/20150600996379. shtml；《中国与乌兹别克斯坦签署共建“丝绸之路经济带”合作文件》，http://www. mofcom. gov. cn/article/ae/ai/201506/20150601014939. shtml；《2015 年商务工作年终综述之十：丝绸之路经济带建设在欧亚地区积极推进》，http://www. mofcom. gov. cn/article/ae/ai/201601/20160101235094. shtml；《商务部部长高虎城与欧亚经济委员会贸易委员斯列普涅夫共同签署联合声明》，http://www. mofcom. gov. cn/article/ae/ai/201505/20150500966897. shtml；《中华人民共和国和孟加拉人民共和国关于建立战略合作伙伴关系的联合声明(2016－10－15)》，http://www. fmprc. gov. cn/web/ziliao_674904/1179_674909/t1405952. shtml；《中华人民共和国与菲律宾共和国联合声明(2016－10－21)》，http://www. fmprc. gov. cn/web/ziliao_674904/1179_674909/t1407676. shtml；《中华人民共和国政府和吉尔吉斯共和国政府联合公报(2016－11－03)》，http://www. fmprc. gov. cn/web/ziliao_674904/1179_674909/t1412437. shtml；《【2016 年商务工作年终综述之十八】以合作谋发展，推进与亚洲周边国家务实经贸关系》，http://www. mofcom. gov. cn/article/ae/ai/201701/20170102504974. shtml；《中国和越南签署〈中华人民共和国商务部和越南社会主义共和国工业贸易部关于电子商务合作的谅解备忘录〉》，http://www. mofcom. gov. cn/article/ae/ai/201705/20170502573914. shtml；《中国和蒙古签署〈中华人民共和国商务部与蒙古国对外关系部关于加强贸易、投资和经济合作谅解备忘录〉》，http://www. mofcom. gov. cn/article/ae/ai/201705/20170502574350. shtml；《钟山部长与乌兹别克斯坦国家投资委员会主席阿赫梅德哈扎耶夫签署水电、基础设施和中小企业领域合作文件》，http://www. mofcom. gov. cn/article/ae/ai/201705/20170502574327. shtml；《中马签署基础设施合作备忘录推动产能合作健康发展》，http://www. mofcom. gov. cn/article/ae/ai/201705/20170502574360. shtml；《中国商务部与尼泊尔工业部签署关于建设中尼跨境经济合作区的谅解备忘录》，http://www. mofcom. gov. cn/article/ae/ai/201705/20170502575229. shtml；《中斯签署《中华人民共和国政府和斯里兰卡民主社会主义共和国政府关于促进投资与经济合作框架协议》，http://www. mofcom. gov. cn/article/ae/ai/201705/20170502576250. shtml；《中华人民共和国和柬埔寨王国联合新闻公报(017－05－17)》，http://www. fmprc. gov. cn/web/ziliao_674904/1179_674909/t1462712. shtml；《中越联合公报(2017－05－15)》，http://www. fmprc. gov. cn/web/ziliao_674904/1179_674909/t1461612. shtml；杜尚泽、刘刚、裴广江：《习近平同越共中央总书记阮富仲举行会谈》，《人民日报》2017 年 11 月 13 日；赵成：《习近平同马尔代夫总统亚明会谈》，《人民日报》2017 年 12 月 8 日。

续　表

时间	国别、组织	政策沟通成果	备注
2014	塔吉克斯坦	共建“一带一路”合作备忘录	签署
	俄罗斯	地区合作和边境合作备忘录	签署
	巴基斯坦	中巴经贸、互联互通、能源、人文等领域的一系列合作文件	签署
	东帝汶	中华人民共和国外交部和东帝汶民主共和国外交部关于加强合作的谅解备忘录	签署
		中华人民共和国政府和东帝汶民主共和国政府经济技术合作协定	签署
2015	俄罗斯	关于丝绸之路经济带建设和欧亚经济联盟建设对接合作的联合声明	签署
	欧亚经济委员会	关于启动中国与欧亚经济联盟经贸合作伙伴协定谈判的联合声明	签署
	欧亚经济委员会	中华人民共和国商务部和欧亚经济委员会关于启动中国与欧亚经济联盟经贸合作伙伴协定的联合声明	签署
	哈萨克斯坦	中哈“光明之路”新经济政策与丝绸之路经济带战略对接	签署
	蒙古	丝绸之路经济带建设同俄罗斯跨欧亚大铁路改造、蒙古国“草原之路”倡议对接合作	签署
	韩国	中华人民共和国政府和大韩民国政府自由贸易协定	签署
	乌兹别克斯坦	关于在落实建设“丝绸之路经济带”倡议框架下扩大互利经贸合作的议定书	签署
	俄罗斯	中国东北地区和俄远东地区地方合作理事会	签署
2016	老挝	关于加强两国边境地区经贸合作的协定	签署
		中老磨憨—磨丁跨境经济合作区发展总体规划（纲要）	签署
	蒙古	中蒙二连浩特—扎门乌德跨境经济合作区项目部门间共同总体方案	签署
	东盟	中国—东盟产能合作联合声明	签署
	哈萨克斯坦	“丝绸之路经济带”建设与“光明之路”新经济政策对接合作规划	签署

续 表

时间	国别、组织	政策沟通成果	备注
2016	吉尔吉斯	中华人民共和国和吉尔吉斯共和国 2015 年至 2025 年合作纲要	签署
2017	蒙古	中华人民共和国商务部与蒙古国对外关系部关于加强贸易、投资和经济合作谅解备忘录	签署
	孟加拉国	中孟共建"一带一路"以及产能、能源、信息通信、投资、海洋、防灾减灾、人文等领域合作文件	签署
	菲律宾	中国政府和菲律宾政府经济技术合作协定	签署
		中国国家发展改革委和菲律宾国家经济发展署关于开展产能与投资合作的谅解备忘录	签署
	越南	中华人民共和国外交部和越南社会主义共和国外交部关于加强新形势下合作的协议	签署
		中华人民共和国商务部和越南社会主义共和国工业贸易部关于电子商务合作的谅解备忘录	签署
	乌兹别克斯坦	中华人民共和国商务部与乌兹别克斯坦共和国国家投资委员会关于在乌兹别克斯坦共和国建设中小型水电站的合作协议	签署
		中华人民共和国商务部与乌兹别克斯坦共和国国家投资委员会关于加强基础设施建设合作的谅解备忘录	签署
	马来西亚	中华人民共和国商务部与马来西亚交通部关于交通基础设施合作的谅解备忘录	签署
	柬埔寨	共同推进"一带一路"建设合作规划纲要	签署
		关于交通运输领域能力建设合作谅解备忘录	签署
		中华人民共和国商务部与柬埔寨王国公共工程与运输部关于加强基础设施领域合作的谅解备忘录	签署
	斯里兰卡	中华人民共和国政府和斯里兰卡民主社会主义共和国政府关于促进投资与经济合作框架协议	签署
	越南	中华人民共和国政府和越南社会主义共和国共建"一带一路"和"两廊一圈"合作备忘录	签署
	马尔代夫	中华人民共和国政府和马尔代夫共和国政府关于共同推进"一带一路"建设的谅解备忘录	签署

由上表内容可知,"一带一路"建设"不是另起炉灶、推倒重来,而是实

现战略对接、优势互补”。[①] 我们同周边有关国家协调政策，包括大力推进与俄罗斯提出的欧亚经济联盟、东盟提出的互联互通总体规划、哈萨克斯坦提出的“光明之路”、蒙古提出的“发展之路”、越南提出的“两廊一圈”、斯里兰卡“大西部省”战略等对接。各方通过政策对接，细化共建“一带一路”的方案和路线图，在提升分工效率、降低贸易壁垒、减少投资障碍等方面发挥了积极的促进作用，实现了“一加一大于二”的效果。

2. 设施联通不断加强

“一带一路”贯穿亚欧非大陆，一头是活跃的东亚经济圈，一头是发达的欧洲经济圈，中间是发展潜力巨大的腹地国家。丝绸之路经济带重点合作方向有三个，分别是中国经中亚、俄罗斯至欧洲（波罗的海），中国经中亚、西亚至波斯湾、地中海，中国至东南亚、南亚、印度洋；21 世纪海上丝绸之路重点合作方向有两个，分别是从中国沿海港口过南海到印度洋并延伸至欧洲，从中国沿海港口经南海到南太平洋。[②] 无论从哪个方向，都需要联通设施的建设。4 年多的“一带一路”国际战略的实践，设施联通建设已取得重大成就。

第一，以经济走廊为依托，已建立起亚洲互联互通的基本框架。

从“一带一路”国际战略的规划和实施，2015 年起，陆上依托国际大通道，以沿线中心城市为支撑，以重点经贸产业园区为合作平台，共同打造新亚欧大陆桥、中蒙俄、中国—中亚—西亚、中国—中南半岛等国际经济合作走廊。海上以重点港口为节点，建设海陆联通的中巴、孟中印缅两个经济走廊。目前，以中巴、中蒙俄、新亚欧大陆桥等经济走廊为引领的经济走廊建设成效初现。[③] 以中巴经济走廊建设为例，2015 年 4 月 20 日，访问巴基斯坦的中国国家主席习近平与巴基斯坦总理谢里夫会谈，中方提议“以中巴经济走廊建设为中心，以瓜达尔港、交通基础设施、能源、

① 习近平：《携手推进“一带一路”建设——在“一带一路”国际合作高峰论坛开幕式上的演讲（2017 年 5 月 14 日，北京）》，《人民日报》2017 年 5 月 15 日。

②《推动共建丝绸之路经济带和 21 世纪海上丝绸之路的愿景与行动（2015 年 3 月）》，人民出版社，2015 年，第 27－28 页。

③ 习近平：《携手推进“一带一路”建设——在“一带一路”国际合作高峰论坛开幕式上的演讲（2017 年 5 月 14 日，北京）》，《人民日报》2017 年 5 月 15 日。

产业合作为重点，形成‘1＋4’合作布局”，得到巴方积极回应，两国签署50多项双边合作的文件。[①] 规划建设中的中巴经济走廊全长3000公里，北起新疆喀什，南至巴基斯坦由中国援建的印度洋出海口瓜达尔港，是一条包括公路、铁路、油气和光缆通道在内的贸易走廊。中国将投资460亿美元建设被中国外交部长王毅称作“一带一路”旗舰项目的中巴经济走廊，这意味着“一带一路”建设就此跨出了第一步。[②] 目前，项目投资总额已有所增加，将达创纪录的540亿美元。[③] 至2017年4月，在建或已建成的早期收获项目18个，总投资额已达185亿美元。[④] 作为样板工程和示范项目，中巴经济走廊建设已取得重要进展。

以中巴经济走廊建设为标志的六大走廊建设成果初现，正是中国以“一带一路”为中心的周边外交实践的结果。

第二，以交通基础设施为突破，建立起陆上、海上、天上、网上四位一体的互联互通的立体网络架构。

目前，以中巴、中蒙俄、新亚欧大陆桥等经济走廊为引领，以陆海空通道和信息高速路为骨架，以铁路、港口、管网等重大工程为依托，一个复合型的基础设施网络正在形成。设施联通已成为“一带一路”建设的亮点，至2015年5月，中俄间已开通17对陆路口岸、3条跨境铁路、10条跨境公路、7条河运通道以及跨境输电网和光缆传输网。截至2017年5月19日，中欧班列累计开行突破4000列，国内开行城市28个，经过周边国家到达欧洲11个国家29座城市，中国开通同中亚国家10对陆路口岸。[⑤] 以我国新疆为例，通过与周边国家开展合作，大力推进国际道路运输的互

---

① 《中华人民共和国和巴基斯坦伊斯兰共和国关于建立全天候战略合作伙伴关系的联合声明(2015年4月20日，伊斯兰堡)》，《光明日报》2015年4月21日。

② 张智：《一带一路旗舰项目：460亿美元打造中巴经济走廊》，http://finance.sina.com.cn/china/20150422/232722022371.shtml。

③ 《中巴经济走廊总投资额从460亿美元增至540亿美元》，中国经济网 http://intl.ce.cn/sjjj/qy/201701/06/t20170106_19442843.shtml。

④ 孟祥麟、杨迅、宦翔、徐伟：《“一带一路”为中巴合作注入活力——访中国驻巴基斯坦大使孙卫东》，《人民日报》2017年4月20日。

⑤ 杨阳腾、郑明桥、夏先清：《截至5月19日，中欧班列累计开行突破4000列——中欧班列奔向黄金时代》，《经济日报》2017年5月25日；齐亚讴：《丝绸之路经济带在欧亚大陆全面推进》，《人民日报》2015年5月12日。

联互通。截至 2016 年底，全区与周边 8 个接壤国家中的 5 个开通国际道路运输线路 111 条，线路数量、里程长度居全国首位；签订中巴哈吉、中吉乌、中俄过境哈萨克斯坦等 3 个多边国际道路运输协议、协定，已成为全国对外开通国际道路客货运输线路最多、辐射国家最多、营运里程最长、客运班次最多的省区。[①] 中国提出的"数字丝绸之路"倡议，获得哈萨克斯坦赞同，两国达成同"数字哈萨克斯坦"战略对接的共识，[②]网上丝绸之路建设取得重要进展。

第三，以关键通道、关键节点和重点工程为依托，以点到面，已逐步形成连接亚洲各次区域以及亚非欧之间的基础设施网络。

中蒙俄经济走廊方向，中俄完成了关于建设黑河界河公路桥、黑河跨境索道协定的谈判和签署工作，两国有关跨境基础设施建设项目取得了积极进展，同江铁路桥俄方侧建设取得实质性进展，黑河界河公路桥正式开工。

在新亚欧大陆桥经济走廊方向，完成了对中欧陆海快线、中欧集装箱班列等中欧运输线路的比较研究，编制了《中欧班列建设发展规划(2016－2020)》、中欧互联互通示范项目优先行动清单；中欧班列成功开展国际铁路运邮测试，并在此基础上确定了国际铁路运邮单式，为相关国际组织制定国际铁路邮件运输规则和安全便利化措施提供了数据和经验。中国、哈萨克斯坦(连云港)物流合作基地一期投产运营，让哈萨克斯坦这个世界最大内陆国获得了直通太平洋的出海口。[③]

在中国—中亚—西亚经济走廊方向，中塔公路一期项目全线贯通，塔沙尔—沙尔隧道连接线修复项目竣工；吉尔吉斯斯坦伊塞克湖环湖公路连接线修复、塔吉克斯坦艾尼—彭基肯特高速公路项目竣工；2016 年 6 月 22 日，中方承建的"总统一号工程"，作为共建"一带一路"互联互通合作的示范性项目，中亚最长的隧道乌兹别克斯坦安格连—帕普铁路(卡姆

---

① 李茂颖、钟自炜、李亚楠、刘志强、张志文：《延展吧，丝路通途(大数据观察 · 聚焦一带一路)，3 年多来签署 130 多个双边和区域运输协定》，《人民日报》2017 年 5 月 8 日。

② 吴焰、杜尚泽、周翰博：《习近平同哈萨克斯坦总统纳扎尔巴耶夫举行会谈，两国元首同意推动中哈全面战略伙伴关系在更高水平上健康稳定发展》，《人民日报》2017 年 6 月 9 日。

③ 钟声：《引领上合发展，共建一带一路》，《人民日报》2017 年 6 月 3 日。

奇克)隧道正式通车;[①]推进《中亚区域运输与贸易便利化战略(2020)》运输走廊建设中期规划有序实施;完成了《上海合作组织成员国政府间国际道路运输便利化协定》的制定、谈判、签署和生效工作;在哈萨克斯坦承建的30万千瓦马伊纳克水电站投入运营;塔吉克斯坦杜尚别2号火电站二期工程开工;2014年欧亚地区第一个跨境国际合作中心—中哈霍尔果斯国际边境合作中心中方建设和运营已初具规模;中国企业在俄、中亚国家实施的农业走出去、道路修复、输变电线改造、建设经济特区等项目取得重要进展。[②]

在中国—中南半岛经济走廊方向,雅万高铁、中泰铁路、中老铁路、马新高铁和马来西亚南部铁路等一批高铁和铁路建设合作项目取得阶段性成果;完成了《大湄公河次区域交通发展战略规划(2006 - 2015)》的实施工作,初步形成了该次区域9大交通走廊;《大湄公河次区域便利货物及人员跨境运输协定》的实施和修订工作取得了突破性进展,各国达成了新的便利化措施和实施时间表;启动了中老缅泰澜沧江—湄公河国际航道二期整治前期工作;中越北仑河二桥主体建设顺利完工。

在中巴经济走廊方向,瓜达尔港区建设取得重大进展,[③]中巴经济走廊"两大"公路建设项目开工建设;完成巴1号铁路干线升级改造及哈维连陆港建设项目联合可行性研究;中巴双方共同商定了铁路、公路和港口领域后续优先项目,并完成了前期技术准备工作。

在孟中印缅经济走廊方向,中国企业成功中标孟加拉吉大港卡纳普里河底隧道项目;中国和印度双方在铁路既有线提速可行性研究、高速铁路可行性研究、人员培训、铁路车站再开发研究、合办铁道大学等合作取得阶段性成果。中国投资兴建斯里兰卡首都科伦坡港口城项目,是"中国

① 《一带一路上的奇迹:中国建成中亚第一长隧道》,http://www.guancha.cn/Neighbors/2017_05_10_407598.shtml。

② 《2014年商务工作年终综述之十六:紧抓机遇稳步推进欧亚地区丝绸之路经济带建设》,http://www.mofcom.gov.cn/article/ae/ai/201501/20150100877057.shtml;《2015年商务工作年终综述之十:丝绸之路经济带建设在欧亚地区积极推进》,http://www.mofcom.gov.cn/article/ae/ai/201601/20160101235094.shtml。

③ 杨迅、孟祥麟、宦翔、徐伟采、胡泽曦:《"盼望习主席来瓜达尔港看一看"》,《人民日报》2017年4月17日。

企业在南亚参与经济合作的标杆，也是21世纪海上丝绸之路建设的标杆项目”。①

3. 贸易畅通不断提升

推动铁路、公路、港口、航空等基础设施互联互通项目落地，加强贸易便利化基础设施合作，打通国际大通道。中俄和中哈原油管道、中俄和中国—中亚天然气管道等一系列已运营或在建的管道犹如一条条动脉，将中国和欧亚地区国家紧密相连。中国同“一带一路”参与国大力推动贸易和投资便利化，不断改善营商环境。亚洲地区规模最大的《区域全面经济伙伴关系协定》谈判进入关键阶段，通过2次部长级会议、5轮谈判，成功推动各方就货物、服务、投资准入和其他规则进一步缩小分歧，为尽早完成谈判奠定坚实基础；中日韩自贸区谈判就协定领域范围达成一致，货物、服务、投资等谈判均取得进展；中韩自贸协定加快实施、完成亚太贸易协定第四轮关税减让谈判，中国—东盟自贸区升级议定书正式生效，恢复与斯里兰卡的自贸区谈判。②

2014年至2016年，中国同“一带一路”沿线国家贸易总额超过3万亿美元。其中，2014年，中国同欧亚地区国家贸易总额约为1530亿美元，而中俄贸易额达953亿美元，与中亚五国贸易额达450亿美元。贸易便利方面，仅哈萨克斯坦等中亚国家农产品到达中国市场的通关时间就缩短了90%。③ 2015年，中国与蒙古、俄罗斯之间完成客运量370万人次、货运量2461万吨，分别占中国与所有国家完成的国际道路客货运输量的52%和65.7%。④ 韩国借助“一带一路”，开通从釜山港或仁川港出发抵达中国连云港，再通过横跨铁路运往阿拉木图等中亚国家城市的新

---

① 齐慧：《我国与“一带一路”沿线国家签署了130多个双边和区域运输协定——打通腾飞双翼的血脉经络》，《经济日报》2017年4月27日；苑基荣：《填海造地，中企打造科伦坡港口新城》，《人民日报》2017年2月3日。

② 《【2016年商务工作年终综述之十六】积极作为，推动国际经贸合作频结硕果》，http://www.mofcom.gov.cn/article/ae/ai/201701/20170102503391.shtml。

③ 习近平：《携手推进“一带一路”建设——在“一带一路”国际合作高峰论坛开幕式上的演讲（2017年5月14日，北京）》，《人民日报》2017年5月15日；齐亚讴：《丝绸之路经济带在欧亚大陆全面推进》，《人民日报》2015年5月12日。

④ 王恬：《对接发展战略，深化经贸合作——中蒙俄携手打造精品国际运输线》，《人民日报》2016年8月24日。

通道。[①] 就2016年全年贸易额来说，中国“一带一路”沿线进出口前十位国家中，居于首位的是越南，总额达986.8亿美元，是中国最大的贸易伙伴，其余国家是泰国、新加坡、俄罗斯、马来西亚、印度尼西亚、印度、阿联酋、菲律宾、沙特，除沙特、阿联酋，8个国家都是中国周边国家。[②] 尽管国际经济增长仍陷入低迷状态，但在“一带一路”倡议带动下，如下图所示，中国与周边国家进出口都普遍实现了增长。

中国与周边国家2014、2015、2016年进出口总值表(单位：万元人民币)

国别	2014	2015	2016	国别	2014	2015	2016
阿富汗	252443	233727	287807	巴基斯坦	9829252	11758939	12617948
孟加拉国	7705368	9128655	9997115	菲律宾	27307612	28355090	31149416
不丹	6897	6389	3272	新加坡	48981655	49390402	46488928
文莱	1189908	933288	472223	韩国	178389272	171374730	166814643
缅甸	15346601	9507424	8120443	斯里兰卡	2482140	2836326	3006619
柬埔寨	2307599	2751462	3139430	泰国	44630332	46866644	50113859
朝鲜	3925026	3422746	3554673	越南	51381407	59653159	64944973
印度	43355266	44433505	46267180	东帝汶	37131	66523	108893
印度尼西亚	39036091	33636537	35333632	哈萨克斯坦	13779252	8866572	8654164
日本	192134422	173058985	181541823	吉尔吉斯斯坦	3255164	2700598	3752444
老挝	2219714	1727582	1545397	塔吉克斯坦	1546480	1151797	1157997
马来西亚	62655780	60355163	57408797	乌兹别克斯坦	2626699	2168038	2379505
蒙古	4491421	3315916	3044455	俄罗斯	58518893	42269705	45939209
尼泊尔	1431093	535284	587231	美国	340914189	346632937	343018655

资料来源：参见《2014、2015、2016年海关统计月报》，海关统计资讯网 http://www.chinacustomsstat.com/aspx/1/NewData/Stat_Data.aspx?State=1&next=3&currency=usd&year=2014。

① 韩友德、芮荣俊、李凤杰：《韩国产品通过中国横跨铁路在中亚和东欧打开新市场》，(韩)《中央日报》2015年5月13日。

② 《大数据解读：“一带一路”成国际贸易新引擎》，https://www.yidaiyilu.gov.cn/xwzx/gnxw/10787.htm。

以中国线上电商企业而言，阿里巴巴旗下的全球速卖通已覆盖“一带一路”沿线全部国家和地区，阿里巴巴集团与马来西亚宣布建设“数字自由贸易区”，已和中国杭州跨境电子商务综合试验区正式开启互联互通；蚂蚁金服已先后与印度、泰国、菲律宾、印尼等国家的合作伙伴展开战略合作，共同打造当地版的支付宝；腾讯旗下微信支付在泰国更是全境普遍使用。① 以上侧面事实表明，无论从发展规模还是发展速度，贸易畅通的提升速度都是前所未有的。

4. 资金融通不断扩大

融资瓶颈是实现互联互通的突出挑战。为解决这一难题，中国同“一带一路”建设参与国和组织开展了多种形式的金融合作。首先是创设亚洲基础设施投资银行、设立丝路基金、金砖国家开发银行，亚投行已经为“一带一路”建设参与国的 9 个项目提供 17 亿美元贷款，“丝路基金”在周边国家投资达 40 亿美元。中国对“一带一路”沿线国家投资累计超过 500 亿美元。其次，自 2013 年 9 月起至 2017 年 3 月底，人民币国际化不断提速，特别是与周边许多国家签署货币互换协议，这些国家包括印度尼西亚、哈萨克斯坦、泰国、巴基斯坦、蒙古、斯里兰卡、韩国、俄罗斯、新加坡、马来西亚、塔吉克斯坦、吉尔吉斯斯坦。其中，中俄本币互换协议规模 1500 亿人民币/8150 亿卢布，新加坡本币互换协议规模 3000 亿元人民币/600 亿新元，韩国本币互换协议规模 3600 亿元人民币/64 万亿韩元。直接结算的领域和规模不断扩大，有利于推进双边贸易的发展。② 第三，通过成立中国—哈萨克斯坦产能合作基金、中国—欧亚经济合作基金等推动产能投资合作，中国组建的中国—欧亚经济合作基金最终规模将达

---

① 张璇：《中国企业推动网上“一带一路”建设》，《经济参考报》2017 年 5 月 24 日。

② 货币政策司：《2013 年中国货币政策大事记》，http://www.pbc.gov.cn/zhengcehuobisi/125207/125227/125963/2805456/index.html；货币政策司：《2014 年中国货币政策大事记》，http://www.pbc.gov.cn/zhengcehuobisi/125207/125227/125963/2810732/index.html；货币政策司：《2015 年中国货币政策大事记》，http://www.pbc.gov.cn/zhengcehuobisi/125207/125227/125963/3020425/index.html；货币政策司：《2016 年中国货币政策大事记》，http://www.pbc.gov.cn/zhengcehuobisi/125207/125227/125963/3265736/index.html；《2017 年第一季度中国货币政策大事记》，http://www.pbc.gov.cn/zhengcehuobisi/125207/125227/125963/3313513/index.html。

50 亿美元。通过上述形式，中哈在建和投产 51 个项目，总投资金额约 270.75 亿美元。[①] 以中老铁路项目为例，项目预计总投资 60 亿美元，由中老双方按 70%和 30%的股比合资建设。“资金的融通，将改善老挝的基础设施建设状况，并拉动实体经济增长”。中国直接投资 14 亿美元，提供融资 70%，建设斯里兰卡首都科伦坡港口城项目。[②] 这些新型金融机制同世界银行等传统多边金融机构各有侧重、互为补充，形成层次清晰、初具规模的“一带一路”金融合作网络。

5. 民心相通不断促进

2017 年 5 月 14 日中国国家主席习近平在开幕式主旨演讲中，特别指出：“‘国之交在于民相亲，民相亲在于心相通。’‘一带一路’建设参与国弘扬丝绸之路精神，开展智力丝绸之路、健康丝绸之路等建设，在科学、教育、文化、卫生、民间交往等各领域广泛开展合作，为‘一带一路’建设夯实民意基础，筑牢社会根基。”[③]事实确实如此。“一带一路”是中国政府的倡议，需要各国参与合唱，需要坚实的民意基础。各国间的关系发展既需要经贸合作的“硬”支撑，也离不开文化交流的“软”助力。文化交流与合作有助于夯实我国同“一带一路”沿线周边国家合作的民意基础。“一带一路”沿线我国周边各国历史文化宗教不同，而民心相通更大程度上取决于文化的认同和理解，这就需要人文的交流。只有通过文化交流与合作，才能让各国人民产生共同语言、增强相互信任、加深彼此感情。

为此，中国政府通过民心工程，拉近彼此的距离。首先，在官方交流方面，与多个周边国家建立政府间合作委员会、签订政府间文化合作协定等多种文化交流机制；从地区组织来讲，建立了上海、东盟等人文合作委员会、文化联委会机制，以及上海合作组织成员国艺术节等交流

---

① 马小宁、周翰博、谢亚宏、刘军国、赵成：《“中国就是哈萨克斯坦的大海”(行走“一带一路”)——重访习近平主席“一带一路”首倡之地》，《人民日报》2017 年 4 月 20 日；齐亚讴：《丝绸之路经济带在欧亚大陆全面推进》，《人民日报》2015 年 5 月 12 日。

② 王观、宦翔：《资金融通，项目落地有支撑》，《人民日报》2017 年 5 月 15 日；苑基荣：《填海造地，中企打造科伦坡港口新城》，《人民日报》2017 年 2 月 3 日。

③ 习近平：《携手推进“一带一路”建设——在“一带一路”国际合作高峰论坛开幕式上的演讲(2017 年 5 月 14 日，北京)》，《人民日报》2017 年 5 月 15 日。

平台。[①] 根据文化合作协定和执行计划，举办“国家年”“语言年”“旅游年”“青年友好交流年”等大型国家级主题年活动，各类丝绸之路文化年、旅游年、媒体年、艺术节、影视桥、研讨会、智库对话、旅游推介活动等人文合作项目百花纷呈。其次，中国政府每年向相关国家提供 1 万个政府奖学金名额，地方政府也设立了丝绸之路专项奖学金，鼓励开展国际文化交流。为促进上海合作组织框架内青年交流，2013 年 9 月中国政府承诺“中国将在未来 10 年向上海合作组织成员国提供 3 万个政府奖学金名额，邀请 1 万名孔子学院师生赴华研修。”10 月，向东盟承诺“今后 3 到 5 年，中国将向东盟国家提供 1.5 万个政府奖学金名额”。[②] 这些承诺已得到很好落实，而且规模不断扩大，至 2017 年 5 月，仅柬埔寨通过中国政府奖学金赴华留学的学生已超过 1000 人。[③] 为促进与周边国家的文化交流活动，中国文化部确定 2015 年对外文化交流的重点是以文化带动“一带一路”倡议构想，联合举办“丝绸之路艺术节”，以及文化论坛、展览、演出活动，[④]有力促进了文化教育的交流与合作。同时，中国政府和企业开展民生工程建设，在一些周边国家援建社会保障房、医院、学校、海外文化中心等项目，2016 年实施东亚乡村减贫合作示范项目，帮助老挝、柬埔寨、缅甸三国建设村级减贫合作示范点，援建防洪工程等基础设施、提供农机具和粮种、培训当地农民和技术人员，在当地产生良好社会效益和影响。[⑤] 中国与哈萨克斯坦首部合拍故事影片《音乐家》，是两国“一带一路”框架下人文领域双边合作的首个重点项目，以此促进两

① 张雪：《文化部：中国与“一带一路”各国建立文化交流机制》，http://www.ce.cn/culture/gd/201502/11/t20150211_4570720.shtml。

② 习近平：《弘扬人民友谊，共创美好未来——在纳扎尔巴耶夫大学的演讲（2013 年 9 月 7 日，阿斯塔纳）》，《人民日报》2013 年 9 月 8 日；习近平：《携手建设中国—东盟命运共同体——在印度尼西亚国会的演讲（2013 年 10 月 3 日，雅加达）》，《人民日报》2013 年 10 月 4 日。

③ 王恬、焦翔、于景浩、张志文：《民心相通，中柬人文交流根深叶茂（行走“一带一路”）》，《人民日报》2017 年 5 月 5 日。

④ 郭佳：《文化部：文化“走出去”不看广告看实效》，《北京青年报》2015 年 2 月 12 日。

⑤《2015 年商务工作年终综述之十：丝绸之路经济带建设在欧亚地区积极推进》，http://www.mofcom.gov.cn/article/ae/ai/201601/20160101235094.shtml；《【2016 年商务工作年终综述之十五】高举互利共赢旗帜积极履行国际义务》，http://www.mofcom.gov.cn/article/ae/ai/201701/20170102501755.shtml。

国民心相通。[①] 第三，民间交流十分活跃。在中国政府的推动和支持下，各类文化团体特别是民间艺术团体通过各自的渠道或通过驻外使领馆为他们搭建平台，建立直接的交流，进行定期互访，或者通过商业运作方式进行商业性演出和举办展览。人们往来频繁，在交流中拉近了心与心的距离。

总之，中国政府通过设立丝绸之路中国政府奖学金，与沿线周边国家互办文化年、艺术节，实施"丝绸之路影视桥工程"和"丝路书香工程"等，援建学校、医院、文化中心等，"一带一路"人文合作取得积极成果，[②]民心相通收获了丰硕成果。

第三节 "一带一路"国际战略在周边外交实践中的经验与启示

"一带一路"倡议自提出以来，4 年多的实践，取得了众多各方面的成就。这些成就来之不易，是在国际经济危机阴影笼罩下全球经济持续低迷，反全球化运动风起云涌，地区局势持续不断动荡，恐怖主义、民族分裂主义、宗教极端主义三股势力兴风作浪，在周边大国美国等操弄和利诱下，一些周边国家借助历史遗留的钓鱼岛、南海等争端，恶化地区局势和双边国家关系，损害合作共赢的"一带一路"建设事业。但是，中国政府利用卓有成效的政策措施和有力的手段，一一化解了各种挑战和危机，使"一带一路"呈现出蓬勃发展的势头。因此，"一带一路"国际战略的成功实践，为周边外交带来了值得总结的经验与启示。

1. 注重顶层设计，将国家战略、国际战略与周边外交紧密结合起来，双轮驱动，重塑中国周边的秩序和关系网络

2012 年以来，围绕钓鱼岛、南海等争端，中国与周边一些国家的矛盾激化，美国实施"亚太再平衡"战略，支持日本钓鱼岛的主张，高调巡航南

---

① 吴焰、周翰博：《中哈首部合拍片〈音乐家〉在哈举行开机仪式》，《人民日报》2017 年 6 月 9 日。
② 《王毅："一带一路"建设取得一系列重要早期收获（2016 - 05 - 21）》，http://www.fmprc.gov.cn/web/zyxw/t1365366.shtml。

海，赤裸裸破坏地区稳定局势，中国和平发展的道路及其主张遭到严重挑战。中国特色社会主义建设的外交局面该如何维持？如何破解这些挑战和危机？以往惯常的做法就是“头痛医头，脚痛医脚”针对性提出处理的政策与措施。但是，现实问题的严峻性和相互联动的特点，使得以往的做法很难奏效和成效不大。新时期、新问题、新挑战需要新战略、新方法来应对。

党的十八大成为转折点。以习近平为核心的党中央，审时度势，主动变调。2013 年以全面深化改革为起点，制定实施“四个全面战略布局”的国家国内战略，“一带一路”国际战略，国内战略与国际战略双轮驱动，推动实现“两个百年”的奋斗目标和中华民族伟大复兴的“中国梦”。“一带一路”国际战略融合“大国是关键、周边是首要、发展中国家是基础、多边是舞台”的外交战略布局，更是这一外交战略布局思想的继承与发展和智慧的集中体现，已经完全颠覆了旧有的外交思路。在“一带一路”国际战略的牵引下，三年多来中国与周边国家的关系已经发生了引人注目的变化，南海热点问题已有效降温，关系得到明显缓和，命运共同体意识得到强化。“一带一路”国际战略的提出及其实践，充分证明了顶层设计的极端重要性和价值。实践证明，习近平治国理政的外交战略完全正确，也充分说明中国周边外交要处理得好，必须要注重顶层设计，将国家战略、国际战略与周边外交紧密结合起来，双轮驱动，才能重塑中国周边的秩序和关系网络。一旦中国周边在“一带一路”牵引下形成良好秩序和关系网络，那么中国的长治久安也就有了良好的发展环境和基础，实现伟大复兴的“中国梦”就不惧任何外来的挑战与压力。

2. 高擎道义旗帜，秉持共商、共建、共享原则，践行和平合作、开放包容、互学互鉴、互利共赢的理念

中国的“一带一路”倡议能够得到周边国家的唱和认同，首要的就是它符合时代主题与潮流。2000 多年前，中国汉代张骞出使西域，开辟出横贯东西、连接欧亚的古丝绸之路；随着古代航海业的不断发展，中外之间的海上贸易运输日益兴起，逐渐形成海上丝绸之路。丝绸之路不仅是中国与欧亚非各国之间商业贸易的通道，更是沟通东西方文明的桥梁。正是在丝绸之路的引领推动下，世界开始了解中国，中国开始影响世界。

丝绸之路在推动东西方思想交流、文化交融，全球经济一体化、人类文明多样化方面发挥了十分重要的作用。在新的历史时期，随着中国与沿线国家经济文化联系的日益密切，古老的丝绸之路重新焕发出生机与活力，迎来难得的发展机遇。建设"一带一路"，是我们顺应时代发展潮流的必然选择。

时代潮流是特定历史阶段的"特殊逻辑"，就是源于这个时代并支配着这个时代的时代"原则"。若抓住了这个"原则"，就抓住了时代问题的症结，找到了时代发展的必由之路。当今世界正在发生深刻复杂变化，正处于大发展大变革大调整的时期，世界多极化、经济全球化、文化多样化、社会信息化深入发展，各国间相互依存程度不断加深，但局部动荡频繁发生，特别是 2008 年国际金融危机爆发以来，反全球化运动日益发展，恐怖主义向全球蔓延，挑战日益严峻，传统安全问题与非传统安全问题相互交织，全球气候变暖、能源安全、环境污染、禽流感等各类全球性问题更加突出，影响人类社会存续发展。这些问题和挑战，各国都无法单独应对，只有携手合作才能共创未来。

那么，当今世界的时代原则毫无疑问当然就是"合作共赢"。[①] 世界历史发展到今天，已向人类社会提出要在发展中贯穿创新、协调、绿色、开放、共享五大发展理念，在国家关系发展中推动建立以合作共赢为核心的新型国际关系。习近平总书记高屋建瓴指出："当今世界，开放包容、多元互鉴是主基调，相互联系、相互依存是大潮流，和平、发展、合作、共赢是主旋律。[②] 他还强调："世界潮流，浩浩荡荡，顺之则昌，逆之则亡。要跟上时代前进步伐，就不能身体已进入 21 世纪，而脑袋还停留在过去。"[③]就是强调要把本国的利益与世界各国的共同利益结合起来，努力扩大各方利益的汇合点，要和平而不是战争、要合作而不是对抗，要共赢而不是零

① 习近平：《弘扬和平共处五项原则　建设合作共赢美好世界——在和平共处五项原则发表 60 周年纪念大会上的讲话(2014 年 6 月 28 日)》，《人民日报》2014 年 6 月 29 日。

② 习近平：《共倡开放包容，共促和平发展——在伦敦金融城市长晚宴上的演讲(2015 年 10 月 21 日，伦敦)》，《人民日报》2015 年 10 月 23 日。

③ 习近平：《顺应时代前进潮流　促进世界和平发展——在莫斯科国际关系学院的演讲(2013 年 3 月 23 日)》，《人民日报》，2013 年 3 月 24 日。

和单赢。

而且，国际金融危机影响尚未结束，世界经济增长不稳定不确定因素增多，全球贸易、投资格局和资金流向酝酿深刻变化，亚欧各国处于经济转型升级关键阶段，经济发展面临不同程度的困难和挑战。此外，近年来，恐怖主义、分裂主义、极端主义等“三股势力”在中国周边国家和地区活动日益猖獗。这些因素不利于维护中国周边国家和地区的和平与稳定。因此，和平、发展、合作、共赢是当代世界的时代主题与潮流，这就是人类道义的旗帜。任何促进与实现和符合和平、发展、合作、共赢时代主题与潮流，以共建人类命运共同体为宗旨的战略，就必须要高举人类道义的旗帜。

梳理和概括总结中国“一带一路”倡议提出与实践的历史经验，不难看出，“一带一路”完全顺应时代潮流，体现时代主题，秉持共商、共建、共享原则，践行和平合作、开放包容、互学互鉴、互利共赢的理念，包括坚持与邻为善、以邻为伴，坚持睦邻、安邻、富邻，实践“亲、诚、惠、容”理念，是与开放、包容、合作、共赢的金砖精神，互信、互利、平等、协商、尊重多样文明、谋求共同发展的“上海精神”一脉相承，更是继承融合发展。周边国家在“一带一路”倡议构想推动、牵引下，建设利益共同体与命运共同体，实现国家经济转型和发展，维护地区和平与稳定，正在为人类社会开辟新的发展道路。

3. 以国家领导人互访为手段，以政策沟通为关键点，以互联互通为核心和抓手，持之以恒，扎实推进，造福周边国家人民

“一带一路”倡议自提出后，能够得到周边国家的欢迎、认同和支持，首要的一条经验，就是国家领导人之间频繁的互访，取得了共识。正是领导人之间的互访，畅通了沟通的渠道。定期化和机制化的互访，国家领导人之间建立了信任和友谊，奠定了“一带一路”实践的上层路线基础。其次，以政策沟通为关键点，将中国的“一带一路”倡议与周边国家的国家发展战略实现对接，契合各国的发展需要，取信于相关国家与人民。第三，以互联互通为核心和抓手，沉甸甸的建设和发展成就，为中国与周边国家带来了就业和发展空间，正在造福于相关国家人民。因此，只要持之以恒、扎实推进，以点带面，“一带一路”倡议将成为周边国家人民的共同财富，获得广泛的民意基础，从而彻底扭转周边外交制约国家发展的局面。

综上所述，自 2013 年“一带一路”重大倡议提出至今，以共建“一带一路”为标志，中国同周边国家关系迈入打造利益共同体、谋求共同发展的新时期。4 年多的外交实践取得丰硕的成果表明，“一带一路”倡议顺应时代潮流，适应发展规律，符合各国人民利益，具有广阔前景。“一带一路”国际战略成功将“大国是关键、周边是首要、发展中国家是基础、多边是舞台”的外交战略布局和策略完整整合为一个有机统一的整体，不再呈现出彼此矛盾甚至条块分割的状态，是新时期中国周边外交战略的创新成果。在“一带一路”国际战略推动和牵引下，中国周边外交进入飞跃发展的新时代，外交成果极为丰富。从双边和多边层面看，注入“一带一路”的新鲜血液，议题设定和领导人对话有了共同的主题，旧有体制机制焕发了活力，创新体制机制和平台不断涌现；从实践层面看，中国与周边国家关系大幅度提升，以互联互通为核心的“五通”建设成果和成效显著。可以说，一个基本的判断就是“一带一路”国际战略全面破解了中国与周边国家关系发展的困局，全面提升了中国与周边国家的关系，重塑了我国周边外交的环境和秩序。与此相结合，也使得我们深刻认识到“一带一路”国际战略的成功是基于：注重顶层设计，将国家战略、国际战略与周边外交紧密结合起来；高擎道义旗帜，秉持共商、共建、共享原则，践行和平合作、开放包容、互学互鉴、互利共赢的理念；以国家领导人互访为手段，以政策沟通为关键点，以互联互通为核心和抓手，持之以恒，扎实推进，造福周边国家人民，这些经验与启示是“一带一路”最宝贵的财富。历史与现实都表明，中国与周边国家正在初步形成利益和命运共同体的意识和局面，虽然国际形势将越加严峻，中国与周边一些国家的分歧和矛盾还将放大，但我们已经找到了应对挑战和矛盾的倚天宝剑“一带一路”，以此为依托，从中国与周边国家命运共同体的建设出发，打造人类命运共同体的坚实基础，未来中国与周边国家的关系将迎来全新的局面。

后　记

一本书就是一段心路历程。

夜深人静，掩卷沉思，思绪万千。一路走来，仿佛历历在目，恍如昨日。古人云："书山有路勤为径，学海无涯苦作舟"。这是学问家的座右铭，也是许多如笔者这般苦苦追寻人生价值的寒门学子的心路写照。

首先，这部书稿是笔者工作生涯的心路历程记录。2001 年笔者由纯历史学教学研究岗位转向马克思主义中国化的理论与实践教学与研究方向，这是一个全新的挑战。自此后的十多年中，伴随着改革开放的进程，在党和国家领导人江泽民、胡锦涛、习近平持续接力努力下，中国国力飞速攀升，中国特色社会主义的理论与实践成果不断丰富，也将马克思主义中国化推进、发展到新境界——"三个代表"重要思想、科学发展观、习近平新时代中国特色社会主义思想。新理论、新思想在"进教材、进课堂、进头脑"的过程中，促使笔者对相关问题展开研究。时光飞逝、岁月如梭，无数个不眠之夜、无数个周末……，思想的火花与光芒，日积月累，集腋成裘，就成就了眼前的这部书稿，令人感慨唏嘘。其次，任何研究与写作都是一段缘分。所谓缘分，在笔者看来就是她"因何而来"？在此一一道来：一是得益于青岛科技大学为支持人文社会科学发展而特设的资助基金，有关专家慧眼识珠，促使这部书稿得以问世；二是得益于上海三联书店有限公司殷亚平编辑的大力协助，相识于裔昭印老师指导下的求学生涯，由此结缘，费心尽力，促成书稿出版成册，编辑张静乔责任心极强，从文字到封面设计都精雕细琢，为本书增色不少；三是得益于相关学术界的前辈、老师和朋友们，特别是青岛科技大学的同事、复旦大学的石源华教授以及中国中外关系史研究会与中国朝鲜史研究会的有关朋友，没有你们的鞭策与鼓励，这部书稿是不可想象的。最后，书稿的每一段文字，不仅仅是自己心血的凝练和结晶，也是无数双眼睛注视下的情思涌动，更是家人妻子赵艳萍和女儿石莹支持和陪伴下爬格子的结果。正是在同事、老师、朋友和家人的关照和支持下，才有了这部书稿的写作与出版。

本书是山东省社会科学规划项目习近平新时代中国特色社会主义思想的世界意义(18CDCJ14)的前期研究成果。

行文至此，千言万语，化作无尽的情思，内心深处涌现的就是无尽的谢意！

当“那人却在灯火阑珊处”时，感恩、感谢却在岁月流逝中镌刻下痕迹，永不消失。人生没有终点，站在阳光下，身影依然在远行的路上……！

2018 年 7 月 16 日

于青岛

图书在版编目(CIP)数据

马克思主义中国化理论发展新境界与中国发展变革研究/石建国著.—上海:上海三联书店,2019.10
ISBN 978-7-5426-6776-2

Ⅰ.①马… Ⅱ.①石… Ⅲ.①马克思主义—发展—研究—中国 Ⅳ.①D61

中国版本图书馆CIP数据核字(2019)第197934号

马克思主义中国化理论发展新境界与中国发展变革研究

著　　者/石建国

责任编辑/董毓玭
特约编辑/张静乔
装帧设计/徐　徐
监　　制/姚　军
责任校对/张大伟

出版发行/上海三联书店
(200030)中国上海市漕溪北路331号A座6楼
邮购电话/021-22895540
印　　刷/上海惠敦印务科技有限公司

版　　次/2019年10月第1版
印　　次/2019年10月第1次印刷
开　　本/640×960　1/16
字　　数/350千字
印　　张/22.25
书　　号/ISBN 978-7-5426-6776-2/D·430
定　　价/68.00元

敬启读者,如发现本书有印装质量问题,请与印刷厂联系 021-63779028